上海市人工智能社会治理
协同创新中心

上海市数据条例
理解与适用

陈吉栋 / 主编

徐 伟 徐珉川 张 玲 / 副主编

中国法制出版社
CHINA LEGAL PUBLISHING HOUSE

本书的写作与出版
得到上海数据交易所的大力支持

主 编

陈吉栋

副主编

徐 伟　徐珉川　张 玲

编写人员

徐 伟　上海政法学院佘山学者特聘岗教授

赵精武　北京航空航天大学法学院副教授

徐珉川　东南大学法学院副教授

宋保振　山东大学法学院副教授

吴 亮　华东理工大学法学院副教授

朱翘楚　上海交通大学日本研究中心助理研究员

黄一帆　上海政法学院人工智能法学院讲师

姬蕾蕾　上海交通大学凯原法学院博士后

陶丽洁　上海国领律师事务所

刘新宇　中伦律师事务所

张 玲　北京大成（上海）律师事务所

苏苗罕　同济大学法学院副教授

陈吉栋　同济大学法学院副教授

程雪军　同济大学法学院助理教授

马向远　北京邮电大学人文学院硕士研究生

龚思涵　上海交通大学凯原法学院博士研究生

许端蓉　上海大学法学院大数据与人工智能研究中心研究员助理

黄 璞　上海大学法学院大数据与人工智能研究中心研究员助理

序

为一部地方立法，专门由学者领衔写一本释义书，本书可能是第一部。让作者团队如此倾力投入的这部地方立法就是《上海市数据条例》（以下简称《条例》），《条例》于2021年11月25日上海市第十五届人民代表大会常务委员会第三十七次会议通过，共分为十章，九十一条。其中，除总则（第一章）与附则（第十章）外，包含数据权益保障（第二章）、公共数据（第三章）、数据要素市场（第四章）、数据资源开发和应用（第五章）、浦东新区数据改革（第六章）、长三角区域数据合作（第七章）、数据安全（第八章）、法律责任（第九章）。《条例》无论是在立法理念、制度选择还是在规则设计上均有首创性的尝试，代表了我国地方数据立法的较高水平，也反映了数字时代地方数据立法的一般规律与普遍难题，值得著书阐释。

2020年3月30日，《中共中央 国务院关于构建更加完善的要素市场化配置体制机制的意见》开创性地将数据作为继土地、劳动力、资本、技术之外的"第五要素"，从此引导和培育数据交易市场，鼓励数据产业链各环节市场主体依法有序地进行数据价值开发，促进数据要素资源在合规、安全、有序的环境下流通，成为数字经济时代的必然选择与立法重点。在更为宏观的意义上来说，推动数据立法不仅是大数据、云计算、人工智能迅猛发展时代法治建设的迫切需要，也成为了我国在这些领域参与国际竞争的基础内容与有效支撑。

习近平总书记关心科技创新等重要领域的立法工作，指出数字经济、互联网金融、人工智能、大数据、云计算等新技术新应用快速发展，催生一系列新业态新模式，但相关法律制度还存在时间差、空白区①。目前我国在数据立法上存在空白，这一空白亟待弥补。推动地方立法探索，在根本上必须遵循习近平法治思想的指引，坚持全面推进科学立法，坚持建设中国特色社会主义法治体系，最终在法治轨道上推进国家治理体系和治理能力现代化。在此意义上，制定并颁布《条例》是填补空白点、补强薄弱点、健全国家治理的法律制度、满足人民日益增长的美好生活需要的必然行动，不仅对后续各地数据立法能够起到一定的示范与参考作用，也为国家层面的立法贡献了地方探索、积累的示范经验。特别是《条例》在数据交易、公共数据授权运营、数据权益保护等方面作出的创新性规定，影响最为深远。

---

① 习近平：《坚定不移走中国特色社会主义法治道路 为全面建设社会主义现代化国家提供有力法治保障》，载求是网：http://www.qstheory.cn/dukan/qs/2021-02/28/c_1127146541.htm，最后访问日期：2023 年 11 月 30 日。

　　作为全国最大的经济中心城市，上海正在全面推进城市数字化转型，建设全球卓越城市与世界数字之都。这一宏伟目标对数据的采集、生产、共享、应用都提出了更高的要求。《关于全面推进上海城市数字化转型的意见》明确提到，随着数据资源在链接服务国内大循环和国内国际双循环中的引领型、功能型、关键型要素地位不断突出，全面推进城市数字化转型成为上海主动服务新发展格局的重要战略，也是超大城市治理体系和治理能力现代化的必然要求。《条例》立法则为上海全面推进城市数字化转型，促进数字产业、数字经济的发展提供了良好的法治保障。

　　《条例》于 2021 年 11 月 25 日通过，在这一天还诞生了上海数据交易所。《条例》第 67 条规定："本市按照国家要求，在浦东新区设立数据交易所并运营。数据交易所应当按照相关法律、行政法规和有关主管部门的规定，为数据交易提供场所与设施，组织和监管数据交易。数据交易所应当制订数据交易规则和其他有关业务规则，探索建立分类分层的新型数据综合交易机制，组织对数据交易进行合规性审查、登记清算、信息披露，确保数据交易公平有序、安全可控、全程可追溯。浦东新区鼓励和引导市场主体依法通过数据交易所进行交易。"这一规定为上海数据交易所的成立运营奠定了法治基础。自上海数据交易所成立以来，上海市不断完善基础设施建设，积极推动公共数据的开放与授权运营，鼓励和引导市场主体依法通过数据交易所进行交易，与此同时场外市场也以《条例》为依据力行合规升级。因此，正确理解并适用《条例》不仅成为了数商最为关心的问题，《条例》也成为各类主体推动生活、经济、治理数字化转型合法开展的规则指引。

本书对《条例》逐条进行释义，以条文详解为核心，辅以条文主旨、核心概念、参考资料三模块，分层次解读每条规定。这些工作严格遵照法释义学原理，尤其注意条文间的内在联系及条例与外在法律体系的协调配合关系，全面系统地揭示条文的立法精神和立法意图。本书追求专业性、实用性和理论性的统一，期望可以为数据相关从业者、数商、法律工作者及其他相关研究者提供学习和工作上的参考。但我们必须承认本书为"民间"创作，所撰写之内容小到条标、大到具体观点，均属"自由发挥"，不具有官方背景。

本书由我国数据法治领域的诸多优秀青年学者和实务工作者参与写作，部分作者还全程参与了《上海市数据条例（学者建议稿）》的起草，具有较为扎实的研究基础，对条文的制定背景与演变过程有较为深入的认识。具体来说，这些作者有来自于上海交通大学、东南大学、北京航空航天大学、上海政法学院、同济大学等多所知名高校的学者，也有来自于大成、中伦、国瓴等律师事务所的实务专家。本书的初稿获得了苏宇、韩旭至、李群涛等学者与相关立法专家的指导，在此一并感谢，也感谢上海交通大学龚思涵、上海大学许端蓉、武汉大学刘羿鸣同学对本书文字校对付出的辛劳。

本书的写作起于 2021 年，为时已近三年了，在此期间，国家和地方的数据政策与数字经济建设实践均有积极进展。举其要者，2022 年 6 月，中央全面深化改革委员会第二十六次会议审议通过了《关于构建数据基础制度更好发挥数据要素作用的意见》；2022 年 12 月，中共中央、国务院对外发布了《关于构建数据基础制度更好发挥数据要素作用的意见》（又称"数据二十条"）。除了这两份文件外，2023 年 2 月，中共中央、国务院印发了《数字中国建设整体布局规划》则构成了数据制度建设更宏观的背景。在实践上，2023 年 3 月，党中央决定组建国家数据局（后于 2023 年 10 月 25 日正式揭牌），迄今我国已经建立了几十家数据交易所（中心）。为了跟进这些进展，我们于 2023 年 4 月 9 日在同济大学举办了"促进数字经济高质量发展的法治保障暨《上海市数据条例理解与适用》审读研讨会"，《条例》立法专班的主要同志参加了审读会，这对于作者团队是一个莫大的肯定与激励，我们也结合专家们的意见，作了进一步修改。

为数据进行立法意义重大，但数据的复杂性也对立法提出了挑战。科学开展立法需要立法理念及其规则设计上的更新，但两者建立在对于事物本质的认识上。毋庸讳言，我们对于数据及其流动基本规律仍处于探索阶段。法律人面对习以为常的客观世界，往往把研究的重点放在规则的释义上，希望凭借文字与义理的解释，沟通规则与案件实施，解决具体纠纷。这一思考问题的习惯，古今中外，虽有不同，但概莫能外。究其缘故，则是人类社会所处的农业文明、工业文明等历时较长而期间未有整体性、革命性的变革，因此相关法律规范体系较为成熟稳定。但是，数字（智）文明则是一种新型的、一反从前物质文明的革命性文明形态。在这一根本的、革命性的变化下，对于数字社会数据流通之事物本质的研究构成了规范设计与研究的前提与基础，这要求研究者不仅要关注规则研究，还要为设计规则格物致知，穷究事理。可以说，淹通事理，方可探求法理。事理不通，法理不明，遑论规则设计及其司法应用。凡是对这一点有所认知者，多会萌生投身数据流通实践一线，去感知数字经济实践脉搏、探知其基本规律的冲动，这就是数据法事物本质最朴实的内容。

近年来，笔者在上海市法学会的关心和支持下陆续参与了《上海市数据条例（学术建议稿）》《上海市促进人工智能产业发展条例（草案）》《上海市促进城市数字化转型条例（草案）》以及《上海市促进浦东新区数据流通交易若干规定（草案）》（"上海数据二十条"）的起草工作，这些经历的一再启示是，我们对于数据的认识不是太多，而是太少。虽然，相关企业主体、产业部门与立法机关的智识、努力与勇气让人印象深刻。但这一困境是人类普遍的遭遇，非中国所独有。在数字时代，以《条例》为代表的地方数据立法探索体现出了立法者在面对数据及其背后的技术系统与商业场景时，极尽能力填补对事物本质的认知，勇于革新传统立法理念、优化立法工作机制、提升立法技术水平的努力。正是这些一再被拿来议论，甚至批评的立法探索，支撑着我国在数据、人工智能及数字中国建设上可歌可泣的实践。

说到底，数据是回答问题的，是回答生活、经济与治理上的问题的。正是这些困扰着我们的问题，决定了数据的社会属性，并确保了数据法研究的现实面向与具体内容，而不致使其落入"科幻式"的猜想，或沦为无益的理论推演。与此同时，数据又具有技术属性。一般人就可以感觉到：数据必然在系统中被收集与处理；数据仅可机读，人不可读；数据具有可计算性（Computability）特征，因此在全生命周期中其存在形态、参与人员及其权益内容均在变化之中。此外，数据还具有不可合约性，这一特性与可计算性一起导致了数据确权与流通交易制度设计的困难。这些特性决定了我们对于数据的认识注定是漫长且艰辛的，读者面前的这部《条例》，我们这本释义，甚至我们团队在内的这一代人，可能仅仅是在做探求事物本质的工作，希冀我们的探究，错误不要太多，为后来的研究者也是真正意义上的释义学研究者铺一颗石子，洒一滴甘霖，支撑、给养国家层面数据立法中一个又一个"卡脖子"难题的解决，不枉可歌可泣的中国实践。

本书写作与出版得到了上海市人工智能社会治理协同创新中心与上海数据交易所的支持，在此一并致谢！

陈吉栋

2023 年 10 月 21 日写于同济大学衷和楼

目　　录

第一章 总 则

第一条 【立法目的】

为了保护自然人、法人和非法人组织与数据有关的权益，规范数据处理活动，促进数据依法有序自由流动，保障数据安全，加快数据要素市场培育，推动数字经济更好服务和融入新发展格局，根据《中华人民共和国数据安全法》《中华人民共和国个人信息保护法》等法律、行政法规，结合本市实际，制定本条例。

本条主旨

本条明确了《上海市数据条例》的立法目的和立法依据。立法目的和立法依据合二为一，作为第一条，符合我国立法惯例。该条款虽然不适用于具体情形，但是对于法律解释具有重要意义。

条文详解

一、立法背景

2015 年 8 月，国务院印发《促进大数据发展行动纲要》，要求推进我国大数据发展和应用，加快建设数据强国，将推动政府数据资源共享和公共数据资源开放等列为主要任务。2015年10月召开的党的十八届五中全会，决定"实施国家大数据战略"。全国人大2016年3月通过的《国民经济和社会发展第十三个五年规划纲要》也明确要求："把大数据作为基础性战略资源，全面实施促进大数据发展行动，加快推动数据资源共享开放和开发应用，助力产业转型升级和社会治理创新。"2020年4月9日，中共中央、国务院印发了《关于构建更加完善的要素市场化配置体制机制的意见》，将数据比肩为与土地、劳动力、资本、技术地位相等的第五生产要素，深刻揭示了数据的资源价值。

在《上海市数据条例》制定之前，我国已有多个省市在数据领域制定了相关地方性法规或者政府规章。从名称来看，地方数据立法主要包括以下五种类型。

一是大数据。① 大数据是以容量大、类型多、存取速度快、应用价值高为主要特征的数据集合，正快速发展为对数量巨大、来源分散、格式多样的数据进行采集、存储和关联分析，从中发现新知识、创造新价值、提升新能力的新一代信息技术和服务业态。2016年9月，上海市人民政府印发《上海市大数据发展实施意见》（沪府发〔2016〕79号），全面推进本市大数据应用和产业发展。而从全国范围来看，率先探索大数据地方立法的则是作为我国首个大数据综合试验区的贵州省。2016

---

① 在此之后，天津市、海南省、山西省、吉林省、安徽省和山东省也先后出台了相关地方性法规，只是名称上稍有不同，它们分别是《天津市促进大数据发展应用条例》《海南省大数据开发应用条例》《山西省大数据发展应用促进条例》《吉林省促进大数据发展应用条例》《安徽省大数据发展条例》和《山东省大数据发展促进条例》。

年和 2018 年，贵州省人大分别通过了《贵州省大数据发展应用促进条例》和《贵州省大数据安全保障条例》。

二是政府数据。数据是对信息的记录，因此政府数据是对政府信息的记录。[①] 地方立法采用"政府数据"这一表述的主要是贵州省和贵阳市。2017 年贵阳市人大常委会率先通过了《贵阳市政府数据共享开放条例》；2020 年贵州省人大也通过了《贵州省政府数据共享开放条例》。[②] 需要指出的是，虽然政府数据和政府信息之间存在形式与内容的联系，但是政府数据共享开放的立法动因在于大数据技术的应用，而政府信息立法则更多着眼于透明政府的建设。两者应当采取不同的立法进路。[③]

三是政务数据。政务数据是指政务部门在履行职责过程中制作或获取的数据。从 2016 年起，福建省、宁夏回族自治区、重庆市、南京市、山西省、辽宁省、山东省、中山市、安徽省和湖北省政府先后出台了政务数据管理相关的地方政府规章。2020 年先后有《沈阳市政务数据资源共享开放条例》和《山西省政务数据管理与应用办法》两项地方性法规出台。

四是公共数据。公共数据是公共管理和服务机构履职中生成、采集的各类数据资源，范围上包括政府数据和公共服务机构数据。2016 年通过的《网络安全法》和《电子商务法》均

---

① 《政府信息公开条例》第 2 条规定，政府信息，是指行政机关在履行行政管理职能过程中制作或者获取的，以一定形式记录、保存的信息；第 54 条也规定，法律、法规授权的具有管理公共事务职能的组织公开政府信息的活动，适用该条例的规定。

② 2017 年至 2018 年，贵阳市政府先后出台了《贵阳市政府数据资源管理办法》《贵阳市政府数据共享开放实施办法》《贵阳市政府数据共享开放考核暂行办法》三部地方政府规章。

③ 参见宋烁：《政府数据开放宜采取不同于信息公开的立法进路》，载《法学》2021 年第 1 期。

提出要促进公共数据资源利用。①2017年，浙江省政府在全国率先出台了《浙江省公共数据和电子政务管理办法》。2022年，浙江省人大在此基础上制定了《浙江省公共数据条例》。②2018年至今，成都市、无锡市、济南市、宁波市、广东省、武汉市也先后制定了公共数据相关的地方政府规章。③2018年和2019年，上海市分别制定了《上海市公共数据和一网通办管理办法》和《上海市公共数据开放暂行办法》这两部政府规章，前者为政府内部共享公共数据设定了规则，后者则是致力于向外部开放公共数据。

五是数字经济。数字经济，是指以数据资源为关键生产要素的新经济形态。党的十八大以来，党中央高度重视发展数字经济，将其上升为国家战略。党的十九届五中全会提出，发展数字经济，推进数字产业化和产业数字化，推动数字经济和实体经济深度融合，打造具有国际竞争力的数字产业集群。2020年和2021年，浙江省和广东省分别通过了《浙江省数字经济条例》和《广东省数字经济条例》。

地方数据立法的名称差异，可能出于以下两个方面的原

---

① 《网络安全法》第18条第1款规定："国家鼓励开发网络数据安全保护和利用技术，促进公共数据资源开放，推动技术创新和经济社会发展。"《电子商务法》第69条第2款也规定："国家采取措施推动建立公共数据共享机制，促进电子商务经营者依法利用公共数据。"

② 2020年浙江省政府又出台了《浙江省公共数据开放与安全管理暂行办法》，初步搭建起公共数据的制度框架，对数据的归集、共享、开放、利用和安全保障有了较为切实有效的设计。

③ 它们分别是2018年出台的《成都市公共数据管理应用规定》；2020年出台的《无锡市公共数据管理办法》《济南市公共数据管理办法》《宁波市公共数据安全管理暂行规定》；2021年出台的《广东省公共数据管理办法》《武汉市公共数据资源管理办法》。

因。一方面，它体现了相关概念存在的认识差异，如政府数据、政务数据和公共数据常常存在并用、混用的情况。例如，《促进大数据发展行动纲要》就同时出现政府数据、政务数据和公共数据的概念。另一方面，大数据对于经济、生活和治理产生全方位的影响，各地在立法路径上结合本地实际作了不同选择。有的是选择分别立法，如浙江省对数字经济、公共数据分别立法。

二、立法过程

近年来，在地方数据立法如火如荼开展的同时，中央层面的数据立法和政策制定活动也在提速。一方面，数据安全和个人信息保护的中央立法速度加快。2018 年 9 月公布的《十三届全国人大常委会立法规划》将个人信息保护法和数据安全法列为第一类立法项目，即条件比较成熟、任期内拟提请审议的法律草案。2021 年 6 月 10 日和 2021 年 8 月 20 日，全国人大常委会先后通过了《数据安全法》和《个人信息保护法》。另一方面，中央提出了培育数据要素市场的要求。2019 年 10 月召开的党的十九届四中全会首次将数据增列为一种生产要素，要求建立健全由市场评价贡献、按贡献决定报酬的机制。2020 年 4 月 9 日，《中共中央 国务院关于构建更加完善的要素市场化配置体制机制的意见》又首次将数据与传统的土地、劳动力、资本、技术等要素并列。

中央层面的数据立法和政策制定活动的进展又反过来推动了地方数据立法。2021 年 6 月 29 日，深圳市人大常委会通过了《深圳经济特区数据条例》。相比过去的地方数据立法，该条例内容全面涉及个人数据、公共数据、数据要素市场、数据安全，体现了综合性数据立法的新模式。《上海市数据条例》的立法启动时间虽然晚于深圳市，但是立法工作节奏更加密集，最终迎头赶上，与《深圳经济特区数据条例》一样于 2022年 1 月 1 日实施。该条例从立项到最终公布实施经历的主要事件大致如下：

2020 年年底，市人大常委会法工委拟定 2021 年度立法计划，初步将《上海市公共数据管理条例（暂定名）》列入立法计划。2021 年，立法计划征求十五届人大五次会议的代表意见，将立法名称修改为《上海市数据条例（暂定名）》。2021年 3 月 2 日印发的《上海市人民政府 2021 年立法工作计划》将"数据条例（暂定名）"列为拟提请市人大常委会审议的 10 件地方性法规项目之一。[①] 确定立法项目之初，对定名"公共数据"还是"数据"有过争论。城市数字化转型要支撑全领域数字应用，公共数据概念可能失之狭窄。经过权衡，最终决定删除"公共"二字，这也意味着这一立法项目从公共数据立法转为综合数据立法。

2021 年 4 月 28 日，上海市人大财经委委托上海市社会科学院完成的《上海市数据立法调研》项目结题。该报告围绕城市数字化转型中的制度创新问题和数据立法中的重大关键问题，开展了系统化调研。[②]

2021 年 5 月 27 日，数据立法研讨会召开，该会议由上海

---

① 《上海市人民政府办公厅关于印发上海市人民政府 2021 年立法工作计划的通知》（沪府办〔2021〕16 号）。

② 《"上海市数据立法调研"结题会》，载上海社会科学院网站：https：//iis. sass. org. cn/2021/0430/c2109a103879/page. htm，最后访问日期：2022 年 12 月 30 日。本书相关链接最后访问时间均为 2022 年 12 月 30 日，下文不再一一赘述。

市政府办公厅、市人大财经委、市经信委联合主办，市大数据中心、上海社科院承办。上海市数据立法起草组组长、市政府办公厅副主任、市大数据中心主任朱宗尧在专题报告中介绍了上海数据立法的总体定位。①

2021年9月26日至9月28日，上海市第十五届人大常委会第三十五次会议听取了关于《上海市数据条例（草案）》的说明解读及相关审议意见报告。

2021年9月30日至10月20日，《上海市数据条例（草案）》（征求意见稿）公开向社会公众征求意见。

2021年10月27日至10月28日，上海市第十五届人大常委会第三十六次会议听取了关于《上海市数据条例（草案）》的审议结果报告。

2021年11月23日至11月25日，上海市第十五届人大常委会第三十七次会议听取了关于《上海市数据条例（草案）》修改情况的报告，并且表决通过了《上海市数据条例》。

《上海市数据条例》同样采取了综合性数据立法的模式，内容既涉及个人信息保护、数据安全，也涉及公共数据、数据要素市场、数字经济等问题，综合考量了数据权益、数据安全与数据开发利用的法益平衡，为推进上海市城市数字化转型提供了坚实的基础性制度保障。

三、立法目的

立法目的，是制定本法所要达到的社会目的。数据是上海推动数字化转型的基础，这部立法就是要解决城市数字化转型

---

① 李佳蔚：《公共数据如何合法利用、流动、交易？上海召开数据立法研讨会》，载澎湃新闻网：https://www.thepaper.cn/newsDetail_forward_12878917。

中的基础性问题，包括数据收集和治理的问题、数据流通和利用的问题、数据安全和个人信息保护的问题、数据和业务协同的问题。[①] 从条文表述来看，《上海市数据条例》的立法目的有六：

（一）保障各类主体的数据权益

保护自然人、法人和非法人组织与数据有关的权益（简称数据权益），既要保护自然人对其个人信息享有的人格权益，也要保护自然人、法人和非法人组织在数据处理活动中形成的法定或者约定的财产权益，以及在数字经济发展中有关数据创新活动取得的合法财产权益。《上海市数据条例》设置了"数据权益保障"专章加以细化规定。

（二）规范数据处理活动

数据处理活动是数据立法共同的调整对象。数据处理活动应当遵循的规则贯穿于《上海市数据条例》始终，其中为了突出对个人信息的特别保护，设置了"个人信息特别保护"专节，对个人信息处理活动进行规范。

（三）促进数据依法有序自由流动

数据作为生产要素之后，只有允许数据流动，才能实现对数据的有效利用，充分体现数据的价值。但是，数据流动应当遵循依法、有序和自由的原则。首先，数据流动必须依法进行，不得非法提供、非法传输或非法交易数据，不得损害各类主体的数据权益，不得危害国家安全；其次，数据流动应有序进行，特别是重要数据、国家核心数据的流动，需要依法进行风险评估和安全审查。从事数据交易中介服务的机构应当尽到

---

① 孙维维：《上海数据立法直面"新命题"，将规范数据授权、交易》，载第一财经：https://www.yicai.com/news/101064682.html。

依法审核的义务；最后，数据自由流动，是指禁止违法对数据流动设置不合理的限制和壁垒。

（四）保障数据安全

在信息化时代，数据已经成为国家重要的基础性战略资源，数据安全已经成为国家安全的重要组成部分。在积极开发利用数据资源、充分释放数据效能的同时，应切实保障数据安全，强化关键数据资源的安全风险能力。《数据安全法》第6条第1款规定，"各地区、各部门对本地区、本部门工作中收集和产生的数据及数据安全负责"，据此上海市政府各部门需要对本地区管辖的数据活动承担数据安全监管责任。

（五）加快数据要素市场培育

数据要素，即数据作为生产要素。2019年10月，十九届四中全会首次明确提出将数据作为生产要素参与分配。2020年4月，中共中央与国务院印发《关于构建更加完善的要素市场化配置体制机制的意见》，明确提出要"加快培育数据要素市场"。

目前，上海在数据要素市场发展方面处于国内领先地位。一方面，数据产业规模全国领先，全市数据核心企业突破1000家，核心产业规模达2300亿元，复合增长率高于全国平均水平。另一方面，数据流通活跃度全国领先，累计向社会开放政务数据近6000项。[1] 为了进一步提高数据价值转化能力，让数据要素全方位赋能经济、生活、治理三大领域，需要大力推进数据要素市场建设。为此，《上海市数据条例》设置"数据要

---

[1] 《推进数据要素市场建设，更好赋能经济、生活、治理的数字化转型！市政府新闻发布会介绍〈上海市数据条例〉配套政策措施》，载上海市经济和信息化委员会网站：https：//app.sheitc.sh.gov.cn/zxxx/691669.htm。

素市场专章"进行细化规定。

(六)推动数字经济更好服务和融入新发展格局

随着数字技术的加速创新和日益融合经济社会发展各领域全过程，数字经济发展正在成为重组全球要素资源、重塑全球经济结构、改变全球竞争格局的关键力量。"党的十八大以来，党中央高度重视发展数字经济，将其上升为国家战略。……我们出台了《网络强国战略实施纲要》、《数字经济发展战略纲要》，从国家层面部署推动数字经济发展。"① 近年来，面对国际形势不确定、不稳定因素增多的复杂环境，党中央作出加快构建以国内大循环为主体、国内国际双循环相互促进的新发展格局的重大战略部署。在这个过程中，应当以加快数字化发展为抓手，用好数据要素，对技术、资本、人才等各方面生产要素进行数字化、智能化改造和整合，重构原有产业的资源配置状态，催生新业态，助力我国产业更加深入地融入全球产业链、供应链和价值链。

四、立法依据

作为数据领域的综合地方性法规，《上海市数据条例》的立法依据是"《数据安全法》《个人信息保护法》等法律、法规"。在条例的起草过程中，《数据安全法》和《个人信息保护法》先后出台并生效，条例依据这些上位法，结合上海市实际及时进行了相应的细化规定。但是，这里并非对立法依据的穷尽列举。例如，《上海市数据条例》中有关关键信息基础设施的规定，属于执行《网络安全法》《关键信息基础设施安全保

---

① 参见习近平：《不断做强做优做大我国数字经济》，载《求是》2022 年第 2 期。

护条例》等法律、法规的规定，而"浦东新区数据改革"专章则是以《全国人民代表大会常务委员会关于授权上海市人民代表大会及其常务委员会制定浦东新区法规的决定》为依据。

值得一提的是，《上海市数据条例（草案）》（征求意见稿）①第1条曾将《民法典》也列为立法依据之一。《民法典》对数字经济发展中出现的问题作了适度回应，如"隐私权和个人信息保护"专章中明确将隐私权作为独立的人格权，规定了个人信息处理应当遵循的原则和个人信息处理者的义务。② 从法律位阶来看，《民法典》是《上海市数据条例》的上位法。之所以删去关于《民法典》的表述，主要考量是基于立法技术规范，不必在立法依据中援引，但《民法典》作为上位法，仍然是依据之一。

（撰稿人：苏苗罕）

第二条 【基本定义】

本条例中下列用语的含义：

（一）数据，是指任何以电子或者其他方式对信息的记录。

（二）数据处理，包括数据的收集、存储、使用、加工、传输、提供、公开等。

（三）数据安全，是指通过采取必要措施，确保数

---

① 上海市人大常委会办公厅：《关于〈上海市数据条例（草案）〉（征求意见稿）征求意见有关事项的说明》（2021年9月30日），载上海人大网站：http://www.spcsc.sh.cn/n8347/n8481/n9119/index.html。
② 《民法典》第1032—1039条。

据处于有效保护和合法利用的状态，以及具备保障持续安全状态的能力。

（四）公共数据，是指本市国家机关、事业单位，经依法授权具有管理公共事务职能的组织，以及供水、供电、供气、公共交通等提供公共服务的组织（以下统称公共管理和服务机构），在履行公共管理和服务职责过程中收集和产生的数据。

本条主旨

本条通过界定数据、数据处理、数据安全和公共数据等四个关键概念，明确了《上海市数据条例》的适用范围和调整对象。其中对于数据、数据处理、数据安全所作解释与《数据安全法》第 3 条保持一致。鉴于全国人大尚未对公共数据专门立法，《上海市数据条例》提供了具有开创意义的界定。

条文详解

一、数据

数据，是指任何以电子或者其他方式对信息的记录。这一定义最早出现在《数据安全法》第 3 条第 1 款，《深圳经济特区数据条例》（2021 年通过）也沿袭了这一定义。

首先，数据和信息两者常常密不可分。一般认为数据是信息的表达，而信息则是数据的内涵。正是基于这一原因，个人信息在有的国家也被表述为个人数据。[①] 而在我国政府各类政策

---

① 参见欧盟《通用数据保护条例》第 4 条对个人数据（personal data）所作定义。

文件中，"信息资源"也常与"数据"互用。[①]

其次，信息记录方式可以是电子方式或者其他方式。电子方式存在的数据，即电子数据。按照司法解释的列举，通过电子邮件、电子数据交换、网上聊天记录、博客、微博客、手机短信、电子签名、域名等形成或者存储在电子介质中的信息，都属于电子数据。[②] 其中，通过网络收集、存储、传输、处理和产生的各种电子数据，即网络数据。[③] 数据存在的其他方式目前主要是指磁盘等磁记录形式，但是也不排除随着信息技术的迭代更新，可能出现的新方式。

最后，数据以其记录的信息是否具有可识别性为判断标准，可分为个人信息数据与非个人信息数据。其中，个人信息数据一般由处理者通过处理个人信息的方式获取，并以两种形态存在：原始形态的个人信息数据和去标识化的个人信息数据。去标识化是指个人信息经过处理，使其在不借助额外信息的情况下无法识别特定自然人的过程。去标识化的个人信息数据虽然经过处理者的特殊处理，但依然保留一定程度的可识别性。个人信息如果经过处理，失去可识别性特征，则不再属于个人信息。个人信息的匿名化，就是对个人信息进行处理，使人无法识别特定自然人且不能复原的过程。[④] 因此，匿名化的个

---

① 例如，《国务院办公厅关于运用大数据加强对市场主体服务和监管的若干意见》（国办发〔2015〕51号）在"五、推进政府和社会信息资源开放共享"部分，提出要"提高政府数据开放意识，有序开放政府数据，方便全社会开发利用"。

② 《最高人民法院关于适用〈中华人民共和国民事诉讼法〉的解释》（法释〔2015〕5号发布，法释〔2022〕11号修正）第116条；《最高人民法院关于民事诉讼证据的若干规定》（法释〔2001〕33号通过，法释〔2019〕19号修正）第14条。

③ 《网络安全法》第76条第4款。

④ 《个人信息保护法》第73条第3—4项。

人信息数据已不再具有可识别性，其记录的信息严格来说已经不属于个人信息的范畴。

二、数据处理活动

数据处理活动，是指数据的收集、存储、使用、加工、传输、提供、公开等。这一规定沿袭了《数据安全法》第3条第2款的规定。《个人信息保护法》则对个人信息（数据）的处理作了定义，包括个人信息的收集、存储、使用、加工、传输、提供、公开、删除等。[①] 我们通过比较可以发现，两者存在高度重合。不同之处在于，《数据安全法》针对的是一般性数据，并从安全目的对数据进行分级分类，区分重要数据和非重要数据。《个人信息保护法》主要针对个人信息，即"个人信息是以电子或者其他方式记录的与已识别或者可识别的自然人有关的各种信息，不包括匿名化处理后的信息"。

数据如同企业其他资产一样，也具有生命周期。充分认识数据的全生命周期，有助于更好地描述、衡量、量化和管理数据。数据全生命周期可以分为采集、存储、整合、呈现与使用、分析与应用、归档和销毁等几个阶段。在数据的生命周期中，数据价值决定着数据全生命周期的长度，并且数据价值会随着时间的变化而递减。本条所定义的数据处理活动，实际上涵盖了数据的全生命周期。

三、数据安全

坚持总体国家安全观，是习近平新时代中国特色社会主义思想的重要内容。《数据安全法》第4条规定："维护数据安

---

① 《个人信息保护法》第4条第2款。

全,应当坚持总体国家安全观,建立健全数据安全治理体系,提高数据安全保障能力。"在数据的重要性在各领域与日俱增的同时,数据风险与数据安全问题也越发突出,给个人、国家、社会带来了前所未有的挑战。在此背景下,数据的保护与治理不仅关乎数据作为重要生产要素的开发利用,而且与国家主权、国家安全、社会秩序、公共利益等休戚相关。数据安全与政治安全、国土安全、军事安全、经济安全、文化安全、社会安全、科技安全、生态安全、资源安全、核安全并列且相互协调,共同组成综合安全体系。

数据安全本身包含动态安全和静态安全两个方面。一方面,数据的静态安全强调有效保护,即数据不被外部因素干扰,构成数据自由流动的前提。网络安全的核心是数据安全。《网络安全法》第 76 条第 2 项对"网络安全"的定义包含了"保障网络数据的完整性、保密性和可用性的能力",就是数据静态安全的体现。另一方面,数据的动态安全则集中体现为合法利用,具体包括重要数据可控和非重要数据可信两个方面。它们分别构成数据自由流动的硬约束和软约束。[1]

四、公共数据

公共数据是公共管理和服务机构履职中采集、生成的各类数据资源。它是支撑党政机关整体智治、数字政府、数字经济、数字社会、数字法治五大综合应用的重要基础资源。早在2015 年,国务院即发文提出"形成公共数据资源合理适度开放

---

[1] 参见许可:《自由与安全:数据跨境流动的中国方案》,载《环球法律评论》2021 年第 1 期。

共享的法规制度和政策体系"。① 笔者统计,截至 2021 年年底,我国各级地方政府已经围绕公共数据管理出台了 11 部地方政府规章。

2018 年,上海市政府制定了《上海市公共数据和一网通办管理办法》,其中第 3 条规定,公共数据,是指本市各级行政机关以及履行公共管理和服务职能的事业单位在依法履职过程中,采集和产生的各类数据资源。《上海市数据条例》制定过程中,结合本市公共数据已有的实践基础,对公共数据的定义在主体范围上作了适度扩大,从"本市各级行政机关以及履行公共管理和服务职能的事业单位",扩大为"本市国家机关、事业单位,经依法授权具有管理公共事务职能的组织,以及供水、供电、供气、公共交通等提供公共服务的组织"。

与此同时,在征询国家有关部门意见的基础上,对于那些有争议的和较为敏感的但又对本市公共管理和服务意义较大的数据,如运行经费由本市各级财政保障的单位、中央国家机关派驻本市的相关管理单位以及通信、民航、铁路等单位在依法履行公共管理和服务职责过程中收集和产生的各类数据,采用"参照公共数据的有关规定执行"的方式,使得立法过程不仅凝聚了共识,还找到了体现各方意愿和需求的最大公约数。②

参考资料

《数据安全法》第 3 条

---

① 《国务院关于印发促进大数据发展行动纲要的通知》(国发〔2015〕50 号)。
② 张继红:《聚民智 汇民意 坚持全过程人民民主——讲述〈上海市数据条例〉背后的点滴故事》,载《上海人大》2021 年第 12 期。

《上海市公共数据和一网通办管理办法》第 3 条

《上海市公共数据开放暂行办法》第 3 条

《浙江省公共数据条例》第 2、3 条

（撰稿人：苏苗罕）

第三条 【基本原则】

本市坚持促进发展和监管规范并举，统筹推进数据权益保护、数据流通利用、数据安全管理，完善支持数字经济发展的体制机制，充分发挥数据在实现治理体系和治理能力现代化、推动经济社会发展中的作用。

本条主旨

本条规定了数据发展和管理的基本原则、实现路径和工作目标。

条文详解

本条在《上海市数据条例（草案）》（征求意见稿）第 3 条中分两款表述："本市统筹推进数据权益保护、数据流通利用、数据安全管理，充分发挥数据在城市治理、优化营商环境和推动经济社会发展中的作用。""本市遵循数据资源开发与保护并举，统筹安全与发展、坚持创新突破与包容审慎监管并举的原则，促进数据开放应用，实施分类分级保护，突出公共利益优先，强化个人信息保护。"最终出台的文本对上述表述作了简化处理，合为一款，分别阐述数据发展和管理工作的基本原则、实现路径和工作目标，逻辑更为清晰。

一、基本原则

"坚持促进发展和监管规范并举"是数据活动管理监督的基本原则。2021 年 10 月 18 日，习近平总书记在中共中央政治局第三十四次集体学习时强调指出，要规范数字经济发展，坚持促进发展和监管规范两手抓、两手都要硬，在发展中规范、在规范中发展。① 在该原则的指导下，《上海市数据条例》"如同给奔腾不息的数据流设了一个红绿灯，该踩油门的时候加速前行，该踩刹车的时候立即停止"。

《数据安全法》第 13 条规定："国家统筹发展和安全，坚持以数据开发利用和产业发展促进数据安全，以数据安全保障数据开发利用和产业发展。"虽然"坚持促进发展和监管规范并举"与"统筹发展和安全"在文字表述上有所不同，但是其总体精神是一致的。

二、总体要求

本条对于数据发展和管理的总体要求可以分为两个方面：

一是统筹推进数据权益保护、数据流通利用、数据安全管理。无论是数字经济发展，还是数字化治理能力的提升，都是以数据要素为核心，这就要求促进数据流通利用。在推动数据有序流动的同时，也不可偏废数据权益保护和数据安全管理。

二是完善支持数字经济发展的体制机制。为了支持数字经济发展，需要建立健全数据资源产权制度、交易规则和管理规范，确保数据要素安全有序流通。完善数据资源开放共享制度，推动政务数据、公共数据、企业数据、个人数据等全社会

---

① 习近平：《不断做强做优做大我国数字经济》，载《求是》2022 年第 2 期。

各类数据良性互动、融合应用,打破数据孤岛,释放数据红利。有序推动培育数据交易市场,着力培育规范的交易平台和市场主体,深度挖掘数据要素价值,充分释放数据促进经济社会发展的强劲动能。

三、工作目标

"发挥数据在实现治理体系和治理能力现代化、数据在推动经济社会发展中的作用",是上述数据发展和管理工作的目标。具体体现在两个方面:

一是发挥数据在实现治理体系和治理能力现代化中的作用。新一代信息技术日新月异,为提升国家治理体系和治理能力现代化水平提供了有利条件。上海市应当将大数据作为支撑政府科学决策、精准管理的重要工具,推进政府管理和社会治理模式创新,实现政府决策科学化、社会治理精准化、公共服务高效化。

二是发挥数据在推动经济社会发展中的作用。一方面,贯彻以人民为中心的发展思想,把增进人民福祉作为数据发展和管理的出发点和落脚点;另一方面,发挥大数据对经济社会发展的驱动引领作用,加快发展数字经济,推动数字产业化和产业数字化。

参考资料

《深圳经济特区数据条例》第 5 条

(撰稿人:苏苗罕)

第四条 【政府职责】

市人民政府应当将数据开发利用和产业发展、数字经济发展纳入国民经济和社会发展规划，建立健全数据治理和流通利用体系，促进公共数据社会化开发利用，协调解决数据开发利用、产业发展和数据安全工作中的重大问题，推动数字经济发展和城市数字化转型。

区人民政府应当按照全市总体要求和部署，做好本行政区域数据发展和管理相关工作，创新推广数字化转型应用场景。

乡镇人民政府、街道办事处应当在基层治理中，推进数据的有效应用，提升治理效能。

本条主旨

本条明确了市、区、乡镇三级政府在数据发展和管理等方面的职责。

条文详解

本条对于市、区、乡镇三级政府在数据发展和管理方面的职责，分设3款加以规定。《上海市数据条例（草案）》（征求意见稿）第4条第2款规定："区人民政府和乡镇人民政府、街道办事处应当按照全市总体要求和部署，做好本行政区域数据发展和管理相关工作。"《上海市数据条例》最终文本将区人民政府与作为基层治理体系组成部分的乡镇人民政府、街道办事处的职责进行适度区分，有助于更好地构建多元治理体系。

一、市人民政府

市人民政府的职责是基于整个上海市域范围的视角，通过制定规划、建立体系和协调解决重大问题等方式推动数字经济发展和城市数字化转型。

（一）制定规划

国民经济和社会发展规划是国家加强和改善宏观调控的重要手段，也是政府履行经济调节、市场监管、社会管理和公共服务职责的重要依据。① 国民经济和社会发展规划按行政层级分为国家级规划、省（区、市）级规划、市县级规划；按对象和功能类别分为总体规划、专项规划、区域规划。其中，总体规划草案由各级人民政府报同级人民代表大会审议批准。专项规划由各级人民政府有关部门组织编制；专项规划是以国民经济和社会发展特定领域为对象编制的规划，是总体规划在特定领域的细化，也是政府指导该领域发展以及审批、核准重大项目，安排政府投资和财政支出预算，制定特定领域相关政策的依据。《数据安全法》第 14 条第 2 款规定："省级以上人民政府应当将数字经济纳入本级国民经济和社会发展规划，并根据需要制定数字经济发展规划。"《上海市数据条例》要求市人民政府将数据开发利用和产业发展、数字经济发展纳入国民经济和社会发展规划，可以保证这些事项在市政府的政策议程中处于更优先的位置，保障国家大数据战略的有效实施。

在《上海市数据条例》通过之前，2021 年 1 月上海市人大通过的《上海市国民经济和社会发展第十四个五年规划和二〇

---

① 《国务院关于加强国民经济和社会发展规划编制工作的若干意见》（国发〔2005〕33 号）。

三五年远景目标纲要》就专门对"全面推动城市数字化转型，加快打造具有世界影响力的国际数字之都"进行了阐述。《上海市数据条例》通过之后，2021年11月，上海市政府办公厅发布了《上海市全面推进城市数字化转型"十四五"规划》。上海市经济和信息化委员会也密集发布了《上海市电子信息产业发展"十四五"规划》《上海市新一代信息基础设施发展"十四五"规划》和《上海市人工智能产业发展"十四五"规划》的通知，切实将条例要求加以落实。

（二）建立体系

市人民政府"建立健全数据治理和流通利用体系，促进公共数据社会化开发利用"。其中数据治理体系建设工作包括：制定公共数据资源规划、建立公共数据目录管理体系、对公共数据施行分类管理等。数据流通利用体系，则体现为建立公共管理和服务机构共享需求清单、责任清单和负面清单制度等基础的公共数据共享机制，制定公共数据开放清单和具体规则。促进公共数据社会化开发利用，则是通过建立公共数据授权运营机制，由被授权运营主体在授权范围内，依托统一规划的公共数据运营平台提供的安全可信环境，实施数据开发利用，并提供数据产品和服务。

（三）统筹协调

市政府"协调解决数据开发利用、产业发展和数据安全工作中的重大问题，推动数字经济发展和城市数字化转型"。

根据《数据安全法》第5条的规定，中央国家安全领导机构，即中央国家安全委员会负责国家数据安全工作的决策和议事协调。《上海市数据条例》调整的内容不仅包括数据安全工作，还包括数据开发利用、产业发展，推动数字经济发展和城市数字化转型。为了推动上海市在"经济、生活、治理"三大领域实现全面数字化转型，市人民政府需要积极发挥统筹协调的作用。为此，在 2020 年 12 月成立上海市城市数字化转型工作领导小组，负责做好重大政策举措的统筹推进和考核评估，加强跨区域、跨部门、跨层级的组织联动。与中央国家安全委员会类似，上海市城市数字化转型工作领导小组作为议事协调机构，发挥决策议事和统筹协调的功能。2021 年 3 月，上海市城市数字化转型工作领导小组办公室发布《2021 年上海市城市数字化转型重点工作安排》，要求相关委办局摸清城市数字化现状底数，找准各领域、各行业发展中的"高频急难"问题。在这些机构设置和工作开展的基础上，《上海市数据条例》对市人民政府职责的表述，体现了将既有工作纳入制度化轨道的努力。

二、区人民政府

区人民政府的职责主要体现在以下两个方面：

一是按照层级管辖和属地管辖原则，负责本行政区域数据发展和管理相关工作。层级管辖原则要求区人民政府接受市政府的领导，按照全市总体要求和部署开展工作。属地管辖原则则要求区人民政府对本行政区域的数据发展和管理负责。

二是创新推广数字化转型应用场景。城市是数字化转型的主场，上海超大人口规模和经济体量，为经济、生活、治理等各领域的数字化转型提供了最丰富的场景。上海市委、市政府于 2020 年年底公布的《关于全面推进上海城市数字化转型的意见》提出，支持各区因地制宜、凸显特色，打造一批综合性强、带动面广的应用场景，形成一批可复制、可推广的示范案例，为全市乃至全国数字化转型创造经验、提供样板。

三、乡镇人民政府、街道办事处

基层治理是国家的基础，统筹推进乡镇（街道）和城乡社区治理，是实现国家治理体系和治理能力现代化的基础工程。乡镇政府是农村基层社会治理的主体，街道办事处是城市基层社会治理的主体。长期以来，基层治理存在"看得见的管不着，管得着的看不见""不同部门分散执法，治标不治本"等问题。为了解决上述问题，国家推行了一系列改革措施，健全城乡基层治理体系，推动社会治理重心向基层下移。例如，《行政处罚法》第 24 条第 1 款规定省级政府根据当地实际情况，可以决定将基层管理迫切需要的县级人民政府部门的行政处罚权交由能够有效承接的乡镇人民政府、街道办事处行使。

随着社会治理重心的下移，乡镇人民政府、街道办公室在基层治理中将发挥更加重要的作用，这就需要基层党政机关能够有效应用数据，提升治理效能。2005 年 10 月开始，上海市在原卢湾区和长宁区两个区试点推行本市城市网格化管理工作。网格化管理的实质，就是信息化、数据化治理。

为了加大数据为基层一线赋能的力度，中共中央和国务院发文提出实施"互联网+基层治理"行动，完善乡镇（街道）、村（社区）地理信息等基础数据。完善乡镇（街道）与部门政务信息系统数据资源共享交换机制。推进村（社区）数据资源建设，实行村（社区）数据综合采集，实现一次采集、多方利用。[①] 上海市民政局也发文提出，在居村层面统一建设集管理、

---

① 《中共中央 国务院关于加强基层治理体系和治理能力现代化建设的意见》（2021 年 4 月 28 日）。

服务、互动为一体的"社区云"应用系统，推动社区治理数字化转型。① 这些政策举措为数据治理实践提供了制度保障，也对基层数据活动管理提出了新要求。

参考资料

《数据安全法》第5、14条

（撰稿人：苏苗罕）

第五条 【部门职责】

市政府办公厅负责统筹规划、综合协调全市数据发展和管理工作，促进数据综合治理和流通利用，推进、指导、监督全市公共数据工作。

市发展改革部门负责统筹本市新型基础设施规划建设和数字经济发展，推进本市数字化重大体制机制改革、综合政策制定以及区域联动等工作。

市经济信息化部门负责协调推进本市公共数据开放、社会经济各领域数据开发应用和产业发展，统筹推进信息基础设施规划、建设和发展，推动产业数字化、数字产业化等工作。

市网信部门负责统筹协调本市个人信息保护、网络数据安全和相关监管工作。

市公安、国家安全机关在各自职责范围内承担数据

---

① 《上海市民政局关于做好加强基层治理体系和治理能力现代化建设相关工作的通知》（沪民基发〔2021〕7号）。

安全监管职责。

市财政、人力资源社会保障、市场监管、统计、物价等部门在各自职责范围内履行相关职责。

市大数据中心具体承担本市公共数据的集中统一管理，推动数据的融合应用。

本条主旨

本条明确了市相关部门在数据发展和管理等方面的职责。

条文详解

《上海市数据条例》对于部门职责分工规定，是在符合上位法相关职责分工条款和国家有关规定的基础上，结合上海市地方机构设置和职能配置情况作出的规定。

一、上位法的相关条款

《网络安全法》《数据安全法》《个人信息保护法》这三部法律构成我国网络安全与数据合规领域的三部基础性法律。这三部法律都是《上海市数据条例》的重要上位法，它们都对部门职责作出了相应规定。[①]

这三部法律的部门职责条款的不同点在于对职责内容的表述，分别涉及"网络安全工作和相关监督管理工作""网络数据安全和相关监管工作"和"个人信息保护工作和相关监督管理工作"，体现了三部法律调整事项上的差别；共同点则在于均分别有针对性地规定统筹协调部门和分管部门的职责。

---

① 《网络安全法》第 8 条、《数据安全法》第 6 条和《个人信息保护法》第 60 条。

首先，国家网信部门均被明确赋予统筹协调机构的地位。国家网信部门即国家互联网信息办公室，它与中央网络安全与信息化委员会办公室形成"一个机构两块牌子"的管理结构。

其次，分管部门在各自职责范围内负责相应工作。《网络安全法》《数据安全法》《个人信息保护法》对于分管部门的表述有所不同，《网络安全法》采用的表述是"国务院电信主管部门、公安部门和其他有关机关"依照本法和有关法律、行政法规的规定，在各自职责范围内负责网络安全保护和监督管理工作；《数据安全法》采用的表述是"工业、电信、交通、金融、自然资源、卫生健康、教育、科技等主管部门"承担本行业、本领域数据安全监管职责，公安机关、国家安全机关等依照本法和有关法律、行政法规的规定，在各自职责范围内承担数据安全监管职责。而《个人信息保护法》则规定"国务院有关部门"依照本法和有关法律、行政法规的规定，在各自职责范围内负责个人信息保护和监督管理工作。

对于地方政府有关部门的职责，《网络安全法》和《个人信息保护法》采取的表述是"按照国家有关规定确定"，[1] 而《数据安全法》则规定了属地管辖的监管原则。[2]

二、上海市地方机构设置情况

上海市地方机构设置和职权配置，按照中央要求可以区分为下列两种情形：[3]

---

[1] 《网络安全法》第 8 条、《个人信息保护法》第 60 条第 2 款。
[2] 《数据安全法》第 6 条第 1 款。
[3] 参见《中共中央关于深化党和国家机构改革的决定》（2018 年 2 月 28 日中国共产党第十九届中央委员会第三次全体会议通过）、《上海市机构改革方案》（中共中央、国务院批准，2018 年）。

　　一方面，按照保证有效实施党中央方针政策和国家法律法规的要求落实"规定动作"。涉及国家法制统一、政令统一、市场统一的机构职能要上下基本对应。例如，对应2018年国务院组成部门调整，上海市新组建了市规划和自然资源局、市生态环境局、市农业农村委、市文化和旅游局等机构。

　　另一方面，在省级及以下机构的自主权范围内可以发挥"自选动作"，突出上海特色因地制宜设置机构和配置职能，以增强地方治理能力。例如，为加快建设智慧政府，组建上海市大数据中心，对公共数据资源汇集互联、共享应用。

　　三、上海市政府相关部门的职责

　　本条虽然分为7款，但是其内容可以归并为两种情形：

　　一是已有上位法对国务院机构的职权作出规定的，上海市的地方机构则设置上下基本对应的、基本沿用上位法的规定。参考《数据安全法》第6条的规定，本条第4—6款规定："市网信部门负责统筹协调本市个人信息保护、网络数据安全和相关监管工作。市公安、国家安全机关在各自职责范围内承担数据安全监管职责。市财政、人力资源社会保障、市场监管、统计、物价等部门在各自职责范围内履行相关职责。"

　　二是尚无上位法对国务院机构的职权作出明确规定，又属于上海市自主权范围的，则因地制宜作出规定。我国上位法尚未对公共数据、数据治理、大数据产业、数字经济等事项的职责分工作出规定，各地做法有所不同，本条第1、2、3、7款结合上海市各机构"三定"规定确定的职责分工，因地制宜作出相应规定。

　　首先，上海市政府办公厅作为市政府的办事机构，其主要职责包括"负责推进、指导、协调、监督全市公共数据和电子政务工作，编制公共数据和电子政务发展规划并组织实施"。该条将上海市政府办公厅明确为数据主管部门，主要是因为编办批复成立的"数据管理办公室"隶属市政府办公厅。

其次，上海市发展改革委作为市发展改革部门，其主要职责包括"统筹协调本市经济体制和社会发展改革""综合平衡和协调解决本市信息化发展与促进产业结构优化升级、提高人民生活水平中的重大问题，会同市有关部门协调推进信息化发展""推动长江三角洲区域一体化发展"等职能。

最后，上海市经信委作为市经济信息化部门，其主要职责包括"统筹推进信息基础设施规划、建设和发展，推动产业数字化、数字产业化"等职能。特别需要指出的是，"推动产业数字化和数字产业化"是较征求意见稿新增的内容。

当然，本条规定仍然比较原则，各部门的具体职责需要参考其职能配置、内设机构和人员编制规定确定。《上海市数据条例》出台后，上海市政府相关部门研究制订了《贯彻实施〈上海市数据条例〉配套工作分工方案》，该文件也将有助于厘清各个部门的职责分工。

参考资料

《网络安全法》第 8 条
《数据安全法》第 6 条
《个人信息保护法》第 60 条

（撰稿人：苏苗罕）

第六条 【首席数据官】

本市实行数据工作与业务工作协同管理，管区域必须管数字化转型、管行业必须管数字化转型，加强运用数字化手段，提升治理能力和治理水平。

本市鼓励各区、各部门、各企业事业单位建立首席数据官制度。首席数据官由本区域、本部门、本单位相关负责人担任。

本条主旨

本条规定了首席数据官制度，旨在通过数据工作与业务工作协同管理促进城市数字化转型。

核心概念

数字化转型（Digital Transformation）：指运用数字技术和数据资源使得社会和行业发生深刻变革的过程。数字化转型的概念在实践中不断更新，其范畴从企业逐步延伸至政府、城市以及社会的各个方面。城市数字化转型是指政府为了适应技术变革的浪潮而进行的一系列城市治理适应性变革，[1] 推动"经济、生活、治理"全面数字化转型，[2] 这种转型受数字技术应用不断创新与数据资源持续增长的双重驱动。

---

① 李文钊：《双层嵌套治理界面建构：城市治理数字化转型的方向与路径》，载《电子政务》2020年第7期。

② 上海市委、市政府：《关于全面推进上海城市数字化转型的意见》，载上海市人民政府网站：https://www.shanghai.gov.cn/nw15343/20210108/c5ee6069f29a4a089f709708441bad31.html。

首席数据官（Chief Data Officer，CDO）：首席数据官是为建立健全数据全生命周期管理机制，促进数据治理和流通利用而制定并执行数据策略的业务领导者，通过数据处理、分析、挖掘、交易等方式，负责组织的数据保护、数据资产治理和业务数字化转型等工作。

条文详解

一、数据工作与业务工作协同管理

数据工作与业务协同管理是指数据管理应与业务领域结合，而不是割裂地治理。数据治理以业务部门的需求为导向，数据实践能够反馈业务实践、真正解决业务中的实际问题，从而实现数字化治理的目标。以公共数据领域为例，传统公共数据的收集就是各部门将自身掌握的数据汇集至大数据中心，但这些汇集的海量公共数据缺少技术与业务的有效融合，并没有真正惠及政府各部门，此时的公共数据治理对政府数字化转型未提供实质性帮助。大数据时代，数据的开放与流通绝不同于以前的政府信息公开。本条所确立数据工作与业务工作协同管理的工作机制，目的就是使得公共数据能够真正惠及政府各部门、各区域、各行业，推动城市数字化转型，推动放管服改革，优化营商环境，提升政务服务规范化、便利化、智慧化水平。

数据工作与业务工作协同管理意在转变行政管理的传统模式，依托大数据平台，将数字化渗透到每一个工作流程和每一个环节，形成数字化治理模式。2016年《国务院办公厅关于促进和规范健康医疗大数据应用发展的指导意见》对健康医疗大数据领域提出了数据共享业务协同的要求，《上海市公共数据和一网通办管理办法》也提出了"整合公共数据资源,加强业务协同办理"的规定,以优化政务服务流程,推动群众和企业办事"一网通办""最多跑一次"。此后,贵州、安徽、浙江、江苏等省份也纷纷在地方性法规中提出了相应要求。例如《安徽省大数据发展条例》第 21 条规定,政府部门应当推动运用互联网、大数据、人工智能、区块链等技术手段进行行政管理,推进协同办公,健全行政权力运行制约和监督考评体系。以托皖事通办平台为依托,促进政务服务跨地区、跨部门、跨层级数据共享和业务协同。《深圳经济特区数据条例》第 52 条也规定,政府应以城市大数据中心为依托,"建设基于统一架构的业务中枢、数据中枢和能力中枢,形成统一的城市智能中枢平台体系,为公共管理和服务以及各区域各行业应用提供统一、全面的数字化服务,促进技术融合、业务融合、数据融合"。2020 年,《关于全面推进上海城市数字化转型的意见》为推动生活数字化转型提出,"提高城市生活品质。满足市民对美好生活的向往,打造智能便捷的数字化公共服务体系,加强政府、企业、社会等各类信息系统的业务协同、数据联动"。

为贯彻落实本市数字化转型的要求,本条第 1 款规定了数据工作与业务工作协同管理作为本市重要的政府工作原则和工作机制。依托上海市大数据中心,建立和完善运行管理机制,推动政府整体数字化转型,深化跨层级、跨地域、跨系统、跨部门、跨业务的数据共享和业务协同,建立统一指挥、一体联动、智能精准、科学高效的政府运行体系。

二、首席数据官的制度来源与现有实践

数据管理的重要性变得越来越明显,并成为现代企业管理至关重要的影响因素之一。随着 IT 技术的发展,"企业数据治理"作为一个全新的管理概念被提了出来,而这也正是数据保护官(Data Protection Officer, DPO)进入企业高管团队的重要原因。随着挖掘数据的价值成为所有企业的目标,每个领域都需要首席数据官(CDO)角色的出现,让数据的价值发挥到最大。CDO 是随着企业不断发展而诞生的一个新型的管理者。其主要责任是根据企业的业务需求、选择数据库以及数据抽取、转换和分析等工具,进行相关的数据挖掘、处理和分析,并且根据数据分析的结果战略性地对企业未来的业务发展和运营提供相应的建议和意见。

本条规定的"首席数据官"与国外法中的"数据保护官"存在一定的概念交叉。欧盟《通用数据保护条例》(GDPR)规定,部分组织机构有义务设立 DPO;《荷兰数据保护法》(*Dutch Data Protection Act*, the "DPA")规定,DPO 的任命并不是强制性的:"控制者可选择设立自己的 DPO"。GDPR 就 DPO 的任命提供了详细指引。依照 GDPR,从 2018 年 5 月 25 日起,包括数据控制者和处理者在内的部分组织机构必须设立 DPO。从 GDPR 正式施行之日起,DPO 将成为这些组织机构内部隐私合规方面的核心人物。DPO 将监督组织机构内部对 GD-PR 的遵守情况,并应担任数据主体和相关监管机构等利益相关方的联络人。

在实践中,第一位首席数据官的诞生源自 2008 年至 2009 年的世界金融危机,许多大银行和保险公司都设立了首席数据官这一职务,以保证监管、风险管理以及分析报告的数据质量及透明度。花旗集团旗下的企业与投资银行公司(CIB)曾任命约翰·博特加（John Bottega）为公司历史上第一位首席数据官（CDO）。约翰·博特加曾在多家企业负责数据管理方面的工作并有 20 年的工作经验。约翰·博特加主要负责的工作包括：规划和管理 CIB 数据的发展策略、相关政策、部属职能及投资方向等。同时，约翰·博特加还会更紧密地与花旗集团应用计算智能小组（GICAP）、CIB 技术部与 CIB 数据理事会合作，共同优化花旗集团的数据管理结构。CIB 首席数据官的角色定位，在于实现其数据策略以及明确清晰的数据所有权，这将对推动跨越前台管理、行政、财政、服务以及风险保障等部门之间的数据流改进工作有很大的帮助。2012 年，阿里巴巴任命了中国企业界的第一位首席数据官。① 2021 年 5 月，广东省发布《广东省首席数据官制度试点工作方案》，开创了我国首席数据官制度的先河。

2022 年年初，中国电子技术标准化研究院主办了首期首席数据官（CDO）认证培训，课程内容主要为首席数据官需要掌握的知识要素，包括数据理念、数据平台、数据治理、数据应用和数据安全五大维度，吸引了来自全国各地的政府、医疗、金融、科研院所、央国企等行业近 40 名学员线上参加了首期培训课程的学习。据相关研究，中国企业数据管理意识正在增强，作为数据管理最高长官的首席数据官这一新兴角色正在快速崛起，但作为一个正式的职位目前在中国还处于起步阶段，大部分企业还未明确设置首席数据官这一职位。尤其是和欧美的发达国家相比，中国的首席数据官制度未来还有很长的路

① 付媛媛：《首席数据官 C 位出道，中国数字企业峰会重磅发布中国首份 CDO 报告！》，来源于首席数字官公众号，2020 年 4 月 9 日。

要走。

三、首席数据官的制度设计

第一，在设立主体上，本条规定的主体有三类：各区政府、各政府部门、各企业事业单位。首席数据官（CDO）制度研究和试点也已经启动，通过政府引领，深化各行业领域数据治理，推动业务数字化转型。那么，行政机关与企事业单位所设立的首席数据官之间有何异同？参考《广东省首席数据官制度试点工作方案》，"首席数据官"定位为政府部门工作人员，主要工作是组织制订本级政府或本部门数字政府发展规划、标准规范和实施计划，统筹协调内外部数据需求，统筹推进数据共享开放和开发利用工作，协调解决本级政府或本部门信息化项目建设中的重大问题，推进本部门数据治理及运营团队建设等。因此，政府与企事业单位的"首席数据官"将分别在本组织内部的组织管理、数据治理、转型创新、数据价值、数据决策等方面发挥自己的作用。

第二，首席数据官的职责。本条所规定的"首席数据官（CDO）"与"数据保护官（DPO）"以及"个人信息保护负责人"等概念和职责之间有何异同？欧盟《通用数据保护条例》（GDPR）语境下的"数据保护官"是企业承担个人数据保护合规职责的负责人，我国《个人信息保护法》语境下的"个人信息保护负责人"是指全面实施统筹组织公司个人信息保护工作、对个人信息安全负直接责任的公司人员，在企业处理的个人信息达到国家网信部门规定数量的情况下必须设置。在我国《数据安全法》的严格规制下，首席数据官（CDO）的职位设置也逐渐成为必要。CDO直接向首席执行官（CEO）汇报工作，不仅要求懂数据、懂技术、懂商业，还要具备战略思维和管理能力，融合了包括数据分析员、首席信息官（CIO）、首席营销官（CMO）在内的各项能力。企业 DPO 需要在法律法规的框架下对数据保护体系的构建，以及数据管理、数据运营、数据安全等进行合规性审查和监督，偏向法律合规管理，在对企业负责的同时应保持一定的独立性，否则会承担相应的法律责任，所以有的企业将 DPO 配置在法务或合规部门。由于 DPO 同时需要有一定的技术支撑，其岗位职责更偏向数据治理方面，且主要为企业负责，更多的企业将 CDO 配置在大数据部门，也有由 IT 部负责人兼任的情形。因此，CDO 和 DPO 的职责和定位不同，不存在领导与被领导关系，应当与企业的商务市场、产品研发、行政财务、IT 网络等部门负责人一样，是互相配合、互相支持的关系，在保障数据安全的同时挖掘和发挥数据价值最大化，每个企业可以根据自身情况确定 CDO 和 DPO 在企业管理架构中的位置。在政府部门中，首席数据官制度不同于数据管理局等机构，而是强调权责到人，该职位被赋予了政府治理和决策体系中的重要地位，具有更大决策权和推动力，弥补了数据管理部门所欠缺的跨部门、跨层级统筹协调能力。通过优化数据管理队伍、强化统筹协同机制、完善公共数据共享开放和授权运营机制，推动数据工作与业务的协同。

为促进《个人信息保护法》和《数据安全法》的实施，培育数据治理复合型人才，本条鼓励各区、各部门、各企业事业单位均建立首席数据官制度。目前，上海市正准备制定首席数据官（CDO）制度指导性文件，在部分政府、企事业单位进行试点，推动各行业建立健全数据治理体系。成立数据标准化技术组织，加强各领域数据标准体系的统筹建设和管理。设立数据专家委员会，为重要政策制定、发展规划和重大项目论证等提供决策支持。制定数据人才引进政策，大力开展数据人才培养培育，深化职称制度改革等，做到数据发展、人才先行。

参考资料

《深圳经济特区数据条例》第 52 条

《贵州省政府数据共享开放条例》第 7 条

《浙江省数字经济促进条例》第 37 条

《安徽省大数据发展条例》第 21 条

《关于全面推进上海城市数字化转型的意见》

《上海市公共数据和一网通办管理办法》第 3 条

《贵阳市政府数据共享开放考核暂行办法》第 8 条

《广州市数据要素市场化配置改革行动方案》

（撰稿人：陈吉栋 许端蓉）

第七条 【数据专家委员会】

市人民政府设立由高校、科研机构、企业、相关部门的专家组成的数据专家委员会。数据专家委员会开展数据权益保护、数据流通利用、数据安全管理等方面的研究、评估，为本市数据发展和管理工作提供专业意见。

本条主旨

本条旨在规定数据专家委员会的组成和职责。

核心概念

数据专家委员会：数据专家委员会的宗旨是开展数据权益保护、数据流通利用、数据安全管理等方面的研究、评估，为本市数据发展和管理工作提供专业意见。

条文详解

2016 年《国务院办公厅关于促进和规范健康医疗大数据应用发展的指导意见》提出，"研究建立专家委员会，组织研究制定发展战略及相关政策、法规、标准"。本条制度借鉴上海市政府第 21 号令（《上海市公共数据开放暂行办法》）对"公共数据开放专家委员会"的规定，数据专家委员会的设立主体为市政府，由高校、科研机构、企业和相关部门的专家组成，专家来源领域的多元化可以最大程度地保障专家委员会的专业性，为本市数据发展和管理工作提供可行性建议。

一、数据专家委员会的结构组成与职责

首先，在设立主体上，"数据专家委员会"的设立主体是上海市人民政府。2019 年上海市政府第 21 令中规定了"公共数据开放专家委员会"，其设立主体为"市经济信息化部门"；而浙江省所组建的"公共数据专家委员会"则由省公共数据主管部门负责组建。本条例将数据专家委员会的设立主体规定为上海市政府，体现了全市总体要求和部署。

其次，在组成结构上，数据专家委员会由高校、科研机构、企业、相关部门的专家组成，体现了专家委员会来源的多元化，有利于最大程度地保障专家委员会的专业性，为本市数据发展和管理工作提供可行性建议。

最后，本条所规定的数据专家委员会具有以下职责：（1）开展数据权益保护、数据流通利用、数据安全管理等方面的研究和评估。本条含有两层意思：其一是数据专家委员会负责开展数据权益保护、数据流通利用、数据安全管理等方面的研究，为进行数据治理、促进数据产业发展、推动城市数字化转型提供理论性、前沿性、宏观性、方向性的指导；其二是数据专家委员会负责开展数据权益保护、数据流通利用、数据安全管理等方面的评估，为实践提供权威性标准和专业性判断。（2）为本市数据发展和管理工作提供专业意见。专家委员会由高校、科研机构、企业和相关部门的专家组成，其研究领域涵盖金融、大数据、法律、公共管理等各方面，确保能够多角度、全方位为全市数据发展和管理工作提供可行建议和专业意见。

二、数据专家委员会的职责落实

本条仅明确了数据专家委员会的总体职责，在本条例具体条文中落实数据专家委员会义务的仅有一条。本条例第45条中规定，"市政府办公厅应当会同市网信等相关部门和数据专家委员会，对被授权运营主体规划的应用场景进行合规性和安全风险等评估"。后续其他法规的出台可能会细化关于数据专家委员会的具体义务。参考浙江省，也仅规定了数据专家委员在公共数据开放方面的职责，在《浙江省公共数据开放与安全管理暂行办法》中规定，省公共数据主管部门负责组建公共数据专家委员会，并制定专家委员会工作规则。专家委员会由高等院校、科研机构、社会组织、企业、相关部门的专家组成。数据专家委员有权对公共数据的开放主体、开放权限、安全评估提出意见。

在数据交易市场的具体架构中，数据交易指导委员会和数据专家委员会、数据相关行业组织都发挥着重要作用。数据交易指导委员会由市发改委、市经信委、市商务委、市科委、市公安局、市市场监管局、市金融局、市通管局、市网信办等成员单位相关负责人组成，共同协调对上海数据交易所的监督管理工作。市政府设立数据专家委员会，由高校、科研机构、企业及相关部门专家组成，具有开展数据权益保护、数据流通利用、数据安全管理等研究和评估，为本市数据发展和管理工作提供专业意见等职能。数据相关行业协会和组织依法制定并推动实施相关团体标准和行业规范，反映会员合理诉求和建议，加强行业自律，提供信息、技术、培训等服务，引导会员依法开展数据处理活动，配合有关部门开展行业监管，促进行业健康发展。

参考资料

《上海市公共数据开放暂行办法》第 8 条

《浙江省公共数据开放与安全管理暂行办法》第 5 条

（撰稿人：陈吉栋　许端蓉）

第八条　【基础设施建设】

本市加强数字基础设施规划和布局，提升电子政务云、电子政务外网等的服务能力，建设新一代通信网络、数据中心、人工智能平台等重大基础设施，建立完善网络、存储、计算、安全等数字基础设施体系。

本条主旨

本条旨在从宏观规划布局、中观设施体系、微观重点建设方面对数字基础设施的未来发展方向进行蓝图式擘画。

核心概念

数字基础设施，即数字化的基础设施，主要以信息网络技术为基础，涵盖数据的感知、传输、存储、计算、处理和安全等环节，是与传统的物理基础设施相对的新型基础设施。

条文详解

一、新型基础设施、数字基础设施与信息网络基础设施

本条所提及的"数字基础设施"概念于 2021 年 12 月在国务院发布的《"十四五"数字经济发展规划》中被明确完整地提出。在此之前，与之相类似的表述有新型基础设施、新型数字基础设施、信息网络基础设施等。厘清几者之间的关系，是准确理解数字基础设施的前提。

从范围上看，数字基础设施被包含于新型基础设施中。在中央政策文件层面，2018 年中央经济工作会议首次明确提及了"新型基础设施"，即指出要加强人工智能、工业互联网、物联网等新型基础设施建设。[①] 新型基础设施通常被认为主要涵盖以下七大领域，即 5G 基建、特高压（电力物联网）、高铁（轨道交通）、充电桩（新能源汽车）、数据中心（云计算）、人工

---

① 《中央经济工作会议举行 习近平李克强作重要讲话》，载中央人民政府网站：http：//www.gov.cn/xinwen/2018-12/21/content_ 5350934. htm。

智能、工业互联网。① 这样的界定比较具体，但内涵相对较为狭窄。2020年4月，国家发展和改革委员会首次明确了"新型基础设施"的概念，即以新发展理念为引领，以技术创新为驱动，以信息网络为基础，面向高质量发展需要，提供数字转型、智能升级、融合创新等服务的基础设施体系，主要包括信息基础设施、融合基础设施、创新基础设施三个方面。② 从这个概念界定可以看出，"新型基础设施"的核心即在于数字化、智能化。随着产业变革和技术的发展，新型基础设施的内涵、外延不是一成不变的，所谓的"新型"只是相对于传统的物理基础设施而言，如道路设施、桥梁设施、电力设施、水利设施、港口码头等。从"新型"本身的文义出发，其涵盖了信息化、数字化、网络化、智能化、绿色化以及未来发展的诸多方面，只是在目前这一阶段，特别是基于上海市城市数字化转型的大背景，新型基础设施建设的核心主要体现为数字基础设施建设。所以，数字基础设施应是新型基础设施的下位概念。实际上，在相关报道中也有新型数字基础设施的表述，即把新型数字基础设施与其他类型的新型基础设施相区分，认为新型数字基础设施的突出特点在于其全新的数字化技术体系，以新一代数字化技术为依托，通过新技术的产业应用，催生出大量创新业态。③ 这也从语义的层面印证了新型基础设施与数字基础

---

① 《从高质量发展看新型基础设施建设》，载国务院国有资产监督管理委员会网站：http://www.sasac.gov.cn/n2588025/n2588134/c20224304/content.html。

② 《国家发改委首次明确"新基建"范围》，载商务部网站：http://www.mofcom.gov.cn/article/i/jyjl/e/202004/20200402957398.shtml。

③ 《加快建设新型数字基础设施》，载新华网：http://www.xinhuanet.com/info/2020-05/12/c_139049678.htm。

设施两者之间包含与被包含的关系。

从目前使用的内涵来看，数字基础设施是信息网络基础设施的上位概念。在中央政策文件层面，2019 年国务院《政府工作报告》提出要加强新一代信息基础设施建设。[①] 2021 年 12 月 12 日，国务院印发《"十四五"数字经济发展规划》，提出"优化升级数字基础设施"，其中主要包括三个方面的内容，即建设信息网络基础设施、推进云网协同和算网融合发展、推进基础设施智能升级。[②] 从这一内涵来看，数字基础设施则主要包括三个方面：信息网络基础设施、融合基础设施和对传统物理基础设施的智能升级。有学者认为，狭义的数字基础设施是指信息基础设施，即基于新一代信息技术演化发展形成的基础设施；而广义的数字基础设施还包括融合基础设施，即传统基础设施利用新一代信息技术进行智能化改造后所形成的基础设施形态。[③] 此处广义的数字基础设施主要是强调了对物理基础设施的数字化改造，这也与《"十四五"数字经济发展规划》中所提及的"基础设施智能升级"不谋而合。2021 年浙江省发展和改革委员会、浙江省经济和信息化厅印发的《浙江省数字基础设施发展"十四五"规划》也将数字基础设施细化为网络类基础设施、算力类基础设施、新技术基础设施、终端类基础

[①] 《政府工作报告——2019 年 3 月 5 日在第十三届全国人民代表大会第二次会议上》，载中央人民政府网站：http：//www.gov.cn/premier/2019 - 03/16/content_5374314.htm。

[②] 《国务院关于印发"十四五"数字经济发展规划的通知》（国发〔2021〕29 号），载中央人民政府网站：http：//www.gov.cn/zhengce/content/2022 - 01/12/content_5667817.htm。

[③] 韦柳融：《关于加快构建我国数字基础设施建设体系的思考》，载《信息通信技术与政策》2020 年第 9 期。

设施、融合类基础设施等五个方面。① 由此可以明确的是，信息网络基础设施是数字基础设施的重要部分，数字基础设施建设至少包括信息网络基础建设和对物理基础设施的数字化改造两部分。

二、数字基础设施建设的主要任务及方向

如果将数据比喻为数字社会的"石油"，那么数字基础设施建设则是数字社会的"发动机"。数据的价值来源于对数据的利用，而利用的基础则离不开数字基础设施建设。本条明确了数字基础设施建设的主要任务和方向，可以归纳为以下三个方面：宏观上要进行数字基础设施规划和布局，中观上要完善数字基础设施体系，微观上要抓牢重点发展项目。

在宏观层面，数字基础设施的规划和布局强调要加强顶层设计和统筹协调，这既包括明确新型数字基础设施的发展方向，也包括同步协调传统物理基础设施的数字化改造与升级。只有各地区、各部门、各行业之间有明晰的数字基础设施建设规划，才能最大程度地避免盲目建设、重复建设，从而建立起统一的标准规范体系，提升共建共享程度。对此，上海市出台了一系列针对数字基础设施的规划和布局。2020 年 4 月 9 日，上海市政府印发《上海市推进新型基础设施建设行动方案（2020—2022 年）》，加快建设具有上海特色的新型基础设施，以技术创新为驱动，以信息网络为基础，面向高质量发展需要，提供数字转型、智能升级、融合创新等服务的基础设施体系。2021 年 10 月 27 日，上海市政府办公厅印发的《上海市全

---

① 《省发展改革委 省经信厅关于印发〈浙江省数字基础设施发展"十四五"规划〉的通知》，载浙江省发展和改革委员会网站：http：//fzggw.zj.gov.cn/art/2021/5/8/art_ 1229123366_ 2283975. html。

面推进城市数字化转型"十四五"规划》特别提出了数字基础
设施建设全国领先的规划要求。2021 年 12 月 27 日,上海市经
济和信息化委员会印发《上海市新一代信息基础设施发展"十
四五"规划》,提出持续推进数据中心、边缘计算节点及智能
感知设施等的科学布局,全面支撑人工智能、云计算、大数据
等技术落地与产业应用。

在中观层面,完善的数字基础设施体系是实现价值变现的
技术前提,本条主要提及了网络、存储、计算、安全四个方
面。通常所称的"数据基础设施"由基础设施层和数据管理层
组成,共同构成了支撑数据全生命周期管理的软件设施。① 首
先,网络类基础设施是实现数据高速有序流通的底层技术,涉
及网络扩容、5G 基站建设、宽带接入等方面。"十三五"期
间,上海市信息通信基础设施建设和宽带接入能力保持全国领
先,以共建共享模式建成 31190 个 5G 基站,预计到 2025 年年
末,上海将建成并开通 5G 基站 7 万个。② 其次,数字基础设施
建设必须解决以往存储效率低、容量小、较分散的问题,从单
一类型存储向多样性存储、融合处理发展是未来的发展趋势。
再次,海量的数据必须与高效且多样性的算力相匹配。《上海
市全面推进城市数字化转型"十四五"规划》特别强调要推动
数据中心存算一体集约化布局,实施计算增效计划,构建高性
能计算体系。截至 2021 年 5 月,上海市已建成互联网数据中心

---

① 中国信息通信研究院、华为技术有限公司:《数据基础设施白皮书 2019》,载中
国信通院网站:http://www.caict.ac.cn/kxyj/qwfb/bps/201911/t20191118_ 269749.htm。
② 《上海市信息通信行业"十四五"发展规划》,载上海市通信管理局网站:ht-
tps://shca.miit.gov.cn/xwdt/dtxw/art/2021/art_ e8f47bb21f144a72b7bc74d4fe5e9ea2.html。

104 个，机架总量 13.9 万架，平均上架率近 80%。① 自 2022 年
2 月起，上海市经济与信息委员会正在开展新一轮的数据中心
资源摸底工作。最后，安全性是数字基础设施建设发展的底线
保障，体系建设离不开对网络安全风险的研究、评估、排查和
监督。2021 年 12 月，上海市经济和信息化委员会、中共上海
市委网络安全和信息化委员会办公室、上海市发展和改革委员
会、上海市科学技术委员会、上海市财政局、上海市通信管理
局联合印发《上海市建设网络安全产业创新高地行动计划
（2021—2023 年）》，特别强调要保障数字基础设施建设安全，
建立网络安全同步规划、同步建设和同步运行的"三同步"机
制，推动威胁动态跟踪、风险全域感知、事件协同处置等平台
技术加快应用。②

在微观层面，数字基础设施建设涉及范围广、类型多，聚
焦并抓好重点领域先行发展是数据基础设施建设的应有之义，
从而达到以局部带整体的效果。本条主要提及了两个方面：一
是提升电子政务云、电子政务外网的服务能力，这就重点涉及
数字政府建设。2016 年 10 月 13 日，上海市政府办公厅就印发
了《上海市电子政务云建设工作方案》，提出按照集约高效、
共享开放、安全可靠、按需服务的原则建成市、区两级电子政

① 《对市政协十三届四次会议第 0635 号提案的答复》（沪经信提〔2021〕0154
号），载上海市经济和信息化委员会网站：http://sheitc.sh.gov.cn/rddbta/20210916/
488412148360409697a814d5c6441ab5.html。
② 《上海市经济信息化委 市委网信办 市发展改革委 市科委 市财政局 市通信管
理局关于印发〈上海市建设网络安全产业创新高地行动计划（2021—2023 年）〉的通
知》，载上海市经济和信息化委员会网站：http://www.sheitc.sh.gov.cn/xxfw/20211221/
c773a412a7224b3e99b11c3a7ef0d63a.html。

务云平台。2018 年，上海"一网通办"政务服务在全国率先启动。2020 年 4 月，在"一网通办"的基础上，上海在全市范围全面启动并推进城市运行"一网统管"。2021 年，上海"一网通办"接入服务事项 3458 项，"一网统管"市城运平台汇集应用 1150 个。① 二是聚焦重点基础设施，特别提出新一代通信网络、数据中心、人工智能平台等。在数据中心建设方面，上海走在全国前列。2018 年上海市大数据中心成立，主要职能就是构建全市数据资源共享体系，制定数据资源归集、治理、共享、开放、应用、安全等技术标准及管理办法，实现跨层级、跨部门、跨系统、跨业务的数据共享和交换。② 2021 年 4 月，上海市经济和信息化委员会印发《上海市数据中心建设导则（2021 版）》，着重加强对数据中心全生命周期的管理。③

但面向未来发展，上海数字基础设施建设在以下三个方面仍有待发力：一是从设施定位看，站在全球视角的能力锻造有待不断加强；二是从设施部署看，尚未实现与城市数字化转型需求的精准匹配；三是从设施管理看，管理手段与评估体系尚待进一步完善创新。④

---

① 《2021 年上海"一网通办"接入服务事项 3458 项，"一网统管"市城运平台汇集应用 1150 个》，载文汇报：https：//www.whb.cn/zhuzhan/ztjj2022shlh/20220120/444926.html。

② 《上海打造大数据创新生态，促进产业集聚发展》，载国家发展和改革委员会网站：https：//www.ndrc.gov.cn/xwdt/ztzl/szhzxhbxd/zxal/202007/t20200703_1233045_ext.html。

③ 《上海市数据中心建设导则（2021 版）》，载上海市经济和信息化委员会网站：https：//sheitc.sh.gov.cn/xxfw/20210408/16e2ab5733304d6ab06a90252499ca04.html。

④ 《上海市新一代信息基础设施发展"十四五"规划》，载上海市经济和信息化委员会网站：https：//www.sheitc.sh.gov.cn/jsjb/20211229/ab5a28aca2704c3a897f1ff1f9618bd4.html。

参考资料

《"十四五"数字经济发展规划》

2019 年国务院《政府工作报告》

《上海市全面推进城市数字化转型"十四五"规划》

《上海市新一代信息基础设施发展"十四五"规划》

《上海市推进新型基础设施建设行动方案（2020—2022 年）》

《上海市电子政务云建设工作方案》

《上海市建设网络安全产业创新高地行动计划（2021—2023 年）》

《浙江省数字基础设施发展"十四五"规划》

《上海市数据中心建设导则（2021 版）》

《数据安全法》第 14 条

《浙江省公共数据条例》第 9 条

《福建省大数据发展条例》第三章

《安徽省大数据发展条例》第 14 条

（撰稿人：陈吉栋　龚思涵）

第九条　【人才保障与宣传教育】

市、区有关部门应当将数据领域高层次、高学历、高技能以及紧缺人才纳入人才支持政策体系；完善专业技术职称体系，创新数据人才评价与激励机制，健全数据人才服务和保障机制。

本市加强数据领域相关知识和技术的宣传、教育、培训，提升公众数字素养和数字技能，将数字化能力培养纳入公共管理和服务机构教育培训体系。

本条主旨

本条旨在明确从人才引进激励和宣传教育培训两个方面为数字化发展提供保障机制。

核心概念

数据人才：基于数据领域相关的知识和工具开展工作，运用算法等数据技术，对数据进行处理、加工、分析与利用，从而解决实践问题并创造价值的专门/复合型人才。

数字素养与数字技能：数字社会公民学习工作生活应具备的数字获取、制作、使用、评价、交互、分享、创新、安全保障、伦理道德等一系列素质与能力的集合。

条文详解

一、数据人才的引进、评价与保障

新赛道竞争的背后是高水平人才竞争，探索设立新型数字化人才的评价体系，发现一批数字人才，培育覆盖全产业链的数字化梯队，是上海实施高水平人才建设的必要举措。上海在高水平人才吸引力方面具有得天独厚的优势，作为全球化的国际大都市，上海处于经济、教育、文化发展最为成熟的地区前列，对数字化专业人才需求量大。本条第1款主要明确了市、区有关部门对数据人才引进、评价与保障的职责，之所以强调市、区两级部门负责，是因为人才引进的具体落地不仅需要市级部门的大政方针，还需要区级部门的后续保障。总的来说，明确了以下四个任务，各任务之间也具有先后承接的逻辑关系。

　　首先是将数据领域高层次、高学历、高技能以及紧缺人才纳入人才支持政策体系。将数据人才纳入市级人才支持政策体系，这是人才引进的政策前提。所谓数据人才，也可称为数据工作者，其是基于数据领域相关的知识和工具开展工作，运用算法等数据技术，对数据进行处理、加工、分析与利用，从而解决实践问题并创造价值的专门/复合型人才。也有人表述为大数据人才，认为其是具备多种交叉科学和商业技能的人，能够将数据和技术转化为企业的商业价值。[①] 但共性都强调数据人才能够利用数据创造价值。对此，2020 年 8 月，上海市委常委会审议通过《关于新时代上海实施人才引领发展战略的若干意见》，指出要以更加积极、开放、有效的人才政策，为上海未来发展广纳天下英才。《上海市重点领域（科技创新类）"十四五"紧缺人才开发目录》已将人工智能、信息技术两个大类下的共 23 个小类列入其中。但后续引入数据人才需要将其细化，并在市级政策文件中体现，特别是对于如何引进人才、对引进人才的要求、谁来负责、资金支持等问题都需要制定具体的政策。

　　其次是完善专业技术职称体系。目前，大体将数据人才分为以下七类：数据处理技术人才、数据管理人才、数据安全人才、数据分析人才、数据政策人才、数据开放人才、数据科学家。[②] 在人力资源和社会保障部最新发布的职业分类中，人工

---

　　① 中国商业联合会数据分析专业委员会：《大数据人才培养体系标准》，载 https://www.chinacpda.com/association/。

　　② 马海群、蒲攀：《大数据视阈下我国数据人才培养的思考》，载《数字图书馆论坛》2016 年第 1 期。

智能工程技术人员、物联网工程技术人员、大数据工程技术人员、云计算工程技术人员、数字化管理师已成为新兴职业之一。① 如何衔接数据人才与专业资格的认定，是必然面临的问题。2016 年，贵阳市政府颁布《贵阳市大数据产业人才专业技术职务评审办法（试行）》，明确大数据技术员、大数据助理工程师等八类专业人才可以申请职称评定，并为大数据产业人才职称评审开辟"绿色通道"。2021 年，成都市人力资源和社会保障局、成都市新经济发展委员会联合印发了《成都市大数据专业技术人员职称评定办法》，新设大数据专业职称，包括大数据系统研发、大数据分析与应用、大数据咨询与管理三个专业领域。对于具有复合型特性的数据人才，明确专业技术职称体系是必要的。当前面临的最大问题是既有的专业技术职称体系还远远不能适应数据人才发展的需要，即便人力资源和社会保障部已经对职业分类进行了一定的完善，但是大量的数据专业人才在现有的职称评定体系下无法获评。所以，完善专业技术职称体系必须赋予市、区人社部门相关职权，第 9 条第 1 款即提供了一定的依据，为数据专业技术职称改革预留了广阔的空间。

再次是创新数据人才评价与激励机制。评价与激励相辅相成，不仅要对数据人才的技术能力、研发能力、成果创造等进行考核评价，也要结合物质与精神激励、短期与持续激励激发其主动性。上海临港新片区五大园区以数字赋能为引领，推进

---

① 《人社部、市场监管总局、统计局联合发布新职业》，载人力资源和社会保障部网站：http://www.mohrss.gov.cn/SYrlzyhshbzb/dongtaixinwen/buneiyaowen/201904/t20190403_ 313788. html。

数据便捷联通，亟需人工智能等重点产业人才；张江着力打造国际一流科学城，需要广纳人工智能等方面的人才；金桥打造世界一流智造城，建设国内重要的数字技术高地，需要加强智能制造、人工智能、5G技术等高端创新技术人才的集聚和培育。[①] 针对数据行业的特殊性与差异性，细化考核评价标准与体系、明确激励办法、提供资金与经费支持，是未来需要考虑的问题。

最后是健全数据人才服务和保障机制。数据人才在何种程度上能够切实享受到政策福利，也是引进人才的关键环节，涉及户口、住房、医疗、子女入学等多方面。在后续保障方面，上海已出台了一系列举措。例如，上海聚焦人工智能、在线新经济、新基建等重点产业，重点支持自贸试验区临港新片区、张江科学城等重点区域试行更为宽松的居住证转办常住户籍政策，进一步吸引海内外优秀青年人才。[②] 同时，《上海市国民经济和社会发展第十四个五年规划和二〇三五年远景目标纲要》提出实施人才安居工程，通过盘活市场化租赁住房、闲置宅基地等住房资源，鼓励产业园区、大型企事业单位以新建人才公寓等方式解决人才的住房问题。目前，上海正在研究数字化人才评价机制和新基建配套人才引进方案，在资金支持、落户、税收、教育、医疗养老等多个方面对关键核心人才给予优惠政策。[③]

---

① 《上海浦东：与全球竞争人才 打造国际人才港》，载21世纪经济报道：http://www.21jingji.com/article/20211214/herald/5034fd168dac3344d936e47ddac1a4cb.html。

② 胥会云：《上海"十四五"：加大重点产业、区域人才引进》，载第一财经：https://www.yicai.com/news/100934792.html。

③ 和海佳：《王俊：按下上海新基建"快进键"加快培养和引进核心人才》，载中国网：http://cppcc.china.com.cn/2021-01/27/content_77159167.htm。

二、数字素养的培养与宣传

本条第 2 款明确了培养数字素养、提升数字能力的主要任务，主要面对两类对象：一是公众；二是公职人员。首先，对于公众层面，应当提升公众数字素养和数字技能。习近平总书记在中央政治局第三十四次集体学习时就指出，"要提高全民全社会数字素养和技能，夯实我国数字经济发展社会基础"。①《中共中央关于制定国民经济和社会发展第十四个五年规划和二〇三五年远景目标的建议》提出，要"提升全民数字技能"，《国民经济和社会发展第十四个五年规划和 2035 年远景目标纲要》强调"加强全民数字技能教育与培训，普及提升公民数字素养"。由此可见数字素养与数字能力的重要性。

2021 年 11 月，中央网络安全和信息化委员会印发《提升全民数字素养与技能行动纲要》，提出要立足新时代世情、国情、民情，提升全民数字素养与技能。创造性地对"数字素养与技能"的含义进行了界定，即"数字社会公民学习工作生活应具备的数字获取、制作、使用、评价、交互、分享、创新、安全保障、伦理道德等一系列素质与能力的集合"。②"数字技能"侧重职业者的专业能力，"数字素养"侧重终身学习与修养。③提升全民数字素养与技能，是顺应数字时代要求，提升国民素质、促进人的全面发展的战略任务，是实现从网络大国

① 参见习近平：《不断做强做优做大我国数字经济》，载《求是》2022 年第 2 期。
② 《提升全民数字素养与技能行动纲要》，载国家互联网信息办公室网站：http：//www.cac.gov.cn/2021-11/05/c_ 1637708867754305.htm。
③ 《中央网信办负责同志就〈提升全民数字素养与技能行动纲要〉答记者问》，载国家互联网信息办公室：http://www.cac.gov.cn/2021-11/05/c_ 1637708867376698.htm。

迈向网络强国的必由之路，也是弥合数字鸿沟、促进共同富裕的关键举措。

其次，对于公职人员层面，特别强调了要"将数字化能力培养纳入公共管理和服务机构教育培训体系"。此处的"公共管理和服务机构"主要是指政府机关和事业单位，即应当加强对公职人员数字化能力的培训。中央网络安全和信息化委员会印发《提升全民数字素养与技能行动纲要》，提出要"提升领导干部和公务员数字治理能力"。对于公职人员来说，提升数字化能力既是新环境下适用新的工作模式、提升行政效率的要求，也是推进政府数字化转型、城市数字化转型的重要举措。"公共管理和服务机构教育培训"主要就包括公务员轮训、党校培训以及对公职人员的相关工作培训等。不同的职能部门数字化的方向与工作要求也不尽相同，上海可以利用高校、科研院所的优势资源，通过与相关研究机构的合作，定制专门的数字化培训课程、专业研讨会等多种方式满足不同部门"术业有专攻"的现实需求。

参考资料

《数据安全法》第 9 条

《福建省大数据发展条例》第 7、8、41 条

《安徽省大数据发展条例》第 33、41 条

《贵阳市大数据产业人才专业技术职务评审办法（试行）》

《成都市大数据专业技术人员职称评定办法》

《国民经济和社会发展第十四个五年规划和 2035 年远景目标纲要》

《中共中央关于制定国民经济和社会发展第十四个五年规划和二〇三五年远景目标的建议》

《上海市国民经济和社会发展第十四个五年规划和二〇三五年远景目标纲要》

《关于新时代上海实施人才引领发展战略的若干意见》

《提升全民数字素养与技能行动纲要》

（撰稿人：陈吉栋　龚思涵）

第十条　【数据标准化】

市标准化行政主管部门应当会同市政府办公厅、市有关部门加强数据标准体系的统筹建设和管理。

市数据标准化技术组织应当推动建立和完善本市数据基础性、通用性地方标准。

▌本条主旨

本条旨在明确数据标准化体系建设的责任主体与相关职责。

▌条文详解

一、数据标准化意义重大

2015 年国务院印发《促进大数据发展行动纲要》，明确提及要建立标准规范体系，推进大数据产业标准体系建设，加快建立大数据市场交易标准体系，积极参与相关国际标准制定工作。数据标准化是数据利用领域的通用语言，将非结构化数据转换为结构化数据能够更好地促进数据的存储、处理与分析。从内容层面来看，数据标准化至少包括以下四个方面，即技术标准、产品标准、行业应用标准、安全标准。① 上海作为改革开放的排头兵、创新发展的先行者，有责任先行探索制定数据标准，完善数据标准化工作机制。

二、明确数据标准化的责任主体

本条第 1 款的"市标准化行政主管部门"是指上海市市场监督管理局。上海市人大常委会于 2001 年颁布了《上海市标准化条例》，并于 2019 年进行了修订。2018 年，上海市政府出台《上海市地方标准管理办法》。2020 年，依据《标准化法》《上海市标准化条例》《上海市地方标准管理办法》有关规定，上海市市场监督管理局制定了《上海市地方标准化技术委员会管理办法》。从上述立法文件的内容和推进主体，以及现有实践情况来看，数据标准化体系建设工作主要是由牵头部门（上海市市场监督管理局）和主管部门（上海市政府办公厅）以及在其他部门的配合下共同进行的。从《上海市标准化条例》的标准分类出发，数据标准亦可分为国家标准、行业标准、地方标准和团体标准、企业标准。但此处数据标准化的统筹管理主体和制定主体均属于市级部门或其推进成立的组织，所以本条主要是涉及上海地方标准、团体标准、企业标准的建设。

值得注意的是，《福建省大数据发展条例》第 6 条第 1 款对数据标准化责任主体的表述是："省人民政府大数据主管部门应当会同标准化管理部门制定公共数据采集、汇聚、共享、开放、开发、交易、安全等标准。"《安徽省大数据发展条例》

---

① 肖筱华、周栋：《大数据技术及标准发展研究》，载《信息技术与标准化》2014 年第 4 期。

第 37 条第 1 款同样明确："省人民政府数据资源主管部门应当会同有关部门，组织开展大数据发展应用相关标准研究，推动建立大数据发展应用地方标准体系。"而《深圳经济特区数据条例》第 6 条明确"市人民政府应当建立健全数据治理制度和标准体系"，第 61 条第 1 款再次明确了"市人民政府应当组织制定数据处理活动合规标准、数据产品和服务标准、数据质量标准、数据安全标准、数据价值评估标准、数据治理评估标准等地方标准"。由此可见，对于数据地方标准的责任主体，各地条例的规定略有差异。

地方标准制定与修订是标准化行政主管部门的重要职责，地方标准化技术委员会为地方标准的制定与修订提供了主要技术支撑。截至 2020 年 1 月，上海市共有 45 个地方标准化技术委员会，涉及农业、服务业、社会管理和公共服务等领域。[①]本条第 2 款的"市数据标准化技术组织"是指成立于 2022 年 1 月的上海市数据标准化技术委员会，简称"数标委"。数标委的前身是 2020 年成立的上海市公共数据标准化技术委员会。[②]上海市公共数据标准化技术委员会在上海市政府办公厅和上海市市场监管局的共同推进下成立，是上海市公共数据领域唯一的标准化技术组织，也是全国首个公共数据专业标准化机构，主要职责即规划标准体系、开展标准研制，加速推进公共数据标准化。

---

① 《关于〈上海市地方标准化技术委员会管理办法〉的编制说明》，载上海市市场监督管理局：http://scjgj.sh.gov.cn/162/20200424/02e481ac6fadd9d5016fb250770b2e49.html。

② 《市北高新探索数据标准化应用场景获双重助力——上海市数据标准化技术委员会暨"长三角"数据共享开放区域组落户市北高新园区》，载中国证券网：https://company.cnstock.com/company/scp_ gsxw/202201/4818453.htm。

目前，上海已推出一系列有关数据的地方标准。例如，上海市政府于 2019 年颁布《上海市公共数据开放暂行办法》，这是国内首部针对公共数据开放进行专门立法的政府规章。之后，上海市经济和信息化委员会也于 2019 年出台了《上海市公共数据开放分级分类指南（试行）》。此外，上海市政府办公厅、市委网信办、市公安局、市经济信息化委等部门会同市数标委制订了《公共数据"三清单"管理规范》《公共数据共享交换工作规范》《公共数据安全分级指南》等数据治理方面的地方标准，为上海市公共数据统一集中管理和按需共享提供了标准支撑。[①] 同时，数标委还研制了《城市运行"一网统管"视频数据采集技术规范》《城市运行"一网统管"物联数据采集技术规范》，以规范各区开展视频数据、物联数据的统一规范采集和结构化处理，实现公共数据分层存储及管理。[②]

参考资料

《数据安全法》第 11、17 条

《个人信息保护法》第 12 条

《深圳经济特区数据条例》第 6 条

《浙江省公共数据条例》第 7、8、14 条

《福建省大数据发展条例》第 6 条

《安徽省大数据发展条例》第 37 条

[①] 《上海市人民政府办公厅关于对市十五届人大五次会议第 0331 号代表建议的答复的函》，载上海市人民政府网站：https://www.shanghai.gov.cn/jyta2021/20210621/82077b72714f4187a412648858d7a7c2.html。

[②] 薛宁薇：《持续赋能"一网通办""一网统管"上海数标委成立一年推出 17 项标准规范》，载东方网：https://j.021east.com/p/1610786796021102。

《深圳经济特区数据条例》第6、61条

《上海市公共数据开放暂行办法》

《上海市公共数据开放分级分类指南（试行）》

《公共数据"三清单"管理规范》

《公共数据共享交换工作规范》

《公共数据安全分级指南》

《城市运行"一网统管"视频数据采集技术规范》

《城市运行"一网统管"物联数据采集技术规范》

（撰稿人：陈吉栋 龚思涵）

第十一条 【行业组织】

本市支持数据相关行业协会和组织发展。行业协会和组织应当依法制定并推动实施相关团体标准和行业规范，反映会员合理诉求和建议，加强行业自律，提供信息、技术、培训等服务，引导会员依法开展数据处理活动，配合有关部门开展行业监管，促进行业健康发展。

本条主旨

本条旨在明确数据相关行业协会和组织的权利与义务。

条文详解

本条第一句首先表明了上海市对支持数据相关行业协会和组织发展的积极态度。行业协会和组织作为行业治理的有效组织形式，是社会协同治理格局不可或缺的一部分。作为政府与企业的桥梁和纽带，数据相关行业协会和组织能够承接政府部门委托的有关工作，协助政府加强和改善行业管理，反映企业诉求和行业情况，协调维护企业利益。

本条第二句对行业协会和组织的权利与义务进行了明确，可概括为以下七个方面：制定标准与规范、反映诉求与建议、加强行业自律、提供相关服务、引导活动开展、配合政府工作、促进行业发展。

首先，是依法制定并推动实施相关团体标准和行业规范。这不仅包括制定新的团体标准和行业规范，还包括对以往陈旧的标准与规范进行更新与修订。例如，上海市计算机行业协会制定《工业大数据平台 数据治理 技术规范》团体标准，主要围绕工业大数据平台及数据治理展开，这对于工业大数据管理能力及评估体系的提升具有重大意义。[①] 此外，随着工业大数据技术的更新迭代，上海市计算机行业协会还对《工业大数据平台技术规范 数据采集接入》《工业大数据平台技术规范 数据存储》《工业大数据平台技术规范 数据处理》《工业大数据平台技术规范 数据展示》等团体标准进行修订。其次，是反映会员合理诉求和建议。这是行业协会和组织的重要职责之一。例如，上海市人工智能行业协会充分吸纳会员反映的缺乏具体行业标准的诉求，积极组建上海市人工智能地方标准化委员会，先行探索人工智能治理方法和准则，为国家或地方标准制定提供参考建议。2021年7月9日，上海市人工智能标准化技术委员会由上海市市场监督管理局批准成立。最后，是加强行业自律，发挥行业协会和组织的监督作用。例如，上海市研发公共

[①]《上海市计算机行业协会〈工业大数据平台 数据治理 技术规范〉团体标准解读》，载全国团体标准信息平台：http://www.ttbz.org.cn/Home/Show/26529。

服务平台管理中心、上海科技创新资源数据中心联合发起《上海科学数据共享倡议书》，倡议坚持开放互通，推动数据共享。① 上海区块链技术协会联合其他八地的区块链协会组织，制定了《关于加强行业自律促进区块链行业健康发展的联合倡议书》，旨在营造自律、诚信、守法、合规的行业环境。此外，还有提供信息、技术、培训等服务，引导会员依法开展数据处理活动，配合有关部门开展行业监管等。这些任务都是为了促进行业健康发展，这也与上海市政府 2002 年颁布的《上海市行业协会暂行办法》第 15 条对行业协会职能的规定相契合。

目前，上海已经成立了相关行业协会和组织，呈现欣欣向荣的态势。例如，2022 年 11 月 25 日成立的上海市数商协会，吸引了金融、航运交通、通讯、工业、互联网、合规评估、能源等行业多家机构加入，旨在进一步发挥集聚效应，做好政府和企业间的桥梁枢纽，推动构建数据要素市场的新业态、新生态。再如，上海市信息服务业行业协会成立于 2001 年 1 月，是由上海信息服务业企业自愿组成的非盈利性社会团体，目前已有 300 多家会员单位，指导单位为上海市经信委和上海市网信办，主要职责是维护信息服务行业的市场秩序和会员单位的合法权益，增强上海市信息服务行业的诚信自律管理水平，促进信息服务行业健康发展。② 再如，上海市人工智能行业协会于

---

① 《〈上海科学数据共享倡议书〉发布，助力科学数据流动共享》，载第一财经网站：https：//www.yicai.com/news/101070544.html。

② 《【简介】上海市信息服务业行业协会》，载上海市信息服务业行业协会网站：http：//sisa.net.cn/intro.php? id＝1。

2020 年 7 月成立，目前会员人数已达 300 多家，这是在上海市经信委、上海市民政局的业务指导和管理监督下成立的唯一代表上海人工智能行业性质的非盈利性社会团体，主要职责是支撑上海市人工智能产业发展、服务企业创新、促进行业进步。[1]此外，数据安全治理体系涉及组织建设、制度流程、技术工具和人员能力等各方面，数据安全市场的发展迫切需要整合资源。2022 年 1 月，上海市信息安全行业协会数据安全与隐私计算专业委员会正式成立，专委会主任委员单位为上海人工智能研究院，会员单位已突破 40 家，这也是上海市首个数据安全专业组织。[2]

参考资料

《数据安全法》第 10 条

《福建省大数据发展条例》第 18 条

《深圳经济特区数据条例》第 61 条

《安徽省大数据发展条例》第 38 条

《上海市行业协会暂行办法》第 15 条

（撰稿人：陈吉栋　龚思涵）

---

[1] 《上海市人工智能行业协会简介》，载上海市人工智能行业协会网站：http://www.sh-aia.com/about/。

[2] 沈湫莎：《沪上首个数据安全专业组织成立，为数据要素流通保驾护航》，载文汇网：https://www.whb.cn/zhuzhan/kjwz/20220115/444162.html。

第二章　数据权益保障

第一节　一　般　规　定

第十二条　【通用原则】

本市依法保护自然人对其个人信息享有的人格权益。

本市依法保护自然人、法人和非法人组织在使用、加工等数据处理活动中形成的法定或者约定的财产权益，以及在数字经济发展中有关数据创新活动取得的合法财产权益。

本条主旨

该条是本条例的核心条文之一，旨在确定自然人等主体在数据收集、使用、加工、交易等数据处理活动中所享有的人格权益和财产权益及其获取方式。

条文详解

一、对数据权益及其性质的分析

该条主要解决的是社会主体数据权益的类型问题，是《上海市数据条例》的基础条款。该条第 1 款核心内容是自然人对

"个人信息",即数据中记录的有关个人的信息,而不是自然人对整个数据享有人格权。第 2 款核心在于两点:其一,数据处理活动中,除了我们通常理解的法定之外,当事人还可以通过"约定"方式获得权益,该方式同样可通过地方性法规予以保护,这是个极大的进步。其二,为预留今后的发展空间,特别规定了"数字经济"发展中有关数据创新活动,也可因此获得某些特定的财产权益。该财产权益是在消除相关主体不确定性预期的同时,积极发挥数据要素本身产生的收益与价值,促进数据流通利用与数据要素市场建设。

本条例采取将个人信息与数据权益区分保护的方式,是对数据权属认定的有益探索。从国外立法经验看,欧盟《通用数据保护条例》(GDPR)虽然没有明确确立个人数据的财产权保护,但其对个人数据的规定有三个特征都表明 GDPR 将个人数据视为一种财产。其一,在第二章的"数据主体权利"部分,GDPR 确立了默认权利(default entitlements)的原则,收集与处理个人数据不仅需要征得个人同意,而且在没有明确个人同意的情况下,个人也是其数据的默认拥有者;其二,在第四章"控制者和处理者"部分,GDPR 为数据控制处理者设定了某些责任,即使他人通过合同或数据主体的同意而获得了数据,他们也必须对这些数据承担某些义务,而不能随意处分这些数据;其三,在第八章"补救措施、责任以及处罚"部分,GDPR 规定了基于财产规则的救济(property-rule-based remedies)。也就是说,欧盟在制定 GDPR 时虽然没有采取将个人数据明确为财产权的做法,但其实际立法的立足点是由数据为财产展开的。

我国相关立法也是将数据权益分为人格权益和财产权益，没有采取"数据权"这一确定性概念。究其原因，首先，从中央层面来看，中央对于地方探索数据权益问题一直持审慎态度。其难点在于：第一，民事基本制度规定属于中央专属立法权，地方法无法对数据权属作出直接规定（《立法法》第11条"立法保留事项"）；第二，数据的多主体和权益多元化的复杂特性使得数据权益在学术界存在较大争议，在国内外均未形成一致意见。其次，从地方层面来看，各省市已经出台近二十部有关数据权益及信息安全和信息保护的法律规范，这些规范性文件在规定数据/信息权益属性时都采取了抽象化处理。最大区别只是在于，有些地方将这些权益通过具体权利类型方式予以确定，有些地方只是笼统地概述了两种权益（权利）类型，《上海市数据条例》同样采取后者。

二、对权益保障方式的探索

从权益保障方式来看，人格权益和财产权益呈现出两种不同的路径。所谓人格权益，通常也可称之为人格利益，强调公民、法人固有的与其不可分离的利益，是人身利益的一种。但相比人格利益，人格权益更侧重于法律层面的界定。所谓人格，是指能够作为权利义务主体的独立的资格。它是一个抽象的概念，由生命、健康、名誉、姓名、肖像等要素构成。这些要素是任何公民都必须具备的，是公民参与社会生活最基本的需要或利益。从人格权益保障来看，当下主要诉诸民事法律关系分析，进行民法层面的保障。只是当行为严重危害到当事人利益时，我们才可予以相应的刑事处罚。该条第1款也是从此一般意义上来理解的。

相比之下，有关信息/数据财产权益的保障较为复杂，该保障涉及权益主体、权益内容以及财产权益属性，也是该条第2款的重点解析内容。首先，从权益主体来看，该条明确指出自然人、法人和非法人组织均可以享有该财产权益。不过从自然人角度来看，自然人享有该财产权益时并非仅是作为个人信息主体，而且更侧重作为个人信息处理者。对于法人和非法人组织而言，此类主体所享有的也只能是财产权益。其次，从权益内容来看，该权益既包括主体在使用、加工等数据处理活动中形成的法定或者约定的财产权益，还包括在数字经济发展中有关数据创新活动取得的合法财产权益。该规定相对《数据安全法》《个人信息保护法》以及《深圳经济特区数据条例》均有很大进步，是在充分考虑了数字经济发展规律与现实的基础上，所作出的变通性规定。再次，规定数据财产权益并明确数据权属是数据交易流通的重要保证。如果没有数据相关的财产权支撑，数据的购买、开放、交换等都将因失去法律基础而处于极大风险中，不利于数据流通与数字经济发展。对此，我国《民法典》在"民事权利"一章中的引致性条款（第127条）表明，数据和网络虚拟财产均是民事权利的客体，承认数据之上存在的利益受法律保护，但具体存在何种权利或利益，《民法典》及《数据安全法》《个人信息保护法》等并未直接指出，对此《上海市数据条例》同样采取了抽象处理。对此，可行性建议是设立数据交易全流程行为规范，借由科学设计的数据交易制度，构建数据要素市场和数据交易秩序，或者改通过对具体权利的"赋权表述"为对抽象利益的"保护表述"，留待未来上位法回填空白。

参考资料

《民法典》第 127、1034 条

《数据安全法》第 7 条

《个人信息保护法》第 2 条

《深圳经济特区数据条例》第 4 条

（撰稿人：宋保振）

第十三条　【数据收集权益】

自然人、法人和非法人组织可以通过合法、正当的方式收集数据。收集已公开的数据，不得违反法律、行政法规的规定或者侵犯他人的合法权益。法律、行政法规对数据收集的目的和范围有规定的，应当在法律、行政法规规定的目的和范围内收集。

本条主旨

本条旨在规范各方主体的数据收集行为，从数据处理源头保护数据、信息产生者的基本权益。此外还规定了各方主体进行数据收集的基本原则和要求，收集公开数据的禁止性行为，以及对数据收集目的和范围的限制。

条文详解

一、规范数据收集活动与要求

数据收集，通常我们也可称之为数据获取、数据采集，是处理数据信息的第一步。能否合法合规地开展收集活动，直接影响数据处理活动的结果，也是数据信息处理活动中的重要环节。

一方面，本条对各方主体的数据收集行为作出了原则性规定。由于数据的生产主体往往并非数据的利用主体，数据收集是进行数据处理和利用的必要前提，其一方面关系着数据的流通与共享，另一方面关系着各主体之间所享有的数据权益，其既为现实争议频发的领域，亦为理论研究中的热点话题。本条中"可以"一词表明了对于在合法合规框架下进行数据收集的"默认"，并提出了数据收集行为中应当遵守的正当性与合法性原则。正当性原则与合法性原则在《个人信息保护法》《数据安全法》《网络安全法》中均有体现。其中，正当性原则主要是指进行数据收集的目的和手段要正当，也即数据收集者不应当以违背法律法规、社会公德和伦理的目的和手段收集数据。合法性原则指进行数据收集需要满足法律、行政法规的规定。

另一方面，本条明确了收集已公开数据的禁止性规定。收集已公开的数据，不得违反法律、行政法规的规定或者侵犯他人的合法权益。该条中此规定限定了其所规制的对象为公开数据，其一方面明确地区分了对已公开数据和未公开数据保护的范围，另一方面明确了合法收集已公开数据的边界。公开数据主要指的是处于公开状态、可以为公众所获取的数据类型，而非公开数据主要是通过公开途径无法获取的，如商业秘密类数据，即不能为社会公众所获取的数据类型。[①] 由于在数据收集过程中，所可能侵犯法益的不同，对已公开数据及未公开数据进行区分保护是有必要的。在互联网中，主要通过网络爬虫的

---

① 高郦梅：《企业公开数据的法律保护：模式选择与实现路径》，载《中国政法大学学报》2021 年第 3 期。

方式实现对他方主体的数据进行收集。对于未公开的数据，利用网络爬虫进行数据的收集，不仅在数据获取对象上具有非法性，在手段上也明显带有侵入性或破坏性。[①]

　　根据我国《刑法》的相关规定，根据所侵入计算机主体功能的不同，有可能分别触犯《刑法》中的非法侵入计算机信息系统罪及非法获取计算机信息系统数据罪。在美国法律中，对于网络爬虫的规制，亦呈现出区分"公开数据"与"非公开数据"的趋势。具体而言，美国法院对网络爬虫的行为是否存在违背《计算机欺诈与滥用法》（CFAA）从而构成犯罪的认定，从一开始的"合约授权理论"转向了"代码理论"。合约授权理论认为，违反被数据抓取方通过意思表示允许或禁止他人访问、获取数据的合约授权的数据爬取行为便属于违法行为；而代码理论则认为，只有回避或者突破计算机信息系统中代码屏障的访问才是非法的。该犯罪认定标准的变化便是表明了法院认为需要对"公开数据"与"非公开数据"进行区分保护的态度。[②] 对于一方的已公开数据，允许他方进行数据收集，既有益于促进数据流通，增进利用效益，又能避免出现大平台对重要数据信息的垄断，造成不公平竞争的结果。然而，数据收集者收集数据的行为或对所收集数据的利用行为有可能与他人合法权益产生冲突，因此亦有必要对数据收集的行为加以一定的限制。

　　信息处理者收集已公开数据，在司法实践中可能表现出来的利益冲突主要有三：其一，竞争法上的冲突，该层面的利益

---

① 苏青：《网络爬虫的演变及其合法性限定》，载《比较法研究》2021 年第 3 期。
② 苏青：《网络爬虫的演变及其合法性限定》，载《比较法研究》2021 年第 3 期。

冲突亦为司法实践中最常出现的争议。若一方抓取他方的已公开数据，并将该数据利用于与数据被抓取方存在竞争关系的业务而损害了对方的竞争性利益时，则有可能被法院认定为触犯《反不正当竞争法》第 2 条构成不正当竞争。例如，百度公司因使用技术手段抓取并使用大众点评的用户点评内容而被认定为构成不正当竞争。[①] 其二，个人信息权益上的冲突。若数据收集者所收集的数据中包含个人信息或个人敏感信息，在未履行相关告知义务，取得信息主体同意的情况下，则有可能侵犯公民的信息权益。例如，在"新浪微博诉脉脉案"中提出的"三重授权原则"要求数据持有主体在初次收集用户信息时需要获取用户同意。数据持有主体授权第三方收集其用户信息时，亦应经过用户的再次授权。[②]《个人信息保护法》出台后，更是进一步明确了用户个人信息收集"知情—同意"的义务。若在未经同意的情况下非法获取用户个人信息，达到情节严重或情节特别严重的，还有可能构成侵犯公民个人信息罪。其三，著作权上的冲突。数据持有主体往往主张其对自身网站上的公开数据享有著作权，数据收集者的数据收集行为构成侵犯数据持有主体的信息网络传播权。例如，在大众点评与爱帮网的著作权侵权纠纷案中，大众点评便主张其对用户发布在其网站上的点评内容享有著作权。[③] 学理上，我们往往倾向于认为数据持有者对来自用户的公开内容享有著作权。体现在司法实

---

① 上海市第一中级人民法院（2016）沪 73 民终 242 号民事判决书。案例来自于裁判文书网，全书同。

② 北京知识产权法院（2016）京 73 民终 588 号民事判决书。

③ 北京市海淀区人民法院（2010）海民初字第 4253 号民事判决书。

践上，大量被抓取数据无法认定享有著作权，数据持有者不能通过主张数据收集者侵犯自身信息网络传播权，来实现自身数据权益的保护，进而充分维护其自身权益。

总而言之，由于对未公开数据的收集在手段上具有明显的侵害他人权益的违法性已成共识，在司法实践中，存在争议的数据收集行为主要为对已公开数据的收集。本条中三句话，直接围绕数据的"公开"与"非公开"，分别提出不同的收集要求，是对现实问题的回应。但总体而言，该条更多是作为数据收集的宣示性条款，具体情况下，如何平衡好数据收集者和被收集者之间的利益，仍有待于司法实践的进一步探索。

二、限制数据收集的目的与范围

本条通过引致条款的方式明确了对数据收集目的和范围的限制。因此，在数据收集中除了不违背法律、行政法规的规定以及他人合法权益外，根据"特殊法优于一般法"原则，当法律法规就特定数据信息有特殊规定时，还需要遵循其他法律法规针对特定类型的数据在收集目的和范围上所作出的限制。《上海市数据条例（草案）》（征求意见稿）第 13 条第 2 款中的"不得超过必要的限度"在某种程度上说明了立法机关对于数据收集范围的理解。本条作为对于数据收集目的和范围的原则性规定，其目的可以理解成基于正当、合法的目的，其范围可以理解成为"最小、必要的范围"。

该最小化处理原则在其他相关立法中也具有明确性阐释。例如，《个人信息保护法》第 6 条便规定了收集个人信息应当具有明确、合理的目的，应当限于实现处理目的的最小范围。《网络安全法》第 41 条第 2 款亦规定了网络运营者不得收集与其提供的服务无关的个人信息。国家标准《信息安全技术 个人信息安全规范》（GB/T 35273—2020）第 5.2 条更是对最小必要范围作出了更加详细的规定，而国家标准《个人金融信息保护技术规范》7.1.1（b）中亦明确了收集个人金融信息应遵循最小化要求，应当与所提供的产品或服务功能实现直接关联。在国际上，欧盟《通用数据保护条例》（GDPR）中亦规定了"目的受限"（purpose limitation）与"数据最小化"（Data Minimization）两项数据处理的基本原则。总体而言，合法正当目的与最小必要范围是数据收集中应当遵循的基本原则，当中的关键点与难点在于如何平衡好"数据保护"与"数据利用"、数据主体与数据收集者的权益之间的关系，其应当根据具体情况具体把握此间轻重。[1]

参考资料

《个人信息保护法》第 5、6、13、29 条

《数据安全法》第 32、41 条

《刑法》第 253、285 条

《反不正当竞争法》第 2 条

《上海市数据条例（草案）》（征求意见稿）第 13 条

《信息安全 技术个人信息安全规范》（GB/T 35273—2020）5.2

《个人金融信息保护技术规范》7.1

（撰稿人：宋保振）

---

[1] 参见龙卫球主编：《中华人民共和国个人信息保护法释义》，中国法制出版社 2021 年版，第 26 页。

第十四条　【数据使用、加工权益】

自然人、法人和非法人组织对其合法取得的数据，可以依法使用、加工。法律、行政法规另有规定或者当事人另有约定的除外。

本条主旨

本条同样隶属数据处理条款，是对第 13 条所"收集"信息的进一步处理——使用、加工。既明确规定了相应主体的数据、信息处理权限；又对此权限的行使，通过法律和行政法规，进行了一定程度上的限定。

条文详解

在中共中央、国务院《关于构建更加完善的要素市场化配置体制机制的意见》中，数据与土地、劳动力、资本、技术等传统要素并列，被作为数字经济时代一项重要的生产要素。我们必须充分发挥该要素的价值，释放其红利，同时规范相应主体的数据处理活动。首先，本条在第 13 条规定数据收集之后，明确了各方主体对于自身合法取得的数据所享有的使用和加工的权利。自数据被合法收集后，数据收集者往往需要通过对该收集而来的"原始数据"直接利用或者加工成"数据产品"或各类"衍生数据"而获得收益。本条中"可以"一词表明了立法机关对于数据利用和加工的积极态度，从规范层面为数据主体挖掘和实现数据价值的行为提供了制度性依据。

但值得注意的是，根据《上海市数据条例》第 2 条第 2 项的规定："数据处理，包括数据的收集、存储、使用、加工、传输、提供、公开等。"本条中仅规定了可以依法使用和加工，而对数据收集后的传输、提供和公开等事项并无明确表态。之所以仅规定了数据处理活动中的使用和加工，主要基于如下考虑：其一，数据处理活动中所涉主体不同。在数据被合法收集、进行处理时，数据的存储、使用和加工都是在同一主体的控制下进行内部流转，而数据的传输、提供、公开则往往涉及两个或者多个主体之间的外部流转，而我国对不同类型数据的外部流转往往有着较为严格且复杂的规定。因此，本条中未对传输、提供、公开等事项作正面的列举并不代表从事上述行为的禁止性或不鼓励的态度，而是通过其他法律法规对数据的传输、提供和公开行为作出更加详细的规定。其二，数据处理活动中所涉数据权属不同。本条所针对的对象为"合法取得"的数据，也即可以理解为从其他数据主体中所收集的原始数据，在对该原始数据进行处理时，应当平衡好个人信息主体与数据处理者两主体间的利益关系。

对于数据收集者而言，其主要通过两种方式利用所收集的数据：第一种为直接使用，通过对原始数据的直接解读而获取必要信息；第二种是对原始数据进行加工后的使用，即经过大数据、人工智能等技术对原始数据的筛选、过滤、分析等流程后，制作成能够反映特定有益信息的"数据产品"而加以使用。本条规定了数据收集者可以对所收集数据使用与加工，一方面可以使得数据收集者能够最大程度地通过使用和加工的方式，利用自身所合法收集到的数据；另一方面，又可以规避因国家立法对数据权属界定不清、规则不明问题带来的司法困境。

本条通过除外条款，列明了对合法收集的数据进行使用和加工时权利受限的情形。主要包括：第一，法律、行政法规的规定；第二，当事人之间的约定。第一种情形的理论依据是法的效力位阶。《上海市数据条例》为上海市的地方政府规章，其制定与实施必须要在国家法律和行政法规的要求范围之内，该规定也常见于一般性地方性法规和地方政府规章中。第二种情形的理论依据是《上海市数据条例》的部门法性质。该条例主要还是属于民商法或领域法范畴，一定程度上的意思自治仍可以作为法实施的基本原则。在使用、加工所获取数据信息时，当事人完全可以在上位法范围内，就相关内容进行约定和取舍。

参考资料

《上海市数据条例（草案）》（征求意见稿）第 14 条
《关于构建更加完善的要素市场化配置体制机制的意见》

（撰稿人：宋保振）

第十五条 【数据交易权益】

自然人、法人和非法人组织可以依法开展数据交易活动。法律、行政法规另有规定的除外。

本条主旨

本条旨在规定市场主体的数据交易权益，明确了特定主体可以就数据作为标的进行交易的权限，以及交易过程中所应受到的限制。

条文详解

中共中央与国务院于 2020 年 3 月所发布的《关于构建更加完善的要素市场化配置体制机制的意见》将数据确定为与土地、劳动力、资本、技术等并列的新型生产要素，并提出"加快培育数据要素市场"，其充分说明了数据在现代社会以及经济发展中的重要角色。国务院于 2021 年 12 月所发布的《要素市场化配置综合改革试点总体方案》同样提出"建立健全数据流通交易规则……规范培育数据交易市场主体，发展数据资产评估、登记结算、交易撮合、争议仲裁等市场运营体系，稳妥探索开展数据资产化服务"，更是说明了充分实现数据这一市场要素的价值。从这些政策性规定可以明确看出，为了最大程度上发挥数据信息在数字经济时代的价值，我们除了需要通过法律对各主体的数据财产权益进行保护，打消数据相关产业的后顾之忧外，还需要为数据的交易创造良好的制度环境，通过市场的手段充分激活和释放数据的价值。对此，一个重要方面就是鼓励和保障交易。

实际上，有关数据交易的实践探索已经在全国进行多时。2015 年，作为全国首例的贵阳大数据交易所正式挂牌运营并完成首批大数据交易，率先推动了数据交易的探索。在国务院发布的《促进大数据发展行动纲要》中提出"引导培育大数据市场；开展面向应用的数据交易市场试点"后，数据交易所和交易中心亦在全国多省市不断落地。但总体而言，全国各地的数据中心以及数据交易公司的实际运营情况并不尽如人意，交易规则匮乏、交易制度模糊、法律保障缺位等问题都构成影响数据交易的重要阻碍。

数据作为新型生产要素具有非独占性、非均质性、多利益承载性等特征，这使得其与土地、劳动力等传统生产要素具有显著区别。而且关于数据交易，由于其产生时间较短，全球范围内也暂不具有成熟的可供借鉴参考的制度设计。因此，国家在围绕数据交易进行系统性的立法时一直比较谨慎，在具体细化的规则上更多采取鼓励地方先行试点和探索的方式进行。[①]例如，《数据安全法》第 19 条就是有关数据交易的原则性规定，即"国家建立健全数据交易管理制度，规范数据交易行为，培育数据交易市场"。在地方层面的立法上，《深圳经济特区数据条例》和《上海市数据条例》第 1 条均明确表明了"促进数据作为生产要素开放流动和开发利用"以及"加快数据要素市场培育"的立法目的，并在条例中设"数据要素市场"专章，集中规定调整数据交易的法律规制。而且，该数据交易自由也并非绝对。体现在此条文中，"法律、行政法规另有规定的除外"其实质含义就是排除部分数据交易活动。一般来说，这些数据通常都是涉及国家安全及核心商业秘密，或者在特殊时间阶段内暂未公开且不宜交易。

总体而言，当前我国就数据交易问题在理论创新、制度设计、商业实践上进行了较多有益的探索，但关于数据权属、可交易数据范围、数据全生命周期中各主体利益的分配、数据质量检验与定价、数据隐私保护等，仍未达成一致共识。解决这些问题，仍然有待于理论和实践的进一步积累和探索。

[①] 杨力：《论数据交易的立法倾斜性》，载《政治与法律》2021 年第 12 期。

参考资料

《数据安全法》第 19 条

《深圳经济特区数据条例》第 1 条

《上海市数据条例（草案）》（征求意见稿）第 15 条

《关于构建更加完善的要素市场化配置体制机制的意见》

（撰稿人：宋保振）

第十六条　【突发事件下的数据处理】

市、区人民政府及其有关部门可以依法要求相关自然人、法人和非法人组织提供突发事件处置工作所必需的数据。

要求自然人、法人和非法人组织提供数据的，应当在其履行法定职责的范围内依照法定的条件和程序进行，并明确数据使用的目的、范围、方式、期限。收集的数据不得用于与突发事件处置工作无关的事项。对在履行职责中知悉的个人隐私、个人信息、商业秘密、保密商务信息等应当依法予以保密，不得泄露或者非法向他人提供。

本条主旨

本条规定了限制数据信息获取的例外情形——突发事件下的数据处理。在突发事件面前，公权力主体为保障"更高利益"，可突破对信息主体保护的限制，但是该突破也必须遵循严格要求。

条文详解

一、例外规定的现实必要性

本条规定了面对突发事件时，公权力主体主动进行数据处理行为及其限制问题，既赋予了国家机关在突发事件下，为了维护公共利益和进行有效管理而进行收集和使用各方主体数据的权利，又对国家机关的数据收集和使用行为进行了必要的限制，从而平衡公共利益与个人私利之间的关系。该规定是在利益平衡原则指引下，对主体行为的要求。

从我国已有相关立法来看，此类考量利益平衡所作的规定已有相关体现。2020年中央网信办颁布的《中央网络安全和信息化委员会办公室关于做好个人信息保护利用大数据支撑联防联控工作的通知》便特别提出，各地方、各部门要高度重视个人信息保护工作，同时也要积极利用大数据，为联防联控工作提供大数据支持。此外，我国《个人信息保护法》在最后通过阶段加上了关于突发事件个人信息处理的规定，即《个人信息保护法》第13条第1款第4项"为应对突发公共卫生事件，或者紧急情况下为保护自然人的生命健康和财产安全所必需"。在法律层面上为国家机关合法地处理个人信息、行使管理职能提供了法律依据，二者在制定目的上具有类似性。类似的例外规则在考量公共利益前提下，对公民进行数据处理的规定亦出现在欧盟《通用数据保护条例》（GDPR）。GDPR在第6条第1款e项中明示了"执行公共利益的任务或行使控制者既定的公务职权之必要"是个人数据处理的合法性要件，并在第89条中规定了对涉及公共利益等目的的数据处理的保护与限制，特别在第 1 款中规定："为公共利益而进行的数据处理，应按照法律规定对数据主体的权利和自由进行适当保障，遵守数据最小化原则。"这是该条所规定内容的最直接的域外借鉴。

二、例外规定的具体实施

在适用主体层面，对享有该权利之主体范围的界定仍比较谨慎。本条规定的有权要求各方主体提供数据的主体为市、区人民政府及其有关部门。从文义角度来看，其有权进行数据收集和处理的主体仅限于市、区及其有关部门，并没有赋予实践中直接进行基层管理的街道办及其有关部门该项权力，亦没有赋予在突发事件下其他可能行使公共管理职能或协助进行公共管理的村委会、居委会或者小区物业该项权力。可以看出，立法机关对于在突发事件中进行数据收集和处理的态度仍然比较谨慎，没有采取在列举后通过"等"的方式为其他机关或组织行使该项权力留下解释的空间。此外，《突发事件应对法》第69 条亦规定，在进入紧急状态前，行政主体应先采取法律、法规、规章规定的应急处置措施。也即，行政主体在此情形下进行数据收集的行为也应满足法律保留的要求，而《上海市数据条例》亦没有赋予有权机关在必要的时候，通过行政委托或行政授权的方式进行交由下级基层组织实施数据收集和处理的权利，这也是我们必须要注意的一个方面。

在适用事项层面，《上海市数据条例》在表述方式上仅仅表述为"突发事件"，改变了《上海市数据条例（草案）》（征求意见稿）中"自然灾害、事故灾难、公共卫生事件和社会安全事件等突发事件"的表述。虽然在"征求意见稿"中可以通过"等"字将其他未列举的事项进行解释，但是依据解释规则，其在解释的过程中势必要受限于前述"自然灾害、事故灾难、公共卫生事件和社会安全事件",因而只能解释出类似性质的事项。在《上海市数据条例》中,"突发事件"的表述能够让政府更加灵活地应对各类突发情况,避免规定僵化。当然,过于灵活的规定亦可能带来公权力机关的信息过度收集风险。

在具体实施层面,该条规定了数据收集的最小化原则,即为履行职权范围内的突发事件,所处置的数据必须要严格坚持最小化。同时,根据本条规定,有权机关在进行数据收集和处理时,只需要遵从程序、范围、方式及内容上的一些具体要求,而不必征得各方主体的同意,并承担一定的"告知"义务。此外,与征求意见稿相较,《上海市数据条例》删去了"未经数据提供方同意,不得向第三方提供"的表达,而新增了对特定数据"个人隐私、个人信息、商业秘密、保密商务信息"的保密和安全保障义务。数据收集后为了管理的需要,往往需要在有关部门内部进行数据共享,因此《上海市数据条例(草案)》(征求意见稿)中的"未经数据提供方同意,不得向第三方提供"的规定,极大地限制了数据内部的流转和共享,不利于突发事件的处置。为此,《上海市数据条例》不再着墨于主体是否同意数据的流转,而是采用强调对于数据主体有关合法权益的保护,从而实现行政管理与权利保障的平衡。

在该条规定发布及之后实施中,行政法中的比例原则起到了关键作用。所谓比例原则,即行政行为之作出,既要符合目的的实现,又要采用对相对人利益影响最轻微的手段,对相对人利益的影响应当与实现的公共利益相匹配。处置突发事件时,收集数据的目的往往是为有关机关进行决策和管理提供参考和依据，其数据应当留存在行政机关内部，而没有进行对外公开、提供给他人的必要。即使有必要将部分数据信息对外公开，亦应当采取脱敏化、匿名化的手段，仅公开必要部分的数据信息，尽可能保障数据主体的个人隐私、个人信息和商业秘密。因而该条第2款中也就直接说明："对在履行职责中知悉的个人隐私、个人信息、商业秘密、保密商务信息等应当依法予以保密，不得泄露或者非法向他人提供。"从已有立法来看，类似保密义务规定亦存在于《数据安全法》第38条中。客观地说，由于现实中国家机关充当信息监管者和信息处理者双重身份，难以避免地会发生侵害公民个人数据权益的情形。

　　总之，该条规定一方面是对不得侵害个人隐私、个人信息和商业秘密等法定义务的强调；另一方面亦是对实践中在"公共利益"或"突发事件"情况下，可能导致的个人信息侵权和数据泄露现实问题的直接回应，通过一种反向的行为控制，努力实现社会治理与人权保障的平衡。

参考资料

《个人信息保护法》第13条

《数据安全法》第38条

《突发事件应对法》第69条

《中央网络安全和信息化委员会办公室关于做好个人信息保护利用大数据支撑联防联控工作的通知》

（撰稿人：宋保振）

第十七条　【行为规范】

自然人、法人和非法人组织开展数据处理活动、行使相关数据权益，应当遵守法律、法规，尊重社会公德和伦理，遵守商业道德，诚实守信，不得危害国家安全和公共利益，不得损害他人的合法权益。

本条主旨

本条为数据权益保障的兜底条款。该条直接规定自然人、法人及非法人组织等主体进行信息处理时，应遵循的基本要求。这些要求来自法律法规、道德伦理、商业信誉、国家安全等多方面，共同构建起数据处理的解纷体系。

条文详解

本条作为数据权益保障一般规定中的最后一条，起到兜底条款的作用。数据处理实践中，会产生各类立法者难以事先预想、缺少成文法律法规规定的情形，该兜底条款之设定能够在纠纷发生而又缺少具体规则的情况下，诉诸一般性、原则性的规定进行裁判、化解纠纷，最大程度地减少条例的僵硬性，避免无法可依的局限。

在理解该条时，我们首先需要厘清该条款规定与本条例第13、14条和第15条的关系。为保证该条例对数据收集、加工、使用及交易的规定兼具合法性与合理性，第13、14、15条分别在一般规定后，特别说明"法律、行政法规另有规定的除外"。其是处理"上位法与下位法"以及"一般法与特别法"的关系，属于法律适用规则范畴。而本条款则属于数据处理及数据权益行使的原则内容。从规范效用来看，本条规定对协调与构建规范数据处理和保障数据权益的法律体系具有重要意义。目前，《个人信息保护法》《数据安全法》《网络安全法》等相关立法均对数据处理和数据权益作出详细规定，《深圳经济特区数据条例》《上海市数据条例》等地方性法规或规章之制定，构成对规范数据处理和数据权益保障的深化。在暂不具有直接法律法规之时，通过特别立法或在相关法律法规中，对规范数据处理和数据权益保障中的新问题、特别问题进行规范再造实属必然。因此，本条通过法律法规、社会公德和伦理以及商业道德和诚实信用原则三个层次的要求，对主体进行数据处理和行使数据权益的要求作出一般性的规定，有利于较好地处理本法与其他法律、法规的衔接问题。

在实践中，本条所规定的法律法规、社会公德和伦理以及商业道德和诚实信用三个层次的要求也并非泾渭分明，而是往往相互交织、相互补充。法律作为最基础的国家强制性规范，对公民的行为具有强大的约束力，在规范数据处理和保障数据权益中发挥着重要作用。此外，本条规定了进行数据处理应当遵循社会公德和伦理，一方面起到类似民法中"公序良俗"的兜底作用，另一方面亦起到对在数据处理实践中违反社会公德与伦理的行为作出宣示回应的作用。现实中，数据处理者通过大数据、人工智能等数字科技实现"大数据杀熟"，或通过给用户贴上贬损性、歧视性的"数字画像"现象已广为诟病。在暂不具有直接相关的制约性规范之前，更多还是借助道德伦理规制来约束。例如，2021年12月出台的《互联网信息服务算法推荐管理规定》中第10、21条便是对该现象的直接回应。

　　另外，商业道德和诚实信用在规范数据处理活动和保障数据权益中亦发挥着重要作用。该作用一方面体现在，为法律法规和社会公德的适用提供支撑。正如上文所提到，数据处理与数据权益具有复杂性，当出现有关数据处理和数据权益的争议，如数据竞争、数据侵权时，往往无法通过现有法律体系中的具体规则进行裁判。在"法官不能以无明文规定而拒绝裁判"的压力，以及保障公民合法利益的责任要求下，裁判者倾向于援引法律中的一般性规则进行裁判。该一般性规则的适用依据，往往就来源于违背"社会公德伦理"或"商业道德和诚实信用"。如在目前较常出现的数据竞争类案件中，法院往往倾向于适用《反不正当竞争法》第 2 条的原则性规定进行裁判。在该系列案件裁判中，数据竞争过程中的数据抓取和使用行为之所以可能被认定为不正当竞争，很大程度上就是因为违反商业道德和诚实信用。另一方面体现在，这些商业道德和诚实信用原则本身就构成某一领域内的特别规则，从而在一定程度上约束法官自由裁量的空间，且具有塑造和统一商业道德适用模式的功能。例如，在百度诉奇虎 360 案中，[①] 法院便是通过认定奇虎公司违背互联网行业内所形成的《互联网搜索引擎服务自律公约》中对爬虫协议纠纷作出的行业规定，认定奇虎公司具有不正当竞争的行为。

　　最后，本条中数据处理不得危害国家安全与公共利益的规定，亦可视为是在数据安全要求下，数据信息处理者需要遵循的"红线"。我国目前正经历着全社会的数字化转型，不同社

---

① 北京市东城区人民法院（2013）东民初字第 08310 号民事判决书。

会主体每天都会产生大量的数据，其中很多数据往往都关乎国家安全和社会利益。各类互联网平台在提供社会服务的同时，所收集到的数据经过分析后，能从中解读出各类至关重要的信息，该类信息一旦非法泄露，便容易使得国家和社会遭受巨大损失。数据安全不仅关乎个体的权利，亦关乎国家和社会的安全。近年来，我国大力推进各个层次和领域的数据安全立法，便是国家重视数据安全的体现。

参考资料

《互联网信息服务算法推荐管理规定》第 10、21 条
《反不正当竞争法》第 2 条

（撰稿人：宋保振）

第二节　个人信息特别保护

第十八条　【知情和同意】

除法律、行政法规另有规定外，处理个人信息的，应当取得个人同意。个人信息的处理目的、处理方式和处理的个人信息种类发生变更的，应当重新取得个人同意。

处理个人自行公开或者其他已经合法公开的个人信息，应当依法在合理的范围内进行；个人明确拒绝的除外。处理已公开的个人信息，对个人权益有重大影响的，应当依法取得个人同意。

本条主旨

除法律、行政法规的规定外，个人同意是个人信息处理的重要合法性基础。对已合法公开个人信息的处理应遵循合理使用规则。

条文详解

一、合法性是个人信息处理的基本前提

合法性原则是个人信息处理的基本原则之一，该原则在《网络安全法》《数据安全法》《个人信息保护法》等多个法律法规中均有体现，如《网络安全法》第41条规定，"网络运营者收集、使用个人信息，应当遵循合法、正当、必要的原则"。合法性原则集中体现在个人信息处理者需要根据相应的处理目的，在处理活动发生之前确定其处理行为的合法性基础。个人信息处理者只有确认其具体处理行为的合法性基础这一前提之后，才能根据个人信息处理对应的业务场景，将个人信息保护的合规要求转化为产品和服务的非功能性需求，与功能性需求同步进行设计和开发，以保护个人信息主体的合法权益。

从个人信息保护的立法来看，个人同意始终是个人信息处理的重要合法性基础之一，已公开合法个人信息等其他情形亦逐步明确为个人信息处理的其他合法性基础。《网络安全法》第41条仅将个人信息主体的同意作为收集使用个人信息的合法性基础。《民法典》第1035条规定，除法律、行政法规另有规定外，处理个人信息应当征得该自然人或者其监护人同意。《个人信息保护法》进一步做了完善，其第13条详细列举了个人

信息处理的合法性情形，其中第 1 款规定：（1）取得个人的同意；（2）为订立、履行个人作为一方当事人的合同所必需，或者按照依法制定的劳动规章制度和依法签订的集体合同实施人力资源管理所必需；（3）为履行法定职责或者法定义务所必需；（4）为应对突发公共卫生事件，或者紧急情况下为保护自然人的生命健康和财产安全所必需；（5）为公共利益实施新闻报道、舆论监督等行为，在合理的范围内处理个人信息；（6）依照本法规定在合理的范围内处理个人自行公开或者其他已经合法公开的个人信息；（7）法律、行政法规规定的其他情形。

本条不再重复列举处理个人信息的合法性情形，仅保留了个人同意以及合法公开的个人信息处理这两项必需且重要的情形。同时相较于《上海市数据条例（草案）》（征求意见稿）规定"收集自然人非公开数据的，应当以有效方式告知自然人，并取得其同意"，《上海市数据条例》将"收集"修改为"处理"，与《个人信息保护法》保持了一致。

二、用户同意及合法公开的个人信息是数据处理重要来源

中国的数据立法重要立法取向之一就是促进数据的开发利用，而企业等个人信息处理者则是挖掘数据价值、服务个人用户、促进经济发展的主力军。对于企业等个人信息处理者来说，一直深受困扰的问题就是面对海量的个人信息，到底哪些个人信息是其可以进行处理的。个人信息处理的合法性基础实际有效回答了这个问题。相较于《个人信息保护法》，本条所保留的如下合法性情形恰是企业所处理个人信息的重要来源：

（一）经个人同意新收集的个人信息

个人同意是企业等个人信息处理者可处理个人信息的最直

接有效的来源，也是目前企业普遍采用的方式。企业在收集个人信息前依法履行告知义务，经个人有效同意即可按约定处理收集个人信息。此处需要注意的是，告知是同意的前提。全国人大常委会法工委经济法室副主任杨合庆在答记者问时表示，"告知—同意"是法律确立的个人信息保护核心规则，是保障个人对其个人信息处理知情权和决定权的重要手段，个人信息保护法要求处理个人信息，应当在事先充分告知的前提下取得个人同意，个人信息处理的重要事项发生变更时应当及时向个人告知并取得同意。①

此外，并不是告知并经个人同意就可以无限制收集和使用其个人信息，此时仍必须遵守个人信息处理的最少必要原则，即只能处理满足个人授权同意的目的所需的最少个人信息类型和数量，且目的达成后，应及时删除个人信息。

（二）处理目的、方式和种类发生变化后经重新获得同意后的个人信息

个人信息处理者经个人信息主体同意后可使用的个人信息，其前提是事先明确告知了个人信息处理的目的、方式和种类等各项信息，个人信息主体在充分知情的情况下做出同意的意思表示。企业如擅自改变个人信息的处理目的、方式和种类，即意味着个人信息主体对此变化并不知情，这种改变后的处理已超出个人同意的范围，是一种无权处理行为。故企业如需改变处理目的、方式和种类，需依法重新履行告知义务，确保个人信息主体在充分知情的基础上重新进行同意。

---

① 《大数据时代，给个人信息加上法律"保护锁"》，载深圳晚报：http：//wb. sznews. com/PC/layout/202108/23/node_ A04. html。

（三）可合理处理的已合法公开的个人信息

已合法公开的个人信息，个人信息处理者可合理使用，通常无须获得个人信息主体的同意，对此《民法典》第 1036 条、《个人信息保护法》第 13 条第 6 项等法律法规都有相关规定。已合法公开的个人信息包括个人自行公开的个人信息以及其他已经合法公开的个人信息。个人自行公开的个人信息是指个人主动将其某些个人信息向社会公开，自行公开自己的个人信息意味着一定程度上同意他人对这些个人信息的处理①。其他合法公开的个人信息主要是由于涉及公共利益而由特定机构或组织依法进行公开的个人信息，参考《信息安全技术 个人信息安全规范》（GB/T 35273—2020）第 5.6 条和第 9.5 条，其他合法公开的个人信息包括但不限于合法新闻报道中的个人信息、政府信息公开中的个人信息。

对于已合法公开的个人信息，虽然通常不需要获得个人的额外同意，但并不意味着企业可以无限制地使用其信息，其使用必须注意如下要点：第一，处于公开状态的个人信息，既可能是个人信息主体自愿公开以及特定机构或组织依法公开的个人信息，也可能是被某个人或组织违规公开的。只有合法公开的个人信息才是个人信息处理的合法性来源，个人信息处理者需要判断已公开个人信息是否确为合法公开；第二，已合法公开的个人信息，通常都有其公开的特殊目的和用途，如中国执行信息公开网基于法律规定公开被执行人的个人信息，国家企业信用信息公示系统中公开的法定代表人、个人股东等个人信

---

① 参见黄薇主编：《中华人民共和国民法典人格权编释义》，法律出版社 2020 年版，第 203 页。

息为他人查询企业信息服务，故处理时应当符合被公开时的用途，确保在合理范围内使用；第三，虽然个人信息已处于公开状态，但并不等于个人信息主体对其不再享有相应的权利，个人信息主体依然对其具有一定的控制权，信息主体明确拒绝处理的已公开信息通常不得处理；第四，对已合法公开的个人信息处理前，需要对其处理目的、方式以及对个人信息主体的影响等事项进行评估，如果处理行为对个人权益有重大影响，仍应当依法取得个人信息主体同意；第五，对于已合法公开的个人信息，虽然通常无须获得同意，但个人信息处理者仍需依法履行告知义务，以确保个人信息主体的知情权；第六，保证数据质量，确保其处理个人信息与已合法公开信息的及时同步，避免因个人信息的不准确、不完整而对个人信息主体产生负面影响。

　　以上已合法公开个人信息的使用要点中，比较难把握的是"对个人权益有重大影响"。其关键点在于"个人权益"与"重大影响"。根据《民法典》第3条的规定，民事主体的人身权利、财产权利以及其他合法权益受法律保护，任何组织或者个人不得侵犯。因此，个人权益包括个人的人身权利、财产权利以及其他合法权益。关于"重大影响"，《个人信息保护法》并未作出具体规定，实践中可参考《信息安全技术　个人信息安全影响评估指南》（GB/T 39335—2020），尤其是其附录中的表D.3"个人权益影响程度判定准则"和表D.4"影响程度判定表"从个人自主决定权、引发差别性待遇、个人名誉受损或遭受精神压力和人身财产受损四个维度进行判定。

参考资料

《网络安全法》第 41 条

《民法典》第 1035 条

《个人信息保护法》第 13、14、27 条

《上海市数据条例（草案）》（征求意见稿）第 17 条

《信息安全技术　个人信息安全规范》（GB/T 35273—2020）
第 5、9 条

《个人信息安全影响评估指南》

（撰稿人：陶丽洁）

第十九条　【同意规则】

基于个人同意处理个人信息的，应当保证个人在充分知情的前提下自愿、明确作出同意，不得通过误导、欺诈、胁迫等违背其真实意愿的方式取得同意。法律、行政法规规定处理个人信息应当取得个人单独同意或者书面同意的，从其规定。

处理者在提供产品或者服务时，不得以个人不同意处理其个人信息或者撤回同意为由，拒绝提供产品或者服务；处理个人信息属于提供产品或者服务所必需的除外。

本条主旨

本条旨在细化个人信息处理的同意规则，具体规定了个人

信息主体同意的要件，并确定了个人信息处理者不能仅以个人信息主体拒绝处理其个人信息为理由拒绝服务的规则。

条文详解

一、有效的个人同意

《民法典》第 1165 条第 2 款规定："依照法律规定推定行为人有过错，其不能证明自己没有过错的，应当承担侵权责任。"《个人信息保护法》第 69 条第 1 款规定："处理个人信息侵害个人信息权益造成损害，个人信息处理者不能证明自己没有过错的，应当承担损害赔偿等侵权责任。"可见，侵害个人信息侵权责任的归责原则是过错推定原则。过错推定原则，是指在法律有特别规定的场合，从损害事实的本身推定加害人有过错，并据此确定造成他人损害的行为人赔偿责任的归责原则。① 根据过错推定原则的一般原理，举证责任倒置是过错推定原则的重要特征，受害人即个人信息主体仅需证明损害事实、违法行为和因果关系三个要件，而对于侵权责任的第四个要件过错，则从损害事实中推定个人信息处理者有过错，个人信息处理者需要举证证明其不存在过错才可免责。而个人同意作为个人信息处理的重要合法性基础，证明其处理个人信息前获得合法有效的个人同意是证明其不存在过错的重要方面。

本条第 1 款规定与《个人信息保护法》第 14 条保持了协调一致，概括性规定了个人同意的要件与方式，对个人信息处理者证明其不存在过错给出了总体性方向。

---

① 最高人民法院民法典贯彻实施工作领导小组：《中华人民共和国民法典侵权责任编理解与适用》，人民法院出版社 2020 年版，第 30 页。

（一）个人同意的要件

个人同意，其本质是一种意思表示，即个人信息主体通过勾选、点击等表示行为认可个人信息处理者对其特定个人信息的处理。个人同意要有效，要求其同意的意思表示是真实的。所谓意思表示真实是指当事人的内心意思与外部表示相一致。这要求个人信息主体必须是在意思自由、能够辨认自己行为的法律效果的情况下进行意思表示，不存在欺诈、胁迫、误解等情况。

欧盟《通用数据保护条例》（GDPR）第 4 条第 11 项规定，对数据主体的"同意"是指任何自由给予的、具体的、知情的和明确的表示数据主体意愿行为，通过声明或明确的肯定动作表示同意处理与其有关的个人数据。《对第 2016/679 号条例（GDPR）下同意的解释指南》（2020 年 5 月版）第 11 条总结了有效同意的四要素，即：（1）自由作出的；（2）具体；（3）知情；（4）明确的意思表示行为，且该指南对实践中如何把握这四个要求给出了具体性的建议。

本条规定要求个人信息主体应当是在充分知情的前提下自愿、明确作出同意，不存在因为误导、欺诈、胁迫等违背其真实意愿而作出同意的情形。其中体现的个人同意的要件与 GDPR相关规定的内在逻辑基本一致。"自由作出"要求做出同意的意思表示时是意志自由的，不存在欺诈、胁迫等情形，不能捆绑同意，不能一揽子同意等；"具体"要求同意必须和特定处理目的相关，个人信息主体可以就每个目的进行选择，以防个人信息处理者在初始收集个人信息之后，逐步扩大和模糊处理目的，从而在个人信息主体预期范围外使用其个人信息；"知情"要求信息主体被充分告知与其个人信息处理所有必要信息并且不存在任何误导的情况，个人信息主体的同意是在充分知情的情况下做出的；"明确的意思表示"要求个人信息主体就其同意要有有效的授权动作，即通过主动的动作或声明来确定地表示同意对其个人信息的处理。

（二）个人同意的方式

个人信息处理者在将个人同意作为其处理行为的合法性基础后，通过需要与用户的交互来实现个人同意。本条规定，法律、行政法规规定处理个人信息应当取得个人单独同意或者书面同意的，从其规定。这是对于交互方式的规定，其目的还是确保个人同意的有效性。

关于单独同意的规定，主要见于《个人信息保护法》，具体如下：（1）个人信息处理者向其他个人信息处理者提供其处理的个人信息的；（2）个人信息处理者公开其处理的个人信息；（3）出于维护公共安全所必需，在公共场所安装图像采集、个人身份识别设备。其所收集的个人图像、身份识别信息如用于维护公共安全以外的目的，应取得个人单独同意；（4）处理敏感个人信息；（5）个人信息处理者向中华人民共和国境外提供个人信息。此外，《最高人民法院关于审理使用人脸识别技术处理个人信息相关民事案件适用法律若干问题的规定》第2条规定，个人信息处理者处理人脸信息应当征得自然人或者其监护人的单独同意。从上述法规和司法解释来看，要求单独同意的情况主要针对敏感个人信息或处理行为会对个人权益或公共利益产生重大影响的情形，故需要通过突出的方式来告知个人信息主体，引起其足够重视，引导其在理性思考后作出决定。

关于书面同意的要求，是对同意的意思表示的形式性要件，以固定证据、避免不必要的争议、提升纠纷解决的效率。本法与《个人信息保护法》均没有对书面同意的具体情形进行规定。检索目前的法律法规，《征信业管理条例》第18条和第29条的规定要求：（1）向征信机构查询个人信息的，应当取得信息主体本人的书面同意；（2）从事信贷业务的机构向金融信用信息基础数据库或者其他主体提供信贷信息，应当事先取得信息主体的书面同意。《民法典》第469条规定，书面形式是合同书、信件、电报、电传、传真等可以有形地表现所载内容的形式。以电子数据交换、电子邮件等方式能够有形地表现所载内容，并可以随时调取查用的数据电文，视为书面形式。目前，个人信息的处理大多通过电子数据方式进行，故个人信息处理者普遍采用数据电文这一书面同意方式。但有学者认为，所谓"书面的单独同意"应当是指纸面的同意书，即处理者必须取得个人亲笔签名的、针对某类敏感个人信息的处理表示同意的纸质同意书，理由是《个人信息保护法》第29条规定，处理敏感的个人信息本身就要求取得个人的单独同意，同时还规定，法律、行政法规规定处理敏感个人信息应当取得书面同意的，从其规定。这就是说书面同意的要求应当比单独同意的要求更高。①

对于个人同意的方式，《信息安全技术 个人信息安全规范》（GB/T 35273—2020）提出明示同意的概念以区别于一般的授权同意。明示同意是指，个人信息主体通过书面、口头等方式主动作出纸质或电子形式的声明，或者自主作出肯定性动

---

① 程啸：《论个人信息处理中的个人同意》，载《环球法律评价》2021年第6期。

作，对其个人信息进行特定处理作出明确授权的行为；肯定性动作包括个人信息主体主动勾选、主动点击"同意""注册""发送""拨打"、主动填写或提供等。授权同意是指，个人信息主体对其个人信息进行特定处理作出明确授权的行为，包括通过积极的行为作出授权（明示同意），或者通过消极的不作为而作出授权（通常称为"默示同意"，如信息采集区域内的个人信息主体在被告知信息收集行为后没有离开该区域）。实践中，建议优先采用明示同意的方式，确保个人同意的有效性。

关于个人同意在实际操作中如何进行把握，可参考2020年1月12日公布的推荐性国家标准《信息安全技术 个人信息告知同意指南（征求意见稿）》①。该指南内容涵盖指南的适用范围、告知同意的适用情形、免于告知同意的情形、告知同意的基本原则及具体实践等；并在附录部分就未成年人个人信息、软件开发工具包（SDK）、物联网（IoT）、公共场合、云服务、个性化推荐、金融借贷、车载、网上购物共九类场景下收集使用个人信息的告知同意实践提供了进一步的指导；指南对告知同意的证据留存也给出了指导，对于业务实践具有较大的参考价值。

二、不得拒绝服务规则

本条第2款与《个人信息保护法》第16条保持协调一致，

---

① 全国信息安全标准化技术委员会：《关于国家标准〈信息安全技术 个人信息告知同意指南〉征求意见稿征求意见的通知》（2020年01月20日），载全国信息安全标准化技术委员会网站：https://www.tc260.org.cn/front/bzzqyjDetail.html？id=20200121161345750342&norm_id=20200115000001&recode_id=36730。

明确个人信息处理者不得拒绝提供产品和服务的情形，即不得以个人不同意处理其个人信息或者撤回同意为由，拒绝提供产品或者服务；处理个人信息属于提供产品或者服务所必需的除外。

不得拒绝服务的前提，是个人信息不同意或撤销同意的个人信息不是提供产品和服务所必要的。对于非提供产品和服务所必需的个人信息，其处理行为本身是与个人信息处理最小必要原则相悖的，此时个人信息主体不同意或撤回同意，并不影响产品和服务的提供，故应允许个人信息主体对其表示不同意或撤回。

对于提供产品和服务所必要的个人信息，也就是缺少后产品和服务无法实现的个人信息，不适用不得拒绝服务规则。比如网约车，如果用户拒绝提供手机号、出发地、到达地、位置信息和行踪轨迹，就无法完成网约车服务流程。对于此类个人信息，如个人信息主体不同意提供，则产品和服务提供者有权拒绝提供产品和服务；如果在提供产品和服务过程中，个人信息主体撤回同意，基于此部分个人信息是为合同所必需的，个人信息处理者可基于《个人信息保护法》第 13 条第 1 款第 2 项的规定继续其处理行为，即个人信息处理的合法性基础不再是个人同意，而是订立和履行合同所必需。

参考资料

《民法典》第 469、1035、1165 条

《个人信息保护法》第 5、14、16 条

《征信业管理条例》第 18、29 条

欧盟《通用数据保护条例》第4条

《对第2016/679号条例（GDPR）下同意的解释指南》（2020年5月版）第11条

（撰稿人：陶丽洁）

第二十条　【处理者的告知事项和告知方式】

处理个人信息前，应当向个人告知下列事项：

（一）处理者的名称或者姓名和联系方式；

（二）处理个人信息的目的、方式；

（三）处理的个人信息种类、保存期限；

（四）个人依法享有的权利以及行使权利的方式和程序；

（五）法律、行政法规规定应当告知的其他事项。

处理者应当以显著方式、清晰易懂的语言真实、准确、完整地告知前款事项。

本条主旨

本条旨在明确个人信息处理者在处理个人信息前，需向个人履行的告知义务，包括告知的事项和告知的方式。

条文详解

一、处理者负有告知义务的原因

处理者在处理个人信息前，负有向个人告知其名称或者姓名、联系方式、处理信息的目的和方式等告知义务。处理者之所以负有该义务，是为了保障个人的知情权，同时为个人作出有效的"同意"奠定基础。（1）个人信息是内含财产价值的人格权益。[1] 根据《个人信息保护法》第44条的规定，个人对其个人信息的处理享有知情权、决定权等权利。处理者对个人信息的处理，会对个人的利益产生影响，甚至是重大影响，故保障个人对处理行为的知情权既是对个人的尊重，也是保障个人合法权益，避免处理者违法处理个人信息的重要途径。（2）根据《个人信息保护法》第13条的规定，处理个人信息最主要的合法性基础是"取得个人的同意"，而"该同意应当由个人在充分知情的前提下自愿、明确作出"（《个人信息保护法》第14条）。因此，向个人告知必要的事项，是个人作出有效同意，并进而正当化处理者对个人信息处理行为的前提。

有疑问的是，从实践来看，鲜有消费者在接受互联网服务时会认真阅读、仔细了解处理者向其告知的事项。同时，即便消费者对部分处理行为的条款不同意，也无法改变这些条款。因此，有人认为，告知规则在实践中没有意义，无法真正起到监督信息处理者、保护消费者个人信息权益的效果。[2] 这一质疑中对现实状况的描述不假，但由此得出告知义务没有必要或没有意义并不妥当。事实上，应将处理者的"告知义务"与个人的"同意"相区分开，即告知并不意味着同意。告知义务的价值，在于提高个人信息处理的透明度。[3] "阳光是最好的防腐

---

[1] 参见彭诚信：《论个人信息的双重法律属性》，载《清华法学》2021年第6期。

[2] 参见韩旭至：《个人信息保护中告知同意的困境与出路——兼论〈个人信息保护法（草案）〉相关条款》，载《经贸法律评论》2021年第1期。

[3] 参见龙卫球主编：《中华人民共和国个人信息保护法释义》，中国法制出版社2021年版，第73页。

剂"，要求处理者将其处理行为的相关事项公开，本身便能起到抑制处理者违法处理信息的"冲动"。告知事项的公布，既有助于企业内部强化合规管理，也是当事人发生纠纷后法院裁判的重要审查对象，还是行政机关评估和决定企业个人信息保护合法性与否的重要考量因素。因此，告知义务对强化个人信息保护仍具有重要意义。

二、处理者应告知的事项

具体而言，处理者应告知的事项如下。

（一）处理者的名称或者姓名和联系方式

明确处理者的身份信息是首要告知事项，因为这是明确权利义务关系及相关责任的前提。处理者既可能是企业等法人组织、非法人组织，也可能是自然人。若是前者，需告知名称；若是后者，需告知姓名。所谓联系方式，并不以电话号码为限，电子邮箱、公司地址等能联系到处理者的方式，都应允许。但需注意的是，处理者应确保所提供的是有效的联系方式，避免个人通过该方式向处理者提出诉求时，相关诉求如"石沉大海"。

（二）处理个人信息的目的、方式

《个人信息保护法》第6条规定："处理个人信息应当具有明确、合理的目的，并应当与处理目的直接相关，采取对个人权益影响最小的方式。收集个人信息，应当限于实现处理目的的最小范围，不得过度收集个人信息。"（1）处理者处理个人信息时，应有明确且合理的目的。所谓"明确"，指该目的应在相对清晰的范围之内，避免过于笼统的"目的"。比如，根据该个人信息向用户推送个性化新闻是明确的目的；提升用户体验则是过于笼统的目的。此外，处理者对目的的说明应主要是"用途层面的目的"，而非"技术层面的目的"。比如，处理信息以训练算法中的某个功能，是技术层面的目的；而通过该算法来实现新闻的精准推送是功能层面的目的。处理者应主要对后者作出说明。最后，"目的"也可能存在"直接目的"和"间接（最终）目的"之分，因为对信息的处理是一环套一环，每一步都存在各自的目的。处理者在说明目的时，应主要说明对个人有直接影响的目的，即功能层面的目的。（2）处理个人信息应采"对个人权益影响最小的方式"。这并非说处理者对信息的处理应尽可能不要对信息主体的利益产生影响，而是指在实现同等目的（功能）的情况下，对个人信息的处理应尽可能限缩，收集的信息范围对实现目的而言"够用"就行。比如，通过微信账号登录某一音乐软件时，音乐软件应仅收集用户微信用户名、头像等信息，不应收集微信好友记录。当然，何为"影响最小的方式"，需要通过行业通常的技术水平（而非企业自身的技术水平）来判断，并必将随着技术的不断发展而变化。[1]

（三）处理的个人信息种类、保存期限

个人信息的种类很多，不同种类的个人信息对个人权益的影响不同；个人信息保存的期限越长，被非法使用或者发生泄露的可能性也越大。[2] 故处理者有必要对处理的个人信息种类和保存期限加以告知。根据不同的分类标准，个人信息可分为

---

[1] 参见武腾：《最小必要原则在平台处理个人信息实践中的适用》，载《法学研究》2021 年第 6 期。

[2] 参见程啸：《论个人信息处理者的告知义务》，载《上海政法学院报》2021 年第 5 期。

不同的种类，如身份信息、浏览信息、购物信息等。在法律上，重要的信息主要有两种分类方式：一是普通信息与敏感信息；二是私密信息与非私密信息。《个人信息保护法》在第二章（个人信息处理规则）第二节（敏感个人信息的处理规则）中，对"敏感个人信息"的处理规则提出了特别的要求。根据该法第 28 条第 1 款的规定，敏感个人信息是一旦泄露或者非法使用，容易导致自然人的人格尊严受到侵害或者人身、财产安全受到危害的个人信息，包括生物识别、宗教信仰、特定身份、医疗健康、金融账户、行踪轨迹等信息，以及不满 14 周岁未成年人的个人信息。据此，处理者在收集敏感个人信息时，应作出特别说明，并遵守法律的特别要求。关于私密信息与非私密信息的区分，《民法典》第 1032 条第 2 款规定，"隐私是自然人的私人生活安宁和不愿为他人知晓的私密空间、私密活动、私密信息。"同时，《民法典》第 1034 条第 3 款规定："个人信息中的私密信息，适用有关隐私权的规定；没有规定的，适用有关个人信息保护的规定。"据此，处理者在处理私密信息时，除了要遵守个人信息的保护规则外，还要遵守关于隐私保护的规则。

关于"保存期限"，《个人信息保护法》第 19 条规定："除法律、行政法规另有规定外，个人信息的保存期限应当为实现处理目的所必要的最短时间。"因此，企业应根据自身的业务情况，合理确定个人信息的保存期限，并告知用户。例如，对于公共安全视频图像信息资料的保存期限，《湖北省公共安全视频图像信息系统管理办法》第 17 条第 6 项规定，公共视频系统的信息资料有效存储期不少于 15 日，涉及公共安全、突发事件和违法犯罪行为的重要信息资料有效存储期不少于2年。

（四）个人依法享有的权利以及行使权利的方式和程序

《个人信息保护法》中对个人享有的个人信息权益作出了详细的规定。因此，处理者是否告知个人其享有的权利，其实并不影响个人对相关权益的享有和行使。[①] 或许是基于有利于个人了解其合法权利的考虑，此处要求处理者告知个人其享有的权利。当然，除了法律规定的权利外，处理者也可"额外"约定个人享有的权利。只要此类约定是赋予了个人权利，即便达到了比法律更高的保护标准，法律上也应予以认可，赋予个人基于约定而享有的相关权利。

处理者应告知个人其行使权利的方式和程序。比如，个人若要行使查阅信息的权利，处理者应告知向谁，并如何提出该主张等。当然，由于个人信息的权益内容多样，且实践商业模式丰富，不同的权利可能会有不同的行使方式和程序。比如，对购物订单信息的查阅，可通过软件前端的个人账户直接查阅；但对定位信息的查阅，可能需通过联系处理者专员才能了解到。

（五）法律、行政法规规定应当告知的其他事项

上述提及的四项只是在一般意义上比较重要的事项，但处理者需要告知的事项，并不限于上述四项，且在不同场景中，处理者可能负有某些更有针对性的义务。比如，在网约车场景中，处理者会重点利用个人定位信息，故处理者应对如何处理个人定位信息作出更具体细致的说明。此外，《个人信息保护

---

① 《个人信息保护法》第17条关于告知事项的规定中，并未规定"个人依法享有的权利"这一事项。

法》第 30 条规定，处理敏感个人信息的，处理者还应当告知处理敏感个人信息的必要性及对个人权益的影响。因此，处理者应根据自身的行业特点，以及收集的信息类型等，遵循诚实信用原则，合理地确定其应告知的事项。本项规定也为未来增加告知的事项预留了空间。当然，若上述信息发生变更时，处理者应及时将变更部分告知个人。

最后，若处理者违反了上述告知义务，根据《个人信息保护法》第 66 条的规定，需承担及时改正、暂停或终止提供服务、罚款等行政责任。造成个人损害的，还需承担赔偿损失等民事责任。

三、处理者应告知的方式

本条第 2 款规定："处理者应当以显著方式、清晰易懂的语言真实、准确、完整地告知前款事项。"之所以对处理者的告知方式作出专门规定，主要有两方面的理由。其一，处理者告知的事项是一种"格式条款"，应遵循法律对格式条款的一般原理。根据《民法典》第 496 条第 1 款的规定，格式条款是当事人为了重复使用而预先拟定，并在订立合同时未与对方协商的条款。故采用格式条款订立合同的，提供格式条款的一方应当采取合理的方式提示对方注意与对方有重大利害关系的条款。其二，为了有效保护个人信息，个人应在"知情"的情况下作出自己的选择。因此，"告知"本身并非目的，"知情"才是目的所在。故处理者不能做"甩手掌柜"，不能以"已经告知"而逃避自己应尽的义务。为了实现"知情"，有必要要求处理者以清晰易懂且显著的方式告知相关事项。尤其是在个人信息这一技术快速发展的领域，相关术语常常并不为社会公众所知悉，处理者可能借此以晦涩难懂，或具有误导性的用语来告知相关事项。故有必要在法律上否定此类告知行为的有效性。

那么，如何判断处理者的告知方式是否显著、清晰易懂呢？关于"显著"的判断，全国信息安全标准化技术委员会于2020年7月发布的《网络安全标准实践指南——移动互联网应用程序（App）收集使用个人信息自评估指南》第1.5条和第2.3条提及的"显著"方式有字体加粗、标星号、下划线、斜体、不同颜色、弹窗提示、用途描述等方式。一般而言，若处理者采取了这些方式来告知，便满足了显著的要求。但这并不意味着未采取上述方式的告知，就必然不满足"显著"的要求，因为若是如此，则意味着处理者需要将上述五项告知事项都以加粗等方式来告知，会造成几乎所有涉及个人信息条款都是"加粗条款"的结果。所有条款加粗相当于没有条款加粗，故这无助于强化对个人信息的保护。"显著"与否的判断，应主要从"反面"来加以理解，即处理者不能故意以"不显著"的方式来逃避对用户个人的"有效告知"。比如，以更小的文字，或在不起眼的位置，或在多重链接跳转后才能查阅到相关内容等。① 关于"清晰易懂"的判断，应以一般公众的认知水平为标准。上述评估指南第2.4条认为，告知的内容应当简练、结构清晰、重点突出，避免使用晦涩难懂的词语（如使用大量专业术语）和冗长烦琐的篇幅。特别要强调的是，处理者不能以易于让人产生误解的文字来误导消费者。如在"微信读书

---

① 参见程啸：《个人信息保护法理解与适用》，中国法制出版社2021年版，第175页。

案"中，法院认为微信读书在《服务协议》中的相关告知内容没有进行显著的提示，且"好友"的表述更容易让一般用户想到的是微信读书软件内的好友，难以联想到注册微信读书即可在没有微信读书好友关系的情况下，将微信好友关系迁移到微信读书，该告知是不充分的，因此应当承担侵权责任。[①]

若处理者违反了上述告知方式，要承担及时改正、暂停或终止提供服务、罚款等行政责任。造成个人损害的，还需承担赔偿损失等民事责任（《个人信息保护法》第 66 条）。此外，根据《民法典》第 496 条的规定，提供格式条款的一方未履行提示或者说明义务，致使对方没有注意或者理解与其有重大利害关系的条款的，对方可以主张该条款不成为合同的内容。换言之，未以显著、清晰易懂的方式告知的个人信息事项，消费者可以主张不受相关条款的约束。

参考资料

《民法典》第 1035 条

《个人信息保护法》第 7、17 条

《网络安全法》第 41 条

《消费者权益保护法》第 29 条

《深圳经济特区数据条例》第 14 条

《App 违法违规收集使用个人信息行为认定方法》第 2 条

欧盟《通用数据保护条例》第 13、14 条

（撰稿人：徐伟）

[①] 参见北京互联网法院（2019）京 0491 民初 16142 号民事判决书。

第二十一条 【更正和补充的权利、删除的义务】

个人发现其个人信息不准确或者不完整的，有权请求处理者更正、补充。

有下列情形之一的，处理者应当主动删除个人信息；处理者未删除的，个人有权请求删除：

（一）处理目的已实现、无法实现或者为实现处理目的不再必要；

（二）处理者停止提供产品或者服务，或者保存期限已届满；

（三）个人撤回同意；

（四）处理者违反法律、行政法规或者违反约定处理个人信息；

（五）法律、行政法规规定的其他情形。

对属于本条第一款、第二款情形的，处理者应当分别予以更正、补充、删除。法律、行政法规另有规定的，从其规定。

本条主旨

本条旨在为个人提供更正、补充和删除其个人信息的权利，从而确保处理者所处理的是个人准确、完整的信息，并确保非必要的信息不再被继续保存或使用。

条文详解

本条规定结合了《个人信息保护法》第 46、47 条的规定，并在本条第 3 款进一步区分了应当进行更正、补充和删除的情形，即个人因其个人信息不准确请求更正的，处理者应当予以更正；个人因其个人信息不完整请求补充的，处理者应当补充；符合删除情形的，处理者应当采取删除措施。

一、个人更正、补充个人信息的权利

处理者之所以要处理个人信息，是为了通过对个人信息的使用、加工等，得出对个人的用户画像，[①] 进而为处理者的相关决策提供支持。对个人而言，既可能是拒绝处理者对自己画像（如拒绝处理者收集其信息），也可能是希望处理者对自己准确画像，因为不准确的画像可能对个人权益造成损害。任何个人信息的不实、错误或者对其内容的扭曲都会或多或少影响个人社会形象的塑造，让个人在社会发展中偏离自己的预期。[②] 比如，错误地给个人打上"信用不佳"的标签，可能导致个人无法享受诸多利益。因此，法律上既要为个人合理拒绝处理者提供法律依据（《个人信息保护法》第 44 条规定，个人有权限制或者拒绝他人对其个人信息进行处理），也要为个人信息被准确处理提供法律依据。《个人信息保护法》第 8 条规定："处理个人信息应当保证个人信息的质量，避免因个人信息不准确、不完整对个人权益造成不利影响。"本条第 1 款规定的更正、补充的权利，为确保信息的"质量"提供了具体的途径。

---

① 参见丁晓东：《用户画像、个性化推荐与个人信息保护》，载《环球法律评论》2019 年第 5 期。

② 参见最高人民法院民法典贯彻实施工作领导小组主编：《中华人民共和国民法典人格权编理解与适用》，人民法院出版社 2020 年版，第 391 页。

所谓"更正",是指个人有权要求处理者以"准确"的个人信息替代"不准确"的信息。(1)这一权利得以行使的前提是,个人有权查阅其个人信息。对此,《个人信息保护法》第45条作出了规定,即个人有权向个人信息处理者查阅、复制其个人信息。(2)个人负有提供准确信息的义务。若个人仅仅主张相关信息不准确,而未提供替代性的信息,则处理者可以不予更正,或仅负有删除相关信息的义务。(3)个人在提供替代性信息时,同时负有提供相关证据或给出合理说明的义务,尤其当个人要求更正对其不利的信息,或要求更正的信息同时可能对第三人的权益造成不利影响时。① 比如,处理者将个人标注为失信人员,但个人主张其已不再被列入失信人员名单,则个人负有提供相关证据的义务。根据《个人信息保护法》第46条第2款的规定,对于个人请求更正、补充其个人信息的,个人信息处理者应当对其个人信息予以核实。若个人并未提供相关证据,则处理者应以一般注意义务的审查标准来判断个人的主张是否合理,并据此决定是否接受个人的更正请求。

所谓"补充",是指个人有权要求处理者以"完整"的个人信息替代"不完整"的信息。与"更正"权利相同,该权利的行使以个人享有查阅权利为前提。同样,个人要求补充其信息时,应提供相关的证据或给出合理的说明。

在个人提出更正、补充申请后,若处理者错误处理个人信息拒不更正或补充,给个人造成损害的,应向个人承担停止侵

---

① 程啸教授认为,在信息涉及第三人时,只有在个人和第三人都同意更正时,才能更正。参见程啸:《个人信息保护法理解与适用》,中国法制出版社2021年版,第355页。

害、赔偿损失等责任。比如，在"杨某与湖南某农村商业银行名誉权纠纷案"中，法院认为，农商银行应在向中国人民银行报送的数据中准确如实表述，在杨某不再有不良交易信息后，不应仍将该不良信息记录在杨某的个人信用报告中。农商银行错误处理个人信息的行为使杨某社会评价降低，对其造成不良影响，应当删除杨某在中国人民银行征信中心的银行个人征信不良记录。[①]

二、处理者删除个人信息的义务

处理者"删除"个人信息的情形，主要有二：一是个人提出了删除的请求。由于个人对其信息享有决定权（《个人信息保护法》第44条），故一般而言个人有权随时要求处理者删除其个人信息。二是即便个人没有提出删除的请求，处理者也负有依法主动删除的义务。本条第2款规定的"删除"，主要是后者（只有第三项是前者）。

根据第2款的规定，处理者主动删除个人信息的情形如下：

（一）处理目的已实现、无法实现或者为实现处理目的不再必要

处理者处理个人信息时，应有明确、合理的目的，且要告知个人其目的。当处理目的已实现，且之后不再需要达成该目的后，处理者自然不再有必要保留该个人信息。同理，如果处理目的已不可能实现，则仍保留该个人信息也不再必要。如果因为技术的进步等原因，已经有了新的同样可实现处理目

[①] 参见湖南省益阳市中级人民法院（2021）湘09民终1563号民事判决书。类似案件参见湖南省溆浦县人民法院（2021）湘1224民初1443号民事判决书。

的的途径，则也不应再保留该信息，因为处理者在实现同样的处理目的时，应采取对个人权益影响最小的方式，收集的个人信息应当限于实现处理目的的最小范围（《个人信息保护法》第6条）。

（二）处理者停止提供产品或者服务，或者保存期限已届满

向用户提供产品或服务是处理者处理个人信息最主要的目的。当处理者停止提供产品或服务时，意味着处理者处理信息的目的不复存在。故此时不再有必要保留个人信息。任何信息的存储，都有一定的期限限制。"保存期限"也是处理者应向个人告知的事项之一。同时，从处理者角度而言，信息的价值会随着时间的推移而降低，甚至快速降低。比如，一位消费者购物时的搜索记录，可能只在最近几天内才有价值。因此，处理者有时并不会一直保留个人信息。当约定的保存期限届满后，处理者应删除相关信息。当然，处理者也可能因为新情况而决定延长相关信息的保存期限。若是如此，处理者应重新取得个人的同意。否则，应在约定的期限届满后主动删除相关信息。

（三）个人撤回同意

根据《个人信息保护法》第13条，个人信息处理者处理个人信息的合法性基础之一是"取得个人的同意"。同时，该法第15条规定，基于个人同意处理个人信息的，个人有权撤回其同意。因此，个人撤回同意后，处理者处理个人信息的合法性基础便已不复存在，故此时处理者应删除相关个人信息。当然，个人撤回同意并不具有溯及既往的效力，即并不

意味着处理者在撤回同意前的处理行为违法。相反，个人撤回同意，不影响撤回前基于个人同意已进行的个人信息处理活动的效力。

（四）处理者违反法律、行政法规或者违反约定处理个人信息

我国法律、行政法规对处理者处理个人信息提出了诸多强制性要求。比如，处理个人信息应遵循必要原则等。同样，处理者也需在处理信息前告知个人其处理的个人信息目的、方式、种类等。若处理者违反了法律法规上的强制性要求，或者违反了与个人的约定，则其处理行为便丧失了合法性基础，此时应对违法获得的信息予以删除。

（五）法律、行政法规规定的其他情形

本项是兜底性的规定，有助于本条例与其他法律、行政法规之间的衔接。比如，《征信业管理条例》第16条第1款规定："征信机构对个人不良信息的保存期限，自不良行为或者事件终止之日起为5年；超过5年的，应当予以删除。"

最后，需注意的是，对个人信息是否删除的个人意愿和国家要求有时会出现不一致。比如，根据我国《电子签名法》第24条的规定，电子认证服务提供者应当妥善保存与认证相关的信息，信息保存期限至少为电子签名认证证书失效后五年。若用户在五年之内撤回其同意，处理者是否要删除该用户个人信息？由于国家对信息保存期限的规定是基于国家管理等公共利益的需要，故应优先于个人的意愿，即此时处理者应遵守国家的相关规定。

参考资料

《民法典》第 1037 条

《个人信息保护法》第 46、47 条

《网络安全法》第 43 条

《未成年人保护法》第 72 条

《深圳经济特区数据条例》第 24、25 条

欧盟《通用数据保护条例》第 17 条

（撰稿人：徐伟）

第二十二条　【生物识别信息的保护】

处理自然人生物识别信息的，应当具有特定的目的和充分的必要性，并采取严格的保护措施。处理生物识别信息应当取得个人的单独同意；法律、行政法规另有规定的，从其规定。

本条主旨

本条旨在为自然人生物识别信息提供较之一般个人信息更高的法律保护，从而保障生物识别信息的安全以及信息主体的合法权益。

核心概念

自然人生物识别信息：指基于特定技术处理自然人的身体、生理或行为特征而得出的个人信息，这种信息是特定自然人的独特标识，能够识别该特定自然人。《民法典》第 1034 条

明确将生物识别信息列举为个人信息的一种类型，《个人信息保护法》第 28 条进一步规定，生物识别信息是个人信息中的敏感个人信息。根据 2020 年《信息安全技术　个人信息安全规范》中的规定，个人生物识别信息包括个人基因、指纹、声纹、掌纹、耳廓、虹膜、面部识别特征等。自然人生物识别信息是一种"敏感个人信息"，在处理此类信息时，要遵循更严格的保护规则。

单独同意：指独立且明确的，没有混同其他个人信息的专项同意，即未将该事项与其他事项"进行捆绑"以获得个人同意。比如，在处理多个不同类型的敏感个人信息时，应当针对每一类型的敏感个人信息提供单独的告知和同意选项。

条文详解

一、自然人生物识别信息予以特别保护的必要性

随着科技的发展，人类已破解并掌握了越来越多的"生命密码"，如以基因、指纹、虹膜等为代表的自然人生物识别信息。此类自然人生物识别信息具有两个重要的特点：一是唯一性，一旦掌握此类信息，便可精准识别具体的个人，因此，生物识别信息常常用于保密要求较高、对个人利益影响较大的领域，如金融账户等；二是难以甚至不可改变，如基因、指纹类信息不可改变，面部特征虽然可以做适度的调整，但对多数人而言，改变的成本过高，且多数人也未必有改变的意愿。因此，生物识别信息一旦泄露，便是终生泄露。有鉴于此，自然人的生物识别信息一旦泄露或者被非法使用，不但更容易导致自然人的人格尊严受到侵害或者人身、财产安全受到危害，且

其产生的危险是持续、长久、难以消除的。故法律上对生物识别信息的处理作出了更严格的规定，以保障此类信息的安全。

总体而言，本条对自然人生物识别信息的特别保护主要体现在三个方面：其一，特定的目的和充分的必要性；其二，更严格的保护措施；其三，取得个人单独同意。

二、特定的目的和充分的必要性的判断

《个人信息保护法》第 6 条规定，处理个人信息应当具有明确、合理的目的。同时，该法第 17 条规定，处理者在处理个人信息前，应向个人告知个人信息的处理目的。因此，所有个人信息的处理活动，都要遵循明确、合理的目的。

对生物识别信息而言，法律要求具有"特定"的目的。这是比明确、合理的目的更高的要求。"特定的目的和充分的必要性"的规定与《个人信息保护法》第 28 条第 2 款关于处理敏感个人信息的规定一致，原因在于：《个人信息保护法》第 28 条的规定适用于敏感个人信息，而本条规范的生物识别信息正是敏感个人信息的一种重要类型。

所谓"特定"，指仅在某些有"充分必要性"的目的场合，才能处理生物识别信息。换言之，并非所有目的都可以处理生物识别信息。比如，超市基于统计人流的需要，对出入超市的人员收集人脸（面部特征）信息，便不满足"特定"目的的要求。此时，即便超市的顾客同意该超市收集其人脸信息，超市的收集行为也不具有合法性。之所以法律上要采"家父主义"态度，积极介入对生物识别信息的处理，主要还是基于此类信息的高度敏感性特点。

那么，如何判断对生物识别信息的处理是否具有"充分的必要性"呢？这是一个尚具争议性的问题。在我国"人脸识别第一案"——郭某诉某野生动物园案①中，动物园将人脸信息作为游客进出动物园的唯一方式，尤其是在动物园之前已经采取了"指纹"这一进出方式的背景下是否具有"充分的必要性"引发了广泛热议。类似的，在疫情期间基于抗疫需要而对小区采用人脸识别门禁，或可认为满足了"充分的必要性"；而在非疫情期间，小区基于便利管理和加强小区安全的目的，采用人脸识别门禁且不提供其他验证方式，是否能满足"充分的必要性"呢？对此社会上曾引发争议。最高人民法院发布的司法解释中对此予以否定。②

关于"充分的必要性"的判断，可注意以下几个方面：其一，充分的必要性是要衡量所保护的利益和所采用的生物识别信息之间是否具有对等性。所保护的利益越重要，采生物识别信息的正当性也越充分。一般而言，基于公共利益的需要（如抗疫），以及对个人私人利益影响较大的场合（如金融账户），可采生物识别信息。但应警惕的是，不应泛化公共利益的范围，尤其是不能宽泛地以所谓安全需要为由随意使用生物识别信息。其二，充分的必要性还要考虑是否存在其他途径也能（近似）实现相关目的。比如，出入小区除了采取人脸识别门禁外，还可采取卡片门禁、指纹门禁等方式。后者（尤其是指

---

① 参见杭州市富阳区人民法院（2019）浙 0111 民初 6971 号民事判决书；浙江省杭州市中级人民法院（2020）浙 01 民终 10940 号民事判决书。

② 《最高人民法院关于审理使用人脸识别技术处理个人信息相关民事案件适用法律若干问题的规定》第 10 条第 1 款规定："物业服务企业或者其他建筑物管理人以人脸识别作为业主或者物业使用人出入物业服务区域的唯一验证方式，不同意的业主或者物业使用人请求其提供其他合理验证方式的，人民法院依法予以支持。"

纹门禁）同样也可实现小区的管理目的。《深圳经济特区数据条例》第 19 条第 1 款便规定："处理生物识别数据的，应当在征得该自然人明示同意时，提供处理其他非生物识别数据的替代方案。但是，处理生物识别数据为处理个人数据目的所必需，且不能为其他个人数据所替代的除外。"其三，不同生物识别信息，在"必要性"的判断上也有所不同。比如，人脸信息比指纹信息更为敏感，故对人脸识别必要性的判断应更严格。其四，即便处理生物识别信息满足了充分的必要性，但在许多情况下，信息处理者也应同时为个人提供可自由选择的替代方案。比如，动物园在采人脸识别门禁时，应同时为不同意被收集人脸信息的游客提供其他进出动物园的替代方案。

三、严格的保护措施的认定

鉴于自然人生物识别信息的敏感性与重要性，处理者应对此类信息采取严格的保护措施。那么，怎样的措施才属于"严格的保护措施"？对此，《个人信息保护法》第 51 条对信息处理者应采取的措施作出了一般性的规定。详言之，个人信息处理者应当根据个人信息的处理目的、处理方式、个人信息的种类以及对个人权益的影响、可能存在的安全风险等，采取下列措施确保个人信息处理活动符合法律、行政法规的规定，并防止未经授权的访问以及个人信息泄露、篡改、丢失：制定内部管理制度和操作规程；对个人信息实行分类管理；采取相应的加密、去标识化等安全技术措施；合理确定个人信息处理的操作权限，并定期对从业人员进行安全教育和培训；制定并组织实施个人信息安全事件应急预案；法律、行政法规规定的其他措施。需注意的是，《个人信息保护法》第 51 条的规定适用于所有个人信息类型。故在自然人生物识别信息等敏感信息的保护措施方面，应根据上述要求，采取相对较高的标准。

举例而言，在个人信息"分类管理"方面，应将生物识别信息纳入级别较高的分类中。《数据安全法》第 21 条规定，国家建立数据分类分级保护制度，根据数据在经济社会发展中的重要程度，以及一旦遭到篡改、破坏、泄露或者非法获取、非法利用，对国家安全、公共利益或者个人、组织合法权益造成的危害程度，对数据实行分类分级保护。各地区、各部门应当按照数据分类分级保护制度，确定本地区、本部门以及相关行业、领域的重要数据具体目录，对列入目录的数据进行重点保护。

目前，工业和信息化部办公厅已于 2020 年发布了《工业数据分类分级指南（试行）》，其中将工业数据分为一级、二级、三级 3 个级别。其中，三级数据指易引发特别重大生产安全事故或突发环境事件，或造成直接经济损失特别巨大，或对国民经济、行业发展、公众利益、社会秩序乃至国家安全造成严重影响的数据。对于三级数据防护措施的要求是，企业要能抵御来自国家级敌对组织的大规模恶意攻击。具体而言，企业需按照《工业控制系统信息安全防护指南》等要求，结合工业数据分级情况，做好防护工作。此外，我国已行之多年的《信息安全等级保护管理办法》对信息系统的安全保护等级分为五级，并针对不同级别设置了不同的管理要求。

对于自然人生物识别信息而言，我国目前尚无专门性的分类规范。企业在对生物识别信息进行分类并采取严格保护措施时，可参考我国已有的工业领域的数据分类分级规则，以及信息安全等级保护规则等已有经验。

四、单独同意的含义及其实现

除法律的特别规定外，处理个人信息需经个人的同意。知情同意原则是个人信息保护中的重要原则，既适用于敏感个人信息，也适用于非敏感个人信息，意在实现与加强个人自决。[①] 同意的方式有多种，如明示同意和默示同意、概括同意和单独同意等。其中，单独同意是我国《个人信息保护法》新创的概念，此前立法中并无此规定。[②] 所谓单独同意，是指独立且明确的，没有混同其他个人信息的专项同意，即未将该事项与其他事项"进行捆绑"以获得个人同意。《个人信息保护法》中将处理敏感个人信息列入"单独同意"规则体系。这意味着在处理敏感个人信息时，概括同意、推定同意的授权模式为法律所禁止，而后者正是过去实践中的常态。在立法提出单独同意的要求后，若处理者继续采取概括同意等方式获取生物识别信息，则将被认定为无效同意。[③] 为生物识别信息的处理提高同意门槛，更有利于保护自然人生物识别信息安全。

《个人信息保护法》对一些涉及个人重大利益的事项，规定了需要经用户单独同意，这些事项包括：个人信息处理者向其他个人信息处理者提供其处理的个人信息（第 23 条）、个人信息处理者将其处理的个人信息公开（第 25 条）、在公共场所

[①] 参见张新宝：《从隐私到个人信息：利益再衡量的理论与制度安排》，载《中国法学》2015 年第 3 期。

[②] 参见程啸：《个人信息保护法理解与适用》，中国法制出版社 2021 年版，第 156 页。

[③] 参见杨万明主编：《最高人民法院审理使用人脸识别技术处理个人信息案件司法解释理解与适用》，人民法院出版社 2021 年版，第 63 页。

安装图像采集、个人身份识别设备后，用于维护公共安全以外的目的（第 26 条）、处理敏感个人信息（第 29 条）、个人信息处理者向中华人民共和国境外提供个人信息（第 39 条）。这些情形的特点在于，关系个人的人身、财产安全等重要权益，且较一般情况而言，更容易发生个人信息泄露或者非法使用等问题。

本条要求处理生物识别信息应当取得个人的单独同意，意味着处理者在向个人告知与生物识别信息相关的事项时，必须与其他信息的告知相区分开来，不得将这些事项"打包"后一起向个人告知。① 同时，处理者在取得单独同意时，也同样要遵循"显著、清晰易懂"的告知方式。要对处理生物识别信息的相关重要事项采取字体加粗、标星号、下划线、斜体、不同颜色、弹窗提示、文字备注、文本链接等方式，并对告知的内容采用简练、结构清晰、重点突出的表述，避免使用晦涩难懂的词语（如使用大量专业术语）和冗长烦琐的篇幅。

最后，本条规定，在法律、行政法规另有规定时，可以不必经个人的单独同意。根据《个人信息保护法》第 18 条和第 35 条的规定，此类情形主要有以下几种：（1）法律、行政法规规定应当保密或者不需要告知的情形，如《反恐怖主义法》第 45 条、《反间谍法》第 37 条规定的针对恐怖主义和间谍而采取的技术侦察措施。（2）紧急情况下为保护自然人的生命健康和财产安全无法及时向个人告知的情形。对此种情形，个人信息处理者应当在紧急情况消除后及时告知。（3）告知将妨碍国家

---

① 参见程啸：《论个人信息处理中的个人同意》，载《环球法律评论》2021 年第 6 期。

机关履行法定职责的情形。此种情形较为宽泛，在实践中针对
生物识别信息时应从严把握。

参考资料

《民法典》第 1034 条

《个人信息保护法》第 6、28、29、30 条

《数据安全法》第 21 条

《最高人民法院关于审理使用人脸识别技术处理个人信息
相关民事案件适用法律若干问题的规定》第 10 条

欧盟《通用数据保护条例》第 4 条第 14 款

（撰稿人：徐伟）

第二十三条 【公共场所或区域采集信息的规则】

在本市商场、超市、公园、景区、公共文化体育场
馆、宾馆等公共场所，以及居住小区、商务楼宇等区
域，安装图像采集、个人身份识别设备，应当为维护公
共安全所必需，遵守国家有关规定，并设置显著标识。

所收集的个人图像、身份识别信息，只能用于维护
公共安全的目的，不得用于其他目的；取得个人单独同
意的除外。

本条第一款规定的公共场所或者区域，不得以图像
采集、个人身份识别技术作为出入该场所或者区域的唯
一验证方式。

本条主旨

本条旨在规定在公共场所或者区域处理图像采集、个人身份识别设备所获得的个人信息应遵循的特别规则。整体而言，本条对此类信息的处理采取了较严格的限制。

条文详解

一、公共场所和区域的界定

在公共场所等区域安装摄像头等图像采集设备正日益普遍，随之引发的相关风险也越来越引起社会的普遍关注。据报道，有购房者曾因担心售楼处的摄像头收集并利用自己的人脸信息，而戴头盔前往售楼处购房。因此，如何规范公共场所等区域的个人信息采集和利用，需要法律划出"红线"。《个人信息保护法》第26条对此作出了规定，本条则在《个人信息保护法》的基础上，作了更明确、细致的规定。

本条适用的场合是"公共场所"和"区域"，故有必要首先对此作出界定。我国目前的规范性文件中并没有关于"公共场所"的定义，而是多采列举式的规定。这或许是因为，公共场所与非公共场所之间存在交叉重叠，故难以对公共场所作出精准界定。

就理论而言，狭义上的"公共场所"，仅限于为了社会公共利益而设置，且社会公众可以随意进出的场所，如免费的公园、博物馆等。若设置是为了社会公共利益，但公众需要通过付费（如购票）等方式来进出，一般也可纳入公共场所的概念中。若设置目的并非为了社会公共利益，但可以向社会公众开放，则一般并不认定为公共场所，而是称为"经营场所"。比如，《民法典》第 1198 条规定的安全保障义务人便包括了经营场所的经营者和公共场所的管理者。[1] 但本条将商场、超市甚至宾馆等纳入公共场所，显然对公共场所采取了广义理解，将经营场所也纳入公共场所的范围内。本条之所以对公共场所采取了广义理解，主要是因为本条要规范的对象是图像采集和个人身份识别行为。对此类行为原则上应采取限制的立法政策，故对此类行为所适用的场合（公共场所）应采取相对宽泛的理解。最后，公共场所是否包括既非为了公共利益也非用于商业经营的场所，如居住小区？从本条的规定来看，本条将公共场所与居住小区等区域并列，故应认为，本条所称的"公共场所"并不包括居住小区等区域。但这并不妨碍小区等区域也适用本条的规定。

二、公共场所或区域安装设备的目的限制

一般情况下，收集个人信息与提供服务有关、信息主体能够合理预见、将目的明确表示且符合法律规定时，就可以被认定为目的正当。[2] 而根据本条规定，在公共场所或区域安装图像采集、个人身份识别设备，应当为维护公共安全所必需；所收集的个人图像、身份识别信息，也只能用于维护公共安全的目的，不得用于其他目的。本条对公共场所或区域安装设备的正当目的提出了更高的要求。之所以要对在公共场所或区域采集的个

---

① 《最高人民法院关于审理使用人脸识别技术处理个人信息相关民事案件适用法律若干问题的规定》第 2 条将"宾馆、商场、银行、车站、机场、体育场馆、娱乐场所等"统称为经营场所和公共场所。

② 参见张新宝：《个人信息收集：告知同意原则适用的限制》，载《比较法研究》2019 年第 6 期。

人信息作出目的上的严格限制，是因为在公共场所采集的此类信息，往往涉及个人生物识别信息等敏感信息，如面部特征信息。根据本条例第 22 条的规定，对于生物识别信息的处理应当具有特定的目的和充分的必要性。本条则进一步将公共场所或区域获得的敏感信息的目的进一步限缩为仅限于维护公共安全。

需注意的是，维护公共安全是在公共场所或区域安装图像采集、个人身份识别设备的必要条件，并非充分条件。换言之，并非只要是出于维护公共安全的需要，就可以安装此类设备。根据本条规定，安装此类设备应是为维护公共安全"所必需"。在判断是否必须时，应当结合比例原则以及处理行为对信息主体自由等利益进行综合考量，因为即使是在公共场所中，也有隐私权保护的必要。[1] 如果存在同样可以有效维护公共安全，且对个人信息安全及隐私的影响更小的措施，则应采取影响更小的措施。比如，为了公共安全，在商场这一人流较大的场所安装图像采集设备或许是"必需的"，但若是在人流较小的居住小区，安装图像采集设备则需要更加充分的理由。[2]

最后，在公共场所或区域安装设备时，应设置显著标识。标识"显著"与否的判断，应结合个人的认识和预期来综合判断。比如，实践中商场的做法往往是在安装设备的附近张贴"您已进入监控区域"等告示。此类"标识"是否构成显著不

---

① 参见王利明、程啸：《中国民法典释评人格权编》，中国人民大学出版社 2020 年版，第 409 页。

② 参见江必新、郭锋主编：《〈中华人民共和国个人信息保护法〉条文理解与适用》，人民法院出版社 2021 年版，第 250 页。

无疑问，因为可能只有极少数的顾客注意到了这一告示。但鉴于目前多数顾客已存在商场中会有摄像头拍摄的意识，故对此种告示的显著性，不必采过高标准，毕竟提供显著标识就是为了让顾客意识到自己可能会被拍摄。但若某一场所或区域是公众一般认为不会被拍摄的区域，则此时的"显著标识"应采相对较高的标准，如在网吧的包厢内安装摄像头。

三、出入公共场所或区域验证方式的多重选择

相较于《个人信息保护法》第 26 条，本条第 3 款是新增规则，即不得以图像采集、个人身份识别技术作为出入公共场所或者区域的唯一验证方式。这一新增规则参考了《最高人民法院关于审理使用人脸识别技术处理个人信息相关民事案件适用法律若干问题的规定》第 10 条，该条第 1 款规定："物业服务企业或者其他建筑物管理人以人脸识别作为业主或者物业使用人出入物业服务区域的唯一验证方式，不同意的业主或者物业使用人请求其提供其他合理验证方式的，人民法院依法予以支持。"最高人民法院的这一规定，主要回应了社会中引发广泛关注和讨论的小区安装人脸识别门禁并将其作为出入小区唯一方式的现象。但最高人民法院第 10 条的规定仅适用于物业服务企业或者其他建筑物管理人，并未提及其他主体，如公园、景区等。事实上，我国"人脸识别第一案"涉及的，恰恰是动物园能否将人脸识别作为出入动物园的唯一验证方式。

本条例的规定，则进一步拓展了最高人民法院的规定，将其适用范围拓展至公共场所和区域。条例的规定赋予了公民出入公共场所，被采集图像及生物识别信息作为出入方式的选择权，以信息处理者提供"替代方案"的方式，更大程度地保障

了公民的个人信息权益，防止滥采、强采等现象的出现。这表明本条例对于公共场所和区域采用图像采集等技术，采取了严格限制的立法政策。

参考资料

《民法典》第 1036 条

《个人信息保护法》第 6、26 条

《最高人民法院关于审理使用人脸识别技术处理个人信息相关民事案件适用法律若干问题的规定》第 2、5、10 条

《深圳经济特区数据条例》第 27 条

（撰稿人：徐伟）

第二十四条　【自动化决策规则】

利用个人信息进行自动化决策，应当遵循合法、正当、必要、诚信的原则，保证决策的透明度和结果的公平、公正，不得对个人在交易价格等交易条件上实行不合理的差别待遇。

通过自动化决策方式向个人进行信息推送、商业营销的，应当同时提供不针对其个人特征的选项，或者向个人提供便捷的拒绝方式。

通过自动化决策方式作出对个人权益有重大影响的决定，个人有权要求处理者予以说明，并有权拒绝处理者仅通过自动化决策的方式作出决定。

本条主旨

本条旨在对利用个人信息进行自动化决策作出规范，避免不当的自动化决策对个人权益造成损害。

核心概念

自动化决策，是指通过计算机程序自动分析、评估个人的行为习惯、兴趣爱好或者经济、健康、信用状况等，并进行决策的活动。[①]

条文详解

一、自动化决策的基本原则

随着人工智能等技术的发展，自动化决策在社会生活中得到了越来越广泛的应用。在给社会生活带来便利的同时，自动化决策也带来了一些负面影响，"大数据杀熟""被困在算法中"的外卖骑手等现象引起了社会普遍关注。本条对自动化决策中的信息利用行为作出专门规范。

利用个人信息进行自动化决策时，应当遵循合法、正当、必要、诚信的原则。事实上，这些原则并非自动化决策场景下独有的原则，而是处理个人信息时的基本原则（《个人信息保护法》第 5 条），也是《民法典》对个人信息处理原则的体现。[②] 本条例之所以在自动化决策条款中将处理个人信息的基

---

① 参见《个人信息保护法》第 73 条第 2 项。
② 王利明：《中国民法典释评总则编》，中国人民大学出版社 2020 年版，第 391 页。

本原则予以强调，主要是基于以下考虑：本条例是"数据"条例，故本条例不应也并未对所有个人信息保护问题作详细的规定，而仅对其中与"数据"关联较密切的个人信息问题作了规定。自动化决策是发掘数据价值的重要方式之一，也是"数据"场景下侵害个人信息权益的主要情形之一，故本条例在自动化决策条款中对个人信息保护的基本原则作出了专门强调。

处理个人信息应遵循的合法、正当、必要、诚信原则在自动化决策场景下的主要表现，是信息处理者要保证决策的透明度和结果的公平、公正，不得对个人在交易价格等交易条件上实行不合理的差别待遇。

所谓"保证决策的透明度"，要求数据处理者对自动化决策算法机制的解释达到较高程度。但需要注意的是，提高算法机制的解释程度并不代表要求数据处理者将算法源代码或算法核心技术公开。源代码或算法核心技术属于企业的商业秘密，且要求公开源代码或核心技术会导致对企业创新动力的破坏等一系列问题，故法律上不宜作出此种要求。根据《互联网信息服务算法推荐管理规定》第16条的规定，决策的透明度主要指的是处理者应将算法的基本原理、目的意图和主要运行机制等告知个人，或用适当方式对上述内容予以公示，并在个人提出要求时予以解释说明，从而实现下述目标：对政府而言便于监管；对技术公司而言既能保护商业秘密，又能取得社会各界对自动化决策技术的信任；对公众而言让算法可理解和可监督。

所谓"结果的公平、公正"，主要指自动化决策不应导致影响用户数据权益的不合理的差别待遇和不合理的要求。实践中的典型表现是当个人信息主体为消费者时获得的交易条件不同进而导致消费者的公平交易权利受损。当然，需强调的是，本条例规制的是"不合理的差别待遇"而非所有的差别待遇。商家针对不同用户的特点实行不同对待的事例多有存在，在许多情况下的差别待遇是合理的，如针对新老客户给予不同待遇等。无论是给新客户优待以吸引新客户，还是给老客户优待以回馈老客户，均是合理的差别待遇。[①] 因此，在判断差别待遇是否合理时，应由数据处理者对该差别待遇作出解释，并给出此种差别待遇的主要理由，再根据社会普遍认同的公平价值观念判断该理由是否合理。[②]

二、个人在自动化决策中的拒绝权

根据《个人信息保护法》第 44 条的规定，个人对其个人信息的处理享有决定权。据此，个人有权限制或者拒绝他人对其个人信息进行处理。拒绝权在自动化决策中的主要表现，是个人有权要求处理者提供不针对其个人特征的选项，或拒绝处理者向其提供自动化决策服务。

所谓"不针对个人特征的选项"，是指处理者在为个人提供服务时，需为个人提供去除其特征的选择。比如，在信息推送时，应提供不针对个人特征的自然结果。实践中处理者会根据用户的搜索记录、浏览记录、消费记录等对用户贴上各种"标签"，实现"用户画像"。该用户画像会作为处理者决策的

---

① 参见程啸：《个人信息保护法理解与适用》，中国法制出版社 2021 年版，第 233—234 页。

② 《互联网信息服务算法推荐管理规定》第 6 条规定，算法推荐服务提供者应当坚持主流价值导向，促进算法应用向上向善。

重要因素。用户画像有助于处理者向用户提供"个性化"的服务，但也可能导致用户被不公平、不公正对待。同时，长期的"个性化服务"还可能导致用户受困于"信息茧房"中，只能看到经算法筛选的内容。因此，向用户提供不针对个人特征的选项，既是用户对处理者的自动化决策加以监督和对自身个人信息处理权的体现，也有利于用户获取充分的信息。

此外，个人拒绝接受处理者提供的自动化决策服务时，处理者应向个人提供便捷的拒绝方式。实践中，许多 App 会在"设置"中加入"个性化推荐"的开关，以满足"向用户提供便捷的拒绝方式"的要求。

最后，关于个人能否选择性地要求处理者删除部分用户标签，而非只是选择"全有"或"全无"的问题，可参考《互联网信息服务算法推荐管理规定》第 17 条第 2 款。该款规定，"算法推荐服务提供者应当向用户提供选择或者删除用于算法推荐服务的针对其个人特征的用户标签的功能。"据此，个人有权选择仅删除部分标签。当然，个人的这一选择权利也应受到一定的限制，若个人提出的删除要求可能对他人合法权益造成损害时，处理者可拒绝其要求。

三、个人的算法解释权

本条第 3 款规定，通过自动化决策方式作出对个人权益有重大影响的决定，个人有权要求处理者予以说明，并有权拒绝处理者仅通过自动化决策的方式作出决定。个人要求处理者予以说明的权利，被称为"算法解释权"。关于算法解释权，目前理论上尚存在诸多不明之处，其原因主要是基于机器学习的人工智能算法具有黑箱性、不确定性与复杂性等特征，算法是

否可解释本身便不无疑问, 遑论如何解释算法问题。因此, 本条对算法解释权作出了一定的限制:

首先, 个人要求处理者予以说明的情形仅限于对个人权益有重大影响的决定场合。这意味着个人有义务证明处理者的自动化决策行为对个人权益造成了重大影响。当然, 鉴于个人在举证能力上的现实困难, 个人只需做出初步证明即可。对于"重大影响"的认定, 我国立法中尚无明确规则。有人认为, 应当具体到个人信息处理的具体场景和个人的具体特征来加以认定。[①] 从比较法来看, 欧盟《通用数据保护条例》(GDPR)第22条第1款对于自动化决策的相关表述是对相关主体产生"法律上的影响"(legal effects)或类似的显著影响(similarly significant effects)。第29条认为, 所谓法律上的影响, 是指影响个人的法律权利、法律地位或者其在合同项下的权利。所谓类似的显著影响, 是指虽然并未对个人法律上的权利产生影响, 但该影响可能落入 GDPR 第22条的范围。[②] 据此, 有学者认为, 我国法中的"重大影响"可包括两种情况: 一是该决定改变了个人法律上的权利、义务和责任关系; 二是该决定使得个人的经济地位、社会地位等状况发生了改变。[③] 本书认为, 上述认定方式较为宽泛, 似与"重大"不符。对重大影响的认定, 应达到一定的严重程度, 而非仅仅是"有影响"即可。因

---

① 江必新、郭锋主编:《〈中华人民共和国个人信息保护法〉条文理解与适用》, 人民法院出版社2021年版, 第235页。

② Guidelines on Automated Individual Decision-making and Profiling for the Purposes of Regulation 2016/679 (wp251rev. 01).

③ 程啸:《个人信息保护法理解与适用》, 中国法制出版社2021年版, 第232—233页。

此，重大影响的认定可主要分为两类：一是可能对个人人身权益造成严重的影响；二是可能对个人财产权益造成较大损失。但上述标准有待立法机关与司法机关的进一步厘清。

其次，处理者需向个人说明的内容，并非自动化决策的基本原理、目的意图、主要运行机制等一般性内容，此类内容在本条第 1 款自动化决策"透明度"中已作出了规范。此处处理者要说明的，是在个人已经初步证明自动化决策行为对个人权益造成重大影响后，由处理者证明其采取的依据自动化决策所得出的决定，并不会对个人权益造成重大影响，即因果关系的证明。若处理者能够证明其自动化决策行为不会对个人权益造成重大影响，则其自然无须对其算法作出调整，也无须对个人的损失承担责任。

再次，若当事人间就自动化决策行为是否造成个人权益重大影响存在争议，个人也可拒绝处理者仅通过自动化决策的方式作出决定。这也是本条第 2 款拒绝权的延伸。从条文规范目的看，应当由个人信息处理者证明具体决定并非完全依靠自动化决策，否则应承担举证不能的不利后果。

最后，值得一提的是，本条第 3 款中的"处理者"不仅指民商事主体，还包括行政机关。伴随着人工智能等技术的迅猛发展，行政执法领域也日益采用自动化决策方式。比如，通过监控来查获交通违法行为，并自动作出行政处罚。在行政行为领域采用自动化决策，固然可提高行政执法效率，尤其是在行政自由裁量空间较小的领域。但鉴于行政法律关系中双方地位不平等，一旦行政行为中的自动化决策出现问题，行政相对人得到救济的难度可能更大，其造成的消极后果可能更难以被纠正和弥补。在这个意义上，保障行政法律关系中相对人的算法解释权，亦值得特别强调。

参考资料

《民法典》第 7、8、111 条

《个人信息保护法》第 5、24 条

《数据安全法》第 8 条

《互联网信息服务算法推荐管理规定》第 4、16、17 条

《深圳经济特区数据条例》第 29 条

欧盟《通用数据保护条例》第 22 条

（撰稿人：徐伟）

第三章　公 共 数 据

第一节　一 般 规 定

第二十五条　【管理目标】

　　本市健全公共数据资源体系，加强公共数据治理，提高公共数据共享效率，扩大公共数据有序开放，构建统一协调的公共数据运营机制，推进公共数据和其他数据融合应用，充分发挥公共数据在推动城市数字化转型和促进经济社会发展中的驱动作用。

▌本条主旨

　　本条规定了上海市推进公共数据治理与流通利用的整体目标，主要包括健全公共数据资源体系、提高公共数据开放共享效率、公共数据的授权运营机制、融合公共数据与非公共数据，旨在发挥公共数据的数字驱动功能。

▌核心概念

一、公共数据的概念

　　公共数据，是指国家机关、事业单位，经依法授权具有管理公共事务职能的组织，以及供水、供电、供气、公共交通等提供公共服务的组织，在履行公共管理和服务职责过程中收集和产生的数据。本条例界定的公共数据是以数据主体要素或数据来源为标准，主要包括公共管理部门产生的数据以及在履行公共职能时产生的数据。

二、公共数据开放和政府信息公开的区别

为实现数字化城市一体建设的目标，公共数据开放的运营机制至关重要。在公共数据开放机制的研究中，公共数据开放与政府信息公开两者的概念易被等同，因此有必要厘清两者的关系。由于"开放"与"公开"在对象及内容上存在着密切关系，且在主动性、无偿性、全面性等方面具有共性，现阶段政府部门仍主要以更早施行的《政府信息公开条例》为参照，去执行和规范开放工作。① 然而，两者存在诸多不同，厘清两者的差异，对于政府数据的准确定位具有重要意义。

首先，两者的共享范围不同。《政府信息公开条例》规定公开的信息内容主要是指行政机关在履行职责过程中制作或者获取的，以一定形式记录、保存的信息。《国务院办公厅关于做好政府信息依申请公开工作的意见》在解释"公开的政府信息"内涵时，直接表明"行政机关在日常工作中制作或者获取的内部管理信息、过程性信息"并不属于政府信息公开的范畴。而公共数据开放的范围比政府信息公开的范围要更宽泛，以数据主体或数据来源为标准定义公共数据，公共数据开放的范围不仅包括公共管理部门产生的数据，还包括在进行公共服

① 薛智胜、艾意：《政府数据开放的概念及其范围界定》，载《财经法学》2019年第6期。

务时产生的数据，只要是在公共服务过程中产生的数据或者涉及公共利益的数据，都可以纳入公共数据开放的范畴。

其次，两者的制度目标不同。政府信息公开制度面向的主体是政府内部或公共管理机构，[①] 该制度围绕知情权作为制度基础，目标在于提升政府透明度、促进民主问责。《政府信息公开条例》第 1 条规定"为了保障公民、法人和其他组织依法获取政府信息，提高政府工作的透明度"，体现了该条例的立法本意。公共数据开放运动兴起于大数据时代背景，政府并非因公民知情权而开放数据，而是出于挖掘数据资源价值的目的开放数据。公共数据开放制度面向的是社会主体，该制度以公共数据的社会化利用为核心，旨在释放数据潜能、提升行政效能，目标设定较为多元。[②]

最后，两者的技术标准不同。政府信息公开侧重对政府信息的质量、数量等内容层面的关注，其所针对的是经过加工处理后所得的信息，如易于获取且便于理解的图片、声音、视频等，对技术性要求并不高。公共数据开放的基本文义为解除限制，核心在于降低数据获取的难度，保证数据价值得以实现。数据并非天然可机读，其格式本身复杂且具有很强的专业性，这极易导致政府数据仅向拥有数据处理技术和能力的少数群体开放。因此，相比于信息公开，数据开放应当更加侧重于技术层面的保障。[③]

---

① 高富平、张晓：《政府数据开放的边界如何厘定》，载《人民论坛》2017 年第 7 期。
② 宋烁：《政府数据开放宜采取不同于信息公开的立法进路》，载《法学》2021 年第 1 期。
③ 薛智胜、艾意：《政府数据开放的概念及其范围界定》，载《财经法学》2019 年第 6 期。

条文详解

本条是关于公共数据的一般规定，旨在逐步完善公共数据开放共享制度，并探索开展统一的公共数据授权运营机制，提高公共数据的利用效率，意在发挥公共数据作为数据要素市场的重要资源作用，促进上海市数字经济的健康持续发展。本条主要包括完善公共数据治理体制、健全公共数据治理机制、夯实公共数据开放共享机制以及试点公共数据授权运营机制。

一、公共数据治理的体制与机制

本条关于公共数据治理的要求，延续了《数据安全法》第五章对政务数据的质量要求以及政务数据开放的生命周期作出的原则性规定，体现数据治理的必要性。公共数据治理主要包括完善公共数据治理体制，健全公共数据治理机制。首先，完善公共数据治理体制有助于政府公共部门实现公共数据的内外共享，从而实现数据价值的最大化，促进数字经济的有序发展。结合上海市的发展现状，完善公共数据治理体制，需要坚持"条块结合、以条为主"，强化市级责任部门的数据治理责任，结合上海市数字化转型的基本要求，需要鼓励市级责任部门"建立数据官制度，以及任命数据开放联络员等专业人员"，① 强化对于本系统数据工作的综合协调，加强数据管理与业务管理的协作，以实现数字化转型的目标。其次，健全公共数据机制，需要固化"三清单一目录"的治理方式，构建统分结合的综合库、主题库、专题库的治理框架，对公共数据进行

① 李顾元：《〈数据安全法（草案）〉视野下的公共数据治理》，载《信息安全与通信保密》2020年第8期。

分类管理，根据公共数据的敏感度和重要性实行差异化的管理措施。同时重视公共数据的质量和准确性，市区责任部门要对公共数据的质量进行动态评估和监测，建立灵活有效的数据异议与更正制度，保障公共数据的利用率和价值最大化。

二、夯实公共数据开放共享机制

数据经济的发展和政府的智慧治理离不开数据的持续喂养，数据资源的合法流通成为数字社会健康有序发展的必然要求。公共数据开放是开放环境的有机组成部分，是促进数据经济发展、保障公共服务持续提供的重要影响因素，同时也是政府提升管理观念、实现现代化治理的基本需求。国家大力推进电子政务建设，对公共数据发展提出了明确要求。《国民经济和社会发展第十三个五年规划纲要》《中共中央、国务院关于构建更加完善的要素市场化配置体制机制的意见》等文件均提出要推动公共数据开放，实现各部门之间的公共数据资源共享，强化公共数据收集、分析、传输和利用的融合。2021年实施的《数据安全法》首次在立法中明确支持、鼓励政府数据的开放，同时将国家大数据战略和国务院《促进大数据发展行动纲要》等相关规范文件综合纳入《数据安全法》中，提高公共数据开放的法律位阶，体现立法对公共数据开放的重视。基于此，上海积极响应国家对公共数据开放、共享、治理的发展战略部署，构建公共数据开放秩序、统一协调的公共数据运营机制，释放公共数据价值红利，加快数据要素市场化建设，实现数字社会的一体化建设目标。

上海市政府推动公共数据开放的现实要求来自两个方面：其一，实现经济增长方式转型的要求，充分发挥公共数据在推动城市数字化转型中的核心地位；其二，实现创新驱动的要求，发挥公共数据在数据要素市场的基础资源地位，引导企业、行业协会、科研机构、社会组织等主动采集并开放数据，加大公共数据开放力度，提升上海市公共数据开放水平。上海在强化公共数据有序开放的同时，注重对数据安全和效率的平衡，对涉及国家安全、商业秘密和个人隐私等问题的重要数据进行严格管理和保护，为公共数据开放提供全面的制度保障，加大公共数据开放力度，提升上海市公共数据开放水平，充分发挥公共数据在推动城市数字化转型和促进经济社会发展中的驱动作用。

三、试点公共数据授权运营机制

公共数据授权运营是挖掘公共数据资源价值的重要方式，公共数据授权运营具有注重安全、开发特定公共数据、依托公共数据平台开展、保证公平竞争和在权属不明情况下开展等特点。[1] 公共数据授权还不适宜作为一般的行政许可向社会主体全面放开，但在保障数据运营开发安全性的前提下，在一定范围内试点推行，开放部分授权给到社会主体以激发应用产品是有利的。上海在全国率先为公共数据授权运营立法，就是为了解决长期以来公共数据流通过程中碰到的瓶颈问题，推动公共数据的社会化开发利用。[2] 具体实践方面，根据国家"十四五"规划开展授权运营试点的要求，对于公共数据授权运营机制的

---

① 常江、张震：《论公共数据授权运营的特点、性质及法律规制》，载《法治研究》2022年第2期。

② 《上海率先为公共数据授权运营立法》，载《上海法治报》2021年12月1日，第A2版。

开展，由市数据主管部门代表市政府构建统一协调的公共数据
运营机制，建立相关部门和专家委员会参与授权运营机制，推
进公共数据和其他数据融合应用，充分发挥公共数据在推动城
市数字化转型和促进经济社会发展中的驱动作用。同时明确，
市政府办公厅应当组织制定公共数据授权运营管理办法，明确
授权的条件和程序，强化授权运营的监督管理。

参考资料

《民法典》第 127 条
《数据安全法》第 37 条
《政府信息公开条例》第 2 条
《上海市公共数据开放暂行办法》第 3、4 条
《深圳经济特区数据条例》第 45 条

（撰稿人：姬蕾蕾）

第二十六条　【责任部门】

负责本系统、行业公共数据管理的市级部门（以下
简称市级责任部门）应当依据业务职能，制定本系统、
行业公共数据资源规划，完善管理制度和标准规范，组
织开展本系统、行业数据的收集、归集、治理、共享、
开放、应用及其相关质量和安全管理。公共数据管理涉
及多个部门或者责任不明确的，由市政府办公厅指定市
级责任部门。

区人民政府明确的公共数据主管部门，负责统筹开

展本行政区域公共数据管理工作，接受市政府办公厅的业务指导。

本条主旨

本条款规定公共数据管理部门的具体职责，明确公共数据的管理主体与职责分工：第一，各系统的市级责任部门负责制定本系统、本行业公共数据的资源规划，健全管理制度和公共数据的标准规范，并对公共数据共享的各个环节负有安全管理责任。第二，市政府办公厅具有指定管理的权限，当公共数据管理主体不明或公共数据涉及部门较多时，由市政府办公厅直接指定管理主体。第三，区级公共数据责任部门负责统筹规划本行政区的公共数据管理工作，受市政府办公厅指导。

条文详解

上海市对于公共数据治理的制度保障体现为有效的管理部门设置，上海市各部门通过统一的管理体系，确定负责本系统、行业公共数据管理的部门全面构建公共数据全生命周期收集、归集、治理、共享、开放、应用及其相关质量和安全管理等各个环节管理体制，切实提升上海市公共数据开放共享机制。关于公共数据开放的管理主体及其管理职责，应该主要从以下三个方面加以理解。

一、公共数据的管理主体

公共数据管理主体的确定是公共数据开放制度落实的第一环，明确市区两级主管部门的统筹协调、法律保障、具体实施等各项工作的主体责任，并制定相关监管考核措施，形成一个团结协作的公共数据管理核心，是公共数据开放制度落实的重要保障。[①] 本条款明确了由各系统、各行业负责公共数据管理的市级部门制定统一的公共数据开放资源规划，并统筹管理工作，制定并落实公共数据从收集阶段到共享阶段的数据安全管理规范和数据质量标准规范。当公共数据管理主体不明确或者涉及多个管理部门时，市政府办公厅具有指定管理主体的权限。区人民政府明确的公共数据主管部门，负责行政区域的公共数据管理工作，具体落实各行业市级部门的管理制度，受市政府办公厅的业务指导。

二、市级责任部门的管理职责

公共数据的开放共享对公共数据的收集、开放与运用提出了更高的要求，对公共数据治理能力提出了新的考验。[②] 上海市政府从职责分工、数据编目、数据采集、安全管理等方面对公共数据治理作出原则性规定。本条对市、区各级公共数据管理部门的职责，实行"市级统筹规划、区级分行落实"的公共数据管理制度。各系统、各行业的市级部门负责统筹管理、指导推荐并监督公共数据收集、归集、治理、开放、应用及其相关质量和安全管理工作，组织研究上海市数据开放管理政策和标准规范，指导协调下属区级部门的公共数据管理工作，解决公共数据采集标准、共享模式、开放格式、开放标准、数据技术、数据质量、数据安全等数据管理问题。

---

① 储节旺、杨雪：《公共数据开放的政府主体责任研究》，载《现代情报》2019年第10期。

② 黄静、周锐：《基于信息生命周期管理理论的政府数据治理框架构建研究》，载《电子政务》2019年第9期。

当公共数据管理涉及多个管理部门时，如电力行业涉及多个主管部门，公共数据的收集、归集、治理应该属于能源管理部门抑或发改委？权责不清会导致各行业、系统部门与数据中心在数据采集与开放共享方面产生偏差，如此会阻碍公共数据的管理、共享与治理。为解决该问题，本条规定，当公共数据管理涉及多个部门或者责任不明确的，市政府办公厅具有指定市级责任部门的权限，如此可以避免因责任主体不清晰产生后续治理问题。

值得注意的是，上海市公共数据的现行规范目前处于探索阶段，需要建立健全公共数据开放管理制度，确定公共数据的开放标准与开放范围，与公共利益直接相关的数据，过滤属于"例外"的部分后，优先开放；基于商业利益的，在合理管控的前提下，限制开放；基于个人利益的，要保护为主，适度开放。确定上海市公共数据的开放范围，以《上海市公共数据开放暂行办法》为例，政府数据开放机制呈现动态灵活的特点，其开放范围根据上海市经济发展的需求动态确定，对于与民生问题、社会需求以及重点行业领域相关的公共数据优先开放。

三、区人民政府的管理职责

区级公共数据管理部门受市级部门的指导和监督，开展本系统、本部门的公共数据治理，承担公共数据的目录编制、数据采集、归集、开放、应用和开放等工作。对申请使用本部门有条件开放的公共数据进行审核，并监督公共数据的使用情况。对隶属本部门的企业、事业单位的公共数据开放工作进行业务指导。

参考资料

《数据安全法》第 37 条

《贵阳市政府数据共享开放条例》第 4 条

《深圳经济特区数据条例》第 32 条

《上海市公共数据开放暂行办法》第 9 条

（撰稿人：姬蕾蕾）

第二十七条　【大数据资源平台】

市大数据资源平台和区大数据资源分平台（以下统称大数据资源平台）是本市依托电子政务云实施全市公共数据归集、整合、共享、开放、运营的统一基础设施，由市大数据中心负责统一规划。

本市财政资金保障运行的公共管理和服务机构不得新建跨部门、跨层级的公共数据资源平台、共享和开放渠道；已经建成的，应当按照有关规定进行整合。

本条主旨

本条规定了上海市公共数据资源平台的基础设施规划建设，明确上海市公共数据平台由市级公共数据资源平台和区级公共数据资源平台组成，确定建立统一的大数据资源平台，由市大数据中心统一规划，致力于强化平台数据的集约建设，实现公共数据的互联互通。

条文详解

本条规定了大数据资源平台作为上海市的关键信息基础设施，是上海市实施公共数据采集、整合、共享、运营的统一平台，肯定了大数据资源平台的重要基础设施地位。同时强调避免重复建设公共数据资源平台，致力于构建"共建共治共享"的大数据资源平台。关于大数据资源平台的建设规划和重要地位，主要从以下三个方面加以把握。

一、大数据资源平台的基础设施地位

关键信息基础设施是保障市经济社会平稳运行的神经中枢，对于关键基础设施的认定，2021年国务院实施的《关键信息基础设施安全保护条例》以"详细列举+概括兜底"的方式进行详细规定，主要将重要行业领域的业务信息系统认定为关键信息基础设施，同时以兜底的方式将关系国家安全、国计民生、公共利益的重要网络设施、信息系统认定为关键信息基础设施。公共数据资源平台的建设是打开智慧城市的钥匙，是实现存储、发布、访问、获取、处理公共数据的重要载体。随着数字化政府建设的推进，各地均加大了公共数据平台（中心）的建设，目前全国有31个省、自治区、直辖市已建成省级政务服务平台，政务服务平台后面的技术支撑即为公共数据平台（中心）。[①] 上海市将公共数据资源平台作为关键基础设施，体现了公共数据资源平台对数据经济发展、数字化城市建设的重要地位。上海市大数据资源平台作为政府向市场主体与社

---

① 常江、张震：《论公共数据授权运营的特点、性质及法律规制》，载《法治研究》2022年第2期。

会民众开放各行各业所存储的属于政府内部公共数据的平台，平台基础建设、统一规划对公共数据有序收集、归集、开放共享与治理，维护公共数据完整性、保密性和可用性至关重要。为做好大数据资源平台的建设工作，上海市政府强化公共数据资源平台集约建设，致力于建立统一的公共数据资源平台，深化建设"1+16"市、区统筹的大数据资源平台体系，实现数据横向协同、纵向赋能，实现公共数据及时、完整归集共享。至 2021 年年底，上海市大数据资源平台已经开放 51 个数据部门，100 个数据开放机构，数据领域涵盖城市建设、民生服务、经济建设、资源环境、教育科技、卫生健康、文化休闲、公共安全等领域。[①]

二、构建统一的大数据资源平台

本条第 2 款规定了上海市构建统一的大数据资源平台目标，规定不得重复多级建设数据资源平台，对已经建成的应该及时整合，实现大数据资源互联互通。目前，各系统各行业的公共数据资源仍一定程度上呈现各自为政的混乱局面。一方面，虽然各部门各自建设数据平台，在一定程度上能够推动该领域数据的采集、分享、运营和管理的目标。另一方面，多平台、跨层级建设会导致多头采集的管理乱象。首先，多头平台建设不但容易造成数据纵向、横向不一致，数据对接难度更大，如此很多数据会出现重复、错误甚至是矛盾的问题。其次，每个系统或部门都需要耗费人力、物力去采集重复数据，不仅效率低，还容易浪费大量公共资源。因此构建统一的大数

---

① 上海市公共数据开放平台，载 https：//data.sh.gov.cn。

据资源平台，避免跨部门、跨层级的数据平台散布，整合已经建成的数据平台，是解决数据平台乱象的必要路径。统筹构建统一的大数据资源平台，整合分散在各系统、各行业的公共数据资源，为各系统、各行业部门已建和新建的应用系统提供集中的支撑平台。将各个行业部门的应用系统数据汇集到全市统一的大数据资源平台，强化公共数据资源的跨部门、跨层级互通与协同共享，实现公共数据的互联互通、高效共享。

三、优化大数据资源平台

尽管公共数据资源平台的基础设施地位凸显，但是在政府开放平台建设与数据开放利用之间呈现的诸多问题值得关注，包括互动交流渠道亟须畅通、隐私保护有待加强等，这些因素制约了公共数据的有效利用。基于此，可尝试构建平台与用户之间新型的契约关系来优化上海市大数据资源平台。政府数据平台与用户之间签订的《政府数据开放平台服务协议》存在"权责关系结构不完整""缔约双方的风险配置不恰当""公共数据资源产品质量标准缺位"等问题，直接影响平台与用户之间的沟通，最终影响公共数据的开放利用。针对上述问题，应该顺应时势，改变现有契约关系结构特征，构建新型的契约关系。上海市大数据中心应当通过制定和公布平台管理制度，明确数据开放主体和利用主体的行为规范和安全责任。在其服务协议中对缺失条款做出补充和解释，灵活调整在实践中出现的新的协议内容；在协议中合理优化风险负担的比例，承担保障数据质量、数据安全及数据准确的责任；尽快建立健全数据开放共享的法律法规和标准化体系，在统一数据格式、保障数据更新频率等方面明确具体指标与操作方式。①例如，《上海市公共数据开放暂行办法》第 18 条就对公共数据开放平台的管理职责、用户的权利以及平台义务进行了详尽规定。

参考资料

《网络安全法》第 51 条

《数据安全法》第 22 条

《关键信息基础设施安全保护条例》第 2 条

《深圳经济特区数据条例》第 33 条

《上海市公共数据开放暂行办法》第 17、18 条

（撰稿人：姬蕾蕾）

第二十八条 【公共数据目录】

本市建立全市统一的公共数据目录管理体系。公共管理和服务机构在依法履行公共管理和服务职责过程中收集和产生的数据，以及依法委托第三方收集和产生的数据，应当纳入公共数据目录。

市政府办公厅负责制定目录编制规范。市级责任部门应当按照数据与业务对应的原则，编制本系统、行业公共数据目录，明确公共数据的来源、更新频率、安全等级、共享开放属性等要素。区公共数据主管部门可以

---

① 胡业飞、刘梦露：《创新激励目标下的契约设计：基于用户协议的政府数据开放平台治理研究》，载《电子政务》2021 年第 10 期。

根据实际需要，对未纳入市级责任部门公共数据目录的公共数据编制区域补充目录。

本条主旨

本条规定了上海市公共数据目录管理机制：第一，明确建立统一的公共数据目录清单，确定目录清单中的公共数据范围；第二，由市政府办公厅制定目录编制规范，各系统、各行业市级责任部门负责各自公共目录的编制，要求目录清单中应该明确公共数据的来源、更新频率、安全登记、开放属性等内容；第三，区公共数据主管部门对未纳入公共数据目录清单的数据编制补充目录清单。

条文详解

本条明确了市政府办公厅负责编制统一的公共数据目录编制规范，确定了目录清单中的数据范围。在实施层面，确定各市级责任部门编制本系统部门的公共数据目录，未纳入目录清单的数据由区公共数据主管部门编制补充。对本条的理解可从以下三个方面把握。

一、公共数据目录的编制要求

本条明确制定目录编制的规范，具体而言，由市政府办公厅负责制定目录编制规范，按照公共数据与业务对应的原则，主要从"明确公共数据的来源、更新频率、安全等级、共享开放属性"等要素加以规范，便于数据利用主体查询，实现存用两方便的高效利用格局。开放目录的不一致，会限制公共数据的开放利用效率。因此，制定目录编制规范，统一目录清单成为公共数据管理的基础性工作。确定各组成部分和各要素，形成统一的公共数据分类标准，进而形成一个完整的标准化、一体化、灵活化的公共数据目录是编制要求。公共数据资源目录可以构建"数据目录+服务目录"等创新型数据服务形态。[①] 例如，就公共数据开放目录的编制而言，可建立开放清单动态调整机制，扩大公共数据的开放范围，并按照更新频率对已开放数据资源进行更新与维护。例如，《上海市公共数据开放暂行办法》第 12 条至第 14 条就规定了详尽的公共数据开放清单目录，并建立开放清单动态调整机制，对尚未开放的公共数据进行定期评估，及时更新开放清单，及时更新公共数据的开放范围。

二、公共数据的收录范围

从源头上确保公共数据的准确、完整、实效、可用等是公共数据共享、开放与治理的必然要求，如此才能最大程度地提升数据利用率，释放公共数据的真正活力。本条第 1 款第 2 句规定了公共数据的收录范围，既包括公共管理和服务机构在依法履行职责中收集和产生的数据，也包括依法委托第三方收集和产生的数据。该条从主体要素和来源要素实质判断公共数据的范围，体现出了公共数据利用主体的多元性，强调公共数据的公益性。从来源要素可以看出，公共数据的范围不限于具有行政职能的机关组织在履行职责时产生的数据，还包括提供服务过程中产生的数据，进一步而言，公共数据不再是只被政府使用的资源，而是一种具有公益性的生产要素，体现了公共数

---

① 刘权：《政府数据开放的立法路径》，载《暨南学报（哲学社会科学版）》2021 年第 1 期。

据的公益性基础地位。[①] 反映了上海公共数据治理的目的从单一的服务政府治理的目的转向服务于民、释放公共数据价值的多元目的。

三、公共数据目录的管理要求

首先，动态调整公共数据目录清单。目前，各部门上传数据的要求、格式、内容不统一；政府数据门户网站上欠缺全面、完整的元数据。因此，为确保公共数据目录的时效性与有效性，应及时调整公共数据目录清单。公共数据目录可包括政府数据资源目录及开放目录，可在政府网站上主动公布政府数据开放目录，以听取公众对目录范围的意见和建议。因法律法规修改或行政管理职能发生变化等涉及目录调整的，行政机关应当及时对目录作相应更新。[②] 其次，开展目录清单管理。各市级责任部门基于本部门数据资源目录，整合梳理本部门公共数据目录清单，在目录清单中应当标注公共数据的来源、更新频率、安全等级、共享开放属性等要素。另外，各部门各行业的市级负责部门应明确公共数据收录的相关标准，满足公共数据的真实性、安全性、精确性、可机读性等数据质量要求。最后，确保区公共数据与市级公共数据的有效融合衔接。区公共数据主管部门对于在市级责任部门未纳入公共数据目录中的公共数据，可以根据实际需要，对未纳入目录的公共数据制作补充目录，以确保公共数据的充分利用，补充目录的编制按照各行业、各系统公共数据目录编制规范的要求进行编制。

[①] 郑春燕、唐俊麒：《论公共数据的规范含义》，载《法治研究》2021 年第 6 期。

[②] 宋华琳：《中国政府数据开放法制的发展与建构》，载《行政法学研究》2018 年第 2 期。

参考资料

《数据安全法》第 42 条

《上海市公共数据开放暂行办法》第 12 条

《深圳经济特区数据条例》第 36、37 条

《贵阳市政府数据共享开放条例》第 11 条

（撰稿人：姬蕾蕾）

第二十九条　【公共数据分类管理】

本市对公共数据实行分类管理。市大数据中心应当根据公共数据的通用性、基础性、重要性和数据来源属性等制定公共数据分类规则和标准，明确不同类别公共数据的管理要求，在公共数据全生命周期采取差异化管理措施。

市级责任部门应当按照公共数据分类规则和标准确定公共数据类别，落实差异化管理措施。

本条主旨

本条款是关于上海市公共数据分类管理制度的规定，明确了由市大数据中心统一确定公共数据分类的规则和标准，对不同类别的公共数据采取差异化管理措施，最终由市级责任部门落实公共数据分类管理规范。

条文详解

本条的规范对象是对上海市公共数据进行分类管理的制

度。由上海市大数据中心根据公共数据的通用性、基础性、重要性和数据来源属性等制定分类规则和标准，并根据数据全生命周期采取差异化的管理措施，最终由各行业、各系统市级责任部门落地实施数据分类管理规范。公共数据分类管理制度是本条例实现公共数据开放的重要制度之一，延续了《数据安全法》规定的重要数据安全目录制度以及核心数据严格管理制度，强调公共数据的分类管理，探索数据分类开放模式。公共数据分类管理制度是公共数据开放的重要组成部分，由上海市大数据中心制定数据分类标准与规则以及相关管理措施，具体可从以下三个方面把握。

一、确定公共数据的分类标准

如何对公共数据进行分类，各个规范的分类标准不一。《数据安全法》第 21 条强调，对核心数据严格管理，对重要数据重点保护，实施中央事权和条块职责划分。《数据安全法》将数据分为核心数据和重要数据，主要依据两个标准进行划分：其一，关系国家经济、民生、安全的重要程度；其二，危害个人、组织、国家安全的风险程度。核心数据是指关系国家安全、国民经济命脉、重要民生、重大公共利益的数据，对该类数据要严加管理。重要数据是指在经济发展中占有重要地位以及一旦遭到泄露、破坏、篡改或非法获取、利用就会对他人、组织和国家权益造成侵害的数据，对该类数据要重点保护。2019 年上海市公布《上海市公共数据开放分级分类指南（试行）》，该指南从个人维度、组织维度、客体维度对公共数据进行分类，基于公共数据安全要求、个人信息保护要求以及应用要求等因素对公共数据进行分级管理，根据数据类别分为有条件开放的数据、无条件开放的数据以及非开放的数据。《上海市公共数据开放暂行办法》依照上述指南规定了上海市公共数据的分类开放管理。《深圳经济特区数据条例》则依照市级统筹、区级事权的方式，在深圳市建立人口、法人、房屋、自然资源与空间地理、电子证照、公共信用等基础数据库，并根据相关行业的主题数据库以及机构业务数据库，实施纵横互联的数据分类模式。

二、明确公共数据的分类管理要求

公共数据分类管理是数据治理的重要组成部分，明确其管理要求十分重要，因为各行业、各系统的数据实践情况有所差别，所以需要结合领域落实各类数据的管理要求。公共数据开放需要对数据进行科学分类，并根据情况进行假名化、匿名化等先行处理，确定完全开放、限制性开放、不予开放等不同程度的类型化开放方式。[①] 本条对应了该条例第 41 条分条件开放的共享模式，对涉及个人隐私、个人信息、商业秘密、保密商务信息，或者法律、法规规定不得开放的，列入非开放类，故对该类数据应该严加管理，不得交易或共享。对数据安全和处理能力要求较高、时效性较强或者需要持续获取的公共数据，列入有条件开放类，对这类数据应该经过严格审查和进行风险预测之后，进行开放，实现公共数据利用的最大化目标。最后，对无条件开放类的数据采取一般的管理要求即可。同时，对脱密、脱敏处理的公共数据，或者权利人同意开放的数据，可以根据相应的级别纳入相应的管理标准之中。

在实践中，上海市对公共数据分类管理，还应该围绕权责

---

① 刘权：《政府数据开放的立法路径》，载《暨南学报（哲学社会科学版）》2021 年第 1 期。

清单和政务服务事项清单进行，进一步推动交通、医疗、金融、教育、水电气事业等行业数据归集，实现公共数据"应归尽归"。在确定重要数据、核心数据的基础上逐步扩大数据的开放范围，尤其对促进经济增长、社会急需的公共数据优先开放，[①] 可参考《数据安全法》对重要数据实施重点保护将关乎上海市经济发展的重要数据，以及在不法利用、破坏、泄露等情形下会对个人、组织利益或公共利益造成危害的数据纳入重点数据的范围。对核心数据进行严格管理，将与上海市经济、安全、民生、公共利益等紧密相关的数据纳入核心数据的范围。

三、采取差异化管理措施

信息生命周期是指信息从出现到使用最后到老化消亡的动态、循环过程，该过程一般伴随价值形成与不断增值。[②] 公共数据生命周期管理是依托生命周期理论，对公共数据进行收集、存储、加工、分析、利用等全过程进行分类治理的机制，该原理是依据数据从产生到消亡的活动周期，在不同的阶段期所呈现的不同价值，进行有针对性的差异化管理。因此，依照该理论，公共数据在不同阶段所呈现的重要性、敏感性和核心性会有所差异，有必要在不同环节对不同类别的数据进行重点管理和严格规范。按照信息生命周期管理理论，数据的处理过程主要包括数据收集、数据加工、数据存储、数据分析、数据利用、数据流转等阶段。故根据该理论结合具体实践，应该重

---

① 刘权：《政府数据开放的立法路径》，载《暨南学报（哲学社会科学版）》2021年第1期。
② 赖茂生、李爱新：《信息生命周期管理理论与政府信息资源管理创新研究》，载《图书情报工作》2014年第6期。

点关注公共数据的采集、数据安全管理等关键环节，构建数据治理集成化、数据存储介质化、数据管理流程化、数据共享与利用协同化的公共数据管理框架。① 在公共数据开放共享的基础上探索分类数据开放的科学管理模式。

政府掌握了大量数据，如户籍身份数据、纳税数据、社会保险数据、车辆房屋数据、住宿登记数据、出入境数据、企业经营数据等。政府开放数据存在直接泄露个人隐私的风险。② 因此，加强数据安全管理与监测，强化对重要数据、核心数据的保护是管理的重点，故建立数据安全风险管理机制、数据安全检测预警机制是上海市公共数据开放平台的必要组成部分。《数据安全法》第 30 条就明确了数据处理者的风险评估责任，并明确风险评估报告中应该包含重要数据的种类、数量，开展数据处理活动的情况，面临的安全风险和应对措施等内容。本条例第 81 条和第 82 条也分别规定了数据处理的风险评估机制和数据安全管理机制。由数据处理者负有风险控制的安全保障义务，即义务型风险控制成为数据保护的必备内容。③ 具体实施如下：首先，平台应该对公共数据处理的全生命周期进行风险评估，风险评估报告应包括数据的种类、数量，安全风险系数以及相应的技术应对措施等，并持续向数据权利人披露数据利用的情况，保障数据主体的知情权。其次，基于数据安全风险的信息源，采用相关技术手段，持续动态地监测可能风险和

---

① 黄静、周锐：《基于信息生命周期管理理论的政府数据治理框架构建研究》，载《电子政务》2019 年第 9 期。

② 刘权：《政府数据开放的立法路径》，载《暨南学报（哲学社会科学版）》2021 年第 1 期。

③ 彭诚信：《论个人信息的双重法律属性》，载《清华法学》2021 年第 6 期。

恶意行为，结合数据的敏感度、量级、流向等综合分析，实施动态追踪数据安全风险，切实保障公共数据安全。[1] 最后，强化数据安全保护责任。重要数据处理者应当明确数据安全责任人和管理机构，各系统、各行业的市级责任部门应当根据上海市大数据中心制定的公共数据分类管理要求，在公共数据的收集、使用和人员管理等业务环节承担安全责任。

参考资料

《数据安全法》第21、30条

《深圳经济特区数据条例》第35、36、37条

《贵阳市政府数据共享开放条例》第11条

《上海市公共数据开放暂行办法》第11、12条

（撰稿人：姬蕾蕾）

第三十条 【公共数据收集与存储】

公共管理和服务机构收集数据应当符合本单位法定职责，遵循合法、正当、必要的原则。可以通过共享方式获取的公共数据，不得重复收集。

需要依托区有关部门收集的视频、物联等数据量大、实时性强的公共数据，由区公共数据主管部门根据市级责任部门需求统筹开展收集，并依托区大数据资源分平台存储。

---

[1] 龙卫球主编：《中华人民共和国数据安全法释义》，中国法制出版社2021年版，第74页。

本条主旨

本条旨在规定公共数据收集和存储的原则。

条文详解

一、公共数据的收集主体

公共数据的收集主体是公共管理和服务机构。根据本条例第2条的界定，公共管理和服务机构分为以下三类：（1）本市国家机关、事业单位；（2）本市经依法授权具有管理公共事务职能的组织；（3）供水、供电、供气、公共交通等提供公共服务的组织。又根据本条例第90条的规定，以下单位在依法履行公共管理和服务职责过程中也是公共数据收集的合法主体：（1）运行经费由本市各级财政保障的单位；（2）中央国家机关派驻本市的相关管理单位；（3）通信、民航、铁路等单位。

二、公共数据的收集原则

公共数据的收集应当遵循合法、正当、必要的原则，本条是对《数据安全法》第32条的细化规定："任何组织、个人收集数据，应当采取合法、正当的方式，不得窃取或者以其他非法方式获取数据。法律、行政法规对收集、使用数据的目的、范围有规定的，应当在法律、行政法规规定的目的和范围内收集、使用数据。"

（一）合法原则

此处的法指的是最广义上的法，指公共数据的收集不仅应当符合法律、行政法规的规定，还应当符合本市相关地方性法规、规章和规范性文件的要求。根据2018年《上海市公共数据和一网通办管理办法》的规定，公共管理和服务机构采集公共数据应当遵循合法、必要、适度原则。《数据安全法》第38条规定了政务数据的收集要求："国家机关为履行法定职责的需要收集、使用数据，应当在其履行法定职责的范围内依照法律、行政法规规定的条件和程序进行；对在履行职责中知悉的个人隐私、个人信息、商业秘密、保密商务信息等数据应当依法予以保密，不得泄露或者非法向他人提供。"《个人信息保护法》第5条规定了个人信息的收集原则为"合法、正当、必要和诚信原则"，不得通过误导、欺诈、胁迫等方式处理个人信息"。

（二）正当原则

正当原则是行政正当原则的要求，是指行政主体在作出影响个人或组织权益的行政行为，尤其是侵益性行政行为时，必须遵循正当、公正、公开的程序。公共管理和服务机构行使公共管理职能，在收集数据时可能涉及数据相关主体的权益，应当遵循正当、公正、公开的收集程序。根据《个人信息保护法》的规定，只有取得个人的同意，或者符合一定法定情形时才能收集个人信息。并在收集个人信息之前，应当以显著方式、清晰易懂的语言真实、准确、完整地向个人履行告知义务。

（三）必要原则

必要原则是行政比例原则的要求，是指公共管理和服务机构在收集数据时应当根据公共管理的需要，在一定范围内采集数据，可以通过共享方式获取的公共数据，不得重复收集。尤其要在保护与平衡的意义上，对个人利益与公共利益进行斟酌，以得出较为合理、适度的结果。此处所指的收集数据的合理范围，《上海市公共数据和一网通办管理办法》第18条第2款对本条作出了细化规定："公共管理和服务机构应当按照一数一源、一源多用的要求，实现全市公共数据的一次采集、共享使用。可以通过共享方式获得公共数据的，不得通过其他方式重复采集。"

三、特殊公共数据收集与存储

本条例第6条第1款规定了数据工作与业务工作协同管理是本市重要的政府工作原则和工作机制，本条第2款则是在公共数据治理方面对总则的细化规定。具有以下三个要点：

第一，数据的收集主体是区有关部门，针对的对象是视频数据、物联数据等体量大、实时性强的公共数据。视频数据指连续的图像序列，可用单元、场景、镜头、帧来描述；物联数据就是基于物联基础设施及其运行形成的数据。随着物联基础设施成为新一代的信息基础设施，未来也必将形成"物联""数联""智联"三位一体的体系结构，其中对物联数据进行采集、存储、分析、挖掘以及智能化应用是重要的一环。视频数据、物联数据等数据的特点决定了此类数据的有效利用，对数据的收集和传输都有严格的要求，依托区级部门进行收集，更加符合数据实践的实际。

第二，区公共数据主管部门需要根据市级责任部门的需求，统筹开展收集。为了提高公共数据的利用率，使得公共数据资源能够有效反馈到基层治理工作，真正解决业务中的实际问题。本条确定在公共数据的收集环节就以市级责任部门的需求为导向，由区级公共数据主管部门统筹开展收集工作，体现了本条例第5、6条规定的政府部门的责任分工机制。

第三，此类公共数据需要依托区大数据资源分平台存储。根据本条例第27条的规定，区大数据资源分平台是上海市大数据资源平台在区级政府的分平台，两者统称为"大数据资源平台"。由市大数据中心负责统一规划，是依托电子政务云实施全市公共数据归集、整合、共享、开放、运营的统一基础设施。

参考资料

《个人信息保护法》第13—27条

《上海市公共数据和一网通办管理办法》第18、19、20条

《上海市数据条例》第5、6条

（撰稿人：陈吉栋　许端蓉）

第三十一条　【公共数据回传】

通过市大数据资源平台治理的公共数据，可以按照数据的区域属性回传至大数据资源分平台，支持各区开展数据应用。

本条主旨

本条旨在明确公共数据的回传要求，使得数据惠及各区的数字化治理与应用。

条文详解

本条例第6条第1款规定了数据工作与业务工作协同管理

作为本市重要的政府工作原则和工作机制。本条即是对总则规定的细化。在过去公共数据领域的实践中，公共数据资源的整合是各部门将自身掌握的数据汇集至大数据中心的单向汇聚。但这些汇集的海量公共数据并没有真正惠及政府各部门，此时的公共数据治理对政府的数字化转型没有实质性帮助。大数据时代，数据的开放与流通绝不同于以前的政府信息公开，本条例总则所确立的数据工作与业务工作协同管理的工作机制，目的就是使得收集的数据能够真正惠及政府各部门、各区域、各行业，推动城市数字化转型，推动放管服改革，优化营商环境，提升政务服务规范化、便利化、智慧化水平。在数据收集层面就以业务部门的需求为导向，最后收集的数据能够反馈到收集主体，真正解决业务中的实际问题。

一、提高政府数据开放共享意愿

实践中，政府层面数据共享受阻的现象仍然存在。近年来，在打破信息壁垒和数据孤岛的政策导向和大数据、人工智能等信息技术蓬勃发展的背景下，政务信息系统整合共享、数据开放共享取得了较大进展，但跨层级、跨部门数据共享困难，这导致了政务数据这一核心资源的价值下降。一方面，地方与中央部门数据难以双向流动。以某省调研数据为例，"省内部门数据共享需求满足率仅为 42%，65 个国家垂直管理系统、64 个省级垂直管理系统未能实现与各级政务服务系统之间的数据交换共享"[1]。行政科层体制下，信息技术的引入加强了纵向层级控制，却并未完全实现纵向信息畅通，信息回流问题

---

[1]　王伟玲：《加快实施数字政府战略：现实困境与破解路径》，载《电子政务》2019 年第 6 期。

严重。另一方面，地方政府部门间数据信息共享困难。一是不愿共享，部分地方政府部门将数据资源看作"财富"和权力，部门本位主义、数据保护主义阻隔了跨部门、跨区域数据协同，导致"信息孤岛"与"数据鸿沟"并存；二是不能共享，由于数字化建设初期缺乏整体性规划，地方政府部门间数字化应用平台呈现出碎片化、割裂化的特点；三是不会共享，尽管许多平台的实际操作者，政府部门一线工作人员对建设一体化平台需求强烈，但受限于经济发展水平、信息技术、部门利益分割等诸多复杂因素，各部门之间距离实现理想数据共享仍有一定的距离。

二、科技风险防控难度较高

从政府数据治理的内涵和过程，便可以一窥其风险防控的复杂程度，政府数据治理的风险源自"对数据进行治理"和"依托数据进行治理"两个方面，也充斥于政府数据收集与抓取、数据选择与存储、数据流通、数据分析与决策的全过程。公共数据是数字政府的战略性行政资源，在治理实践过程中政府不可避免地要收集大量公民个人信息数据，通过图片、文字、视频等数据形式进行存储，在决策前开展深度分析和预测。值得注意的是，这些数据是公民社会活动的抽象化符号，大数据分析预测功能使得原本具有不确定性的公民行为变得可以被感知和预测，这有利于政府针对性地提供服务和提升治理质效，但法规政策层、管理层、技术与数据层任何一方面的欠缺，都会引发更深层次的风险。数据所处网络环境的高风险性、数据保护技术落后和相关治理主体数据保护意识的缺乏，就极易导致数据资源受到多方面安全风险的威胁。公共数据涉及广泛，涵盖了社会各个不同领域和主体，这使得数据泄露极易产生"蝴蝶效应"和多米诺骨牌效应。[1]

参考资料

《上海市数据条例》第 6 条

（撰稿人：陈吉栋　许端蓉）

第三十二条　【非公共数据采购】

本市财政资金保障运行的公共管理和服务机构为依法履行职责，可以申请采购非公共数据。市政府办公厅负责统筹市级公共管理和服务机构的非公共数据采购需求，市大数据中心负责统一实施。区公共数据主管部门负责统筹本行政区域个性化采购需求，自行组织采购。

本条主旨

本条旨在规定公共管理和服务机构对非公共数据的采购规则。

核心概念

政府采购（Government Procurement）：是指国家各级政府为从事日常的政务活动或为了满足公共服务的目的，利用国家财政性资金和政府借款购买货物、工程和服务的行为。

---

[1] 许阳、胡月：《政府数据治理的概念、应用场域及多重困境：研究综述与展望》，载《情报理论与实践》2022 年第 1 期。

条文详解

非公共数据采购包括以下三个条件。

第一，非公共数据采购的主体为本市财政资金保障运行的公共管理和服务机构。公共管理是介于行政管理和企业管理之间的一种管理形式。它的职能是在行政管理机构制定的基础结构下，执行政府的政策，进行经济、科学、教育、文化和社会事务的管理。根据其计划、组织、人事、指导、协调、报告和预算等职能，公共管理的机构类型、设置和评价标准也有别于其他两种管理形式。公共物品的生产和管理、大量公共事务和社会公益事业的管理是由政府部门或其所属的企事业单位，而不是由以利润最大化为经营目标的私人企业来承担的。在政府中，这样的部门称为社会事务管理机构。例如，我国的民政部、环保部门，美国的劳工部、卫生与公众服务部、内政部（管理国家公地、矿产、森林、水域和国立公园等），英国的公共建筑和公共工程部、就业和生产率部、社会保险部等。①

第二，公共管理和服务机构的采购目的是依法履行职责。计划是公共管理的首要职能。计划包括两层含义：一是制定目标和为实现这些目标而必须作出的选择；二是在相应的法律法规范围内制定系统的工作程序。组织是公共管理的第二个职能。从本质上讲，公共管理中的"组织"是为了某一特定目标而对权力所作的组合过程。例如，交通设施的建设和空气污染的治理需要政府和社会各方面力量的共同努力。为有效地实现

---

① 张良等：《公共管理导论》，上海三联书店1997年版，第168页。

某一公共管理目标，需要对某一公共管理机构或主管部门进行权力的重新组合，或建立新的公共管理机构。协调是公共管理的主要职能之一。在具体的公共管理中，把众多的公共管理机构组织起来是经常发生的事情。特别是当公共管理和公共服务项目的增加或削减以及规章制度发生变化等时候，组织协调工作显得更加重要。简单地说，协调就是根据一定的时间、数量和质量要求向社会公众提供良好管理和最佳服务的过程。在预先拟定的目标实现过程中，需要适时对计划进行调整，这一过程就是控制。公共管理控制是指，对公共管理过程的监督、调节和修正，使之与拟定的公共管理目标相符。控制的目的是实现目标，对人的监督是控制的手段而不是目的。①

第三，非公共数据采购的部门分工。市政府办公厅市级公共管理和服务机构的非公共数据采购需求的总统筹，市大数据中心是数据采购的统一实施者，区公共数据主管部门是本行政区域个性化采购需求的统筹者。

（撰稿人：陈吉栋　许端蓉）

第三十三条　【公共数据归集】

本市国家机关、事业单位以及经依法授权具有管理公共事务职能的组织应当及时向大数据资源平台归集公共数据。其他公共管理和服务机构的公共数据可以按照逻辑集中、物理分散的方式实施归集，但具有公共管理和服务应用需求的公共数据应当向大数据资源平台归集。

---

① 张良编著：《公共管理学》，华东理工大学出版社2017年版，第76—85页。

市大数据中心根据公共数据分类管理要求对相关数据实施统一归集，保障数据向大数据资源平台归集的实时性、完整性和准确性。

已归集的公共数据发生变更、失效等情形的，公共管理和服务机构应当及时更新。

本条主旨

本条旨在规定公共数据向市大数据资源平台的归集规则。

条文详解

一、公共数据原则上应当向大数据资源平台归集

2021年12月，国务院办公厅印发《要素市场化配置综合改革试点总体方案》，提出要"完善公共数据开放共享机制。建立健全高效的公共数据共享协调机制，支持打造公共数据基础支撑平台，推进公共数据归集整合、有序流通和共享"。为落实中央、国务院统一部署，《安徽省大数据发展条例》第9条规定，公共数据应当按照国家和省公共数据归集规定向江淮大数据中心平台归集，实现公共数据资源的汇聚和集中存储。《浙江省公共数据条例》第18条规定，省公共数据主管部门应当会同省有关部门在省公共数据平台建立和完善人口、法人、信用、电子证照、自然资源和空间地理等基础数据库，以及跨地域、跨部门专题数据库。省公共管理和服务机构应当根据公共数据目录，按照应用需求将公共数据统一归集到省公共数据平台基础数据库和专题数据库。设区的市、县（市、区）公共数据主管部门应当在本级公共数据平台建立和完善跨地域、跨部门专题数据库。公共管理和服务机构应当根据公共数据目录，按照应用需求将公共数据统一归集到本级公共数据平台专题数据库。

上海市结合公共数据治理实践经验，建设市大数据资源平台和区大数据资源分平台，承担全市公共数据归集工作。《上海市公共数据和一网通办管理办法》第21条规定，公共管理和服务机构应当将本单位的公共数据向市、区电子政务云归集，实现公共数据资源的集中存储。本条第1款指出，应当向大数据资源平台归集的公共数据有四类：（1）本市国家机关在履行公共管理和服务职责过程中收集和产生的数据；（2）本市事业单位在履行公共管理和服务职责过程中收集和产生的数据；（3）经依法授权具有管理公共事务职能的组织在履行公共管理和服务职责过程中收集和产生的数据；（4）其他公共管理和服务机构在履行公共管理和服务职责过程中收集和产生的具有公共管理和服务应用需求的公共数据。

二、市大数据中心实施统一归集

根据本条例第27条的规定，由市大数据中心负责统一规划市大数据资源平台和区大数据资源分平台实施全市公共数据归集、整合、共享、开放、运营。其他公共管理和服务机构不得新建跨部门、跨层级的公共数据资源平台、共享和开放渠道。此举避免了多平台重复性收集数据，提高了公共数据的治理效率，能确保大数据资源平台公共数据的完整性、实时性和准确性。但在实践中，实现公共数据的完全归集，具有一定操作难度。例如，在不同层级或领域的制度层面存在一定冲突。

三、数据及时更新

为确保市大数据资源平台公共数据的实时性、完整性和准确性，本条第 3 款规定，已归集的公共数据发生变更、失效等情形的，公共管理和服务机构应当及时更新。

数据更新不及时是制约公共数据开放实效的一大难点。考察全国各级政务部门的公共数据开放工作发现，普遍存在数据质量不高、数据价值低、机读性差等现象。开放的公共数据资源，在推动城市数字化转型、促进数据流通利用中的作用不强。我国各级地方政务数据开放网站开放的数据普遍周期较长，据公开资料统计，地方平台约有 46% 的平台没有更新数据，只有 8.5% 的地方平台连续两年发布了新的数据集。[①] 因此，本条规定旨在解决这一难题，力求实现公共数据实时更新。相关部门应在立足客观实践和公众需求的基础上，对开放数据进行分类管理，制定合理的更新周期，针对公众需求较大的数据适当缩短数据更新周期，并定期根据公众数据需求的变化改变数据更新周期。

参考资料

《要素市场化配置综合改革试点总体方案》

《上海市公共数据和一网通办管理办法》第 6、21 条

《浙江省公共数据条例》第 18 条

《安徽省大数据发展条例》第 9 条

（撰稿人：陈吉栋　许端蓉）

---

① 王晓冬：《我国公共数据开放面临的问题及对策研究》，载《中国经贸导刊（中）》2021 年第 10 期。

第三十四条　【数据库建设】

市大数据中心应当统筹规划并组织实施自然人、法人、自然资源和空间地理等基础数据库建设。

市级责任部门应当按照本市公共数据管理要求，规划和建设本系统、行业业务应用专题库，并会同相关部门规划和建设重点行业领域主题库。

本条主旨

本条旨在规定本市的数据库建设。

核心概念

数据库（Database）：数据库是数据有组织的集合，是按照数据结构来组织、存储和管理数据的仓库。这种数据集合被划分成不同的逻辑结构，以系统的方式来管理。数据库有很多种类型，从最简单的存储各种数据的表格到能够进行海量数据存储的大型数据库系统都在各个方面得到了广泛的应用。[①]

条文详解

一、基础数据库建设

本条第 1 款规定了市大数据中心数据库建设义务，市大数据中心应当统筹规划并组织实施自然人、法人、自然资源和空间地理等基础数据库建设。该规定来源于《上海市公共数据和

[①] 高富平：《大数据知识图谱：数据经济的基础概念和制度》，法律出版社 2020 年版，第 22 页。

一网通办管理办法》第 23 条的规定，市大数据中心应当依托市大数据资源平台，对各市级责任部门的公共数据进行整合，并形成人口、法人、空间、电子证照等基础数据库和若干主题数据库。区主管部门应当依托大数据资源分平台，承接市大数据资源平台相关公共数据的整合应用。近年来，上海市基础数据库建设已初见成效。2020 年 9 月，由上海市人民政府办公厅提出、上海市公共数据标准化技术委员会归口的《自然人婚姻专题库数据规范》《自然人死亡专题库数据规范》《公共数据运营服务目录和计量计费指南》《公共数据运营绩效评估指南》《公共数据安全分级指南》共五项地方标准指导性技术文件正式发布实施，为基础数据库的建设提供了标准指引。上海市后续将陆续出台《上海市数据条例》配套政策措施，支持市大数据中心进行基础数据库建设。

基础数据库建设与公共数据分类管理制度相联系，如《深圳经济特区数据条例》也规定，市政务服务数据管理部门负责统筹本市公共数据资源体系整体规划、建设和管理，并会同相关部门建设和管理人口、法人、房屋、自然资源与空间地理、电子证照、公共信用等基础数据库。各行业主管部门应当按照公共数据资源体系整体规划和相关制度规范要求，规划本行业公共数据资源体系，建设并管理相关主题数据库。公共管理和服务机构应当按照公共数据资源体系整体规划、行业专项规划和相关制度规范要求，建设、管理本机构业务数据库。

二、行业专题数据库建设

随着政务大数据价值的不断被发掘，由于管理分散、制度规范不健全，造成重复采集、口径多乱、数出多门等问题也越发凸显。各部门数据自成体系，标准不一，共享较差，形成了诸多信息孤岛。打破数据孤岛，实现政府部门间数据资源整合与共享需求越来越旺盛，尤其是涉及民政、民生类业务的部门，亟待建设相关专题库、制定标准规范，以促进数据共享和条块业务系统互联互通。

本条第2款规定了市级责任部门在行业专题数据库建设中的职责。根据本条例总则部分的规定，相关市级责任部门的职责如下：（1）市政府办公厅对全市公共数据工作主要起到推进、指导、监督的作用，制定政策推进行业专题数据库建设和发展；（2）市发展改革部门负责统筹本市新型基础设施规划建设，应当按照本市公共数据管理要求，规划和建设专题数据库。（3）市经济信息化部门负责统筹推进信息基础设施规划、建设和发展，推动产业数字化、数字产业化等工作；（4）市网信部门在行业专题数据库建设中，负责统筹协调本市个人信息保护、网络数据安全和相关监管工作；（5）市公安、国家安全机关在各自职责范围内承担数据安全监管职责；（6）市大数据中心具体承担本市公共数据的集中统一管理，推动数据的融合应用。

近年来，上海市委市政府积极投入打造以大数据资源平台为代表的新型数字基础设施，实现数据的抽取、数据的治理、共享交换、质量检测、安全防护等市区两级的一体化的基础能力。建立全市公共数据的资源目录体系，要全面掌握数据资源基础情况。截至2022年，一共编制了目录1.8万余个，累计汇聚的数据超过1344亿余条。开展了自然人、法人、空间地理三大综合库的建设，推动各领域公共数据的有效整合，建成37个专题数据库。① 围绕公共数据的汇聚、流通、利用，坚持需求导向，优化数据供给，促进公共数据的流通利用，逐步打造科学、高效、协调、联动的公共数据治理体系。

（撰稿人：陈吉栋　许端蓉）

第三十五条　【数据质量管理】

市级责任部门应当建立健全本系统、行业公共数据质量管理体系，加强数据质量管控。

市大数据中心应当按照市政府办公厅明确的监督管理规则，组织开展公共数据的质量监督，对数据质量进行实时监测和定期评估，并建立异议与更正管理制度。

本条主旨

本条旨在规定公共数据的质量管理规则。

核心概念

数据质量：是指数据适合使用的程度，或者说是数据满足特定用户期望的程度。数据是信息的载体，高质量的数据是通过数据分析获得有意义结果的基本条件，准确性、完整性、一致性和及时性是数据质量的四要素。②

---

① 《上海举行介绍〈数据条例〉配套政策措施相关情况发布会》，载国务院新闻办公室网站：http://www.scio.gov.cn/xwfbh/gssxwfbh/xwfbh/shanghai/Document/1720053/1720053.htm。

② 陈明：《大数据技术概论》，中国铁道出版社 2019 年版，第 116 页。

条文详解

一、数据质量管理体系

数据是进行数据分析的最基本资源，高质量的数据是保证完成数据分析的基础。数据丰富、信息贫乏的一个原因就是缺乏有效的数据分析技术，而另一个重要原因则是数据质量不高，如数据不完整、数据不一致、数据重复等，导致数据不能有效地被利用。数据质量管理如同产品质量管理一样贯穿于数据生命周期的各个阶段，但目前缺乏系统性研究。提高数据质量的研究由来已久，涉及统计学、人工智能和数据库等多个领域。尤其是大数据具有数据量巨大、数据类型繁多和非结构化等特征，为了快速而准确地获得分析结果，提供高质量的大数据尤其重要。数据质量与绩效之间存在着直接关联，高质量的数据可以满足需求，有益于获得更大价值。

数据质量评估是数据管理面临的首要问题。国务院关于《促进大数据发展行动纲要》指出，要建立标准规范体系。推进大数据产业标准体系建设，加快建立政府部门、事业单位等公共机构的数据标准和统计标准体系，推进数据采集、政府数据开放、指标口径、分类目录、交换接口、访问接口、数据质量、数据交易、技术产品、安全保密等关键共性标准的制定和实施。2020年，中共中央、国务院关于《构建更加完善的要素市场化配置体制机制的意见》也指出，要探索建立统一规范的数据管理制度，提高数据质量和规范性，丰富数据产品。为落实上海市"十四五"规划纲要提出的"持续推进自然人、法人、空间地理三大综合库以及各行业领域主题库建设，全面提高数据质量"的要求，本条提出了加强公共数据质量管控的规定。根据《上海市公共数据和一网通办管理办法》第 24 条的规定，公共数据质量管理遵循"谁采集、谁负责""谁校核、谁负责"的原则，承担数据质量责任的主体是公共管理和服务机构和市级责任部门。此外《上海市公共数据和一网通办管理办法》第 51 条还引入了第三方评估机制，市政府办公厅、市经济信息化部门可以委托第三方专业机构，围绕网上政务服务能力、公共数据质量、共享开放程度、电子政务云服务质量等方面，对本市公共数据和电子政务工作定期开展调查评估。根据《上海市数据条例》第 87 条第 5 项的规定，国家机关、履行公共管理和服务职责的事业单位及其工作人员未按照本条第 1 款规定履行公共数据质量管理义务的，将面临由本级人民政府或者上级主管部门责令改正的法律责任；情节严重的，由有权机关对直接负责的主管人员和其他直接责任人员依法给予处分。

二、数据质量监督管理

本条第 2 款规定，公共数据质量监督管理义务主体为市大数据中心。首先，市大数据中心对公共数据进行质量监督管理应当按照市政府办公厅明确的监督管理规则。例如，根据《上海市公共数据开放暂行办法》第 41 条第 2 款的规定，市大数据中心应当对开放数据质量和开放平台运行情况进行监测统计，并将监测统计结果和开放平台运行报告提交市经济信息化部门，作为考核评估的依据。根据第 46 条的规定，数据开放主体按照法律、法规和规章的规定开放公共数据，并履行了监督管理职责和合理注意义务的，可以豁免因开放数据质量等问题导致数据利用主体或者其他第三方损失的相应责任。其次，市大数据中心应当对数据质量进行实时监测和定期评估。该规定来源于《上海市公共数据和一网通办管理办法》第24条第2款，市大数据中心负责公共数据质量监管，对公共数据的数量、质量以及更新情况等进行实时监测和全面评价，实现数据状态可感知、数据使用可追溯、安全责任可落实。最后，市大数据中心应当建立异议与更正管理制度，以确保公共数据的实时性、完整性和准确性。

参考资料

《上海市数据条例》第87条

《上海市公共数据和一网通办管理办法》第24、51条

《上海市公共数据开放暂行办法》第41条

（撰稿人：陈吉栋 许端蓉）

第三十六条 【监督检查和考核评价】

市政府办公厅应当建立日常公共数据管理工作监督检查机制，对公共管理和服务机构的公共数据目录编制工作、质量管理、共享、开放等情况开展监督检查。

市政府办公厅应当对市级责任部门和各区开展公共数据工作的成效情况定期组织考核评价，考核评价结果纳入各级领导班子和领导干部年度绩效考核。

本条主旨

本条旨在规定公共数据监督检查和考核评价机制。

条文详解

一、公共数据管理工作监督检查机制

根据本条例第 5 条第 1 款的规定，市政府办公厅负责统筹规划、综合协调全市数据发展和管理工作，促进数据综合治理和流通利用，推进、指导、监督全市公共数据工作。本条细化总则规定，市政府办公厅对公共数据管理工作负有监督检查和考核评价义务，被监督检查的主体是本市公共管理和服务机构。

第一，对公共管理和服务机构的公共数据目录编制工作开展监督检查。根据本条例第 28 条第 2 款的规定："市政府办公厅负责制定目录编制规范。市级责任部门应当按照数据与业务对应的原则，编制本系统、行业公共数据目录，明确公共数据的来源、更新频率、安全等级、共享开放属性等要素。区公共数据主管部门可以根据实际需要，对未纳入市级责任部门公共数据目录的公共数据编制区域补充目录。"因此，市政府办公厅应当对市级责任部门和区公共数据主管部门的公共数据管理工作进行监督检查。

第二，对公共管理和服务机构的公共数据质量管理工作开展监督检查。根据本条例第 35 条第 2 款的规定："市大数据中心应当按照市政府办公厅明确的监督管理规则，组织开展公共数据的质量监督，对数据质量进行实时监测和定期评估，并建立异议与更正管理制度。"因此，市政府办公厅应建立明确的监督管理规则，对市大数据中心的公共数据质量管理工作开展监督检查。

第三，对公共管理和服务机构的公共数据共享、开放工作开展监督检查。根据《上海市公共数据和一网通办管理办法》第 5 条的规定，市政府办公厅是上海市公共数据的主管部门，市大数据中心具体承担本市公共数据共享开放工作。根据本条例第 26 条的规定，"公共数据管理涉及多个部门或者责任不明确的，由市政府办公厅指定市级责任部门"。第 38 条第 3 款规定："市政府办公厅应当建立以共享需求清单、责任清单和负面清单为基础的公共数据共享机制。"

二、公共数据工作成效考核

本条第 2 款规定，市政府办公厅还对市级责任部门和各区公共数据工作成效负有定期组织考核评价的职责。数据质量包括用户对数据是否满足其需求的主观感知、数据本身及数据活动过程等。很多政府机构认为公共数据的开发利用受到了不准确的数据资源掣肘。如果公共数据本身质量无法保证，导致数据分析结果不准确，会严重影响决策的作出和政策的制定。从主观方面来说，用户自身及其数据利用类型决定着数据质量。对于数据利用者来说，如果公共数据质量有限，不但会增加对数据分析的投入，还会影响数据集的再利用过程，导致政府数据难以得到充分利用，甚至会影响政府公信力。本条规定通过将考核评价结果纳入各级领导班子和领导干部年度绩效考核，来鼓励、敦促市级责任部门和各区积极开展公共数据工作。

参考资料

《上海市数据条例》第 26、38 条
《上海市公共数据和一网通办管理办法》第 5 条

（撰稿人：陈吉栋　许端蓉）

第三十七条 【经费保障】

本市财政资金保障运行的公共管理和服务机构开展公共数据收集、归集、治理、共享、开放及其质量和安全管理等工作涉及的经费，纳入市、区财政预算。

本条主旨

本条旨在规定公共数据治理的经费保障。

条文详解

数据治理对地方政府社会治理能力的价值，主要体现在两方面。一方面，数据治理能够提高地方政府的决策水平。将定量分析、定性评价的方法用于社会治理实践，建构以数据和事实为中心的公共决策机制，有利于提高社会治理的科学性。数据治理成为解决政府治理难题，打造阳光政府、智慧政府、廉洁政府的重要手段。另一方面，数据治理能够提高公共服务的精准性。数据治理能力建设使地方政府能够实时准确地把握不同群体的公共服务需要，为组织、社群等提供"量身定制"的公共服务。

近年来许多地方政府都加快了数据治理能力建设的步伐，在数据治理立法、组织架构和管理机制等方面都进行了积极尝试，但从总体上看，地方政府数据治理还存在很多问题。首先，在数据采集阶段，虽然当前许多地方都出台了信息资源采集、编目和使用的政策规范，但从总体上看数据治理的配套政策法规还不健全，如数字治理法规陈旧，不适应大数据时代的数据治理新要求，政策法规的协调性不足，一些法规内容空泛，缺乏可执行性。其次，在数据管理阶段，地方政府数据治理面临数据分布碎片化明显，政府数据、公共数据的所有权归属不清晰对数据资源的管理缺乏规范的制度机制等问题。最后，有些部门领导缺乏数据治理意识，不愿开放或共享本部门数据资源。开展公共数据收集、归集、治理、共享、开放及其质量和安全管理等工作，所需成本较大，间接导致了部门主义的局限性思维，这也是制约地方公共数据治理的一大难题。因此，本条规定由本市财政资金保障运行的公共管理和服务机构开展系列数据管理工作的经费，纳入市、区财政预算，保障公共数据的资金支撑，鼓励、支持本市公共数据治理工作。

（撰稿人：陈吉栋　许端蓉）

第二节　公共数据共享和开放

第三十八条　【共享原则和机制】

公共管理和服务机构之间共享公共数据，应当以共享为原则，不共享为例外。公共数据应当通过大数据资源平台进行共享。

公共管理和服务机构应当根据履职需要，提出数据需求清单；根据法定职责，明确本单位可以共享的数据责任清单；对法律、法规明确规定不能共享的数据，经市政府办公厅审核后，列入负面清单。

市政府办公厅应当建立以共享需求清单、责任清单和负面清单为基础的公共数据共享机制。

本条主旨

本条是关于公共数据共享的原则性规定，旨在明确"以共享为原则"的公共数据流通利用，建立以清单管理为基础的公共数据共享管理机制。

核心概念

公共数据共享：是指公共管理和服务机构因履行法定职责或者提供公共服务需要，依法使用其他公共管理和服务机构的数据，或者向其他公共管理和服务机构提供数据的行为。

数据需求清单：是指公共管理和服务机构因履行职责需要，申请使用公共数据的清单。

数据责任清单：是指公共管理和服务机构基于本单位法定职责，形成的明确本单位可以向其他单位共享的公共数据清单。

负面清单：是指根据法律、法规明确规定，禁止共享、不能共享的公共数据清单。

条文详解

公共数据共享是指公共管理和服务机构因履行法定职责或者提供公共服务需要，依法使用其他公共管理和服务机构的数据，或者向其他公共管理和服务机构提供数据的行为。云计算、区块链、人工智能等新兴技术，深刻变革社会生活方式的同时，也深刻影响着社会治理能力与治理体系。如今的大数据时代，国家治理、社会治理已经与数据，特别是公共数据密不可分，"用数据治理"是国家治理能力现代化的应有之义。① 其中，公共数据共享是"用数据治理"的"关键一环"，有助于打破条块壁垒、破除部门藩篱，凝聚整体合力。国务院于2015年颁布的《促进大数据发展行动纲要》中，第一项主要任务即"大力推动政府部门数据共享"，推动资源整合，提升治理能力。以公共数据共享为基础，国家治理能力现代化方有望实现。鉴于公共数据共享的上述重大价值，本条例在相关政策性法规的基础上，参考国内其他地方数据立法，进一步确定了"以共享为原则"的公共数据流通机制，建立起以清单管理为基础的公共数据共享管理制度。

一、公共数据应当以共享为原则

我国高度重视公共数据的共享流通，于20世纪90年代便提出了"数据共享"的政策理念。1996年3月，《国民经济和社会发展"九五"计划和2010年远景目标纲要》即提出"加强信息资源开发利用，推进信息的社会共享"。该纲要中"开发利用"等概念更贴近于今天的"数据开放"，但"社会共享"自然也包括公共管理和服务机构的内部共享，即本条例的"公共数据共享"。1997年4月，在首届全国信息化工作会议上，时任国务院副总理邹家华提出"统筹计划，国家主导；统一标准，联合建设；互联互通，资源共享"的二十四字信息化建设指导方针。其中，"统一标准""互联互通"等概念与如今的公共数据共享高度相关。虽然数据共享概念起步较早，但总体而言在过去相当长的一段时期内，我国政务信息化建设更为重视提升办公和行政管理效能，"各自为政""九龙治水"现象

---

① 梁芷铭：《大数据治理：国家治理能力现代化的应有之义》，载《吉首大学学报（社会科学版）》2015年第2期。

长期存在，公共服务和政府部门数据"碎片化"的现象久治不消。其中固然有技术难题等客观原因，但条块分割的管理体制、保守僵化的思想观念、正向激励的缺位失效等因素同样导致了数据共享阻滞不前。① 总体来说，传统政务服务产生的公共数据存在"互联互通难、资源共享难、业务协同难"等典型问题，缺乏统一标准的格式化、数字化、结构化归集措施，公共数据共享自然也难以有效推进。

近些年来，随着政务信息化建设的不断发展，推进"互联网+政务服务"，打破"数据孤岛""数据壁垒"，实现"让数据多跑腿，让群众少跑路"，已经成为社会关切的热点话题。除了 2015 年《促进大数据发展行动纲要》外，国家也从多个层面加强公共数据共享。2016 年 3 月，中央政府工作报告明确要求大力推行"互联网+政务服务"，实现部门间数据共享。2017 年 12 月，习近平总书记在中共中央政治局第二次集体学习时强调要"以数据集中和共享为途径""构建全国信息资源共享体系"，实现"跨层级、跨地域、跨系统、跨部门、跨业务的协同管理和服务"。② 在上述政策指引下，公共数据共享取得突破性进展。国家层面，从 2017 年 8 月到 2018 年 1 月，历经六个月的集中攻坚，政务信息系统整合共享工作实现了 71 个部门、31 个地方与国家共享交换平台的对接，构建了涵盖 47 万项目录的数据资源体系，其中可共享目录占 90%，数据共享

---

① 参见邓念国：《体制障碍抑或激励缺失：公共服务大数据共享的阻滞因素及其消解》，载《理论与改革》2017 年第 4 期。

② 参见《习近平主持中共中央政治局第二次集体学习并讲话》，载中央人民政府网站：http://www.gov.cn/xinwen/2017-12/09/content_ 5245520. htm。

"大动脉"已初步打通。① 上海市层面，早在 2016 年即颁布《上海市政务数据资源共享管理办法》，旨在规范和促进本市公共数据资源共享与应用，推动数据资源优化配置和增值利用，进一步提高本市公共管理和服务水平。其中，第 5 条明确政务数据资源的共享与应用，应当遵循全面共享原则，即"以共享为原则，不共享为例外"。本条例明确公共数据"以共享为原则，不共享为例外"，既是对《上海市政务数据资源共享管理办法》的重申，也是进一步增强新时期数字政府与智慧城市建设中，优化政务服务流程、增强协同治理能力的具体举措。当然，公共数据共享也存在例外，对于法律、法规明确规定不予共享的公共数据（通常为涉密、涉敏数据），应当不予共享。

二、建立公共数据共享清单管理机制

在以"共享为原则"基础上，本条例要求公共管理和服务机构建立各自的数据需求清单、数据责任清单与负面清单，并由市政府办公厅据此建立以"三清单"为基础的公共数据共享机制。一是数据需求清单，是指公共管理和服务机构根据履职需要，形成的需要其他单位予以共享的数据清单。二是数据责任清单，是指公共管理和服务机构根据法定职责，形成的明确的本单位可以向其他单位共享的数据清单。三是负面清单，是指公共管理和服务机构作为数据提供单位，按照法律、法规的明确规定，确定不能向其他单位共享的数据清单。

以数据需求清单、数据责任清单与负面清单为核心的"三

---

① 参见《国家发展改革委举行 1 月份定时定主题新闻发布会介绍宏观经济情况并回应热点问题》，载国务院新闻办公室网站：http://www.scio.gov.cn/xwfbh/gbwxwf-bh/xwfbh/fzggw/Document/1617789/1617789.htm。

清单"数据共享管理制度,是本条的核心内容。公共数据清单管理,最早可见于 2018 年《上海市公共数据和一网通办管理办法》第 26 条。国内广东省、内蒙古自治区、广西壮族自治区在地方数据条例中,同样有类似做法。为进一步有效发挥数据需求清单、数据责任清单与负面清单在本市政务数据共享管理中的基础性作用,2020 年 11 月 1 日,上海市出台地方推荐性标准《公共数据"三清单"管理规范》(DB31/T 1241—2020)。该标准对相关术语与定义、部门管理职责、清单元素与管理要求等作出详细规定,指导各区、各部门"三清单"编制、共享需求梳理、共享责任落实,实现全市公共数据按需共享,为规范全市公共数据共享交换奠定基础。未来,上海市将根据《数据安全法》《个人信息保护法》等新实施的法律、行政法规,进一步优化相关推荐性标准,明确公共管理和服务机构职责权能边界,从严认定数据共享的负面清单,破解少数公共管理和服务机构的本位主义、保守作风,推动公共数据共享走深走实。

参考资料

《深圳经济特区数据条例》第 41、42 条

《江苏省公共数据管理办法》第 19 条

《天津市促进大数据发展应用条例》第 15 条

《浙江省数字经济促进条例(草案)》第 22 条

《海南省大数据开发应用条例》第 15 条

《山东省大数据发展促进条例》第 21 条

《吉林省促进大数据发展应用条例》第 14 条

《上海市公共数据和一网通办管理办法》第 26 条

《上海市政务数据资源共享管理办法》第 5 条

《公共数据"三清单"管理规范》（DB31/T 1241—2020）

（撰稿人：徐珉川）

第三十九条　【共享数据的申请】

公共管理和服务机构提出共享需求的，应当明确应用场景，并承诺其真实性、合规性、安全性。对未列入负面清单的公共数据，可以直接共享，但不得超出依法履行职责的必要范围；对未列入公共数据目录的公共数据，市级责任部门应当在收到共享需求之日起十五个工作日内进行确认后编入公共数据目录并提供共享。

公共管理和服务机构超出依法履行职责的必要范围，通过大数据资源平台获取其他机构共享数据的，市大数据中心应当在发现后立即停止其获取超出必要范围的数据。

本条主旨

本条是关于公共数据共享申请的基本规定，在清单管理的基础上，明确公共数据共享的申请流程和管理要求。

核心概念

公共数据目录：是指按照资源分类体系，对公共管理和服务机构在履行公共管理和服务职责过程中收集和产生的数据

（公共数据）进行有序排列的一组信息，用以描述数据的特征，以便对数据进行检索、定位与获取。

条文详解

本条是关于公共管理和服务机构基于数据共享渠道，申请、获取相关公共数据（以下简称共享公共数据）的基本规定。本条例第 38 条明确，公共数据"以共享为原则"，需要进一步建立相应的具体共享途径加以保障落实。其中，公共数据共享的前提，是数据归集、数据库建设与数据目录编制，上述内容已经在本条例第三章（公共数据）第一节（一般规定）中加以规范。明确公共数据共享基础性、前提性内容后，进一步落实公共数据共享的立法目的，需要明确公共数据共享申请与获取的基本方式。总体而言，本条在"以数据共享为原则"的指引下，进一步确立了需求导向、便捷获取的共享公共数据申请原则，积极促进公共数据的共享流转。

一、公共数据共享申请的便捷原则

本条明确，"对未列入负面清单的公共数据，可以直接共享""对未列入公共数据目录的公共数据，市级责任部门应当在收到共享需求之日起十五个工作日内进行确认后编入公共数据目录并提供共享"。上述规定表明了上海市加快推进公共数据全面、便捷、有序共享的基本规范取向。

对比 2016 年颁布的《上海市政务数据资源共享管理办法》，该规定更进一步拓宽了公共数据的共享范围，相对简化了共享申请流程。2016 年《上海市政务数据资源共享管理办法》第 8 条，将数据资源按照共享与否的性质，分为三种类型：普遍共享、按需共享、不共享。其中，数据内容敏感、只能按特定条件提供给资源需求方的数据资源，应当按照相关保密管理规定，列入按需共享类。对于此类数据，需求方应当通过平台向提供方提出共享申请，说明共享范围、共享用途和申请数据项内容等，将系统生成的需求申请表以书面形式送提供方审核。提供方应当在收到书面申请后十个工作日内，提出是否同意共享的意见及理由。

上述"申请—审核"机制在公共数据共享实践中较为繁杂，一定程度上影响了公共数据共享的高效运行。2018 年《上海市公共数据和一网通办管理办法》对此作了一定程度的优化，将公共数据按照共享类型分为无条件共享、授权共享和非共享三类。列入后两类的，应当说明理由，且提供相应的法律、法规、规章依据。而申请获取授权共享类公共数据的，由市政府办公厅会同相关市级责任部门进行审核，经审核同意的，即可授予相应访问权限。本条例则更进一步，只要是未列入负面清单的公共数据，就可以直接共享。优先保障数据共享的可行性，再通过法定履职的必要性规则，给予相对灵活的限制。从而最大程度降低申请、获取公共数据的流程复杂度，从原先的注重"事先审批"转变为注重"事中事后监管"，尽可能减少公共数据共享阻力，最大限度发挥公共数据共享价值。

此外，本条例对未列入公共数据目录的公共数据共享进行了明确，建立起以需求为导向的共享管理完善机制。市级责任部门应当在收到共享需求之日起十五个工作日内，编入公共数据目录并提供共享。该规定有助于避免责任部门推诿塞责，"该共享而不共享"，进一步推动公共数据便捷共享真正落到实处。

二、公共数据共享的申请限制

虽然如上文所述，本条例在《上海市政务数据资源共享管理办法》《上海市公共数据和一网通办管理办法》的基础上，进一步简化申请流程，推动公共数据便捷共享。但是，这并非意味着公共数据共享不受任何限制。一般来说，作为公共管理和服务机构在履行公共管理和服务职责过程中收集和产生的数据，通常含有大量的个人隐私、个人信息、商业秘密、涉密信息等具有较高敏感性的信息。公共数据共享行为虽多发生于公共管理和服务机构之间，相较公共数据开放活动，数据安全风险较低。但是，风险较低并不等于"零风险"，公共数据共享的安全管理不应缺位。对公共数据共享的基本机制而言，从"事先审批"到如今"事中事后监管"，这一转变在提升公共数据共享申请的便捷性，改进公共数据通过共享实现流转的同时，也为数据共享的"自律"与"他律"提出了更高要求。本条即对公共数据共享的申请环节作出明确限制。简言之，即共享申请应当具有真实、合规、安全的数据应用场景，且不得超出依法履行职责的必要范围。

申请共享数据严格限制在依法履行职责的必要范围，是公权力及公共服务部门"法无授权不可为"的应有之义。根据2004年，国务院《全面推进依法行政实施纲要》的规定："没有法律、法规、规章的规定，行政机关不得做出影响公民、法人或其他组织合法权益或增加公民、法人或其他组织义务的决定。"控制行政权，防止行政权过分侵入私人空间，是现代依法行政的基本内涵。因此，作为公共数据领域的共享、使用行为，也应当严守"法无授权不可为"，将公共数据共享限制在依法履行职责的必要范围之内，严格禁止以公共数据共享为名，随意窥探个人隐私、窃取商业信息。

另外，这一范围限制，也是数据处理中"目的限制"原则的内在要求。早在 1967 年，美国著名隐私法学者艾伦·F. 威斯汀在其《隐私与自由》一书中即指出：政府所收集的个人信息数据，只能用于特定目的，不得用于其他目的或者进一步流转。[①] 这种必要限制，能够使公共数据上关联的个人、企业等主体对公共数据的后续使用产生清晰、稳定的认识和预期，防范数据滥用对个人、企业等主体造成不当风险。我国《个人信息保护法》第 34 条也明确，国家机关为履行法定职责处理个人信息，不得超出履行法定职责所必需的范围和限度。根据《个人信息保护法》第 4 条关于个人信息处理行为的列举，此处的"处理"并不排除基于公共数据共享等渠道，获取个人信息的行为。因此，结合上述学说理论与法律规定，本条例进一步重申了"公共数据共享应当严格限制在依法履行职责的必要范围"这一要求，主张建立以真实、合规、安全应用场景为基础的公共数据共享机制。

最后，本条还对超出依法履行职责的必要范围使用公共数据的处置措施作了简要规定：市大数据中心应当在发现后立即停止其获取超出必要范围的数据。当然，"停止获取"只是制止公共管理和服务机构的违法行为、防止数据安全风险扩大的初步措施。对于此类行为，还应当根据本条例第 87 条等相关法律法规，由本级人民政府或者上级主管部门责令改正。情节严

---

① 参见梁泽宇：《个人信息保护中目的限制原则的解释与适用》，载《比较法研究》2018 年第 5 期。

重的，由有权机关对直接负责的主管人员和其他直接责任人员依法给予处分。

参考资料

《上海市政务数据资源共享管理办法》第 14 条

《上海市公共数据和一网通办管理办法》第 27、28 条

《江苏省公共数据管理办法》第 19 条

《北京市公共数据管理办法》第 16 条

《吉林省促进大数据发展应用条例》第 15 条

《重庆市大数据发展管理条例（草案）》第 16、26 条

《广东省公共数据管理办法》第 23 条

《武汉市公共数据资源管理办法》第 17 条

《济南市公共数据管理办法》第 24 条

（撰稿人：徐珉川）

第四十条　【共享数据的使用】

公共管理和服务机构向自然人、法人和非法人组织提供服务时，需要使用其他部门数据的，应当使用大数据资源平台提供的最新数据。

公共管理和服务机构应当建立共享数据管理机制，通过共享获取的公共数据，应当用于本单位依法履行职责的需要，不得以任何形式提供给第三方，也不得用于其他任何目的。

本条主旨

本条是关于公共数据共享使用的限制性规定，明确公共数据使用必须基于依法履行职责的需要。

条文详解

从体系上展开，作为第 39 条公共数据共享申请规定的延伸，本条更多关注获取共享公共数据后的使用场景。从内容上分析，本条具有较高的强制性，公共管理和服务机构应当严格遵守。具体而言，本条两款包括"两个应当"与"两个不得"：应当使用大数据资源平台提供的最新数据；应当建立共享数据管理机制；不得以任何形式提供给第三方；不得用于除依法履行职责需要外的其他任何目的。本条的立法目的在于，将共享的公共数据严格限制在依法履行职责的最小范围，在最大程度做到"有效应用、精准服务"的同时，筑牢公共数据共享安全防火墙，促进公共数据共享的合规化运行。

一、共享数据使用与公共服务提供的时效性原则

公共管理和服务机构应当使用大数据资源平台提供的最新数据提供服务。这是因为，信息社会中数据的时效性异常重要。特别是在涉及算法决策、智能辅助决策的场景中，关联数据的完整性、真实性、准确性，往往会直接影响相关决策结果，直接关系到相关主体权益。例如，传统的城市交通管理中心虽有收集交通路况数据，但一般有 10 分钟至半小时不等的延迟，此种滞后性显然使得交通路况数据的时效性大打折扣。如今，现代城市交通管理中心能够通过各类共享数据实时掌握路

面交通流量变化，甚至能够深度分析、预警潜在的道路拥堵，真正发挥"城市交通大脑"的作用。与此类似，气象、金融等领域对数据的时效性也有着较高要求。在坚持"让数据多跑路"的前提下，不仅需要数据"跑到位"，还必须"跑得快""跑得准"。① 条例第 33 条即明确了公共数据归集的实时性、完整性、准确性。本条在第 33 条的基础上，进一步明确"公共管理和服务机构应当使用最新的共享数据"，将前端的数据实时准确的压力，传导至终端的共享数据使用环节，从而真正提高政务服务效率和质量。

本条明确要求使用最新共享数据的规定，属于国内较为前沿立法例。近年来，各地制定的有关公共数据共享的规范性文件中，多强调公共数据归集整合实时性、完整性和准确性，忽视具体使用层面的时效性。例如，2016 年《上海市政务数据资源共享管理》第 16 条着重强调建立"数据资源的共享更新机制"，行政机构应当对其提供的共享数据资源进行动态管理。该条虽有"获取方应当及时比对和更新所获取的共享数据资源，确保数据一致性"的规定，但尚未上升到最终的数据使用环节进行评价。相比之下，本次《上海市数据条例》在强调公共数据归集整合及时性的同时，对公共管理和服务机构使用共享公共数据提出了进一步要求。

二、建立共享数据管理机制，严格限制共享数据使用

公共管理和服务机构应当建立共享数据管理机制。公共数据安全已经成为事关国家安全与经济社会安全的重大问题，建

---

① 参见崔宏轶、冼骏：《政务数据管理中的"数据可用性"——痛点及其消解》，载《中国行政管理》2019 年第 8 期。

立明确的数据共享管理制度，有助于在法治轨道上开展公共数据共享活动，保障数据安全。本条例第26条同样明确了完善公共数据管理制度与标准规范，本条是公共数据共享领域对上述规定的进一步重申，要求基于数据共享获得数据的公共管理和服务机构同样应当建立健全共享数据管理机制，落实数据管理责任。

正如本条文的立法目的，尽管公共管理和服务机构能够基于数据共享渠道获得大量具有原始性的公共数据，但这些数据的使用并非毫无限制。具有大量敏感信息的公共数据，在提高行政效率、提升服务质量的同时，对公共管理和服务机构提出了更高要求。无论是禁止将数据提供给第三方，还是禁止超范围使用，上述内容都必须依靠公共管理和服务机构的内部有效治理才能真正落实。这就要求公共管理和服务机构建立共享数据管理机制，通过实质化的程序规则，对公共数据共享活动建章立制，明确权责界限，构建行为准则，确定责任救济，最大程度来降低共享公共数据不当使用的风险。

具体来说，本条例明确了公共管理和服务机构使用共享数据的两个基本要求：一是不得以任何形式将共享数据提供给第三方；二是不得将数据用于除依法履行职责需要外的其他任何目的。相较于《上海市政务数据资源共享管理办法》，本条例更为严格地限制了公共管理和服务机构使用共享数据的范围。《上海市政务数据资源共享管理办法》第17条第1款规定，行政机构获取的共享政务数据资源仅限于内部使用，如需对外提供或发布，应当向资源提供方提出书面申请，经同意后，方可对外提供或发布。显然，此处的"内部使用"概念非常模糊，似乎只要不对外提供或者发布，公共管理和服务机构即可随意使用共享数据。这样的理解违背了现代行政法的基本理念。因此，本条例将公共数据的使用范围严格限定在"依法履行职责需要"中。与条例第 39 条类似，这样的限制既是"依法行政"的基本内涵，也是数据处理中"目的限制"原则的内在要求。不同的是，条例第 39 条着重强调公共管理和服务机构基于数据共享渠道申请数据的限制性要求，本条着重强调获取数据后，相关机构使用共享数据的限制性要求。

总体来说，条例第 38 条至第 40 条对公共数据共享进行了初步规定，明确了共享的基本原则、治理机制、申请要求、使用限制，基本勾勒出本市公共数据共享的大致图景，体现本市深入推进公共数据全面共享、依法使用、安全可控的决心，为未来公共数据共享进一步有序可信实施提供规范保障。当然，上述条文显然无法涵盖公共数据共享的众多实际场景，未来本市将或修订或新增数据共享的配套措施，按照"全覆盖""可实施""可评价"目标，积极推动公共数据共享，赋能智慧政务。

参考资料

《深圳经济特区数据条例》第 43 条

《天津市促进大数据发展应用条例》第 18 条

《吉林省促进大数据发展应用条例》第 16 条

《江苏省公共数据管理办法》第 19 条

《黑龙江省促进大数据发展应用条例》（征求意见稿）第 19 条

《浙江省公共数据条例》第四章

《无锡市公共数据管理办法》第 21 条

《浙江省数字经济促进条例》第 20 条

（撰稿人：徐珉川）

第四十一条　【分类开放】

本市以需求导向、分级分类、公平公开、安全可控、统一标准、便捷高效为原则，推动公共数据面向社会开放，并持续扩大公共数据开放范围。

公共数据按照开放类型分为无条件开放、有条件开放和非开放三类。涉及个人隐私、个人信息、商业秘密、保密商务信息，或者法律、法规规定不得开放的，列入非开放类；对数据安全和处理能力要求较高、时效性较强或者需要持续获取的公共数据，列入有条件开放类；其他公共数据列入无条件开放类。

非开放类公共数据依法进行脱密、脱敏处理，或者相关权利人同意开放的，可以列入无条件开放或者有条件开放类。对有条件开放类公共数据，自然人、法人和非法人组织可以通过市大数据资源平台提出数据开放请求，相关公共管理和服务机构应当按照规定处理。

▌本条主旨

本条是关于公共数据开放的原则性规定，旨在明确安全、统一、高效的公共数据开放利用，并构建公共数据开放分类管理机制。

核心概念

公共数据开放：是指依法依规面向公民、法人和其他组织提供具有原始性、可机器读取、可供社会化利用公共数据的公共服务。

条文详解

本条是关于公共数据开放的原则性规定。李克强曾指出："目前我国信息数据资源 80% 以上掌握在各级政府部门手里，'深藏闺中'是极大浪费。"[①] 公共数据共享仅仅满足了数据资源在公共管理和服务机构之间流转利用的内在需求。若想真正挖掘数据深度应用的外部性价值，需要公共数据开放制度给予坚实支撑。上海市高度重视公共数据开放工作。制度方面，早在 2019 年即出台《上海市公共数据开放暂行办法》，专项促进和规范公共数据开放利用工作。作为国内首部针对公共数据开放的地方政府规章，《暂行办法》明确公共数据开放"需求导向、安全可控、分级分类、统一标准、便捷高效"原则的同时，在多个制度上进行了有价值、有意义的探索创新，充分展示了上海市公共数据开放的经验成果，为全国数据开放立法打造"样板"。[②] 实践方面，同样是 2019 年，上海市公共数据开放平台开通。截至 2022 年 1 月 19 日，上海市主要公共数据开

---

① 杨于泽：《政府信息"深藏闺中"何止浪费》，载《长江日报》2016 年 5 月 17 日，第 5 版。

② 吴勇毅：《加速公共数据开放　全力打造"上海样板"》，载《上海信息化》2019 年第 11 期。

放平台已开放 51 个数据部门的 5894 个数据集、近 50000 条数据项以及超过 10 亿条数据。① 结合上述制度实践与业务实践，《上海市数据条例》第 41 条至第 43 条三个条文进一步明确了公共数据开放的基本原则、基本制度、基本要求，旨在总结实践经验的同时，进一步做好新时期的公共数据开放工作。

一、推动更高层次的公共数据开放

条例明确公共数据开放以"需求导向、分级分类、公平公开、安全可控、统一标准、便捷高效"为原则，推动面向社会开放，并持续扩大开放范围。公共数据开放是服务国家大数据战略的重大举措之一。2015 年《促进大数据发展行动纲要》提出要"稳步推动公共数据资源开放"。2017 年《关于推进公共信息资源开放的若干意见》明确要"着力推进重点领域公共信息资源开放，释放经济价值和社会效应"，要求通过公共数据开放，充分释放数据红利，推动政府治理体系改革。在上述国家战略指引下，2021 年《数据安全法》第 42 条专条明确推动公共数据开放利用；本条例同样就我市公共数据开放基本原则进行了详细规定。

需要说明的是，公共数据开放表面上是政府信息公开的"高级形态"，但在制度目的与制度框架上有着本质区别，这也导致了公共数据开放与政府信息公开在基本原则上的重大差异。简言之，政府信息公开更多具有限权督责的行政法功能面向，公共数据开放则更多旨在促进公共数据的深度开发与利用，

---

① 参见上海市公共数据开放平台网站，载 https://data.sh.gov.cn/，数据实时更新。

创新公共服务与社会运行方式，[①] 本质是公共信息资源配置的根本性变革。此外，就公开的形式和内容而言，公共数据开放一般应当具有结构化、可机读、维护良好、全面及时等特征，而一般意义上的政府信息公开则难有上述特征。无论是国际知名的《G8 开放数据宪章》、欧盟《开放数据和公共部门信息再利用的指令》、《数据法案（Data Act）》，还是国内的政策性文件，均强调公共数据开放的机器可读性、方便公众在线检索、获取和利用。因此，2019 年颁布实施的《上海市公共数据开放暂行办法》即确定了需求导向、安全可控、分级分类、统一标准、便捷高效五项公共数据开放的基本原则。"需求导向"要求公共数据的开放以满足社会的公共数据需求为目标，真正实现公共数据资源价值的充分实现，避免公共机构出于自身便利的"为开放而开放"的懒政式、形式化开放。"安全可控"是明确公共数据开放活动也应当满足数据安全合规要求，具备完善的网络安全、数据安全和个人信息保护的保障措施和机制。"分级分类"即确定了公共数据开放的范围和机制，针对公共数据开放活动建立相应的分级分类管理制度。"统一标准"旨在确立公共数据的开放活动的统一开放秩序，不同的业务领域和部门确定公共数据资源开放范围和方式，应采用一致的界定标准和规范形式。"便捷高效"是公共数据开放的便利性原则，在法定程度和技术条件允许的范围内，为社会公众提供更为便利化、现代化的公共数据资源供给服务。

2021 年 10 月，习近平总书记出席二十国集团领导人第十

---

① 宋烁：《政府数据开放是升级版的政府信息公开吗？——基于制度框架的比较》，载《环球法律评论》2021 年第 5 期。

六次峰会第一阶段会议并发表重要讲话时呼吁：共担数字时代的责任，营造开放、公平、公正、非歧视的数字发展环境。[1]相较于2019年《上海市公共数据开放暂行办法》，本条例进一步吸收了国际通行的数据开放"非歧视性"原则，并将"公平公开"作为公共数据开放的基本原则之一。究其原因，数据已经明确为继土地、劳动力、资本、技术四大生产要素之后的第五大生产要素。良好运作"数据要素市场"，其内在前提之一，即合理、公平、有效的数据配置方式。[2]若想"加快培育数据要素市场"，真正发挥公共数据开放的经济社会效益，公平合理的数据配置不可或缺，这也需要一定的法律制度加以保障。因此，条例吸纳了"公平公开"原则，与"需求导向、分级分类、安全可控、统一标准、便捷高效"并列作为本市公共数据开放的基本原则，并提出"推动公共数据面向社会开放，持续扩大公共数据开放范围"的美好愿景，推动实现更高层次的公共数据开放。

二、构建分级分类的公共数据开放机制

一直以来，公共数据开放流通利用与公共数据安全保障存在内生性冲突。条例一方面将"安全可控"作为公共数据开放原则之一，强调数据安全的基础性地位。另一方面，条例在总结本市公共数据开放实践经验的基础上，构建起分级分类的公共数据开放机制，旨在实现数据开发利用与数据安全的

---

[1] 《习近平在二十国集团领导人第十六次峰会第一阶段会议上的讲话》，载新华网：http://www.news.cn/2021-10/30/c_ 1128013842. htm。

[2] 参见李爱君：《数据要素市场培育法律制度构建》，载《法学杂志》2021年第9期。

有机统一。

本条例将公共数据开放区分为无条件开放、有条件开放和非开放三类。综合考量公共数据安全要求、个人信息保护要求和应用要求等因素，以公共数据安全风险、敏感程度、利用难度等为具体区分指标，大致划分了无条件开放、有条件开放和非开放类数据的具体范围。

其中，"非开放类"公共数据主要涉及他人在先合法权益，或法律法规禁制规范。公共数据开放作为公共产品供给，属于公权力的社会公共性服务，其实施以他人合法权益为优先。

"无条件开放类"采用了兜底式界定的方式，积极运用"法无限制即自由"的理念，较为有力地保证了公共数据开放范围。

"有条件开放类"属于公共数据开放中最为关键的类型。《深圳经济特区数据条例》第48条规定，"有条件开放的公共数据，是指按照特定方式向自然人、法人和非法人组织平等开放的公共数据"。表明了有条件开放公共数据资源，主要是基于这一类公共数据资源利用在客观条件和方式上，有着不同于政府信息公开的需求。智慧社会的关键特征之一，即基于大数据、人工智能等前沿技术进行信息感知、价值挖掘和辅助决策。进一步推动智慧城市建设进展、提升智慧社会治理水平，实现智能科技赋能新发展阶段国家、政府、社会的现代化，利用公共数字资源是其关键的技术性前提。本条例较为具体地明确了"对数据安全和处理能力要求较高、时效性较强或者需要持续获取的公共数据，列入有条件开放类"，即确定了有条件开放公共数据以智能化利用为其隐含的实践前提，有条件开放的公共数据旨在为相关技术性，而非传统信息性公共数据资源开放提供制度支撑。其中，"数据安全和处理能力"的要求，属于限制性标准，是从公共数据自身特性以及相应的数据合规要求出发的准入限制。利用数据需要具备一定的技术门槛，因此需要保证开放数据需求方具备相应的数据安全保障和实际利用数据的技术处理能力。"时效性和持续性"标准，则属于效率性标准，是从数据可用性角度出发设立的准入条件。有着较高可用性需求的公共数据开放，对公共数据资源供给方和使用方都提出了更高的数据治理能力要求。现实中并不是所有发出了数据开放请求的自然人、法人和非法人组织都具备相应的能力，同时高时效、可持续的公共数据开放也需要大量的公共资源提供技术保障。因此需要设定相应的准入机制，以明确相应技术支持方式和具体项目实施方案，保障开放公共数据的真实性、准确性和及时性等数据治理要求。结合本条第 3 款第 2 句，"对有条件开放类公共数据，自然人、法人和非法人组织可以通过市大数据资源平台提出数据开放请求，相关公共管理和服务机构应当按照规定处理"，即明确了对于有条件开放类的公共数据开放活动的具体实施程序，基于上海较为成熟的大数据资源平台提供的技术支撑，从而落实相关主体的有条件开放数据资源的需求。这一处理方式，既实现了与现有公共数据开放机制的有效衔接，也同时为公共数据资源的有效充分利用建立了相应保障机制，提升了公共数据开放实施中的公共资源利用效率。

该公共数据开放的类型划分，属于在国内具有相当共识性的公共数据开放治理架构，有助于在确保数据安全的前提下，尽可能将公共数据纳入开放范围，平衡数据安全与数据利用的紧张关系。例如，《深圳经济特区数据条例》第 48 条在"分类分级、需求导向、安全可控"开放原则指引下，将公共数据按照开放条件分为无条件开放、有条件开放和不予开放三类。《江苏省公共数据管理办法》第 29 条、《天津市促进大数据发展应用条例》第 22 条、《吉林省促进大数据发展应用条例》亦有类似规定。需要指出的是，这种开放类型划分并非静态不变的架构，本条第 3 款第 1 句，明确规定了相应动态调整的范围和方式。对于非开放类公共数据在进行脱密、脱敏处理或者经相关权利人同意，可纳入无条件开放或者有条件开放类进行开放，创新地提出了公共数据开放类型的动态调整方案。

在具体的配套措施上，作为国内公共数据开放的先行者，《上海市公共数据开放暂行办法》已经明确了公共数据开放清单制度、动态调整机制、开放申请流程、开放平台建设与监督保障等一系列制度，并基本落地。展望未来，上海市将以《上海市数据条例》为依托，强化组织协调、贯彻落实机制，进一步加速数据开放，助力数字经济发展。

参考资料

《数据安全法》第 41、42 条

《深圳经济特区数据条例》第 46、48 条

《浙江省数字经济促进条例》第 20 条

《江苏省公共数据管理办法》第 29、30 条

《河南省数字经济促进条例》第 23 条

《天津市促进大数据发展应用条例》第 21 条

《吉林省促进大数据发展应用条例》第 18、19 条

《辽宁省大数据发展应用促进条例（草案）》第 10 条

《重庆市大数据发展管理条例（草案）》第 17 条

（撰稿人：徐珉川）

第四十二条　【公共数据开放要求】

本市依托市大数据资源平台向社会开放公共数据。

市级责任部门、区人民政府以及其他公共管理和服务机构分别负责本系统、行业、本行政区域和本单位的公共数据开放，在公共数据目录范围内制定公共数据开放清单，明确数据的开放范围、开放类型、开放条件和更新频率等，并动态调整。

公共数据开放具体规则，由市经济信息化部门制定。

本条主旨

本条款旨在明确公共数据的开放要求，包括公共数据的开放平台、责任主体、开放清单、具体规则的制定授权等事项。

核心概念

公共数据开放清单：是指在特定领域允许国家机关、事业单位，经依法授权具有管理公共事务职能的组织，以及供水、供电、供气、公共交通等提供公共服务的组织将其控制的公共数据对社会予以开放的管理方式，并将开放项目以正面清单形式列明。在上海市政务服务"一网通办"建立贯穿数据全生命

周期的大数据共享交换平台，在对接国家大数据资源平台和公共数据资源目录的基础上，建成包括公共数据开放清单、数据需求清单、数据责任清单在内的公共数据"三清单"机制，全面推进公共数据开放共享。

条文详解

对于公共数据的开放要求，《上海市数据条例》出台之前的多部国家与上海市政策法规均有提及，如《国民经济和社会发展第十四个五年规划和2035年远景目标纲要》《数据安全法》，以及上海市委、市政府《关于全面推进上海城市数字化转型的意见》等。具体来看，公共数据开放的若干基本要求包括以下几个方面。

一、市大数据资源平台是上海市公共数据开放的唯一平台

2015年《促进大数据发展行动纲要》提出"统筹规划大数据基础设施建设。充分利用统一的国家电子政务网络，构建跨部门的政府数据统一共享交换平台"。政府及其部门掌握的公共数据占全社会数据总量的80%以上，但基本处于"沉睡"状态，其应有价值未能得到很好的挖掘利用。公共数据蕴含着巨大的经济与社会价值，其开放与共享对于促进政府自身转型、社会需求获取模式转型以及产业经济转型都具有重要意义。相较于西方发达国家开放政府的实践，我国尚未建立健全的公共数据开放与共享机制，不能满足公共管理与公共服务的现实需求。公共数据开放统一平台是顺利实施开放工作的阵地和桥梁，由统一的平台集中对社会开放公共数据，有利于促进数据整合的深度和广度、破除部门数据垄断、明确数据开放法

律责任、建立普适性数据适用标准，实现公共数据的全生命周期管理，解决治理主体碎片化、治理流程碎片化、治理标准碎片化等问题。因此，上海市构建统一规范、互联互通、安全可控的市大数据资源平台，作为唯一的公共数据开放平台。

对于构建公共数据开放的唯一平台问题，有观点质疑统一开放模式的合理性而倡导多分散开放模式，主张由控制公共数据的行业部门各自收集与开放与其业务相关的公共数据，各自主导业务场景和安全评估，有利于调动数据提供部门治理数据的积极性。我们认为，减少环节是优化营商环境、促进数据生产要素价值释放的最佳途径。

第一，实施统一开放模式，有利于打破行业数据壁垒，打通跨行业、跨领域的应用场景。特定应用场景所需的数据，往往是跨部门的，特别是当下新经济、新业态与新模式层出不穷，市场主体往往需要多个政府部门的数据。目前出于保密问题、权限问题甚至利益问题的考虑，各部门间协同水平较低，政府内部的数据共享机制仍未完全建立，当前的信息与数据政策亦不适应整合的数据环境。如果公共数据开放诉求必须逐项向不同政府部门提出，不但可能旷日持久，而且会牺牲数据的完整性。

第二，实施统一开放模式，有利于避免数据授权"部门化"和"权力化"，实现数据价值的最大化。根据行政规制领域的"捕获理论"，准入规则越严格，准入程序越烦琐，竞争者的进入就越发困难，从而强化了既有行业从业者的利益。另有"收费站理论"认为，设立许可的一个重要动机是使部门拥有拒绝的权力，并以此为筹码来获取对价。因而，必须防止数据授权"部门化"和"权力化",数据治理的最终驱动力应当来源于数据开发利用成效对行业管理工作的推动和促进,而不是其他的激励。

第三,实施统一开放模式,有利于提高数据开放与共享的效率。从技术角度来看,由于公共数据管理涉及不同系统,无论是公共管理与服务机构内部的数据共享,还是公共管理与服务机构与社会之间的数据开放,都需要建立一个数据共享和互相操作的框架,当前各部间的数据兼容性仍然欠佳,缺少统一的元数据标准,需要建立一个统一的政务大数据共享平台,对政务数据的收集和利用系统进行无缝整合,真正将不同部门的数据集合到一起,以提高数据的利用效率,实现从单一机构应用到跨部门协同再到社会参与公共治理的转变。

第四,实施统一开放模式,符合国内外的主流发展趋势。从国外发展趋势来看,统一开放模式成为全球发展主流。美国政府设立首席技术官,专司信息管理与开放工作,奥巴马政府还建立了统一的数据开放门户网站(Data. Gov),专用于开放政府所拥有的政务大数据;英国也设立了管数据开放工作的内阁顾问,成立专门的公共数据管理办公室,并推出英国政府的数据开放网站(Data. Gov. uk),且以后来居上之势开放了比美国更多的政务数据。

从国内发展趋势来看,各地都围绕着公共数据开放的集中开放模式建设问题展开积极探索。例如,2022 年 3 月 1 日生效的《浙江省公共数据条例》规定,统筹规划和建设以基础设施、数据资源、应用支撑、业务应用体系为主体,以政策制度、标准规范、组织保障、网络安全体系为支撑的一体化智能化公共数据平台，促进省域整体智治、高效协同。而且，公共数据主管部门应当依托公共数据平台建立统一的数据共享、开放通道。公共管理和服务机构应当通过统一的共享、开放通道共享、开放公共数据。又如，《贵州省大数据发展应用促进条例》规定，由"云上贵州"大数据平台汇集、存储、共享、开放全省公共数据及其他数据。各部门的公共机构信息系统应当向"云上贵州"迁移，公共数据应当汇集、存储在"云上贵州"并与其他公共机构共享。

2018年《上海市公共数据和一网通办管理办法》第13条也要求，行政机关应当依托市大数据资源平台和区大数据资源分平台，实现公共数据整合、共享、开放等环节的统一管理，原则上不得新建跨部门、跨层级的数据资源平台。区大数据资源分平台应当与市大数据资源平台对接，接受公共数据资源的统一管理。2019年《上海市公共数据开放暂行办法》第17条第2款又进一步明确了统一开放模式的法律责任，即数据开放主体应当通过开放平台开放公共数据，原则上不再新建独立的开放渠道。已经建成的开放渠道，应当按照有关规定进行整合、归并，将其纳入开放平台。

在数据驱动理念下，大数据资源平台日益成为新型智慧城市的组成平台，源于政务共享交换的大数据资源平台内涵正不断延展。[1] 一方面，大数据资源平台的数据资源正不断丰富。智慧城市数据来源逐步从政务信息资源扩展到城市运行感知数据、互联网数据、企业数据等，实现从封闭自用的政务信息资

---

[1] 郑磊、吕文增：《地方政府开放数据的评估价与发现》，载《图书情报工作》2018年第6期。

源到多方共建共享共用的城市大数据跨越。① 另一方面，大数据资源平台的功能也在不断扩展。从发展趋势来看，大数据中心正在全面提升多源异构数据采集、处理、开发、分析、展现、治理等能力，实现城市数据从共享交换、开放开发升级到对城市大数据全生命周期的治理。

二、公共数据开放责任主体

市级责任部门、区人民政府以及其他公共管理和服务机构按照各自的职责分工，分工负责，协调配合，共同做好本系统、行业、本行政区域和本单位公共数据的开放管理工作。《上海市公共数据和一网通办管理办法》第 16 条规定："市政府办公厅应当根据各部门的法定职责，明确相应的市级责任部门，由其承担下列工作：（一）编制本系统公共数据资源目录；（二）制定本系统公共数据采集规范；（三）对本系统公共数据进行校核更新；（四）汇聚形成本系统数据资源池。"《上海市公共数据开放分级分类指南（试行）》进一步明确了区人民政府以及其他公共管理和服务机构的公共数据开放职责，要求区政务办统筹规划、协调推进、指导监督本区公共数据开放工作，指导全区各单位开展公共数据开放清单编制以及相关开放数据的归集、整合、开放、应用。同时，"各职能部门负责本单位数据开放清单的编制和维护；按照市级相关责任部门的规范要求，实施公共数据采集工作，并确保数据采集的准确性、完整性、时效性；负责将本单位在履职过程中产生的公共数据向区大数据资源平台归集，实现公共数据资源的集中存储，并

---

① 何渊：《政府数据开放的整体法律框架》，载《行政法学研究》2017 年第 6 期。

承担相应公共数据质量责任，确保数据适时、真实、准确、完整；依据相关规定，按需共享本单位公共数据。"

三、数据主管部门会同数据开放主体建立公共数据开放清单机制

数据清单开放机制具有重要的实践意义。其一，简化公共数据开放程序，增强公共数据开放的透明度，提高公共数据开放与利用效率；① 其二，统一不同部门之间公共数据开放尺度与标准，增强公共数据开放的确定性、稳定性，建构更加成熟、科学、规范的公共数据开放体系。《促进大数据发展行动纲要》指出，推动建立政府部门和事业单位等公共机构数据资源清单，按照增量先行的方式，加强对政府部门数据的国家统筹管理。各级公共管理服务机构应当在公共数据资源目录范围内制定本单位的数据开放清单，列明可以向社会开放的公共数据。

各地对公共数据开放清单机制多有探索。② 一方面，上海市、浙江省等建立正面清单模式，如《上海市公共数据开放暂行办法》第 12 条规定，数据开放主体应当按照年度开放重点和公共数据分级分类规则，在本市公共数据资源目录范围内，制定公共数据开放清单，列明可以向社会开放的公共数据。通过共享等手段获取的公共数据，不纳入本单位的公共数据开放清单。公共数据开放清单应当标注数据领域、数据摘要、数据项和数据格式等信息，明确数据的开放类型、开放条件和更新

---

① 宋华琳：《中国政府数据开放法制的发展与建构》，载《行政法学研究》2018 年第 2 期。

② 梁玥：《政府数据开放与公共数据治理的法律机制》，载《江汉论坛》2021 年第 8 期。

频率等。① 市经济信息化部门应当会同数据开放主体建立开放清单审查机制。经审查后，公共数据开放清单应当通过开放平台予以公布。另一方面，贵州省等还采取了负面清单模式，如《贵州省大数据发展应用促进条例》第 27 条第 1 款规定："实行公共数据开放负面清单制度。除法律法规另有规定外，公共数据应当向社会开放；依法不能向社会开放的公共数据，目录应当向社会公布。"

建立公共数据开放清单机制是本条款对《上海市公共数据开放暂行办法》第 12 条第 3 款的延伸适用。不过，本条例关于开放清单的规定与《上海市公共数据开放暂行办法》第 12 条开放清单的规定侧重点并不完全相同。本次数据条例的规定更原则化，《上海市公共数据开放暂行办法》的规定更具体。另外，《上海市公共数据开放暂行办法》关于"市经济信息化部门会同数据开放主体建立开放清单审查机制"在数据条例中没有被再次提及。

四、公共数据开放动态调整机制

公共数据开放清单制度的最终目标是扩大数据开放范围，实现数据作为生产要素的开发与利用。在现实中，一些部门政府虽然具备了开放数据的意识，但也难以了解民众对数据开放内容的真实选择偏好；加之某些部门受利益驱使，在数据开放过程中只公布一些无关痛痒的数据，甚至是通过设立门槛、附加条款等其他方式手段，变相抑制公民对政府信息公开、公共数据开放的需求。因此，需要在公共数据开放的实践过程中，通过动态调整机制不断改善公共数据内容和结构的开放度、清

---

① 陈尚龙：《大数据时代政府数据开放的立法研究》，载《地方立法研究》2019年第 2 期。

晰度、透明度，消除公共数据开放中的隐性壁垒。

五、公共数据开放的具体授权规则

上海市公共数据开放工作遵循"需求导向、安全可控、分级分类、统一标准、便捷高效"的原则，明确管理职权分工。在市级层面上，市经济信息化部门负责指导协调、统筹推进公共数据开放、利用和相关产业发展；市大数据中心负责本市公共数据开放平台的建设、运行和维护。依据上述职权配置规定，经济信息化部门应当对公共数据开放的具体规则作出细化规定。具体包括：一是结合社会集中需求、本市重点工作，解决痛点难点问题等方面因素，确立特定阶段的公共数据开放重点领域。二是落实完善分级分类开放，形成数据开放清单、完善开放数据与信息化项目预算审核挂钩制度、全面落实有条件开放机制、完善分级分类开放机制、建立健全数据质量保障机制。三是鼓励政企数据融合，打造标杆示范应用，如组织重点领域公共数据开放应用建设；开展公共数据开放应用试点项目；推进行业数据价值挖掘；营造开放应用创新氛围；试点建立示范基地。

参考资料

《数据安全法》第 42 条

《深圳特区数据条例》第 45、50 条

《浙江省公共数据条例》第 27 条

《贵州省大数据发展应用促进条例》第 26、27 条

《上海市公共数据和一网通办管理办法》第 13、16 条

《上海市公共数据开放暂行办法》第 12、17 条

《上海市公共数据开放分级分类指南（试行）》

《国民经济和社会发展第十四个五年规划和 2035 年远景目标纲要》

《促进大数据发展行动纲要》

《上海市全面推进城市数字化转型"十四五"规划》

《关于全面推进上海城市数字化转型的意见》

（撰稿人：吴亮）

第四十三条　【鼓励公共数据开放应用】

本市制定相关政策，组织开展公共数据开放和开发利用的创新试点，鼓励自然人、法人和非法人组织对公共数据进行深度加工和增值使用。

本条主旨

本条款是有关开展创新试点与激励管理的规定，明确了组织开展公共数据开放和开发利用的创新试点，以及对公共数据加工与增值引用的激励机制。

条文详解

公共数据开放以及后续的加工利用管理是一项开拓性的工作。目前，社会各界对公共数据开放和管理还没有形成足够的重视，数据质量低下、数据孤岛效应普遍存在、数据安全管理不到位、数据共享开放不畅通等问题，均在一定程度上阻碍了数字化转型的发展。因此，需要通过有关开展创新试点与激励管理的规定，鼓励社会各界重视公共数据开发工作，为实现数据生产要素价值的顺利释放奠定良好的社会基础。

一、积极组织开展公共数据开放和开发利用的创新试点

世界各国都把公共数据开放作为一个重大基础发展战略，希望通过分享数据来促进创新研发和社会治理，促进民主监督治理，增进社会公共利益。2009 年，美国奥巴马政府签署《透明与开放政府备忘录》，推出世界上首个国家级开放政府数据平台（http：//data. gov）。从 2012 年起，政府数据开放（Open Government Data）逐渐成为国际法治潮流。[①] 2019 年，作为全球数据开放立法的里程碑的美国《开放政府数据法案》和欧盟《开放数据指令》先后生效，前者正式确立了统一的政府数据开放平台（http：//data. gov），并要求联邦机构将其信息作为开放数据，以标准化的、机器可读的形式在线发布；后者要求在统一的平台上开放政府数据和受政府资助的科研数据，并探索通过 API 接口开放共享实时数据。此外，G2G、G2B 数据共享也被提上日程，因为在政府部门之间共享数据，能够支撑智能高效的政府服务，企业和研究机构也可以基于政府数据进行创新。例如根据澳大利亚的思路，除不能披露的政府数据（以负面清单的形式存在）以外，其他政府数据应广泛共享，而且为特定目的（如公共利益目的）而进行的数据共享，不需要获得个人的同意，而是以数据管理者、使用者的保护义务代替数据主体的许可。[②]

---

① 参见艾拓德、科兰迪、斯科瑞：《关于政府开放数据动机的系统性分析》。Attard J, Orlandi F, Scerri S, et al. *A Systematic Review of Open Government Data Initiatives*. Government Information Quarterly, 2015, 32（4）：399-418.

② 参见萨法罗夫、梅耶尔、格里姆梅利基杰森：《开放政府数据的利用：对类型、条件、效果和用户的系统文献综述》。Safarov I, Meijer A, Grimmelikhuijsen S. *Utilization of open government data：a systematic literature review of types, conditions, effects and users*. Information Polity, 2017, 22（1）：1-24.

相较知情同意模式，此种模式更能适应数字时代数据收集、使用活动的无时无刻、无处不在等特征。① 截至 2021 年，已有 70 多个国家加入"开放政府合作伙伴"（Open Government Partnership，OGP）联盟，共同支持政府信息揭露、数据公开与数据再利用的理念。由此可见，推动公共数据与非公共数据融合、数据产业协同发展，提升政府治理能力和公共服务水平，推动数字经济发展，成为全球各国公共数据开放法治工作的重要目标。

公共数据资源越来越成为上海链接服务国内大循环和国内国际双循环的引领型、功能型、关键型要素，其可获取性和流动性已成为构筑区域竞争力的重要基石。加快公共数据资源对社会机构和个人开放，鼓励社会公众开发利用公共数据资源，对于促进经济社会发展、激发创业创新具有重要作用。2020 年上海市委、市政府《关于全面推进上海城市数字化转型的意见》提出"坚持全方位赋能，构建数据驱动的数字城市基本框架"的要求，2021 年《中共中央、国务院关于支持浦东新区高水平改革开放打造社会主义现代化建设引领区的意见》要求上海在临港新片区跨境数据交易、数据产权保护与利用创新等方面先行先试。

2017 年，中央网信办、发展改革委、工业和信息化部联合印发《公共信息资源开放试点工作方案》，确定在北京、上海、浙江、福建、贵州开展公共信息资源开放试点，要求针对当前

---

① 参见罗斯、奈杨森：《跨公共部门开放数据面临的法律和体制挑战：实现共同的政策解决方案》。Rosnay D M, Janssen K. *Legal and institutional challenges for opening data across public sectors；towards common policy solutions*. Journal of Theoretical and Applied Electronic Commerce Research, 2014, 9（3）：1-14.

开放工作中平台缺乏统一、数据缺乏应用、管理缺乏规范、安全缺乏保障等主要难点，在建立统一开放平台、明确开放范围、提高数据质量、促进数据利用、建立完善制度规范和加强安全保障六大方面开展试点，探索形成可复制的经验，逐步在全国加以推广。上海市为了做好公共数据开放创新试点工作，以"需求导向、安全可控、分级分类、统一标准、便捷高效"为基本原则，落实完善分级分类、清单管理、专家议事等机制，全面提升开放数据治理能力和服务水平。仅在 2020 年，上海市累计开放公共数据 5000 项，重点在防疫复工、卫生健康、交通出行、文化教育、信用服务、普惠金融、商业服务等领域深入推进，主动组织，多措并举，打造一批经济价值较高、社会价值显著的政企数据融合示范应用项目，释放公共数据价值，助力数字经济发展，服务"一网通办""一网统管"等重大项目和上海"五个中心"建设。①

二、建立健全公共数据深度加工与增值引用的激励机制

对公共数据相关产业的培育与激励体现了一种以促进发展和提升竞争力为取向的国家战略，此种战略思维广泛地渗透到我国的法秩序之中，是阐释许多法律规范所不可忽视的价值导向。当代行政任务不仅包括传统警察行政或秩序行政的危害防止，还包括社会、经济和文化领域的各种预防、保障、给付及促进之任务。② 行政形态的丰富发展，使行政法可以兼容实施

---

① 复旦大学国家信息中心数字中国研究院：《中国地方政府数据开放报告（2020 上半年）》，载 http：//ifopendata. fudan. edu. cn/report。

② ［德］施密特·阿斯曼：《秩序理念下的行政法体系建构》，林明锵等译，北京大学出版社 2012 年版，第 155—161 页。

国家战略及预防各种风险的需求。其中，引导行政或调控行政不与其他各种行政形态明确切割，致力于通过计划、资助等手段引导和促进社会、经济、文化等各个领域的发展，既促进生活条件的改善和个人福利的保障，也发挥传统秩序行政中危险预防之作用。[①]

第一，要建立针对供给侧——作为公共数据控制者之行政部门的激励制度，以增加高质量公共数据资源的供给。尽管实现公共利益最大化是政府公共服务的核心目标之一，但这一目标在真实世界中无法形成对行政部门行动的全部激励。面向行政部门的激励，除了要满足行政人员的公共服务动机之外，还必须补偿人员与部门在公共服务活动中的成本支出，并遵循马斯洛需求层次理论，适当满足行政人员个体或群体的多层次需求。为有效激励基层更好地开展数据开放工作，构建适宜的激励制度是非常必要的。适用于公共数据开放的激励制度，还要有别于行政组织内部基于科层层级权威的传统动员机制。公共数据开放事务是长期而又充满不确定性的一项公共事业，被开放的公共数据能够激发社会主体进行何种创新，几乎不具备可预期性。因此，科层内部的压力机制能够推动基层部门完成数据开放平台的建设，却难以激励基层部门持续高质量的、切实响应社会需求的公共数据资源开放运营。

第二，要建立针对需求侧——作为公共数据需求者之社会主体的激励制度。让更具信息优势的需求侧主体（公共数据开发使用者）向供给侧主体（基层行政部门）提供真实有效的激

---

① 王天华：《行政法上的不确定法律概念》，载《中国法学》2016 年第 3 期。

励。需求侧主体应承担"披露公共数据资源开发利用目的"的义务。当公共数据资源的开发利用目的是参与公共产品生产或科学研究活动时，行政部门可参照国家科研经费管理办法，重点对公共产品的生产供给情况及科研成果的产出情况进行考察，使公共数据资源的开发利用结果成为能够提供激励作用的"政府工作成绩"。当公共数据资源被用于营利性产品的生产与开发时，政府应遵循公共资源配置的"特别受益负担"原则，要求公共数据资源的特别受益人支付一定费用，用于补贴政府数据开放的财政支出。[1] 这套新的激励制度将增进激励信号向数据开放执行部门的传递，促进基层部门更主动、更积极、更保质保量地开放公共数据资源。[2]

对照 2021 年 11 月《上海市数据条例（草案）》（征求意见稿），本条款属于新增条款。

参考资料

《浙江省公共数据条例》第 36 条

《广东省数字经济促进条例》第 62 条

《中共中央、国务院关于支持浦东新区高水平改革开放打造社会主义现代化建设引领区的意见》

《关于全面推进上海城市数字化转型的意见》

《公共信息资源开放试点工作方案》

---

[1] 李海敏：《我国政府数据的法律属性与开放之道》，载《行政法学研究》2020 年第 6 期。

[2] 胡亚飞：《定位与激励：政府数据开放的两个现实议题》，载《中国社会科学报》2019 年 4 月 3 日，第 7 版。

《美国透明与开放政府备忘录》（*Memorandum on Transparency and Open Government*）

《美国开放政府数据法案》（*Open Government Data Act*）

《欧盟开放数据指令》（*Open Data Directive*）

（撰稿人：吴亮）

第三节　公共数据授权运营

第四十四条　【公共数据授权运营机制】

本市建立公共数据授权运营机制，提高公共数据社会化开发利用水平。

市政府办公厅应当组织制定公共数据授权运营管理办法，明确授权主体，授权条件、程序、数据范围，运营平台的服务和使用机制，运营行为规范，以及运营评价和退出情形等内容。市大数据中心应当根据公共数据授权运营管理办法对被授权运营主体实施日常监督管理。

本条主旨

本条款是有关公共数据授权运营机制的规定，明确了公共数据授权运营的管理主体与职责分配。

核心概念

公共数据授权运营：是一种以商业利用为导向的政府数据

利用新形态，其有别于以公共服务为导向的公共数据开放。授权运营意指政府将数据利用权交予社会以满足商业创新和公共服务需求，保留数据收益权以促进数据资产的保值增值，同时通过授权许可制保护被授权主体的数据利用权益以及公共利益。

条文详解

公共数据授权运营是促进数字化转型与盘活数据资产的关键举措，承载着政府、市场与社会的强烈期盼。授权运营公共数据不是政府采购数据服务，而是将公共数据授权给市场主体处理，由市场主体产出数据产品和服务——这是重大的制度创新。在国外，《欧盟公共部门数据定价研究报告》（POPSIS）深入讨论了利润最大化、成本回收、促进再利用成本回收、边际成本等方面的数据价值实现机制，容许成员国采取数据授权运营方式，不断推动政府数据开放及其治理向深度发展。[1] 在国内，政府履行职责时创造或者处理的政府数据约占数据总量的 80%，将基于这些可信度、精确性占优的数据及衍生的数据产品或服务授权给市场主体运营，成为探索数据要素市场化配置的重要路径。[2]《国民经济和社会发展第十四个五年规划和2035 年远景目标纲要》首次提出要"开展政府数据授权运营试

---

[1] 参见耶策克、阿维塔尔、比约恩·安徒生：《政府开放数据的价值：一个战略分析框架》。Jetzek, T., M. Avital and N. Bjorn-Andersen. *The Value of Open Government Data: A Strategic Analysis Framework*. Presenting at2012 Pre-ICIS Workshop, Orlando, Florida, USA, Dec. 15, 2012.

[2] 宋华琳：《中国政府数据开放法制的发展与建构》，载《行政法学研究》2018年第 2 期。

点，鼓励第三方深化对公共数据的挖掘利用"。公共数据开放从部门内部共享迈向社会外部授权的新阶段，数据的经济与社会价值进一步得到释放。截至 2021 年 12 月，全国已有十多个省市出台政府数据授权运营管理立法或政策，大多数省市都开展了政府数据资产登记服务，成立有 40 多个不同级别的政府数据运营平台、上千家政府数据资产运营企业，呈现出供不应求、蓬勃发展的态势。[①]

一、公共数据授权运营的特征

第一，作为授权运营对象的政府数据具有权属分层的特征。数据确权机制是公共数据授权运营与流通交易的基础，公共数据虽然由政府部门占有，但是其财产权益却并不简单归属于实际占有者。公共数据包括以下两种：第一种是政府汇聚的数据，即政府通过行政执法、产业统计、企业监管等履行法定职责方式获取的，由自然人、法人或非法人组织生产或形成的主题性数据。其中，有部分数据是属于国家秘密的统计资料、企业商业秘密、第三方知识产权、公民个人信息，自然人、法人或非法人组织享有的在先人格权益或财产权益。这部分政府数据在授权运营方面受到严格限制，应遵守授权约定和法律规范，不宜仅仅由于数据资产价值而强制相关主体同意开放。第二种是政府创造的数据，意指履行公共管理和服务职能的政府部门、企事业单位直接生产或者形成的描述性、管理性、使用性政府数据，如金融监管、人口普查、地理规划等数据。这部分数据属于利用公共财政资金开发、属于全民共有的国有资

---

① 孟天广、张小劲：《中国数字政府发展研究报告（2021）》，经济科学出版社 2020 年版，第 30—36 页。

产，除了用于公共服务目的之外，还可以由政府作为公物管理主体进行许可使用，实现国有资产的保值增值目的。①

第二，授权运营的目的是通过政府数据的商业利用实现公、私利益的共同增值，致力于发挥政府数据作为公共基础设施的经济与社会价值。授权运营是"开放、协作、创新"开放政府三大理念中"协作理念"的延伸，向社会释出政府数据，创造全新商业模式和额外经济价值，增进数据开放与民间应用链之间的联系，同时通过公私数据结合提高公共服务质量。②自然人、法人或非法人组织为了追求私人利益对政府数据的商业利用，如同享受公立教育、公共医疗等公共基础设施一般，应当分担和支付设施维护、更新和保障数据安全的服务成本，以收取费用为原则，以公益减免为例外。

第三，通过政府特许经营、国有资产使用合同等方式实现对政府数据的利用。政府数据授权运营创设出具有高度个别性、属人性的公物利用关系，一般适用政府特许经营、国有资产使用合同等方式，授权自然人、法人或非法人组织从事政府数据资源配置、开发和利用等行为。

第四，市场化运营模式的多元化发展。公共数据产业链应用具有较强的社会需求，发展市场化运营模式也得到政策支持。譬如，《国家发改委关于加快实施信息惠民工程的通知》要求"将政务信息资源作为社会公共资源和公共创新资料，促

---

① 余志兰、彭歆北：《建立政府数据资产登记制度 促进政府数据资源交易流通》，载《通信企业管理》2017 年第 5 期。
② 胡凌：《论地方立法中公共数据开放的法律性质》，载《地方立法研究》2019年第 3 期。

进政府开放透明和政民互动等方面的内容"。《浙江省数字经济发展"十四五"规划》强调："探索建立分行业、分场景的可控数据开放机制，开展政府数据授权运营试点，建立数据开放实验室，组织数据开放创新应用大赛，鼓励第三方深化对公共数据的挖掘利用。"《上海市促进城市数字化转型的若干政策措施》提出要"探索公共数据授权运营制度，允许医疗、交通、金融等特定领域公共数据授权特定机构进行开发利用"。山东省《济南——青岛人工智能创新应用先导区融合发展实施方案》提出建设以健康医疗大数据为核心资产的政府数据运营平台，实现政府数据授权运营、健康病例和诊断报告互联互通。

二、公共数据授权运营的管理主体及其管理职责

本条款规定了公共数据授权运营的管理主体及其管理职责，本条第2款明确规定：市政府办公厅应当组织制定公共数据授权运营管理办法，明确授权主体，授权条件、程序、数据范围，运营平台的服务和使用机制，运营行为规范，以及运营评价和退出情形等内容。市大数据中心应当根据公共数据授权运营管理办法对被授权运营主体实施日常监督管理。由此可见，市政府办公厅是上海市范围内公共数据授权运营的主管部门，市政府办公厅下属的事业单位——市大数据中心对被授权运营主体实施日常监督管理。这既是国家法律政策的要求，也是符合实际管理的需求。

从法理层面而言，政府数据授权运营体现出将政府数据视为特别用物，通过授权许可方式提供给私人有偿利用的思维取向。在大陆法系，特别用物是与公共用物、行政用物并列的一种公物概念，它是具有资产价值，以不完全且间接的方式满足公共使用目的。① 换言之，特别用物并不是任何社会公众均可利用的公物，而是有限度地特许或者许可特定私人，由其依据行政合同的约定方式进行使用，如投资营利事业的国有股权、存于境外的国家外汇储备等，私人依据约定对特别用物享有不受侵犯的排他性财产权益。公共数据资源归属于国有资产范畴，很多地方性立法均承认公共数据具有财产权属性，并且规定公共数据的所有权属于"国家所有"或者"地方政府所有"。在国外，澳大利亚在其《开放政府宣言》《公共服务大数据策略》等文件中提出政府数据属于国有资产，政府拥有数据的目标是实现公共政策与维护公共利益。政府是政府数据的支配者与管理者，承担确保数据质量与公民自由使用，积极促进最广泛民众的利用目的之实现义务。公共数据授权运营不得妨碍他人共同使用的权限，应当依据社会公平的要求，确保全体公民的自由且平等使用，不得仅允许少数人的垄断使用。②

　　基于上述解读，公共数据授权运营创设出具有高度个别性、属人性的公物利用关系，一般适用政府特许经营、国有资产使用合同等方式，授权自然人、法人或非法人组织从事政府数据资源配置、开发和利用等行为。首先对于能源、交通运输、水利、环境保护、市政工程等基础设施和公用事业领域的政府数据资源，政府可以通过特许经营方式赋予自然人、法人或非法人组织对数据资源进行开发配置、准入特定数据交易市场的权利能力、行为能力。但是，这种方式具有数量上的控

① 李昌庚：《国家公产使用研究》，载《政法论丛》2014年第2期。
② 陈尚龙：《论政府数据开放的理论基础》，载《理论与改革》2016年第6期。

制。其次对于教育、医疗卫生、电信等其他领域的政府数据，自然人、法人或非法人组织在不妨碍政府数据公共服务的前提下，通过国有资产使用合同在约定范围内实现对政府数据的利用。

公共数据的限制利用是将公共数据作为公物加以行政许可的核心。具体内容包括：一是禁止未经行政许可的一般利用，未经行政许可的数据利用行为应受处罚与责令改正。二是授权使用的有偿收费。由于政府数据授权运营被视为债权债务关系，收取费用是数据利用权的前提条件，因此大多数授权运营服务规定都有关于向数据利用者收取平台服务费、数据使用成本费等条款。

从政策法规层面而言，国务院《促进大数据发展纲要》要求建立大数据发展和应用统筹协调机制，推动形成职责明晰、协调推进的工作格局。自十八大以来，地方政府设立大数据管理局/中心是机构与行政体制改革一个值得关注的新动向。作为新一轮政府机构改革的亮点，大数据管理局/中心的设立蕴含着我国公共数据管理从单一化的行业管理迈向整体化的功能管理，并通过职责定位、权力运行、工作机制等加以实施。其基本逻辑起点是公共数据业务的统筹治理数据效用价值的全面实现，核心在于建立数据管理组织体系与数据治理的逻辑衔接和方法进路。与条块分割的政府数据管理层级节制体系相比，大数据管理局/中心模式强化了数据管理职责的综合性，将分散于发展与改革委员会、经济和信息化委员会等多个部门的数据管理权限进行优化归并、汇聚整合，并赋予相应的行政级别、权力和资源，形成了统一的数据宏观领导、决策、执行、监督等权力运行框架。

上海市采取"上海市政府办公厅—大数据中心"大数据管理模式。其中，上海市政府办公厅属于协助上海市政府领导同志处理日常工作、履行职责的行政机构，承担大数据发展与应用的以下法定职责：明确授权主体，授权条件、程序、数据范围，运营平台的服务和使用机制，运营行为规范，以及运营评价和退出情形等内容。另外，上海市大数据中心则是隶属于上海市政府办公厅的专门性数据治理组织，负责确定政府数据治理的理念、战略、行动方案，解决数据采集、交易、开放的格式、标准、技术等数据管理问题，拓展数据驱动型管理与服务在交通、城市综合治理等领域的应用，负责公共数据平台等政府数据基础设施的运营维护，开展数字产业规划、指导以及数据安全、隐私保护、电子政务等相关问题。

2021年9月公布的《上海市数据条例（草案）》（征求意见稿）第41条规定：本市建立公共数据授权运营机制。市政府办公厅采用竞争方式确定被授权运营主体，授权其在一定期限和范围内以市场化方式运营公共数据，提供数据产品、数据服务并获得收益。授权运营应当签订授权协议，约定相关权利义务。市政府办公厅应当组织制定公共数据授权运营管理办法，明确授权标准、条件和具体程序要求，建立授权运营评价和退出机制。市大数据中心应当根据公共数据授权运营管理办法实施日常监督管理。授权运营的数据包含个人信息的，处理该数据应当符合法律、行政法规和本条例第17条的规定。数据包含的信息经匿名化处理后不构成个人信息的除外。与《上海市数据条例（草案）》（征求意见稿）相比，本条款进行了简化：一是删除有关授权运营的具体流程，包括"市政府办公厅采用竞争方式确定被授权运营主体，授权其在一定期限和范围内以市场化方式运营公共数据，提供数据产品、数据服务并获得收益。授权运营应当签订授权协议，约定相关权利义务"。二是删去个人信息保护的内容，并转而在第45条对公共数据授权运营过程中的数据安全、个人信息保护等问题做细化规定。

参考资料

《浙江省公共数据条例》第35条

《国民经济和社会发展第十四个五年规划和2035年远景目标纲要》

《关于加快实施信息惠民工程的通知》

《浙江省数字经济发展"十四五"规划》

《上海市促进城市数字化转型的若干政策措施》

《济南——青岛人工智能创新应用先导区融合发展实施方案》

澳大利亚《开放政府宣言》

澳大利亚《公共服务大数据策略》

（撰稿人：吴亮）

第四十五条　【运营安全】

被授权运营主体应当在授权范围内，依托统一规划的公共数据运营平台提供的安全可信环境，实施数据开发利用，并提供数据产品和服务。

市政府办公厅应当会同市网信等相关部门和数据专家委员会，对被授权运营主体规划的应用场景进行合规性和安全风险等评估。

授权运营的数据涉及个人隐私、个人信息、商业秘密、保密商务信息的，处理该数据应当符合相关法律、法规的规定。

市政府办公厅、市大数据中心、被授权运营主体等部门和单位，应当依法履行数据安全保护义务。

本条主旨

本条款是有关公共数据开发利用规范的规定，明确了公共数据开发许可授权；公共数据授权运营的合规性、安全性要求及其评估程序；数据安全保护责任分配等。

条文详解

在大数据时代，数字化转型（digital transformation）不再局限于产业价值链的数字化升级，而是扩展到经济与社会的跨界融合与整体转型，强调在数字经济、数字社会、数字政府等三大面向推动深层次的国家发展转型。[①] 公共数据授权运营作为数字化转型机制的重要一环，为自然人、法人或非法人组织提供具有产业应用高附加值的政府数据，拓展数据要素赋能商

---

① 参见耶策克、阿维塔尔、比约恩·安徒生：《政府开放数据的价值：一个战略分析框架》。Jetzek, T., M. Avital and N. Bjorn-Andersen. *The Value of Open Government Data: A Strategic Analysis Framework*. Presenting at 2012 Pre-ICIS Workshop, Orlando, Florida, USA, Dec. 15, 2012.

业发展与社会治理的空间，促进形成数据资源整合、公私协作开发的包容性生态。同时，构建治理规则与机制防治数据无序流通、信息裸奔等违法风险，确保开放数据的正确性、可信性、标准性，加强数据处理过程的公平性、规范性、包容性。本条款作为有关公共数据开发利用规范的规定，具体明确了以下几个方面的内容：

一、公共数据开发许可授权的法定要求

公共数据开放与授权运营在形式上需要完善的使用协议，如果不能通过技术手段和商业模式进行约束，至少可以通过合同方式明确开发者的权利义务。目前，各国政府越来越依赖许可协议的规制作用，将其视为评估政府数据开放程度的重要指标。而我国的政府数据开放平台极少配有授权许可协议，这是我国政府数据开放与授权运营制度设计的缺陷，有必要进行研究。有学者提出我国政府数据开放许可协议（Chinese License for Open Government Data，CLOD），该协议主要用于实现开放数据平台的增强能力，对公共数据的流向与使用进行进一步追踪和管理。[1] 协议中政府部门的责任包括：全面开放、保障数据质量，促进利用、释放数据价值，风险管理、保护数据安全。[2] 政府部门的权力包括：数据控制权、管理权，数据收益权，数据利用知情权，数据豁免开放权，免责权。用户的主要权利包括：数据开放请求权，合法利用数据，获取收益。主

---

[1] 范佳佳：《中国政府数据开放许可协议（CLOD）研究》，载《中国行政管理》2019 年第 1 期。

[2] 郑磊：《开放不等于公开、共享和交易：政府数据开放与相近概念的界定与辨析》，载《南京社会科学》2018 年第 9 期。

要责任包括：保护数据安全，不滥用数据。

公共数据开发许可授权的法定要求具体包括：一是许可授权方式的多元化。按照特许原则，政府向少数技术能力及合规水平符合要求的企业开放公共数据，签订行政合同，由其根据市场需求进行加工，从而形成质效更高的公共数据开放与利用局面，如对于能源、交通运输、水利、环境保护、市政工程等基础设施和公用事业领域的公共数据资源适用特许经营方式。《基础设施和公用事业特许经营管理办法》第3条规定："基础设施和公用事业特许经营，是指政府采用竞争方式依法授权中华人民共和国境内外的法人或者其他组织，通过协议明确权利义务和风险分担，约定其在一定期限和范围内投资建设运营基础设施和公用事业并获得收益，提供公共产品或者公共服务"。其第2条规定："中华人民共和国境内的能源、交通运输、水利、环境保护、市政工程等基础设施和公用事业领域的特许经营活动，适用本办法。"《市政公用事业特许经营管理办法》第2条规定："市政公用事业特许经营，是指政府按照有关法律、法规规定，通过市场竞争机制选择市政公用事业投资者或者经营者，明确其在一定期限和范围内经营某项市政公用事业产品或者提供某项服务的制度。城市供水、供气、供热、公共交通、污水处理、垃圾处理等行业，依法实施特许经营的，适用本办法"。由此可见，允许特许经营的领域，主要限于能源、交通运输、水利、环境保护、市政公用事业与工程等基础设施和公用事业领域。又如，对于教育、医疗卫生、电信等其他领域的公共数据适用国有资产使用合同方式。对于上述允许特许经营领域以外的其他领域，如教育、医疗卫生、电信等涉及公共利益的领域，其公共数据授权运营只能适用特许经营之外的国有资产使用合同方式。

二是依托统一规划的公共数据运营平台提供的安全可信环境。安全可信的环境具体包括：体系结构可信、操作行为可信、资源配置可信、数据存储可信、策略管理可信。

三是实施数据开发利用，并提供数据产品和服务。在公共数据授权运营的过程中，政府收取一定的服务费用，提供加工服务的企业向市场收取一定的商业费用，在法律上并不存在障碍。根据目前全球对公共数据开放与授权服务具有朝向低收费促进再利用的趋势，因此建议将元公共数据（表现为原始、完整、非编纂的数据集形式）分为"无偿开放"与"有偿提供"两部分。首先，如果依据法律、法规规定属于应当公开的元公共数据，则不需要另行收费。其次，参考联合国的"二元授权模型"，个人使用等非商业利用活动是以"无偿开放"或者降低收费作为原则。尽管免费授权原则无法获得销售元公共数据的直接收益，但是其间接经济收益却相当可观，有利于产业创新、就业增长和税收促进。最后，商业利用活动应当遵守"有偿提供"原则。这是因为，元公共数据基本上是由纳税人缴纳的税收来支付其生产，不宜容许私人机构以公众融资的数据作为基础创造和独占加值服务的利润。① 具体而言，收费应当确立多元的定价方式：一是以弥补预算不足作为计价标准，二是按照数据开放成本作为计价标准，包括数据格式制作、传输、

---

① 参见联合国《2014年全球电子政务调查报告》，载联合国经济和社会事务部公共机构网站：https：//publicadministration.un.org/zh/Research/UN－e－Government－Surveys。

匿名化、后续相关协助等成本等。不过，公共机构的收集、处理成本不宜列入。

二、公共数据授权运营的合规性和安全风险评估

公共数据收集、存储、使用、加工、传输、提供、公开过程中的合规、安全问题，是公共数据授权运营的重要议题。[①]依据《数据安全法》第 32、51 条的规定，任何组织、个人收集数据，应当采取合法、正当的方式，不得窃取或者以其他非法方式获取数据。公共数据授权运营的合规性、安全性要求是指授权运营双方应当履行以下具体义务：

一是遵守数据安全保护义务。数据的收集，不管是通过用户主动提供还是自动采集方式收集数据的，应就收集的目的、方式和范围取得有效授权，并且数据采集手段、方式恰当、满足必要性原则。[②]除此以外，数据处理活动所包括的"存储、使用、加工、传输、提供、公开"等均应满足相关法律法规、监管规定的要求。

二是建立和完善数据安全治理体系。依据国家有关部门发布的规定履行网络安全等级保护和数据分级分类的法定义务，结合地区、行业或者领域建立主要数据的保护制度，在企业内部明确指定数据安全工作负责人、归口管理部门，重点关注自动化决策、利用公共数据实施不正当竞争等潜在安全问题。

---

① 范丽莉、张蓓予：《政府数据开放许可协议研究：现状调查与机制构建》，载《渭南师范学院学报》2020 年第 5 期。

② 黄璜、赵倩、张锐昕：《论政府数据开放与信息公开——对现有观点的反思与重构》，载《中国行政管理》2016 年第 11 期。

三是风险评估制度。定期开展风险评估工作，针对所处理的重要数据的种类、数量、开展数据处理活动的情况，数据安全风险及其应对措施等进行定期风险评估。具体的风险评估方法可以根据《个人信息保护法》项下规定的个人信息安全影响评估的规则，部署重要数据风险评估工作及评估制度。

四是强化员工数据处理、保密、信息安全等培训、日常管理工作。[①] 根据《数据安全法》的要求，一方面应定期对数据安全岗位相关人员开展数据安全培训，培训内容应涵盖法律法规、管理要求、安全技术等内容；另一方面定期对全员开展数据安全意识培训，加强员工数据安全意识与能力。

五是依法履行向国家有关管理部门提供其履行职责所需的必要数据、数据产品或者服务。例如，依据《数据安全法》的规定，公共数据授权运营主体有义务向公安机关、国家安全机关因依法维护国家安全或者侦查犯罪的需要调取数据，提供所存储的数据。[②]

三、公共数据授权运营的数据安全保护责任

公共数据的安全责任原则为"谁所有谁负责、谁持有谁负责、谁管理谁负责、谁使用谁负责、谁采集谁负责"。公共数据安全责任包括两项内容：一是监督责任，大数据行政主管部门对公共数据安全负有监督管理责任，网信、公安、保密等部门根据各自职责共同履行好公共数据安全监督责任。在公共数

---

① 宋烁：《政府数据开放宜采取不同于信息公开的立法进路》，载《法学》2021年第 1 期。

② 郑磊：《开放政府数据研究：概念辨析、关键因素及其互动关系》，载《中国行政管理》2015 年第 11 期。

据授权运营制度中，上海市政府办公厅、上海市大数据中心、网信、公安、保密、区主管部门等相关部门对公共数据安全承担监督责任。二是主体责任，各个公共管理和服务机构对公共数据安全负有加强公共数据安全防护、建立公共数据安全备份制度、开展安全测评和风险评估等主体责任。被授权运营主体、与授权运营行为相关的自然人、法人或非法人组织也要承担相应的公共数据安全责任。根据《数据安全法》的"全主体""全流程"理念，任何组织（包括国家机关、数据机构、数据项目承包商等）、个人都应当在数据处理的各个环节，包括数据的收集、存储、使用、加工、传输、提供、公开等，都应依法履行数据安全责任、义务。我们往往会将公共数据安全责任简单理解为政府责任，其实数据安全治理要贯穿数据生命全周期，数据的生产者和使用者均有责任对数据的安全管理负责。

2021 年 9 月公布的《上海市数据条例（草案）》（征求意见稿）第 42 条规定：被授权运营主体根据市场需求规划应用场景，经市政府办公厅组织相关行业主管部门和数据专家委员会评估后，实施公共数据开发利用。开发利用活动应当符合公共数据授权运营管理办法规定和授权协议约定的行为规范。与《上海市数据条例（草案）》（征求意见稿）相比，本条款大幅扩充了开发利用的相关规范，包括：一是要求市政府办公厅应当会同市网信等相关部门和数据专家委员会，对被授权运营主体规划的应用场景进行合规性和安全风险等评估；二是要求授权运营的数据涉及个人隐私、个人信息、商业秘密、保密商务信息的，处理该数据应当符合相关法律、法规的规定；三是规定市政府办公厅、市大数据中心、被授权运营主体等部门和单位，应当依法履行数据安全保护义务。

参考资料

《数据安全法》第 32、51 条

《浙江省公共数据条例》第 36 条

《关于全面推进上海城市数字化转型的意见》

（撰稿人：吴亮）

第四十六条　【授权运营数据交易】

通过公共数据授权运营形成的数据产品和服务，可以依托公共数据运营平台进行交易撮合、合同签订、业务结算等；通过其他途径签订合同的，应当在公共数据运营平台备案。

本条主旨

本条款是有关数据开发利用和产品服务提供的规定，明确了涉及公共数据授权运营形成的数据产品和服务的数据交易当事人，在公共数据运营平台进行交易撮合、合同签订、业务结算的权利，以及强制性备案义务。

条文详解

从国内外发展实践来看，由公共数据运营平台作为市场主体参与数据交易的模式是促进数据资源合理、高效配置，促进数字经济发展的重要改革举措。其理由大致如下：

一、通过公共数据授权运营形成的数据产品和服务是高价值数据资源

从全球范围来看，数据保密与价值难以衡量的特征造成数据开放、数据交易等市场化配置活动的障碍，因此世界各国的数据开放与利用活动大多是以政府控制的公共数据作为起点，以此作为数字经济的重要基础。在我国，数据资源分布形成政府大数据、互联网大数据、行业大数据三分天下的格局，其中政府数据资源又占"大头"。有研究表明，我国政府部门掌握的数据资源占据全社会数据资源总量的80%左右。数据资源分布的这一特点，决定了数据开发的重心在于公共数据端。我国的数据交易仍处在初期探索阶段，参与交易的数据资源存量、交易规模、涉足领域、客户数量都比较有限，成熟的模式与成功的案例较少。激活公共数据及其衍生产品或者服务的资产价值，促进公共数据之间、公共数据与社会数据的碰撞融合，释放不可限量的价值，在社会治理、服务方式变革与传统产业转型、创新中发挥着颠覆性作用。

二、公共数据运营平台以"数据提供者""数据应用中间商"的角色参与数据交易

公共数据运营平台以"数据提供者"或者"数据中间商"的角色参与数据交易，是探索数据交易的有益尝试。数据交易包括数据提供者、数据采集者、数据应用中间商、数据使用者等多个主体。公共数据运营平台在此过程中承担两重角色：

第一，数据提供者。公共数据运营平台在公共数据链条中居于优势地位，在汇聚各个公共管理和服务机构数据的基础上引入第三方技术力量，开发出数据产品或者服务，"赋能"行业的应用场景，激发行业创造新价值，让更多社会主体得以享受公共数据授权运营带来的巨大便利。

第二，数据应用中间商。数据应用中间商是指数据交易平台等交易机构以中间经纪商身份，为数据提供方和数据购买方提供数据交易撮合服务，国内外大多数的数据交易平台均采取该类型。国内现有的数据交易平台主要有三种类型：一是以贵阳大数据交易所为代表的交易所平台，包括湖北长江大数据交易所、陕西西咸新区大数据交易所等；二是产业联盟性质的交易平台，以中关村数海大数据交易平台为主；三是专注于互联网综合数据交易和服务的平台，如数据堂等。数据应用中间商主要以提供数据验证、数据风险提示、风险控制管理系统、运营管理系统等产品或服务支持企业发展。数据交易发展的一大制约因素就是数据资源的整合困难。各个领域的数据门类繁杂，来源广泛，即便聚焦特定领域，也存在数据拥有主体众多，一些参与者数据分享意愿不强、数据格式不统一等问题。公共数据授权运营的相关平台容易找到公共数据的相关控制者，撮合其参与数据交易、提供公共数据及其衍生产品或者服务，并且进一步开展合同签订、业务结算等服务。而且，公共数据运营平台对公共数据的分级标准、权益归属、流通范围、流通方式等关键问题有较为清晰的界定与规范，具有健全的数据清洗、脱敏、建模、分析、交易等程序机制，有利于确保数据交易的安全性、稳定性。作为一种新兴业态，数据交易的发展应当不拘一格、百花齐放。公共数据运营平台的参与有利于营造健全繁荣的数据交易市场环境，推进数据交易的持续开展。

三、交易授权运营形成数据的强制性备案义务

公共数据运营平台的强制性备案要求有利于防范公共数据过度资产化引起的社会公益风险，控制社会主体的自利偏差行为。具体包括三种：

第一，公共数据的动态追踪与安全监测情形。公共数据授权运营可能会带来数据在其生存周期的安全风险，包括外部数据威胁、内部数据安全风险、数据丢失风险等。对交易授权运营形成数据的强制性备案有助于政府及时掌握数据安全风险信息，并且通过各种手段持续、动态地监测数据安全风险和恶意行为，促进实现及时反馈、及时布防，防止或者减少风险扩散的可能性，最大限度消除或者降低数据安全事故的发生概率。

第二，公共数据的违法垄断利用情形。公共数据内含的公共性信息需要以共享开放为常态，以限制控制为例外，过分强调单一主体的数据专有利益则违背信息自由传播的基本规律，阻碍依赖存量数据的其他市场主体进行公平竞争的秩序，造成政府部门、少数被授权主体垄断特定数据利用的市场壁垒，削弱信息社会的网络中立属性与自由创新特质。[1]

第三，交易对象属于禁止交易数据的情形。《上海市数据条例》采用"负面清单"的方式规定了可以数据交易的对象，以鼓励交易为原则，以禁止交易为例外。例外包括交易不得侵犯个人隐私，含有个人信息的应当获得授权，需要特别授权、单独明示同意的应当取得同意。简言之，通过公共数据授权运营形式纳入交易的数据对象以合法合规处理、不得侵害隐私

---

[1] 吴亮：《网络中立管制的法律困境及其出路》，载《环球法律评论》2015 年第 3 期。

权、不得违反《个人信息保护法》为最低标准。

公共数据授权运营治理作为公共任务的目的在于确保政府数据利用的公平、广泛性，因此国家仍要对政府部门、被授权主体履行数据开放义务的结果担保。只有当公共数据的商业利用不会对公共数据开放的公共性价值产生现实威胁，且未损害公共利益和他人利益的前提下，才可纳入数据交易的范围。政府需要采取积极措施，避免"交易对象属于法定禁止交易数据""被授权主体垄断特定公共性信息""被授权主体阻碍其他企业对公共数据的二次开发"等不利于数据交易市场发展的现象。一旦公共授权运营的双方当事人在公共数据运营平台之外的其他场合从事数据交易，若不履行公共数据运营平台的强制备案程序，就会游离于政府监管之外，带来潜在违法风险。因此，本条款规定当事人通过公共数据运营平台以外的其他数据交易途径签订数据交易合同的，应当在公共数据运营平台对交易信息履行备案义务，防范该交易的违法性风险，实现公共利益保障的终极目标。

参考资料

《数据安全法》第 32、51 条

《个人信息保护法》第 10 条

《关于全面推进上海城市数字化转型的意见》

《浙江省公共数据条例》第 35、36 条

（撰稿人：吴亮）

第四章　数据要素市场

第一节　一般规定

第四十七条　【建设目标】

市人民政府应当按照国家要求，深化数据要素市场化配置改革，制定促进政策，培育公平、开放、有序、诚信的数据要素市场，建立资产评估、登记结算、交易撮合、争议解决等市场运营体系，促进数据要素依法有序流动。

本条主旨

本条旨在规定数据要素市场建设的目标。

核心概念

数据要素市场化配置：数据要素市场化配置是指将尚未完全由市场配置的数据要素转向由市场配置的动态过程，其目的是形成以市场为根本调配机制，实现数据流动的价值或者数据在流动中产生价值。

条文详解

一、数据要素市场的政策脉络

充分发挥数据要素市场化配置是我国数字经济发展水平达到一定程度后的必然结果，也是数据供需双方在数据资源和需求积累到一定阶段后产生的必然现象①。2014年，"大数据"第一次被写入政府工作报告，标志着我国对大数据产业顶层设计的开始。在"十三五"期间，大数据相关的政策文件密集出台，为数据作为生产要素在市场中进行配置，提供了政策土壤，也推动了我国大数据产业不断发展、技术不断进步、基础设施不断完善、融合应用不断深入。各个地方积极先行先试，探索出了一条适合我国大数据产业发展的路径。

随着数据在国民经济中的地位不断突出，要素属性逐渐凸显。2020年4月，中共中央、国务院印发《关于构建更加完善的要素市场化配置体制机制的意见》，将数据列为"生产要素"，提出"加快培育数据要素市场"，明确指出了市场化改革的内容和方向。首先，推进政府数据开放共享。优化经济治理基础数据库，加快推动各地区、各部门间数据共享交换。其次，提升社会数据资源价值，培育数字经济新产业、新业态和新模式。最后，加强数据资源整合和安全保护。探索建立统一规范的数据管理制度，提高数据质量和规范性，丰富数据产品。研究根据数据性质完善产权性质。国务院办公厅关于《要

---

① 国家工业信息安全发展研究中心：《中国数据要素市场发展报告（2020—2021）》，载国家工业信息安全发展研究中心网站：https://www.cics-cert.org.cn/web_root/webpage/articlecontent_101006_1387711511098560514.html。

素市场化配置综合改革试点总体方案的通知》指出，到 2023 年，试点工作将取得阶段性成效，力争在土地、劳动力、资本、技术等要素市场化配置关键环节上实现重要突破，在数据要素市场化配置基础制度建设探索上取得积极进展。

数据要素市场建设致力于消除信息鸿沟、信任鸿沟，促进数据资源要素化，推进各方对数据资源的合作开发和综合利用，实现数据价值的最大化。

二、数据要素市场的建设要求

数据要素市场化配置的目的是形成以市场为根本调配机制，实现数据流动的价值或者数据在流动中产生价值。2021 年 12 月，国务院办公厅印发《要素市场化配置综合改革试点总体方案的通知》，提出"探索建立数据要素流通规则"，即对数据要素市场建设提出如下要求：

第一，完善公共数据开放共享机制，激发公共数据资源在数据要素市场中的活力。建立健全高效的公共数据共享协调机制，支持打造公共数据基础支撑平台，推进公共数据归集整合、有序流通和共享。探索完善公共数据共享、开放、运营服务、安全保障的管理体制。优先推进企业登记监管、卫生健康、交通运输、气象等高价值数据集向社会开放。探索开展政府数据授权运营。

第二，建立健全数据流通交易规则，促进数据资产充分实现交换价值。探索"原始数据不出域、数据可用不可见"的交易范式，在保护个人隐私和确保数据安全的前提下，分级分类、分步有序推动部分领域数据流通应用。探索建立数据用途和用量控制制度，实现数据使用"可控可计量"。规范培育数据交易市场主体，发展数据资产评估、登记结算、交易撮合、争议仲裁等市场运营体系，稳妥探索开展数据资产化服务。

第三，拓展规范化数据开发利用场景，在大数据与人工智能产业发展中促进城市数字化转型。发挥领军企业和行业组织作用，推动人工智能、区块链、车联网、物联网等领域数据采集标准化。深入推进人工智能社会实验，开展区块链创新应用试点。在金融、卫生健康、电力、物流等重点领域，探索以数据为核心的产品和服务创新，支持打造统一的技术标准和开放的创新生态，促进商业数据流通、跨区域数据互联、政企数据融合应用。

第四，加强数据安全保护，为数据要素市场化配置改革提供坚实后盾。强化网络安全等级保护要求，推动完善数据分级分类安全保护制度，运用技术手段构建数据安全风险防控体系。探索完善个人信息授权使用制度。探索建立数据安全使用承诺制度，探索制定大数据分析和交易禁止清单，强化事中事后监管。探索数据跨境流动管控方式，完善重要数据出境安全管理制度。

三、数据要素市场运营体系

培育公平、开放、有序、诚信的数据要素市场需要建立在明确的数据产权、交易、定价、分配、监管机制以及法律等保障制度的基础上。未来数据要素市场的发展，需要不断动态调整以上保障制度，最终形成数据要素的市场化配置。

（一）数据资产评估

数据资产是企业数字化转型的重要载体，基于数据驱动的数据资产运营是企业数字化转型的基石。数据资产化是数据要素市场发展的关键与核心，包括数据资产价值评估和数据资产定价。数据资产的价值衡量方法有很多，中国信息通信研究院《数据资产管理实践白皮书》将数据价值评估的纬度分为数据成本评估、数据价值评估两大类，其中成本评估包括采集成本、存储成本、计算成本、运维成本四类，价值评估包括活性评估、质量评估、稀缺性评估、时效性评估以及经济性评估五类。但数据资产评估仍面临诸多挑战：第一，数据权属不清，数据在交易环境下难以被稳定私有，随着交易次数增多，数据售价急剧下降。并且由于数据的无形性、无限复制性等特性，无法追踪后续的使用和交易过程，法律难以限制转售行为。这在数据本身可交易价值不高的情况下，更限制了数据市场的扩大。第二，由于数据的无限复制性和非排他性，数据产权问题也引申出了个人隐私和数据安全问题，导致了数据的开放与流通困难。第三，数据价值具有不确定性。数据的潜在应用价值很大，数据价值链的各个环节需求不同，可以从中挖掘到的价值也各有不同，在进行数据交易时难以合理定价。

（二）数据登记结算

在上海数据交易所进行数据交易首先应当进行登记，只有通过数据资产登记平台登记过的数据产品才能进行挂牌交易。考察各地数据交易实践，虽然各地方均已成立相关数据交易机构，但绝大多数数据交易行为仍发生在场外。为鼓励数据进入场内交易，北京、山东等地的数据交易场所分别制定了各自的数据交易登记细则。交易登记，是为鼓励数据进场交易的制度建构。上海数据交易所承担登记义务，以登记为依据对场内数据交易进行监管。一方面，能确保可交易数据的可控、可追溯、合法和合规;另一方面,可降低交易成本和安全风险,推动数据供需双方进场交易。随着区块链等信息技术的成熟和应用,数据交易登记也需要与技术紧密结合,利用区块链技术、隐私计算、多方安全计算等方式,保证数据登记的安全、合规、可信。

(三)数据交易撮合等服务

考察各地数据交易实践,各地数据交易中心(所)大多属于第三方平台,承担数据供需双方的交易撮合职能。在交易平台上,数据供应方发布自身数据产品,数据需求方发布自身数据需求,供需双方浏览这些信息,如果发现合适的交易对象,则向平台发起交易,交易平台只作为"中介"一方存在。目前无论是政府主导的数据交易所,还是企业或者高校创建的数据交易平台,大多采用类似的交易模式。在此情况下,根据《数据安全法》第 33 条的规定,数据交易平台作为"从事数据交易中介服务的机构",具有"要求数据提供方说明数据来源,审核交易双方的身份,并留存审核、交易记录"三项法定义务。此外,本条例第 53 条还作出了细化规定,鼓励数据交易服务机构新业态。数据交易服务机构可为数据交易提供数据资产、数据合规性、数据质量等第三方评估以及交易撮合、交易代理、专业咨询、数据经纪、数据交付等专业服务,丰富了数据要素的市场生态。

参考资料

《数据安全法》第 33、47 条

《上海市数据条例》第 53 条

《关于构建更加完善的要素市场化配置体制机制的意见》

《要素市场化配置综合改革试点总体方案的通知》

（撰稿人：陈吉栋　许端蓉）

第四十八条　【数据流通利用】

市政府办公厅应当制定政策，鼓励和引导市场主体依法开展数据共享、开放、交易、合作，促进跨区域、跨行业的数据流通利用。

本条主旨

本条旨在制定促进性政策，鼓励本市数据流通利用。

核心概念

数据流通：商品流通一般指以货币作为交换媒介的商品交换，数据流通就是以数据产品和服务作为"商品"在市场上流通，包括数据转让、交换、共享、交易、开放等。

条文详解

本条例第 5 条规定了市政府办公厅在本市数据工作中的职能为"统筹规划、综合协调全市数据发展和管理工作，促进数据综合治理和流通利用，推进、指导、监督全市公共数据工作"，本条则将制定促进政策的义务主体也明确为市政府办公厅，是对总则的细化规定。

一、数据流通与数据交易

2020 年 10 月 29 日，《中共中央关于制定国民经济和社会发展第十四个五年规划和二〇三五年远景目标的建议》提出,要"建立数据资源产权、交易流通、跨境传输和安全保护等基础制度和标准规范,推动数据资源开发利用。扩大基础公共信息数据有序开放,建设国家数据统一共享开放平台"[1],这为我国下一阶段的数字经济和数字产业规划发展指明了方向,对数据产业实践提出了更新更高的要求。

通说认为,数据交易是数据流通的一种形式。高富平认为,数据流通的形式多样,至少包括数据查询、数据交换、数据共享、数据调用、数据交易等。[2] 数据流通是指向他人提供数据或使他人接触或使用数据的行为,[3] 而数据交易是市场化的数据转让行为[4]。朱扬勇认为,数据流通的主要方式是数据开放、数据共享和数据交易。[5] 金耀认为,"数据流通主要包括数据开放、共享、买卖、互易等方式"[6]。《中国数据要素市场发展报告(2020—2021)》中将数据流通根据技术方式的不同,分为数据开放共享、数据交易、API 技术服务、"数据可用不可

[1] 《中共中央关于制定国民经济和社会发展第十四个五年规划和二〇三五年远景目标的建议》,载中央人民政府网站:http://www.gov.cn/zhengce/2020-11/03/content_5556991.htm。

[2] 高富平、张英、汤奇峰:《数据保护、利用与安全——大数据产业的制度需求和供给》,法律出版社 2020 年版,第 88 页。

[3] 高富平:《数据流通理论 数据资源权利配置的基础》,载《中外法学》2019 年第 6 期。

[4] 高富平:《大数据知识图谱:数据经济的基础概念和制度》,法律出版社 2020 年版,第 87 页。

[5] 朱扬勇:《大数据资源》,上海科学技术出版社 2018 年版,第 13 页。

[6] 金耀:《数据治理法律路径的反思与转进》,载《法律科学(西北政法大学学报)》2020 年第 2 期。

见"模式、"数据可算不可识"模式、数据跨境流动等形式。①
《数据流通行业自律公约》中也明确，数据流通即"通过采集、
共享、交易、转移等方式，实现数据或数据衍生品在不同实体
间转换的行为"②。但也有个别观点认为，数据流通是数据交易
的一种形式。从广义角度解释"基于数据的交易活动"（某项
交易的标的物或服务过程建立在"数据"的基础上），并将数
据交易分为"数据流通""数据代工""数据共享""数据服
务"四大类。③

　　综上认为，数据流通包括数据交换、开放、共享、交易，
只有促进数据流通利用才能发展数据要素市场，才能发展数字
经济。但数据流通面临现实困境，主要体现在三个方面：第
一，数据交换中的权益难以保障。由于数据确权难、易复制，
为了避免权益被伤害，多数数据提供方不愿将自身的数据交换
给其他人。第二，数据开放易产生数据安全责任风险。开放的
数据集难以控制流向，可能侵犯个人隐私权，泄露企业商业秘
密或国家秘密，降低了政府部门和社会机构对数据开放共享的
积极性。第三，数据共享具有很强的内部性。数据共享往往发
生在政府部门、互联网巨头、大型金融机构和电信运营商的内
部，就整个市场而言仍是"数据孤岛"，仍不能打破跨行业间

---

　　①　国家工业信息安全发展研究中心：《中国数据要素市场发展报告（2020—2021）》
（2021年4月），载国家工业信息安全发展研究中心网站：https://www.cics-cert.
org.cn/web_root/webpage/articlecontent_101006_1387711511098560514.html。
　　②　参见数据中心联盟：《数据流通行业自律公约》2.0版本（2016年7月1日）
第2条。
　　③　司亚清、苏静：《数据流通及其治理》，北京邮电大学出版社2021年版，第
20页。

的壁垒。只有数据交易才能弥合数字鸿沟，加强数据合作，为数字经济营造有利发展环境。因此，《上海市数据条例》特设"数据交易"为一节，并在"浦东新区数据改革"一章中规定"上海数据交易所"的职能定位，以促进本市数据流通与利用。

二、数据流通政府的监督管理措施

伴随着数据经济的不断发展，数据交易市场规模也得到了迅猛的发展。相关政府部门也逐渐开始尝试规范数据交易。国家先后出台了《数据安全法》《个人信息保护法》等一系列法律规定，在地方层面，各级政府对监管数据流通市场的措施展开了探索：

（一）制定数据交易基本规则

相关立法对于数据交易重点在于两个方面的要求：一是数据安全的要求；二是数据涉及个人信息时的限制。例如，根据《深圳经济特区数据条例》第59条的规定，数据交易市场发生交易个人数据的时候，必须遵循该法第二章中关于个人数据收集、处理的相关要求。此外，交易数据包含未依法公开的公共数据不能进行交易。

（二）制定各类交易活动标准

在专业领域内，除了法律法规规定的基本行为准则之外，标准也是规范引导人们行为的重要依据。标准本身有不同的分类，构成了复杂的标准体系，对相关行业进行全面的规范构造：从规范制定的主体来看，既有政府制定的标准（包括了国家标准和地方标准），也有行业团体制定的标准和企业制定的标准，除此之外还有国际上的通用标准。从强制性上来看，既有强行适用的标准，也有推荐适用的标准。从推进数据交易市场的科学化、规范化发展角度来看，相关标准的制定和实行是一个非常重要的部分。例如，根据《深圳经济特区数据条例》第 61 条的规定，在数据交易市场的培育过程中，政府要主导建立三类标准：第一类是政府制定的强制性标准，包括数据处理活动合规标准、数据产品和服务标准、数据质量标准、数据安全标准、数据价值评估标准、数据治理评估标准等地方标准；第二类是团体标准和行业规范，以向相关企业和主体提供信息、技术、培训等服务；第三类是企业标准，由参与数据交易活动的相关主体制定企业标准。此外，在制定政府强制性标准、行业团体标准规范时，政府也鼓励相关企业参与标准的制定。

（三）推动构建数据评估体系

由于其本身的数字化特征，数据在被转化为具体的产品应用前，难以评估其可能发挥的作用。然而，数据作为数据交易的标的物，又需要明确其数量、质量、价格等一系列要素。为解决这一困境，数据交易市场培育过程中就必须构建相对客观公正的评估体系。这一体系既可以由政府来建设，也可以由社会主体来构建。参考《深圳经济特区数据条例》的相关规定，深圳采取的是社会评估和政府评估的双轨制：一方面，该法规定数据处理者可以委托第三方对数据质量进行评估。同时鼓励数据价值评估机构"从实时性、时间跨度、样本覆盖面、完整性、数据种类级别和数据挖掘潜能等方面，探索构建数据资产定价指标体系，推动制定数据价值评估准则"；另一方面，该法还要求政府统计部门也应当探索建立数据生产要素统计核算制度，明确统计范围、统计指标和统计方法，准确反映数据生产要素的资产价值。虽然政府统计核算制度的构建只是用于国民经济发展状况的核算，但是从客观上也能与社会评估体系相互影响、相互借鉴，从而能够使得数据作为产品的质量、价格更为客观地呈现在数据交易各方面前，减少了交易成本。本条例也有类似规定，本条例第 51 条规定了市相关主管部门应当"建立健全数据要素配置的统计指标体系和评估评价指南"的义务，其核心在于指导上海市相关主管部门科学地评估评价数据要素在社会中的经济效益，并结合数据采集、存储、加工、分析、流通等数据要素配置的特点建立统计指标体系。同时，构建数据要素评估评价指南可以结合各行业数字资产的不同特点，科学评价数据对经济社会发展的贡献度，指导各区、各部门、各领域数据对不同经济产业的赋能。

参考资料

《中共中央关于制定国民经济和社会发展第十四个五年规划和二〇三五年远景目标的建议》

《上海市数据条例》第 53—57、67 条

《深圳经济特区数据条例》第 61—64 条

（撰稿人：陈吉栋　许端蓉）

第四十九条　【市场主体培育】

本市制定政策，培育数据要素市场主体，鼓励研发数据技术、推进数据应用，深度挖掘数据价值，通过实质性加工和创新性劳动形成数据产品和服务。

本条主旨

本条旨在促进政府制定政策，培育数据要素市场主体。

核心概念

数据要素市场主体：参与市场活动的、具有特殊经济利益目标并自主采取行动力求通过市场实现这一目标的一切个人和组织。数据要素市场主体不仅包括数商、数据中介服务机构，还包括普通生产企业、商业企业，以及政府、事业单位、其他社会组织、消费者等。

条文详解

一、数据要素市场主体的构成

数据要素市场主体是构成数据要素市场的要素之一，市场主体不仅包括数商、数据中介服务机构，还包括普通生产企业、商业企业，以及政府、事业单位、其他社会组织、消费者等。在数据流通尤其是数据交易环节中，数据要素市场主体主要分为以下几类：

（一）数据交易所

数据交易所是数据交易中的重要主体，上海数据交易所依法获得政府授权成立，承担合法的数据产品及服务的交易服务工作。根据《上海市数据条例》第67条第2款的规定，上海数据交易所应当按照相关法律、行政法规和有关主管部门的规定，为数据交易提供场所与设施，组织和监管数据交易。

（二）数据交易相对方

数据交易相对方是指通过数据交易所进行数据交易的公民、法人和其他组织，分为数据供方和数据需方。数据供方是指提供可交易的数据资源的市场主体，其基于自身合法收集、产生的数据获得交易标的，遵循数据交易所挂牌、交易规范。数据提供方可以直接进行交易，也可以采用代理交易的方式，即委托专门的数据公司进行交易。数据需方是指依据法律法规或国家标准的规定，有权接收数据交易标的，按合约的约束使用交易数据的市场主体。

（三）数据中介服务机构

数据中介服务机构即数据服务方，包括数据交易平台、数据登记机构、资产评估机构、交易代理机构、交付清算机构等。数据登记机构是数据交易所认定的机构，承担对数据持有者现有的和持续产生的数据状况（包括数量、质量、属性等）按照相关规范进行描述、记录和确定工作。数据资产评估机构是依法登记的第三方评估机构，负责对数据产品/数据服务的价值进行评估。数据交易代理机构是指依法取得数据代理机构资格，通过数据交易所认可并注册，在数据交易所中接受供需双方指令挂牌交易数据交易标的，充当数据交易双方代理并依法收取服务费的机构。数据交付服务机构是由数据交易所授权的第三方服务机构，负责在数据交易过程中对供需双方之间的数据交易标的进行场内交付。

（四）监管及争议解决机构

数据监管机构包括数据流通法律法规制定机构、市场监督管理机构、执法机构等。这类组织不介入具体的市场活动，但可以履行市场监督、情况回报、问题改进和政策建议等职能，应当依照有关法律、行政法规规定的监督管理机制，负责数据交易体系内的监督及检查工作。数据交易所可以设立内部争议解决机构，由相关行业、技术、法律等领域的专业人员组成，承担争议发生后对争议双方进行调解的工作。争议发生后，任何一方也可以直接依法提起诉讼或申请外部仲裁机构仲裁。

二、政府政策激励

为鼓励和引导市场主体开展数据共享、开放、交易、合作等数据活动，促进数据的流通利用，政府需要分别针对各类市场主体开展具有针对性的活动，进一步强化市场专业分工，以政策和激励机制促进核心产业间高效协同。政府可以采取一些较为柔性的手段来间接规范数据要素市场主体的数据交易实践。

第一，对相关主体进行行政指导。例如《数据安全法》第44条规定，有关主管部门在履行数据安全监管职责中，发现数据处理活动存在较大安全风险的，可以按照规定的权限和程序对有关组织、个人进行约谈，并要求有关组织、个人采取措施进行整改，消除隐患。在具体实践操作上，上海市在市级层面组建了上海市数据交易指导委员会，由市发改委、市经信委、市商务委、市科委、市公安局、市市场监管局、市金融局、市通管局、市委网信办9个部门组成，对数据交易的从业主体进行行政指导。①

第二，通过行政奖励、补助、税收优惠等方式引导。政策或者物质激励的方式，是各地政府在发展数据交易在内的数据经济时普遍适用的手段。例如，根据《安徽省大数据发展条例》第29条和第30条的规定，各级人民政府都可以设立支持大数据发展应用的专项资金，对符合条件的大数据企业按照规定进行数字经济奖补等政策。同时，符合国家税收优惠政策的

① 《上海市数据交易指导委员会2021工作会议在上海数据交易中心召开》，载https://www.sohu.com/a/465253009_622773。

大数据企业按照规定享受优惠政策。此外，根据《山西省大数据发展应用促进条例》的相关规定，政府还可以从用地、用电、融资借贷、人才供给等方面予以政策上的优惠，以促进数据市场的发展。

参考资料

《数据安全法》第 44 条

《安徽省大数据发展条例》第 29、30 条

《山西省大数据发展应用促进条例》

（撰稿人：陈吉栋　许端蓉）

第五十条　【数据资产评估】

本市探索构建数据资产评估指标体系，建立数据资产评估制度，开展数据资产凭证试点，反映数据要素的资产价值。

本条主旨

本条是上海探索和推动数据要素配置体系的核心条文之一，旨在通过数据资产凭证的试点举措，加快促进数据资产价值评估指标体系和制度的构建与完善。

核心概念

数据要素：数据要素已经成为土地要素、劳动要素、技术要素和资本要素之外的重要市场经济要素之一。为加快推进数据要素市场化配置改革，提高数据要素市场配置效率，建设数

字经济新产业数据要素市场体系，必须根据数据要素的性质完善其产权性质，探索建立统一规范的数据管理制度，提高数据质量和规范性。[①]

数据资产化：大数据时代将数据资源作为有价值的资源进行评估，并将其视为具有财产属性的资产进行确权，从而使其能够在要素市场上进行交易和流通。数据资产通常是指以电子的方式记录的数据资源，由个人、企业和政府部门拥有或控制，能够为其带来经济和社会效益的资产。数据资产化是充分肯定数据资源能够通过市场化的交易和流通，从而给予持有数据的自然人、法人或非法人组织、数据控制者和数据使用者带来经济利益的过程。因此，数据资产化是数据资源能够实现市场价值的核心，其本质是形成数据价值的评估与认定体系，从而实现数据价值的交易和流通，促进数据要素市场的发展。

条文详解

一、数据资产评估指标体系

数据作为信息时代的生产要素之一，其财产属性如何在法律上进行确权是数据立法探索中难以解决的难点之一。由于数据资产区别于土地等传统实体资产，与知识产权类似属于无形资产，因而需要对大量存储电子设备等载体介质进行加工处理。同时，数据资产还具有多样性和价值不确定性等特点。影响数据资产价值的因素有很多，如技术因素、数据容量、数据价值密度、数据应用的商业模式和数据资产所在行业等。即使

[①]　《中共中央 国务院关于构建更加完善的要素市场化配置体制机制的意见》，第20—22条。

是相同的数据资产，根据其应用的行业领域、使用方法、获利方式的不同，对于数据处理者的价值也会产生差异，进而影响数据资产价值的评估。[①]

目前，数据资产评估多采取成本法、收益法、市场法等资产评估方法，[②] 且不同资产评估方法对应不同的资产评估指标。首先，成本法是根据形成数据资产的成本对其价值进行评估。一般而言有三项一级价值评估指标：数据的处理成本、功能性贬值和经济性贬值。数据资产的评估值即为数据处理成本减去功能性贬值和经济性贬值。[③] 其中，数据的处理成本根据创建数据资产生命的流程特点，主要分为五项二级指标进行统计，即（1）数据采集成本；（2）数据导入和预处理成本；（3）数据统计和分析成本；（4）数据挖掘成本；（5）数据产生的利润和相关费用。

其次，收益法是基于数据资产作为企业经营资产直接或者间接产生的利润进行价值评估。主要包括三项一级价值评估指标：数据资产未来的收益额、数据资产的经济寿命期和数据资产的折现率。其中，数据资产的获利形式通常根据具体数据应用场景的不同，分为对企业顾客群体的细分、模拟实境、投入回报率、数据存储空间出租、客户关系管理、个性化精准推荐、

---

① 中国资产评估协会：《资产评估专家指引第 9 号——数据资产评估》（中评协〔2019〕40 号），2020 年 1 月 9 日，第 3—5 页，载中国资产评估协会网站：http://www. cas. org. cn/ggl/61936. htm。下同。

② 中国资产评估协会：《资产评估专家指引第 9 号——数据资产评估》，（中评协〔2019〕40 号），2020 年 1 月 9 日，第 7 页。

③ 中国资产评估协会：《资产评估专家指引第 9 号——数据资产评估》，（中评协〔2019〕40 号），2020 年 1 月 9 日，第 9 页。

数据搜索等不同形式。[1]

最后，市场法是基于数据资产在市场中的交易价格计算作为交易对象的数据所代表的价值，从而进一步为数据要素市场交易提供价格参考。主要包括三项一级价值评估指标：市场类似数据资产的价值、数据处理技术和数据质量。其中，数据质量取决于数据容量和数据价值密度两项二级价值评估指标，即有效数据占总体数据比例不同带来的数据资产价值差异。一般而言，有效数据是指在总体数据中对整体价值有贡献的那部分数据。有效数据占总体数据量比重越大，则数据资产总价值越高。如果一项数据资产可以进一步拆分为多项子数据资产，则每一项子数据资产可能具有不同的价值密度，最终数据总体的价值密度需要考虑每个子数据资产的价值密度。[2] 但需要指出的是，数据作为一项新兴的市场要素，其交易量尚小，还不能为市场定价提供十分全面的价格指导。

在数据资产市场建设初期，构建数据资产评估指标体系，建立数据资产评估制度还需要时间来提升完善。具体使用成本法、收益法还是市场法对数据资产进行评估，还需要结合数据的实际应用场景，采用合理的数据价值评估指标，详细分析不同数据对各行业价值的贡献。

二、数据资产凭证

2021 年公布的《数据安全法》第 19 条明确提出了"国家

---

① 中国资产评估协会：《资产评估专家指引第 9 号——数据资产评估》，（中评协〔2019〕40 号），2020 年 1 月 9 日，第 15 页。

② 中国资产评估协会：《资产评估专家指引第 9 号——数据资产评估》，（中评协〔2019〕40 号），2020 年 1 月 9 日，第 18 页。

建立健全数据交易管理制度，规范数据交易行为，培育数据交易市场"的目标。在上位法的支持下，数字经济较为发达的地区为推进数据要素的市场化，纷纷在地方立法中利用数据资产凭证试点的方式对数据的权属进行认定。上海市作为数字经济制度建设的排头兵，为打消各数据相关企业的后顾之忧，促进上海市乃至长三角地区跨区域数据流通利用与数据要素市场建设，也在本条例中采取了数据资产凭证试点的方式，对数据资产价值评估体系进行探索。

当前，我国数据要素市场正处于高速发展阶段，《中国数据要素市场发展报告（2020—2021）》预测，"十四五"期间我国数据要素市场规模将突破 1749 亿元。[①] 然而，庞大数据规模的背后，数据权属的界定问题依然尚不清晰，导致数据资产在交易流通过程中存在一定法律风险。为了完善我国数据交易流通机制，数据资产凭证模式应运而生。

通过数据资产凭证试点的方式推进数据资产化管理的模式在我国北京、上海、广州、深圳等数字经济较发达的地区已有所实践。[②] 例如，2021 年 7 月 5 日，广东省人民政府发布了《广东省数据要素市场化配置改革行动方案》（粤府函〔2021〕151 号），明确要求开展公共数据资产凭证试点工作。[③]《广东

---

① 国家工业信息安全发展研究中心：《中国数据要素市场发展报告（2020—2021）》，第 10 页。

② 中国网络研究院：《中国互联网发展报告（2021）》，电子工业出版社 2021 年版，第 72 页。

③《广东省数据要素市场化配置改革行动方案》（粤府函〔2021〕151 号）第 4 条规定：探索公共数据资产化管理。建立公共数据资产确权登记和评估制度，探索公共数据资产凭证生成、存储、归集、流转和应用的全流程管理。选择一批优化营商环境的业务场景，开展公共数据资产凭证试点。

省数据要素市场化配置改革行动方案》力求探索公共数据资产化管理，建立公共数据资产确权登记和评估制度，在持有数据的自然人、法人或非法人组织、数据提供者、数据消费者以及政府监管单位之间建立数据资产凭证的实施框架。

在数据要素市场化配置改革试点区的选择上，《广东省数据要素市场化配置改革行动方案》提出推动建立深圳先行示范区，[①] 并在 2021 年 7 月 6 日正式通过的《深圳经济特区数据条例》中确定了加快培育数据要素市场，推动构建数据要素市场体系，促进数据资源有序、高效流动与利用的目标。[②]《深圳经济特区数据条例》第 63 条更是明确提出了探索构建数据资产定价指标体系，推动制定数据价值评估准则的要求。[③]

《广东省数据要素市场化配置改革行动方案》和《深圳经济特区数据条例》的出台加速了广东省数据要素市场化配置改革的步伐。2021 年 10 月 16 日，广东数据管理局向企业发出了全国首张公共数据资产凭证。[④] 具体做法是：由持有数据的佛山市和禧金属制品有限公司向数据消费者农行广东省分行申请融资贷款，条件是该企业授权由数据提供者广东电网公司提供其一定时期以来的用电数据作为申请贷款的条件。在监管单位

---

① 《广东省数据要素市场化配置改革行动方案》（粤府函〔2021〕151 号）第 21 条规定：推动深圳先行示范区数据要素市场化配置改革试点。支持深圳数据立法，推进数据权益资产化与监管试点，规范数据采集、处理、应用、质量管理等环节。支持深圳建设粤港澳大湾区数据平台，设立数据交易市场或依托现有交易场所开展数据交易。开展数据生产要素统计核算试点，建立数据资产统计调查制度，明确数据资产统计范围、分类标准。

② 《深圳经济特区数据条例》第 56 条。

③ 《深圳经济特区数据条例》第 63 条。

④ 黄庆：《广东发出全国首张公共数据资产凭证》，载《广州日报》2021 年 10 月 16 日，第 A1 版。

广东省政务服务数据管理局的监督下，银行通过数据分析进行信用额度审核、贷款利率核定以及贷后风控监管。由此可见，数据资产凭证试点工作的具体形式是以数据相关主管部门为监管机构，向有市场需求的市场主体发放数据资产凭证作为数据交易的法律依据。因此，数据资产凭证的价值在于通过以数据确权的方式实现数据资产化，支持数据资产的流转和具体场景的应用。

从数字资产凭证的具体应用场景来看，在数字市场构建以区块链技术为基础的数字资产凭证制度，以去中心化的方式将数字资产凭证信息在区块链上进行存储、公示和流转，在未来具有光明的发展前景。以非同质化通证（Non-Fungible Token，NFT）为例，其是目前区块链技术中较为适合被用于数据资产凭证的底层技术之一。虽然和比特币等同质化通证（Fungible Token，FT）一样依靠区块链进行交易，但其最大的特点在于唯一性和真实性。也就是说，基于 NFT 技术的数据资产凭证是一种不可拆分且独一无二的数字凭证，能够映射到特定数据资产，将该数据资产的相关权利内容、数据交易信息、数据流转信息等记录在智能合约的标示信息中，并在对应的区块链上对该数据资产生成一个无法篡改的独特编码。基于 NFT 技术的数据资产凭证可以凭借区块链技术不可篡改、记录可追溯等特点，实现数据这一虚拟财产的资产化，使得数据资产拥有可交易的实体。同时，其唯一性和真实性也保障了持有数据的自然人、法人或非法人组织、数据控制者和数据使用者等相关数据主体的权益。利用基于 NFT 技术的数据资产凭证标记特定数据资产的权益，就能够防止因数据的可复制性而造成的交易风险，使数据市场能够对其映射的数据资产的价值进行认定和评估。

三、数据资产凭证的法律性质

数据要素与技术要素相似，是一种典型的非实体物。数据信息与技术信息一样，需要通过某种载体实现存储和流通等市场化运作。以知识产权中的专利权为例，专利申请人需要将非实体的技术记录于专利申请书，并向国务院专利行政部门递交。[①] 此时的专利申请书虽然作为技术信息的载体，记录了相关技术的各项内容与细节，但还不具备相关的法律效力。在专利申请书通过审查后，获得相关部门授予的专利证书，[②] 该技术才从法律层面完成技术确权。确权之后的专利权就具有了一定程度上的资产属性，可以进行价值评估、专利权转让[③]、授权他人使用等一系列市场化流转与交易。而数据资源想要投入市场化的流通与交易，也同样需要与专利权类似的具有被法律认可的载体。

通过与专利证书的类比可知，数据资产凭证是解决数据要素资产化法律载体的有效途径之一。就法律效力而言，数据资产凭证尚不能像专利证书那样在全国乃至世界范围内获得承认，其使用范围和目的也有很大限制。从案例来看，公共数据资产凭证由政府数据主管部门，如广东省政务服务数据管理局签发，数据提供者对数据的传输和转移得到持有数据法人组织的直接授权，而数据的使用被监管部门限定在指定的融资贷款用途上。虽然在技术层面，结合了区块链技术等一系列数据确权、数据存证和智能合约的应用，使基于数据资产凭证的数据

---

① 《专利法》第 3 条。
② 《专利法》第 39 条。
③ 《专利法》第 10 条。

市场化交易流通成为可能，但其流通范围依然被限制在《广东省数据要素市场化配置改革行动方案》所规定的粤港澳大湾区。本条例所推动的数据资产凭证试点范围也仅限展开数据合作的长三角地区。所以，数据资产凭证试点要想在更大范围内流通，还需要更大范围的跨区域合作，或者更高级别法律法规的确认。

综上，就数据资产评估体系而言，数据资产凭证的试点工作只是数据资产化的第一步。当数据经过收集、使用、加工等程序，具备进入市场的条件之后，它们的属性就从数据资源变成数据资产。如何通过数据资产凭证在后续的资产流通、交易和使用环节继续推动和促进数字经济的发展，有待后续基础技术和具体实施细则的进一步出台。

参考资料

《专利法》第3、10、12、39条

《深圳经济特区数据条例》第56、63条

（撰稿人：黄一帆）

第五十一条　【数据要素统计核算】

市相关主管部门应当建立健全数据要素配置的统计指标体系和评估评价指南，科学评价各区、各部门、各领域的数据对经济社会发展的贡献度。

本条主旨

本条的核心在于指导上海市相关主管部门科学地评估评价数据要素在社会中的经济效益，并结合数据采集、数据存储、数据加工、数据流通、数据分析、数据应用、数据生态保障等数据要素配置的特点建立统计指标体系。同时，构建数据要素评估评价指南，并结合各行业数字资产的不同特点，科学评价数据对经济社会发展的贡献度，指导各区、各部门、各领域数据对不同经济产业的赋能。

核心概念

数据要素配置：将尚未完全由市场配置的数据要素转化为以市场为基本调配机制的过程。其主要目的在于建立明确的数据产权、交易机制、定价机制、分配机制、监管机制、法律保障范围等基础体系，最终让数据在市场中流通起来，并在流通中产生经济与社会价值。[1]

数据资产评估评价：通过第三方评估机构对持有数据的组织或个人在生产、运营过程中所产生的数据进行内在价值和使用价值的评估评价，为数据要素在市场中流通和交易提供基础性价值参考。[2]

条文详解

一、数据要素配置的统计指标体系

随着信息时代的发展，越来越多的社会生产环节转移到了数字和虚拟空间中完成，"元宇宙"概念的提出更是将数据对

---

[1]　国家工业信息安全发展研究中心：《中国数据要素市场发展报告（2020—2021）》，第3页。

[2]　国家工业信息安全发展研究中心：《中国数据要素市场发展报告（2020—2021）》，第31页。

社会生产的贡献前景无限放大。因此，充分利用和挖掘数据要素在社会生产中的价值，也将显著提升土地、劳动力、资本、技术等其他社会生产要素在生产活动中的效率。而数据作为生产要素参与社会生产，就需要对其进行市场化配置，形成生产要素价格及其统计指标体系。① 对此，我国一些数字经济较为发达的地区已有相应的立法实践。例如，《深圳经济特区数据条例》要求市统计部门探索建立数据生产要素统计核算制度，明确统计范围、统计指标和统计方法，准确反映数据生产要素的资产价值，推动将数据生产要素纳入国民经济核算体系，②从而推动和促进数字要素配置体系的建立与完善。

为了最大限度地发挥数据要素在社会生产中的价值，结合数据产业的特点，合理配置数据要素市场产业链中的各个环节，可以大致将数据要素市场从产生到发挥作用的过程主要分为七个模块：数据采集、数据存储、数据加工、数据流通、数据分析、数据应用和数据生态保障。其中除数据应用模块作为主要生产工具，发挥带动其他社会生产要素效益的作用外，其余六大模块均作为被挖掘价值和使用价值的生产对象。③ 实践中，可以此七个模块为基础构建数据要素配置的统计指标体系。

为充分保障数据要素的各个环节在市场中的合理配置，数据相关主管部门应充分评估评价数据要素从生产到发挥作用各个环节的特点，并对相应环节设立统计指标体系。例如，在数

---

① 国家工业信息安全发展研究中心：《中国数据要素市场发展报告（2020—2021）》，第2页。
② 《深圳经济特区数据条例》第64条。
③ 国家工业信息安全发展研究中心：《中国数据要素市场发展报告（2020—2021）》，第4页。

据采集环节，需要关注数据采集的准确度和全面性；在数据存储环节则需要关注数据存储的安全性和实时性；数据加工环节则需要关注数据加工的精度和颗粒度；数据分析环节注重数据深度分析和挖掘；在数据应用环节，更加关注数据作为要素在合理、充分应用中产生价值，降低生产要素获取成本，提升数据的赋能水平。[①]

二、数据要素配置的评估指南

在数据要素配置的各环节中，数据流通环节是数据要素市场的核心环节，需要针对不同类型数据提出不同的解决方案。对此，国家工业信息安全发展研究中心在《中国数据要素市场发展报告（2020—2021）》中提出了"数据流通金字塔模型"，即需要针对不同数据分类分级进行数据要素市场化配置。该模型将数据分为公开数据、低敏感度数据、中敏感度数据、高度机密数据四种。针对不同数据类型应用不同的数据流通技术和服务模式。[②]

针对不同类型的数据要素的特点，可以构建数据要素配置的评估评价指南。首先，国家安全数据、敏感个人信息数据等法律法规规定的高度机密数据，需依法严格管理，在没有相关法律法规许可的情况下不能进行流通。例如，《数据安全法》第21条第2款规定，关系国家安全、国民经济命脉、重要民生、重大公共利益等数据属于国家核心数据，实行更加严格

[①] 国家工业信息安全发展研究中心：《中国数据要素市场发展报告（2020—2021）》，第5页。

[②] 国家工业信息安全发展研究中心：《中国数据要素市场发展报告（2020—2021）》，第5页。

的管理制度。① 《个人信息保护法》第 28 条第 2 款对敏感个人信息也有严格规定，只有在具有特定的目的和充分的必要性，并采取严格保护措施的情形下，个人信息处理者方可处理敏感个人信息。② 按照上述上位法的规定，《深圳经济特区数据条例》也规定，在处理敏感个人数据或者国家规定的重要数据时，应当按照有关规定设立数据安全管理机构、明确数据安全管理责任人，并实施特别技术保护，③ 从而确保某些特定的数据要素不会进入市场化配置，保障国家数据安全与个人隐私不受侵犯。

其次，医疗数据、个人信用数据、企业生产经营数据等中度敏感数据在多方安全计算、联邦学习等一定加密或去标识化条件下可以进行流通。其中，中度敏感数据的定义和范围可参考 2022 年《信息安全技术 重要数据识别指南》（征求意见稿)④ 第 3.1 条对 "重要数据" 的定义，即 "以电子方式存在的，一旦遭到篡改、破坏、泄露或者非法获取、非法利用，可能危害国家安全、公共利益的数据"。鉴于《信息安全技术 重要数据识别指南》（征求意见稿）明确将上文提到的国家秘密和个人信息等高度机密数据排除在重要数据范围之外，但是基于海量个人信息形成的统计数据、衍生数据依然有可能属于重要数据，因此《信息安全技术 重要数据识别指南》（征求意见稿）第 4、5 条所规定的重要数据识别原则与因素可以作为中度敏感数据评估评价标准的参考之一。此外，对于中度敏感数

---

① 《数据安全法》第 21 条。
② 《个人信息保护法》第 28 条。
③ 《深圳经济特区数据条例》第 73 条。
④ 全国信息安全标准化技术委员会：《信息安全技术 重要数据识别指南》（征求意见稿），载 https://www.tc260.org.cn/front/postDetail.html？id=20220113141442。

据的评估评价标准，《深圳经济特区数据条例》第 74 条也规定，市网信部门应当统筹协调相关主管部门和行业主管部门按照国家数据分类分级保护制度制定本部门、本行业的重要数据具体目录，对列入目录的数据进行重点保护。① 由此可见，相关数据主管部门应当根据各区、各部门、各领域的数据特点制定相应的数据目录，以指导数据要素相关企业和部门采取安全技术措施，有针对性地保护特定的重要数据。尤其是个人信息及其衍生数据，需要符合《个人信息保护法》第 51 条第 3 项的规定，个人信息处理者应当"采取相应的加密、去标识化等安全技术措施"处理个人信息。② 采取多方安全计算、联邦学习等加密或去标识化技术手段，保障个人信息及其衍生数据的安全流通。

最后，为了推进数据的共享开放，合理配置数据要素在市场中的地位，赋能数据在提升社会生产效益中的作用，气象数据、地理数据、统计数据等政府政务公开数据，可以通过数据开放、API 技术服务等方式进行流通。例如，《深圳经济特区数据条例》第 34 条规定，市政务服务数据管理部门负责推动公共数据向城市大数据中心汇聚，组织公共管理和服务机构依托城市大数据中心开展公共数据共享、开放和利用。而对于车牌号数据、交通违章数据等低度敏感数据，也可以通过数据沙盒、API 技术服务等方式进行流通。③ 对此，可以由持有数据的自然人、法人或非法人组织，或上海数据交易所等相关数据

---

① 《深圳经济特区数据条例》第 74 条。
② 《个人信息保护法》第 51 条。
③ 国家工业信息安全发展研究中心：《中国数据要素市场发展报告（2020—2021）》，第 5 页。

交易机构先行对低度敏感数据进行数据清洗等脱敏处理，保障数据在市场交易流通过程中的安全与合规。

三、科学评价不同数据对经济社会发展的贡献度

数据资产可以按照数据应用所在的领域进行划分，不同领域的数据资产具有不同的特征，这些特征可能会对数据资产的价值产生较大的影响，从而影响数据对经济社会发展贡献度的评价。以政府公共数据资产为例，其主要特点为数据规模庞大，涉及领域广泛，且数据异构性强。政府公共数据往往跨越了农业、气候、教育、能源、金融、区域发展、医疗卫生、工作就业、公共安全、科学研究、气象气候等众多领域。这些来源广泛、数量巨大、非结构化的异质数据，增加了政府管理的难度。因此，上海市相关主管部门应该如何科学地评价各区、各部门、各领域数据对经济社会发展的贡献度，进而将这些数据合理地应用于经济发展和社会治理成为本条关注和探索的问题。

可以从以下三个方面评价数据对经济社会发展的贡献度：第一，评价数据的来源、规模、类型、呈现形式、时效性、应用范围、产生时间、权利属性、法律状态以及更新时间和频率等。其评价指标应覆盖数据生产到价值实现的全过程，从数据资产建设初期的数据规划、采集获取、数据确认、数据描述等方面的内容，到中期数据运营维护在内的数据存储、数据整合、知识发现等评价指标，直至最终数据管理所需要的人力资源、数据外包服务等评价指标。

第二，评价数据要素的服务模式。目前，大数据交易所的服务模式主要以提供各方交易的数据平台为主，仅收取一定费用作为自身运营所需成本。本条例生效后，为促进数据要素市

场的发展和流通，数据市场的主流服务模式必然还是以商业模式为主。目前以数据要素为核心的商业模式主要有：提供数据服务模式，提供信息服务模式、数字媒体模式、数据资产服务模式、数据空间运营模式和数据资产技术服务模式等。① 不同领域对应不同的商业模式，需要制定相应的评价指标。

第三，评价数据的流通效率。上文提到的数据金字塔模型将数据分为公开数据、低敏感度数据、中敏感度数据、高度机密数据四种。其中高度机密数据不具有流通性。针对剩余三种不同的数据类型，应制定不同的数据流通效率评价指标。首先，通过可流通数据量占总数据量的比重确定该数据对外开放共享程度；其次，考虑到不同的数据流通类型对数据消费者范围的影响，需要对数据传播的广泛程度进行评价，即数据在数据要素配置市场中被其他数据消费者接受的总量。一般而言数据的流通效率越高，对相关行业的社会贡献度也就越高。具体评价指标可以结合数据交易所的大数据交易信息和记录进行制定。②

综上，数据要素配置的统计指标和评估评价存在标准模糊，各区、各部门、各领域数据对不同经济产业贡献度尚不明晰的问题，亟须建立数据要素市场资产评估评价机制架构，并由市相关部门制定具体体系细则和指南，以达到利用数据为各经济产业赋能的目标。③ 数据要素市场需要在本条例和其他相

---

① 中国资产评估协会：《资产评估专家指引第 9 号——数据资产评估》（中评协〔2019〕40 号），2020 年 1 月 9 日，第 6 页。

② 中国资产评估协会：《资产评估专家指引第 9 号——数据资产评估》（中评协〔2019〕40 号），2020 年 1 月 9 日，第 19 页。

③ 国家工业信息安全发展研究中心：《中国数据要素市场发展报告（2020—2021）》，第 36 页。

关法规及政策的指引下，由政府相关部门制定合适的统计指导体系和评估评价指南，以实现数据要素的合理市场化配置，从而保证数据要素市场的可持续发展。

参考资料

《数据安全法》第 21 条

《个人信息保护法》第 28、51 条

《深圳经济特区数据条例》第 34、57、61、62、63、64、73、74、77 条

（撰稿人：黄一帆）

第五十二条 【市场主体义务】

市场主体应当加强数据质量管理，确保数据真实、准确、完整。

市场主体对数据的使用应当遵守反垄断、反不正当竞争、消费者权益保护等法律、法规的规定。

本条主旨

本条旨在规定数据要素市场主体使用数据所负的义务。

核心概念

数据质量：数据中所包含的一组或多组固有的属性或多维属性，以及该属性或多维属性满足数据消费者或数据处理者存储、清洗、加工、处理等要求的程度。

条文详解

一、数据质量的管理要求

随着大数据时代的发展，仅仅体量大的数据往往无法满足作为数据消费者或数据处理者的市场主体对于挖掘数据背后价值的需求。由此，为促进数据市场的交易和流通，本条第1款对数据相关市场主体所持有的数据质量提出了要求。对数据消费者而言，数据的真实性、准确性和完整性是数据处理过程中其非常关注的三个维度的属性。

首先，数据的真实性是指在数据收集和存储阶段对于原始数据的保存，不得任意篡改和伪造数据。在技术日益发展的今天，数据投毒、深度伪造等问题也无时无刻不困扰着数据交易者，引发参与数据交易的市场主体对于数据质量的担忧。因此，对于数据真实性的认定和要求是打消市场主体顾虑，促进数据流通利用与数据要素市场建设的基础。

其次，数据的准确性是指数据记录的信息是否存在异常或错误。常见的数据准确性问题有：（1）数据错误。如打开损坏文件时出现的乱码。（2）数据大小出现异常。主要包括无法准确反映所包含信息的数据，也属于不符合准确性条件的数据。（3）数据噪声过大。主要包括信噪比不符合数据消费者要求，清除数据噪声成本过高的数据。对于数据消费者而言，数据噪声越低往往意味着数据准确性越高。

最后，数据的完整性是指数据不能是孤立和零散的，主要体现在数据信息是否存在缺失的状况。对于数据消费者来说，通过完整的数据对企业或个人创建精确的画像是数据分析的重要环节。一旦出现数据缺失的情况，无论是整个数据记录缺失，抑或数据中某个字段信息的记录缺失，都会对整个数据分析和精准画像的创建产生影响。

因此，本条要求市场主体在数据源头就对数据质量加强管理，是保障未来数据要素市场稳固发展的前提。将真实性、准确性和完整性三个维度的数据技术质量属性要求提升到规范层面，是对市场主体提供的数据质量法治化合规治理的有益探索。

二、数据使用的反垄断保护

本条除了对参与数据要素交易的市场主体所提供的数据质量提出了一定要求，第 2 款对于已经在数据领域占有竞争优势的某些市场主体也提出了数据使用的合规要求。其中最为公众所熟知的莫过于国家市场监督管理总局（以下简称总局）于 2021 年 4 月 10 日对互联网巨头阿里巴巴集团开出的 182.28 亿元行政处罚。在涉及数据反垄断领域，总局认为，阿里巴巴集团具有先进的技术条件，凭借进入网络零售平台服务市场的先发优势，拥有海量的交易、物流、支付等数据。由于数据是重要资源和无形资产，致使平台内经营者转换至其他竞争性平台面临较高成本。由此，总局根据《反垄断法》第 18、19 条认定阿里巴巴集团在中国境内网络零售服务平台具有支配地位，并且凭借其数据垄断以及其他竞争优势带来的网络零售平台市场支配地位，总局根据《反垄断法》第 17 条第 4 项认定阿里巴巴集团滥用市场支配地位排除、限制了相关市场竞争，侵害了平台内经营者的合法权益，损害了消费者利益。[①]

---

① 《国家市场监督管理总局行政处罚决定书》（国市监处〔2021〕28 号），载中国市场监管行政处罚文书网：https://cfws.samr.gov.cn/detail.html? docid=x100000202128。

　　由此可见，在鼓励市场主体提高数据质量，充分利用挖掘数据价值的同时，立法机关也意识到了数据实践中类似数据垄断情况不是偶发现象。针对潜在的数据垄断风险制定本条，要求市场主体对数据的使用应遵循《反垄断法》的规定。对于持有数据或准备进行数据交易的市场主体而言，可以参考《深圳经济特区数据条例》第 70 条①，从以下两个方面判断是否有数据垄断行为。第一，市场主体是否存在排斥在数据领域与其竞争的市场主体的行为，或与其他持有数据的市场主体联合对第三方市场主体实行不公平对待的行为；第二，市场主体是否存在利用各自持有数据资源的优势达成垄断性协议，或通过数据交易获得足以取得市场支配地位的数据，未对相关行为予以申报，而构成违法实施经营者集中的行为。

三、数据使用的反不正当竞争保护

　　与数据反垄断类似，对于数据同样不得以不正当竞争方式非法获取、加工或使用。例如，在新浪微博诉脉脉不正当竞争案②中，原告微梦公司（以下称微博）认为被告淘友公司（以下称脉脉）非法抓取使用了新浪微博平台的数据，主要是指用户的交友信息、职业信息和昵称、头像等一些公开数据。案件发生之前，双方合作通过开放 API（Application Programming Interface）③ 模式的开放端口实现数据信息的共享。但是争议焦点在于数据共享的授权权限问题。微博认为双方签署的《开发者

---

　　①　《深圳经济特区数据条例》第 70 条规定："市场主体不得通过达成垄断协议、滥用在数据要素市场的支配地位、违法实施经营者集中等方式，排除、限制竞争。"

　　②　北京知识产权法院（2016）京 73 民终 588 号民事判决书。

　　③　服务型网站常见的一种应用，网站的服务商将自己的网站服务封装成一系列 API 开放出去，供第三方开发者使用。

协议》并未授权脉脉抓取教育信息和职业信息等数据信息，而脉脉主张其通过 API 开放端口利用"网络爬虫（spider）"技术抓取数据，没有采取其他任何破坏技术措施的行为，其获取数据的方式和内容均为正当合法。对此，北京知识产权法院认定脉脉抓取了其没有权限抓取的教育信息和职业信息数据，并未遵守"用户授权+平台授权+用户授权"的三重授权原则，违反了诚实信用原则和互联网中的商业道德。进而根据《反不正当竞争法》认定脉脉未经授权获取微博数据的行为构成不正当竞争。①

本条第 2 款规定了市场主体使用数据必须遵守的与反不正当竞争相关的法律法规。参考《深圳经济特区数据条例》第 67、68 条，可以从以下两个方面判断市场主体是否存在不正当竞争行为。第一，市场主体参与交易的数据产品或服务是否包含未依法获得授权的个人数据和未经依法开放的公共数据。② 第二，市场主体是否使用非法手段获取其他市场主体的数据，或利用非法收集的其他市场主体数据提供替代性产品或者服务的行为。③

四、数据使用的消费者权益保护

从 2017 年开始，我国许多电子商务网站利用平台累积的数

---

① 北京知识产权法院（2016）京 73 民终 588 号民事判决书。

② 《深圳经济特区数据条例》第 67 条规定："市场主体合法处理数据形成的数据产品和服务，可以依法交易。但是，有下列情形之一的除外：（一）交易的数据产品和服务包含个人数据未依法获得授权的；（二）交易的数据产品和服务包含未经依法开放的公共数据的；（三）法律、法规规定禁止交易的其他情形。"

③ 《深圳经济特区数据条例》第 68 条规定："市场主体应当遵守公平竞争原则，不得实施下列侵害其他市场主体合法权益的行为：（一）使用非法手段获取其他市场主体的数据；（二）利用非法收集的其他市场主体数据提供替代性产品或者服务；（三）法律、法规规定禁止的其他行为。"

据针对不同消费者提供价格歧视的"杀熟"行为开始逐渐受到社会关注。如今"数据杀熟"行为涉及打车出行、网络购物、酒店预订等领域。消费者对于相应平台利用市场强势地位的行为，缺少有效限制的手段。

以酒店预订为例，平台 App 在下单环节会收集确认订单的时间，以及最终支付时间等基本数据信息。若平台为了利益最大化目的，设定订单到最终支付耗时非常短的用户，相比耗时较长需要货比三家的用户而言，对价格波动的敏感度较低，该算法根据数据分析向习惯下单立刻支付的用户推送更高的价格，从而获得更高的利润。对此类差别化定位行为，《消费者权益保护法》第8、10、20条所赋予的知情权和公平交易权主要规范了经营者提供的商品和服务，对于算法和数据而言指向性不高。

对此，国家互联网信息办公室在《互联网信息服务算法推荐管理规定》第17条第1款提出：算法推荐服务提供者应当向用户提供不针对其个人特征的选项，或者向用户提供便捷的关闭算法推荐服务的选项。用户选择关闭算法推荐服务的，算法推荐服务提供者应当立即停止提供相关服务。[1] 由此可见，有关部门已经意识到对于数据的使用不应以牺牲消费者权益为代价。本条第2款要求市场主体在使用数据时需要关注消费者权益保护问题，也体现出立法机关对于这类问题的重视。

---

[1] 国家互联网信息办公室：《互联网信息服务算法推荐管理规定》，2022年3月1日起施行，第17条第1款。

参考资料

《民法典》第 127、1034 条

《数据安全法》第 7 条

《个人信息保护法》第 2 条

《反垄断法》第 22、23、24 条

《消费者权益保护法》第 8、10、20 条

《反不正当竞争法》第 2 条

《深圳经济特区数据条例》第 39、57、61、62 条

《互联网信息服务算法推荐管理规定》第 16、17 条

（撰稿人：黄一帆）

第二节　数据交易

第五十三条　【数据交易服务机构】

本市支持数据交易服务机构有序发展，为数据交易提供数据资产、数据合规性、数据质量等第三方评估以及交易撮合、交易代理、专业咨询、数据经纪、数据交付等专业服务。

本市建立健全数据交易服务机构管理制度，加强对服务机构的监管，规范服务人员的执业行为。

本条主旨

本条是条例的核心条款之一，一方面旨在推动数据交易服

务机构的有序发展，为数据交易提供第三方评估与专业服务；另一方面旨在通过建立健全数据服务机构管理制度，对数据交易服务机构强化监管，对服务人员的执业行为有效规范，从而促进数据交易的合规发展。

条文详解

2020 年 3 月 30 日，中共中央、国务院联合发布《关于构建更加完善的要素市场化配置体制机制的意见》，将数据列为生产要素之一，并明确将数据要素的市场化配置作为要素市场制度建设的方向和重点改革任务之一。《民法典》第 127 条规定："法律对数据、网络虚拟财产的保护有规定的，依照其规定。"该条宣示性地承认了数据的民事权益地位，这是法律回应社会经济需求的重大创举。[1] 可以说，数据是继土地、劳动力、资本、技术四大生产要素之后的第五大生产要素。然而，数据要素的产权不清晰、权利属性的不明确以及数据要素交易规则的缺乏，对我国建立健全数据要素市场形成了制约。[2] 为了加快培育数据要素市场，当务之急便是需要从法律制度层面推动数据交易服务机构的发展，因为数据交易服务机构是数据交易过程中重要的制度供给基础设施。倘若没有构建完善的数据交易服务机构，那么便无法高效地促进数据交易的实现，无法实现《上海市数据条例》的立法初衷，促进数据的交易、流转、处分与收益。

---

[1]　钟晓雯：《数据交易的权利规制路径：窠臼、转向与展开》，载《科技与法律（中英文）》2021 年第 5 期。

[2]　李爱君：《数据要素市场培育法律制度构建》，载《法学杂志》2021 年第 9 期。

一、数据交易服务机构的界定

目前各行各业对于数据的需求旺盛，数据不合规交易屡禁不止，迫切需要规范、透明的数据交易服务机构，建立数据交易的合法秩序，这是促进产业技术创新及加强数据隐私保护的更好选择。[①] 在这样的背景下，各类数据交易服务机构纷纷成立。[②]

数据交易有其自身的特殊性。这种特殊性源于数据具有可复制、可共享、快速增长与低成本供给的特点。从数据交易的市场结构来看，数据交易主体是数据交易市场的重要参与者，它包括数据供方、数据需方以及数据交易服务机构等。其中，数据供方是指在数据交易中提供数据的一方，包括数据生产者、数据控制者、数据运营者、数据信托机构等。数据需方是在数据交易中购买和使用数据的一方，包括行政机关、企业单位、事业单位以及社会团体等主体。数据交易服务机构依托数据交易服务平台为数据供需双方提供数据交易服务。[③]

从《上海市数据条例》的规定可以看出，数据交易除了交易主体双方外，还依赖于数据交易代理、数据经纪、第三方数据评估等"配套"服务，这也符合当前数据交易市场处于探索阶段的现状。不过，此条所规定的数据交易服务机构不同于美国的"数据掮客"，并不需要向政府申报其采集或购买的信息。美国佛蒙特州于2018年5月通过立法要求所有采集或购买本州

① 王忠：《大数据时代个人数据交易许可机制研究》，载《理论月刊》2015年第6期。
② 史宇航：《个人数据交易的法律规制》，载《情报理论与实践》2016年第5期。
③ 《天津市数据交易管理暂行办法》（征求意见稿）（2020年8月）第7条。

居民个人信息的公司必须向州政府申报，这是全美第一部规范"数据掮客"的立法。本条所规定的数据交易服务机构是指为数据供需双方提供数据资产、数据合规性、数据质量等第三方评估以及交易撮合、交易代理、专业咨询、数据经纪、数据交付等专业服务的机构。由相关服务机构提供的交易服务，是数据活动的重要组成部分。同时，数据交易服务机构不同于数据交易所。数据交易所是为国内外数据集中交易提供公平有序、安全可控、全程可追溯的场所与设施，它是组织和监督管理数据交易，实行自律管理、依法登记并取得法人资格的交易中介。可以预见的是，《上海市数据条例》施行后，随着数据交易活动愈加频繁，服务于数据交易的各类商事主体（数据交易服务机构）会如"雨后春笋"般涌现。

二、数据交易服务机构的主要职能

目前大多数的数据资源还未实现普遍的标准化，数据质量参差不齐，严重降低了数据的使用与交易价值。因此，数据交易服务机构的出现，是数据要素市场建设的必然趋势。[1] 随着数据交易市场的发展，我国也开始了建设数据交易服务机构的尝试。北京市中关村数海数据资产评估中心于 2015 年经国家工商总局批复成立，它是我国首家开展数据资产登记确权估值的专业服务机构；2016 年，贵阳市成立了大数据资产评估实验室，为数据交易提供专业服务。

关于数据交易服务机构的主要职能，《上海市数据条例（草案）》（征求意见稿）以及《上海市数据条例》都具体明

---

① 李有星、朱悦、金幼芳等：《数据资源权益保护法立法研究》，浙江大学出版社 2021 年版，第 131—132 页。

确了数据交易服务机构的两种职能：其一，数据交易服务机构具有提供数据资产、数据合规性、数据质量等第三方评估的职能；其二，数据交易服务机构具有交易撮合、交易代理、专业咨询、数据经纪、数据交付等专业服务的职能。

三、建立健全数据交易服务机构管理制度

美国学者尼尔·理查兹（Neil M. Richards）提出了"大数据三大悖论"，包括透明化悖论、身份悖论、权力悖论。在"权力悖论"中，他指出"数据是改造社会的重要力量，但这种力量的发挥是以牺牲个人权利为代价的，而让各大权力实体（服务机构或政府）独享'特权'，数据利益的天平倾向于对个人数据拥有控制权的机构"。[①] 而且，在数据权力实体与数据权利个体之间存在着巨大的力量不对称，[②] 但是现有的法律体系与社会规范并没有给予数据交易服务机构必要的法律规制，并未建立健全数据交易服务机构管理制度。

无规矩不成方圆，为了保护数据相关主体的权益，有必要构建不同于既有法律体系的数据权利法律规制。尽管《数据安全法》第 33 条指出"从事数据交易中介服务的机构提供服务，应当要求数据提供方说明数据来源，审核交易双方的身份，并留存审核、交易记录"，从基本法律层面强调了数据交易服务机构规范性的重要性，但是并没有细化至数据交易服务机构管理制度。可以说，建立健全数据交易服务机构管理制度是当前亟待解决的规范秩序问题，也是此次《上海市数据条例》重要

---

① 连玉明：《数权法 1.0》，社会科学文献出版社 2018 年版，第 111 页。
② 肖冬梅、文禹衡：《数据权谱系论纲》，载《湘潭大学学报（哲学社会科学版）》2015 年第 6 期。

的制度创新与数据法治深化。因为倘若无法对数据交易服务机构进行有效规制，建立规范透明、合法有效的数据服务机构管理制度，加强对数据交易服务机构的监管，有效规范相关服务人员的执业行为，那么便无法促进数据交易服务机构的规范有序发展，推动数据交易的健康可持续发展。

参考资料

《民法典》第 127 条

《数据安全法》第 7、33 条

《个人信息保护法》第 2 条

《深圳经济特区数据条例》第 58、61 条

《上海市数据条例》（学术建议稿）第 18 条

欧盟《通用数据保护条例》第三章

（撰稿人：程雪军）

第五十四条　【数据交易服务机构规范】

数据交易服务机构应当建立规范透明、安全可控、可追溯的数据交易服务环境，制定交易服务流程、内部管理制度，并采取有效措施保护数据安全，保护个人隐私、个人信息、商业秘密、保密商务信息。

本条主旨

本条是条例的核心条文之一，旨在确定数据交易服务机构的规范制度，建立规范透明、安全可控、可追溯的数据交易服务环境，有效保护数据安全以及信息安全。

条文详解

一、数据交易服务机构的制度规范

当前，各国都已充分意识到数据交易服务机构的重要性，从强化数据交易服务机构的责任出发，保障信息处理的公平、透明、安全性，加强数据主体的数据权益等保护。[①] 不过，我国关于数据交易主体的供方、需方以及交易服务方应当具备什么样的资格均不太明确，[②] 严重制约了数据交易的规范化发展。根据当前理论研究与实践中的经验，数据交易服务机构与数据交易所都是数据交易的重要参与主体，但是两者的内涵有所不同，各自角色与作用既有重叠又有区分之处。从广义角度来看，数据资产评估、数据专业服务等机构都是数据交易服务机构，它们与数据交易所的盈利模式以及运作机理相差较大，需要在制度上重新明晰此类新型的数据交易服务机构的法律规范性。

现代立法其实是一个利益识别、利益选择、利益整合以及利益表达的交涉过程。在这一过程中，立法者旨在追求实现利益均衡。[③] 立法者对利益的深入研究，有助于明确立法之宗旨，制定对社会各种利益安排恰当的法律制度。[④] 同理，对数据交

[①] 个人信息保护课题组：《个人信息保护国际比较研究》，中国金融出版社 2021 年版，第 92 页。

[②] 张敏：《交易安全视域下我国大数据交易的法律监管》，载《情报杂志》2017 年第 2 期。

[③] 张斌：《论现代立法中的利益平衡机制》，载《清华大学学报（哲学社会科学版）》2005 年第 2 期。

[④] 何勤华：《西方法律思想史》，复旦大学出版社 2005 年版，第 255 页。

易服务机构的法律制度规范，就是对数据市场利益平衡机制构
建的实践探索，立法机构基于理论研究与实践经验的考量，对
于不同利益主体的需求进行识别与取舍。可以说，在数据交易
服务机构的立法探索中，通过法律确认实践已有的合理利益合
法化为权利、义务与职责，可以为社会公众留下足够的公共利
益空间。①《上海市数据条例》关于数据交易服务机构规范，主
要体现在三个层面：第一，数据交易服务机构应当建立规范透
明、安全可控、可追溯的数据交易服务环境。其中，规范透明
是数据交易服务环境的内在要求，安全可控是数据交易服务环
境的客观要求，可追溯是数据交易服务环境的现实要求。唯有
建立健全规范透明、安全可控、可追溯的数据交易服务环境，
方可更好地实现数据交易服务机构的外在法律制度规范。第
二，数据交易服务机构应当制定交易服务流程、内部管理制
度。清晰透明的交易服务流程、完善规范的内部管理制度，是
促进数据交易服务机构可持续发展的内在法律制度规范。第
三，数据交易服务机构应当采取有效措施保护数据安全，保护
个人隐私、个人信息、商业秘密、保密商务信息。众所周知，
数据安全是数据交易的基础，倘若无法有效保护数据安全，那
么便无法从法律制度层面保障数据交易的稳定进行，亦无法促
进数据交易服务机构的规范发展。基于此，数据交易服务机构
应当采取有效措施保护数据安全，而且需要保护个人隐私、个
人信息、商业秘密、保密商务信息，这是对数据交易服务机构
进行法律规范的制度基石。

___

① 曲冬梅：《证券交易信息的法律保护——基于利益平衡的视角》，知识产权出
版社2010年版，第50页。

二、相较于征求意见稿的重要条文内容变化

《上海市数据条例（草案）》（征求意见稿）通过第 53 条明确了对数据交易服务机构的要求："数据交易服务机构应当建立规范透明、安全可控、可追溯的数据交易服务环境，制定交易服务流程、内部管理制度以及机构自律规则，并采取有效措施保护个人隐私、商业秘密、重要数据和国家核心数据。"相较于征求意见稿，最终颁布的《上海市数据条例》做了三次修订。

首先，将条款标题由"数据交易服务机构要求"修改为"数据交易服务机构规范"。"规范"比"要求"的表述更加契合法律治理层面的需求。

其次，删除了"机构自律规则"。由于数据信息技术发展迅速，而法律制定总是滞后于技术创新状况，所以采用自律规则作为立法之外的补充受到行业组织、权力机构和行政机构的鼓励和支持。[①] 对于行业自律规则而言，并非所有的行业组织都具备制定完善的自律规则能力。唯有那些具有比较成熟的行业组织架构的行业组织（如行业协会），方可更好地制定自律规则。然而，数据交易服务机构作为数据交易的重要主体，目前并没有形成成熟、完善的行业组织，如数据交易服务协会，这便导致其无法从法律主体上承接机构自律规则的职责。

最后，将《上海市数据条例（草案）》（征求意见稿）中的"保护个人隐私、商业秘密、重要数据和国家核心数据"修改为《上海市数据条例》中的"保护数据安全，保护个人隐

---

① 华劼：《网络时代的隐私权——兼论美国和欧盟网络隐私权保护规则及其对我国的启示》，载《河北法学》2008 年第 6 期。

私、个人信息、商业秘密、保密商务信息"。此次修改在三个
层面扩大了数据交易服务机构的规范范围：一是将重要数据和
国家核心数据扩大到了整体的数据安全；二是将个人隐私扩大
到个人隐私与个人信息，因为并非所有的个人信息都涉及个人
隐私；三是将商业秘密扩大到商业秘密与保密商务信息，因为
商业秘密是《民法典》第 123 条明确提出的知识产权客体，它
是一种无形的信息财产。① 具体而言，商业秘密是指不为公众
所知悉，具有商业价值，并经权利人采取相应保密措施的技术
信息、经营信息等商业信息，但是需要指出并非所有的保密商
务信息都是商业秘密，条例规定充分考虑了数据实践的特殊情
况。由此可见，此次对征求意见稿的修订，从法律制度层面上
加强了对数据交易服务机构的规范。

参考资料

《民法典》第 1034 条

《数据安全法》第 47 条

《个人信息保护法》第 2、11 条

《深圳经济特区数据条例（一审稿）》第 66 条

欧盟《通用数据保护条例》第三章

日本《个人信息保护法》第 10 条

（撰稿人：程雪军）

---

① 吴汉东：《财产权客体制度论——以无形财产权客体为主要研究对象》，载
《法商研究（中南政法学院学报）》2000 年第 4 期。

第五十五条 【数据交易禁止行为】

本市鼓励数据交易活动，有下列情形之一的，不得交易：

（一）危害国家安全、公共利益，侵害个人隐私的；

（二）未经合法权利人授权同意的；

（三）法律、法规规定禁止交易的其他情形。

本条主旨

本条通过规范数据交易的禁止行为（负面清单），从国家安全、公共利益、私人隐私与授权等层面切入，旨在促进数据交易在规范化路径上发展。

条文详解

本条以负面清单方式，明示禁止进行数据交易的活动。这些数据交易禁止行为主要包括三个层面：其一，危害国家安全、公共利益，侵害个人隐私的，这些直接违反了相关法律规定；其二，未经合法权利人授权同意的，没有获得当事人授权便无法行使数据交易权；其三，作为兜底条款，法律、法规规定禁止交易的其他情形。

一、鼓励数据交易活动

2020年3月底，中共中央、国务院出台《关于构建更加完善的要素市场化配置体制机制的意见》，指导土地、劳动力、资本、技术、数据五大要素市场化配置深化改革，明确加快要素价格市场化改革，并提出"加快培育数据要素市场"，同时明确"引导培育大数据交易市场，依法合规开展数据交易"，这是从中央层面首次重点鼓励数据交易活动，推动我国数据要素有序高效流通，从而深入释放数据红利。2021 年 6 月初，全国人大通过了《数据安全法》，其在第 19 条明确提出："国家建立健全数据交易管理制度，规范数据交易行为，培育数据交易市场。"

本条对鼓励数据交易活动的重申，正是对中央层面关于加快培育数据要素市场与数据交易的积极回应。一方面，从法律原理上分析，法无禁止即可为，体现的是对私权利主体的规范。倘若通过对数据交易禁止行为的明示，那么就可以从侧面推动数据交易更多的可为行为，从而鼓励数据交易活动的发展。另一方面，关于鼓励数据交易活动的主体，参照《上海市数据条例》第 15 条的规定，"自然人、法人和非法人组织可以依法开展数据交易活动"，可知自然人、法人和非法人组织是本条所规定的适格主体。

二、禁止"非法"数据交易

本条采用负面清单的方式规定了可以数据交易的对象，坚持"以鼓励交易为原则，以禁止交易为例外"的立法理念。所谓禁止交易为例外，就是指交易不得危害国家安全、公共利益，不得侵犯个人隐私，含有个人信息的交易应当获得授权，需要特别授权、单独明示同意的交易应当取得同意。通俗理解，以不侵害国家安全、公共利益与个人隐私权、不违反《个人信息保护法》为最低标准。对于公共数据，其本身的开放受到行政机关及事业单位数据合规的约束，获得公共数据的途径应当是合法的，否则即使获得了公共数据也不得交易。

其中，关于本条中的第 2 项所规定的"未经合法权利人授权同意"不得交易的理解。我国高度重视个人数据的安全性问题，《民法典》《网络安全法》建立了个人信息采集处理"授权同意"机制；国家市场监督管理总局、国家标准化管理委员会于 2020 年 3 月发布的国家标准《信息安全技术 个人信息安全规范》（GB/T 35273—2020）中对个人信息在收集、存储、使用、共享、转让与公开披露等处理环节中的相关行为进行了严格规范；全国信息安全标准化技术委员会于 2019 年 6 月专门针对生物特征识别信息发布了《信息技术 安全技术 生物特征识别信息的保护要求》（征求意见稿）。当前的个人信息收集在法律上是以被收集人"授权同意"机制为基础的。[①] 具体到数据交易行为时，法律规范也应该充分尊重合法权利人对其自身数据权益的控制性利益。未经合法权利人授权同意的，其他任何市场主体都不得对其数据进行交易。

三、相较于征求意见稿的重要法律条文的变化

《上海市数据条例（草案）》（征求意见稿）在第 55 条对该内容进行了规定，相较于《上海市数据条例》，内容的主要变化有以下几个方面：

第一，将法律条款的标题从"数据交易内容"修改为"数据交易禁止行为"，这是立法层面的巨大进步。因为如果按照此前"数据交易内容"实施，那么法条的规定将会更加具象化，类似于"法无授权即禁止"，但是该原则更多应用于限制公权力滥用的场景；而修订后将"数据交易禁止行为"变更为

[①] 华国庆、陶园：《论生物特征识别系统个人信息采集处理授权同意机制》，载《江西社会科学》2021 年第 5 期。

鼓励数据交易，类似于"法无禁止即可为"的原则，更契合私权利的普遍性原理。只要相关法律法规中无明确的禁止性规定，公民或者法人就拥有自行约定或者为一定的数据交易行为的自由，更加符合"以鼓励交易为原则，以禁止交易为例外"的立法理念。

第二，修改了数据交易的条件。在《上海市数据条例（草案）》（征求意见稿）中规定的数据交易条件较为苛刻，即市场主体以合法方式获取的数据，以及合法处理数据形成的数据产品和服务，可以依法交易。但是，正式颁布的《上海市数据条例》中对数据交易的规定更为开放、条件更为宽松。

第三，数据交易禁止行为有所不同。在《上海市数据条例（草案）》（征求意见稿）中，它包括三个层面的数据交易禁止行为：一是未依法获得授权的个人信息；二是未经依法开放的公共数据；三是法律、法规规定禁止交易的其他情形。然而，在正式颁布的《上海市数据条例》中，它所规定的数据交易禁止行为更为立体、具有更强的层次性与原理性：一是违反法律强制规范的，即危害国家安全、公共利益，侵害个人隐私的；二是缺少私人约定的合法权利基础的，即未经合法权利人授权同意的；三是兜底条款，即法律、法规规定禁止交易的其他情形，形成了可交易数据更为完善的规范基础体系。

参考资料

《民法典》第 1034 条

《数据安全法》第 7 条

《个人信息保护法》第 10 条

《深圳经济特区数据条例》第 67 条

《上海市数据条例（学术建议稿）》第 23 条

欧盟《通用数据保护条例》第三章

日本《个人信息保护法》第 16 条

（撰稿人：程雪军）

第五十六条 【数据交易形式】

市场主体可以通过依法设立的数据交易所进行数据交易，也可以依法自行交易。

本条主旨

本条旨在以数据交易所为界限划分数据交易的场内与场外两种形式，并明确二者皆为数据交易的合法形式。

核心概念

数据交易所：根据相关规定，依法设立的数据交易服务平台。未经批准，任何单位或者个人不得设立数据交易场所或者以任何形式组织数据交易及其相关活动。其中，上海数据交易所是指经上海市人民政府审批设立的数据交易所，它是不以营利为目的，按照章程和交易规则，实行自律管理的法人。

条文详解

一、数据交易的形式与意义

本条规定了数据交易的两种形式：场内交易与场外交易。所谓数据的场内交易形式，是指本市鼓励数据交易主体在本市依法设立的数据交易所进行场内数据交易，数据交易所设立之主要目的在于对数据不存在权利瑕疵、安全风险等方面问题加以背书。数据需方通过场内交易购买的数据，其权益依本条例受到保护；数据供方通过场内交易出售的数据，其收益依本条例受到保护；本条例未作规定的，依法受其他有关法律、法规的保护。所谓数据的场外交易形式，是指交易主体并非在本市依法设立的数据交易所进行交易，而是在场外场所依法自行交易。场外交易与场内交易相比，没有集中、固定的交易场所与交易活动时间，缺乏严密的组织管理制度，公开性要求较弱等。

数据的交易场所是消减企业、个人以及其他组织的风险预期，促进数据交易市场建设的基础性制度。本条例采取两种方式实现数据交易之目的：其一是市场主体可以通过依法设立的数据交易所进行数据交易，即通过建设上海数据交易所的方式，实现标准化交易；其二是市场主体也可以依法进行自行交易，即通过场外进行交易，在鼓励场内交易的同时，保障私人数据交易自主权。申言之，本条的制定，是对数据交易方式认定的全面探索，旨在促进数据交易的依法发展。

二、数据交易所的法律界定

数据作为经济发展的黏合剂和催化剂，赋予了其他生产要素更多价值，其对生产力发展所带来的影响甚至将超过其他的劳动、土地、资本以及信息生产要素。[①] 其中，数据交易是最为主要也是最为市场化的数据流通方式。为适应数据交易的现

---

① 参见李政、周希祺：《数据作为生产要素参与分配的政治经济学分析》，载《学习与探索》2020年第1期。

实需求，数据交易场所应运而生。然而，有关数据交易所的法律属性，目前并没有完整的界定。

2020年9月，北京市地方金融监督管理局、北京市经济和信息化局为深入贯彻落实国家大数据发展战略，加快推进大数据交易基础设施建设，促进数据要素市场化流通，根据《北京市加快新型基础设施建设行动方案（2020—2022）》，首次研究制定了《北京国际大数据交易所设立工作实施方案》，在全国范围内提出了设立数据交易所的设想。

本条虽明确了数据交易所的法律作用，但是并没有全面阐释数据交易所的法律概念。相较于《上海市数据条例（草案）》专门设置了一节为"上海数据交易所"，正式颁布的条文更为简化。参照《上海市数据条例》从草案、征求意见稿、二审稿以及发布稿的立法变迁，并借鉴《证券交易所管理办法》与《期货交易所管理办法》等相关规定，本书认为数据交易所是为国内外数据集中交易提供公平有序、安全可控、全程可追溯的场所与设施，组织和监督管理数据交易，实行自律管理、依法登记并取得法人资格的交易所。其中，数据交易所既可以采取会员制法人，也可以采取公司制法人的设立方式。

三、数据交易所的主要功能

审视金融类交易所（如证券、期货、黄金交易所等）在金融市场中的重要作用，明确数据交易场所的功能定位，是充分发挥数据交易场所作用的前提。第一，数据交易场所应作为汇集数据资源的平台。众所周知，数据具有边际成本递减、规模效应递增的特点，大量数据的汇集有利于整合多样化的数据资源，洞察数据之间的关联，充分挖掘数据价值。通过汇聚数据资源搭建数据交易的平台，可以有效吸引市场上数据供需方的参与，汇集更多有价值的数据资源，形成数据的良性循环，助力数据要素市场的流通与活跃。第二，数据交易场所应作为数据交易安全高效开展的平台。一方面，通过统一数据交易规则对具体交易流程进行规范，以高度确定性的交易配套机制便利数据交易开展，提高数据交易效率。另一方面，通过认定审核机制和监督机制确保数据来源的合法性、数据质量和交易方资质，可以有效防止数据侵权、泄露篡改和相关主体合法权益遭受侵害，保证数据交易的安全。第三，数据交易场所应当作为数据价值开发的平台。数据要素价值的全面开发需要历经数据资源化、资产化和资本化的过程。① 数据交易是数据价值资产化的一个阶段，数据价值资本化才是充分挖掘数据价值的最终目的。数据交易场所可以尝试数据相关金融工具的设计，如数据信托、数据资产证券化等，不断丰富数据资源的变现方式，提高数据交易场所对市场主体的吸引力。②

　　数据交易所拥有何种功能，具体发挥何种作用，对于数据交易而言至关重要。然而，关于数据交易所的职能，本条并未从立法层面直接明确。2020 年 9 月《北京国际大数据交易所设立工作实施方案》提出数据交易所的五大功能定位：一是权威的数据信息登记平台；二是受到市场广泛认可的数据交易平

---

① 参见何伟：《激发数据要素价值的机制、问题和对策》，载《信息通信技术与政策》2020 年第 6 期。

② 参见王琎：《数据交易场所的机制构建与法律保障——以数据要素市场化配置为中心》，载《江汉论坛》2021 年第 9 期。

台；三是覆盖全链条的数据运营管理服务平台；四是以数据为核心的金融创新服务平台；五是新技术驱动的数据金融科技平台。从制度设计上积极回应了数据交易所功能定位的法理依据。目前，数据交易已然成为数据要素市场建设的重要难题，尽管北京、贵州、上海等地纷纷建立大数据交易所，但交易规模与额度非常低，而且大数据交易所并非真正意义上的数据交易所。有些学者认为，数据交易所最终需要转型成平台企业，在制度上设计以确保稳定生产为导向的避风港规则，发挥其相对于互联网平台企业的独特竞争优势，强化利用公共数据加强数据供给的公共性特色；[1] 有些学者认为，数据交易面临阿罗信息悖论，即数据交易需要披露信息，但披露信息意味着数据价值的丧失，数据交易只能采取基于数据服务的合作模式，而非基于完全市场化的合同模式，[2] 即应以婚姻介绍所为模型，成为撮合数据交易、提供安全认证的机构，而非以商场或证券交易所为模型；[3] 还有些学者从公共治理角度分析数据交易所的法律定位，他们认为数据交易所是各类数据要素市场主体进行数据流通交易活动的指定场所，从性质上可分为国家级数据交易所和区域（或行业）数据交易中心两类。其中，国家级数据交易所应坚持数据交易所公共属性和公益定位，突出合规监

---

[1] 参见胡凌：《数据要素财产权的形成：从法律结构到市场结构》，载《东方法学》2022年第2期。

[2] 参见罗纳德·吉尔森等：《创新契约：纵向瓦解与企业间协作》。See Ronald J. Gilson et al. , *Contracting for Innovation：Vertical Disintegration and Interfirm Collaboration*, 109 Columbia Law Review 431 (2009).

[3] 参见丁晓东：《数据交易如何破局——数据要素市场中的阿罗信息悖论与法律应对》，载《东方法学》2022年第2期。

管和基础服务功能，可由中国证监会会同国家发展改革委等有关部门联合审批，定位为全国性法定数据交易场所。区域或行业数据交易中心定位为区域级或行业级合法数据交易场所，具体职能包括开展本地区或本行业公共数据授权运营，开展公共数据与社会数据融合流通交易业务等。[①] 由此可见，很多学者混淆了数据交易所与大数据交易所、国家级数据交易所与区域（行业）级数据交易所的定义。参照《上海市数据条例》草案、征求意见稿、二审稿和发布稿的立法变迁，以及《证券交易所管理办法》《期货交易所管理办法》的相关规定，本书认为《上海市数据条例》所定义的数据交易所并非目前大数据行业所常见的大数据交易所，也不是区域（行业）级数据交易所，而应当是国家级的数据交易所。为促进数据产品与服务的交易和安全是立法之主要宗旨，数据交易所可以上海证券交易所为模型，赋予其相应的行政职能与市场职能，充分保障数据的有效流通，因为数据交易与证券交易本质上具有相似之处，都是数字交易，证券交易所本质上并不流通产品，而是有关股票、债券等证券的流通。基于此，本书认为数据交易所应当具有以下功能：（1）数据资源汇集平台，通过数据交易所汇集国内外各类数据资源；（2）数据信息登记平台，通过数据交易所为数据交易提供高效、便利的数据信息登记；（3）数据交易高效安全平台，为数据交易提供一个高效安全的平台；（4）数据价值开发平台，以数据为重要生产要素，将数据交易所打造成一个数据价值开发的平台；（5）数据金融开放平台，提供

---

① 参见赵正、郭明军、马骁、林景：《数据流通情景下数据要素治理体系及配套制度研究》，载《电子政务》2022年第2期。

一个以数据为核心的金融开放平台，促进数据与金融服务的深度融合。

参考资料

《民法典》第 127 条

《数据安全法》第 7 条

《深圳经济特区数据条例》第 65 条

《证券交易所管理办法》第 1 条

《期货交易所管理办法》第 1 条

欧盟《通用数据保护条例》第三章

（撰稿人：程雪军）

第五十七条 【数据交易定价】

从事数据交易活动的市场主体可以依法自主定价。

市相关主管部门应当组织相关行业协会等制订数据交易价格评估导则，构建交易价格评估指标。

本条主旨

本条是数据交易中的重要条款，通过确定市场主体可以依法自主定价，以及市相关主管部门与相关行业协会等制定数据交易价格评估机制，为数据交易提供定价支撑。

条文详解

一、数据交易定价的法治需求

当下，各类数据交易如雨后春笋般发展。然而，规范指导数据交易活动的法律制度建设却相对滞后。[①] 定价与评估指标是数据交易的重要基础。随着智能化技术的开发应用，数据的开发、共享、交换、流通已成趋势，数据交易将成为挖掘数据价值的重要驱动力，而流动性好和价格发现功能强的数据交易所将成为重要的支撑设施，[②] 因此数据交易定价将成为重中之重。

数据资产的地位和估值标准不确定，造成数据交易落地难以实现。[③] 对于数据交易市场而言，数据价值的高低很大程度上取决于不同主体对数据的分析挖掘程度，因此数据交易定价存在难度。一方面，数据价格是数据交易的重要基础之一，如果数据交易价格长期具有不确定性，那么这将影响数据交易的高效开展；另一方面，随意定价、掠夺性定价和垄断定价等问题将扰乱数据交易秩序，影响交易市场的稳定。倘若无法形成有效的数据交易定价机制与价格评估指标，那么就无法形成规范有序的数据交易市场，无法从市场与制度层面上激励数据交易目的之实现。由此可见，规范化的数据交易定价制度将成为数据要素市场建设法治基础的重要组成部分。

二、数据交易的定价体系

在数据交易定价方面，此前上海数据交易中心和贵阳大数据交易所的数据定价机制具有一定的代表性，虽然两者并非当前《上海市数据条例》意义上的数据交易所，而是数据交易中

---

① 参见王德夫：《论大数据时代数据交易法律框架的构建与完善》，载《中国科技论坛》2019 年第 8 期。

② 参见范文仲：《数据交易的未来方向》，载《清华金融评论》2021 年第 5 期。

③ 参见杨力：《论数据交易的立法倾斜性》，载《政治与法律》2021 年第 12 期。

心与大数据交易所的形式，但是两者均根据交易所的数据资产评价指标由系统自动给出数据参考价格，数据需求方可以综合交易平台给出的参考价格和自身需求与数据提供方确定最终的成交价格，两者还提供集合竞价和拍卖定价等市场化数据定价方式。然而，此类数据交易的定价方式缺点在于协商过程可能过于漫长，双方付出的时间成本高，很难满足交易效率的要求。数据交易的核心价值在于减少数据资产的变现时间，以及降低机会成本，所以不能简单以交易量估值。[①] 此外，在数据交易市场厚度和流动性尚不足够的情况下，集合竞价的效果较难实现，[②] 拍卖定价也仅适用于数据具有多名潜在的需求方的情况，否则难以起拍。[③]

《上海市数据条例》从两个层面形成数据交易定价与评估指标，完善数据交易的定价体系：第一，采取以双方合意为核心的自治方式，明确从事数据交易活动的市场主体可以依法自主定价。《上海市数据条例》第 15 条明确规定，"自然人、法人和非法人组织可以依法开展数据交易活动"，可知自然人、法人和非法人组织是本条中的市场主体。如果它们依法开展数据交易活动，那么它们就有权利依法自主定价；第二，采取价格评估机制，明确市相关主管部门应当组织相关行业协会等制

---

① 参见欧盟委员会：《新出现的数据所有权、互操作性、（再）可用性和数据访问以及责任问题研究》。European Commission, *Study on Emerging Issues of Data Ownership, Interoperability, (Re-) usability and Access to Data, and Liability*, Luxembourg: Publications Office of the European Union, 2018, p. 6.

② 参见李慧琪、程姝雯：《缺少真正数据交易的大数据交易中心真正缺少什么?》，载《南方都市报》2020 年 9 月 9 日。

③ 参见张阳：《大数据交易的权利逻辑及制度构想》，载《太原理工大学学报（社会科学版）》2016 年第 5 期。

订数据交易价格评估导则，构建交易价格评估指标。数据价值评估是数据定价以及数据交易的基础，只有明确数据的具体价值，才能根据数据的价值进行定价，并促成数据的顺利交易。所以，本条第 2 款通过明确上海市相关主管部门的主要管理责任，同时赋予相关行业协会行业自治的权力，促进多方监管主体协同构建完善的交易价格评估体系。在数据价值评估的基础上，完善数据的静态和动态定价模式，探索更多数据定价模式，从而形成统一、规范、有序的数据交易定价规则。[①] 综上所述，数据交易是民事行为，数据交易和一般的买卖没有本质区分，理当遵循意思自治原则。数据交易的主体可以选择自由作价，本条规定的"市场主体可以依法自主定价"，主要还是体现条例对数据交易参与方意思自治的尊重，并非对交易主体的限制。数据交易活动的市场主体按照"自定＋评估"的原则确立双方协议价格即可。

三、数据交易的定价目标

科学的数据交易定价应当达到如下目标：一方面，体现数据本身的价值和数据交易双方的合意，实现数据交易定价的准确性；另一方面，满足数字经济下对于大规模快节奏数据交易的需求，提升数据交易定价的效率。对此，数据交易定价需要确定合理的数据资产定价指标，区分不同类别数据开展定价评估，[②] 对不同类别数据的各项资产定价指标赋予不同权重，从而体现不同种类数据的效用特性，确保定价评估的准确性。

---

① 参见李海舰、赵丽：《数据成为生产要素：特征、机制与价值形态演进》，载《上海经济研究》2021 年第 8 期。

② 参见王文平：《大数据交易定价策略研究》，载《软件》2016 年第 10 期。

　　具体而言，在数据交易定价评估的具体方法上，可以先由数据交易场所根据数据资产定价指标确定价格区间，形成数据交易评估价格指导区间，交易双方在此区间内再通过协商等方式细化交易价格。这样不仅可以减少交易双方的磋商成本、提高交易效率，还可以避免因信息不对称造成的单方定价或歧视定价，确保数据定价的公平性。另外，在定价评估的制度设计上，应当以市场自主定价为主，政府指导规制为辅，充分发挥市场"无形之手"与政府"有形之手"的相互配合作用。同时，妥善运用政府的宏观调控手段（法律手段、经济手段以及行政手段等），防止数据交易市场价格盲目走高形成泡沫或过分压低抑制发展，及时规制价格欺诈、价格歧视、掠夺性定价等扰乱数据交易秩序的行为，维护数据交易市场平稳有序运行。

参考资料

《民法典》第 127 条

《个人信息保护法》第 24 条

《电子商务数据交易准则》

欧盟《通用数据保护条例》第三章

（撰稿人：程雪军）

第五章　数据资源开发和应用

第五十八条　【总体目标】

本市支持数据资源开发和应用，发挥海量数据和丰富应用场景优势，鼓励和引导全社会参与经济、生活、治理等领域全面数字化转型，提升城市软实力。

本条主旨

第五章数据资源开发和应用规定是《上海市数据条例》的亮点之一，体现了上海市政府重视数据的生产要素特质，鼓励创新、引导科技赋能城市发展的开放态度。本条作为第五章的开篇条文，旨在设定数字技术的发展目标，从数据的场景化应用视角出发，引导信息技术在助力经济发展、服务市民生活和协助政府治理方面的积极价值。

条文详解

本条例第 2 条将数据定义为"任何以电子或者其他方式对信息的记录"，其中除去法人和非法人组织相关的数据，最为敏感且最具争议的个人信息是本条例所指数据中的重要组成部分。除人格属性外，个人信息还具有重要的财产属性。[1] 而个人信息的财产属性，主要源于其作为技术开发原料和商业模式基础的资源性功能。在个人电脑和智能手机高度普及的数字化社会，以数据为基础的数字经济模式已成为支撑现今社会的主要价值生产方式。如何在保障个人信息权益及数据安全的前提下，充分发挥数据价值是数字社会转型期的重要议题。从近年来的《网络安全法》《个人信息保护法》和《数据安全法》的出台可以看出，我国已经为迎接数字时代的到来做了基础性的制度准备。

本条从数据要素的特点和数字技术的功能两个层面诠释了数据资源开发应用的发展目标。第一，数据技术的开发，建立在海量数据的大样本基础之上，且需要依据不同的应用场景需求调整技术功能与安全标准。条例对于数据资源特点与应用的预判与国务院办公厅于 2021 年 12 月 21 日出台的《要素市场化配置综合改革试点总体方案》中"拓展规范化数据开发利用场景"的发展规划不谋而合，体现出了本条的前瞻性和准确性。第二，本条从产业数字化的角度，提出了通过数字技术实现上海在经济发展、生活幸福感和公共治理效率等城市软实力上的全面提升目标。

一、数据的产业应用

数据信息的处理主要涉及个人隐私保护和数据信息应用两种需求，涉及个人、信息行业企业和国家三方主体，而数据法律的立法目标则是实现"两头强化，三方平衡"的社会治理目标。[2]

---

① 彭诚信：《论个人信息的双重法律属性》，载《清华法学》2021 年第 6 期。

② 张新宝：《从隐私到个人信息：利益再衡量的理论与制度安排》，载《中国法学》2015 年第 3 期。

与征求意见稿相比，最终版本第 58 条在明确了政府支持数字产业发展的基础上，弱化了政府在数字经济发展中的作用，体现出了尊重市场经济发展规律，支持引导科技向善的开明态度。与《深圳经济特区数据条例》相比，第五章数据资源开发和应用部分更凸显数据的要素市场价值，旨在激活各类数据的开发应用潜力，动员社会参与数字经济与数字技术的转型升级。[①]

在数字信息领域，我国呈现出较为明显的产业先行特点。例如，腾讯、百度等数字技术巨头均成立于千禧年前后，但从立法层面来看，一直到 2012 年，全国人大常务委员会才颁布《关于加强网络信息保护的决定》，着眼于解决网络信息侵权案件，其后才陆续可见一些以个人信息为诉讼争点的维权案件。[②]从消极层面来看，前期的法律空白确实导致了近年来个人信息滥用现象频繁多发的情况。从积极层面来看，这在客观上给了互联网行业 10 年的高速发展窗口期，得以实现信息技术与商业规模的爆发。例如，有研究针对人工智能行业的特点，对美国、中国和欧洲进行了横向比较，认为中国发展势头强劲，与世界第一的美国之间差距不断缩小。[③]针对新兴数字信息技术，

---

① 袁海勇：《〈上海市数据条例〉的四个维度及其分析》，载《中国法律评论》公众号，2021 年 12 月 13 日。

② 如号称我国 cookie 隐私第一案的"朱某诉百度案"，江苏省南京市鼓楼区人民法院（2013）鼓民初字第 3031 号民事判决书；江苏省南京市中级人民法院（2014）宁民终字第 5028 号民事判决书。

③ 参见丹尼尔·卡斯特罗和迈克尔·麦克劳克林：《谁在人工智能竞赛中获胜：中国、欧盟，还是美国？》Daniel Castro & Michael Mclaughlin, *Who is winning the AI race：China, the EU, or the United States?* 2021 update, Center for Data Innovation 2019 report, https：//datainnovation. org/2019/08/who-is-winning-the-ai-race-china-the-eu-or-the-united-states/（last visited at Sep. 2nd, 2021）.

法律应采取底线思维，以不侵犯个体尊严、不危害个体财产和人身安全为原则，划定技术与商业发展的原则性框架。换句话说，法律法规应尊重科技与市场发展的客观规律，为其保留一定的自由发展空间。相较于草案，正式发布版的《上海市数据条例》第 58 条充分体现了政府在数字技术的开发和应用领域让位于科技界和产业界，不进行过多干预与计划，体现出鼓励其在保证不侵犯个人权益和公共安全的底线之上自由发展的包容态度。

二、丰富数据的场景化应用

本条提出了数据的场景化应用探索，是本条例区别于其他已实施地方条例的特色性条款。作为一个千万级人口的国际化大都市，上海的市场蕴含着丰富的数据技术应用场景。法律和地方性法规的作用在于，从数据产品权属、数据活动规则角度保证技术创新的权益，划定场景应用的边界，以鼓励技术人员勇于创新，开拓数据技术的新型场景化应用。

第一，为拓宽数据的场景化应用创新，应率先解决数据权属问题。数据在机器学习、自动驾驶、人脸识别等信息技术中所体现出的就是其作为生产要素的特质。当数据发挥此种特质时，数据的稀缺性特点则较为突出。企业需要投入大量成本进行数据的收集、分析与处理，进而创造价值。国务院办公厅在《要素市场化配置综合改革试点总体方案》中明确指出，应拓宽人工智能、区块链、车联网、物联网等新兴技术的应用场景，实现金融、卫生健康等重点领域的产品和服务创新。然而，数据的权属及利益分配问题是技术与服务创新活动的基础。本条例第 12 条第 2 款虽然明确指出"本市依法保护自然人、法人和非法人组织在使用、加工等数据处理活动中形成的法定或者约定的财产权益，以及在数字经济发展中有关数据创新活动取得的合法财产权益"，后续仍需针对不同领域与数据的特点制定相应的实施细则，以鼓励企业开展开拓性的场景导向技术实验活动。

第二，数据在维系社会信用、公共安全等方面还体现出了一种公共性特质。例如，征信行业为维护金融安全而进行的数据收集及分享活动，卫生部门出于传染病防范目的进行的流调活动，酒店宾馆出于公共安全目的进行的旅客信息采集活动，公共场所为维护社会安全而进行的个人认证信息采集活动[1]等均属于个人信息发挥公共性特质的场景。[2] 与数据作为生产要素发挥作用的情形不同，当数据控制者主要依赖数据的公共特质开展信息活动时，法律规制的重点应在于如何在保证个人隐私安全的基础上，促进数据的流通。

第三，不同的数字技术应用场景，对于技术功能的需求和安全标准的重点有所不同。学界虽早已提出应依据应用场景定制数据治理规则的观点，[3] 但因为法律规则的制定难以走在产业发展之前，所以场景理论在法律讨论中有着不可避免的模糊性特征。[4] 与此相对，法律应根据具体应用中的数据类型及特

---

① 胡凌：《功能视角下个人信息的公共性及其实现》，载《法制与社会发展》2021 年第 5 期。
② 姚佳：《企业数据的利用准则》，载《清华法学》2019 年第 3 期。
③ 高富平：《个人信息保护——从个人控制到社会控制》，载《法学研究》2018 年第 3 期。
④ 参见海伦·尼森鲍姆：《情境中的隐私：技术、政策和社会生活的完整性》，Helen Nissenbaum, *Privacy in Context: Technology, Policy, and the Integrity of Social Life*, Stanford Law Books, 2009；丁晓东：《被遗忘权的基本原理与场景化界定》，载《清华法学》2018 年第 6 期。

征设定基本的数据利用规则和安全标准，以防范数据泄露或滥用风险。换句话说，应在划定数据应用边界的基础之上，鼓励创新、丰富数字技术的场景化应用探索。因各行业数据特点不同，在本条例出台之后，应遵循《数据安全法》第 10 条规定，积极组织行业协会订立数据安全的上海行业标准，以规范行业的数据处理活动。行业标准虽不具有法律效力，但可在法院对企业的创新活动进行司法判断时形成良好的行业参考。

三、通过数字技术提升城市软实力

"软实力"一词，原指国家通过文化、价值观吸引他者自动做出对本国有利的行为选择。[1] 后来学者将其引入城市实力评价语境，将城市软实力定义为与经济指标、基础建设、科技水平等硬实力相对的城市内在吸引力，由城市发展过程中积累起来的各种精神、文化、宗教、政治和教育等因素构成。[2] 复旦大学国际公共关系研究中心将城市软实力细化为文化号召力、教育发展力、科技创新力、政府执政力、商务吸引力、信息推动力等十项指标。在以此为基本框架的城市软实力排名中，上海均名列前茅。[3] 与此相对，上海在 2021 年《全球城市综合排名》中首次跻身前十，与全球第一梯队城市仍然存在一定差距。

数字技术的应用不仅可以帮助城市完成数字化转型，更可

---

[1] 参见约瑟夫·奈：《软实力：世界政治成功的手段》。Joseph Nye, *Soft Power: The Means to Success in World Politics*, Public Affairs (2005).

[2] 马志强：《论软实力在城市发展中的地位与作用》，载《商业经济与管理》2001 年第 4 期。

[3] 陈然、张鸿雁：《特色文化视角下的城市软实力建构——以沪宁杭为例》，载《城市问题》2014 年第 12 期。

以提升城市的软实力。第一，在《网络安全法》《数据安全法》和《个人信息保护法》的上位法框架之下，《上海市数据条例》的出台将进一步统一区域内的数据治理标准，规范区域内的数据交流活动，促进数据流通。例如，上海于 2021 年 11 月成立了数据交易所，并于《上海市数据条例》中设置专章规范数据市场运营，旨在从数据资产评估标准、数据质量管理、交易服务支持等方面全方位规范数据流通活动。此举将切实提高上海数据交易的可靠性和安全性，刺激上海的产业数据化和数据产业化双轮经济发展。

第二，从生活角度，传统公共服务业的"互联网+"模式推广与教育发展力、社会保障力息息相关，可以切实提高居民的生活幸福感，从根本上提高具有现实意义的城市软实力。智慧养老、"互联网+"式共享市民健身房、智慧校园等大数据应用场景开发，从上海居民的日常生活角度实现了公共服务的数字化转型。将有利于从社会和谐、市民满意度和形象传播力角度切实提高上海的城市软实力。

第三，从治理角度，政务数字化改革，将进一步提高政府执政力和商务吸引能力。以"一网通办"为代表的电子化政务改革，在提高政府服务可视化程度以及政府公共服务效率和质量上已取得了显著的成绩。公共服务的数字化转型为企业提供了一站式解决的绿色通道，从优化营商环境角度推进了上海的国际一线都市发展进程。

参考资料

《数据安全法》第 10 条

《上海市数据条例》第2、12条

《要素市场化配置综合改革试点总体方案》

《关于加强网络信息保护的决定》

《要素市场化配置综合改革试点总体方案》

（撰稿人：朱翘楚）

第五十九条　【数据技术研发与数字产业化】

本市通过标准制定、政策支持等方式，支持数据基础研究和关键核心技术攻关，发展高端数据产品和服务。

本市培育壮大数据收集存储、加工处理、交易流通等数据核心产业，发展大数据、云计算、人工智能、区块链、高端软件、物联网等产业。

本条主旨

本条作为支持数据资源开发应用的基础性条款之一，为上海市各部门及行业组织制定符合各行业特点的技术、合规标准奠定了基础的法律背书。此外，本条明确了上海市政府支持数据产业化经济发展的态度。

条文详解

从法律性质角度，本条属于倡导性条款，为《上海市数据条例》实施后的配套机制构建工作指明了方向。党的十九届四中全会正式将数据列为一种新型生产要素，以数据为原材料的信息技术和数字产业势必成为未来国际国内竞争的重要领域。上海市政府多次强调将发展数据产业化和产业数据化的双轮驱动经济作为目标，本条则重点关注数据本身的生产要素价值，从数据基础研究、技术研发、产品化发展和产业培育角度描绘出了数据产业化的发展路径。

设定正向的产业引导政策和领域细分数据标准，是充分释放数据要素价值、建立健康且可持续发展行业生态的先决条件。早在 20 世纪 70 年代初就有理论提出了数据的财产权属性，[①] 在此基础之上对于企业的数据权利应以数据经营权和数据资产权的形式予以认可和保护。[②] 2020 年出台的《民法典》第 127 条规定："法律对数据、网络虚拟财产的保护有规定的，依照其规定。" 2021 年颁布的《数据安全法》明确将 "促进数据开发利用，保护个人、组织的合法权益" 列为该法的立法目的。该法第 16 条规定："国家支持数据开发利用和数据安全技术研究，鼓励数据开发利用和数据安全等领域的技术推广和商业创新，培育、发展数据开发利用和数据安全产品、产业体系。" 在这些上位法的框架之下，本条明确了上海在支持数据技术基础研究和产业培育上的具体方向。

一、从支持数据基础技术发展出发的标准与政策

建立科学而统一的数据标准，是数据得以在不同主体、不同场域和不同系统中进行交流互通的重要前提。自 1990 年以

---

① 龙卫球：《数据新型财产权构建及其体系研究》，载《政法论坛》2017 年第 4 期。

② 龙卫球：《再论企业数据保护的财产权化路径》，载《东方法学》2018 年第 3 期。

来，国际数据管理协会（DAMA）等国际组织开始着力于数据管理研究，其对数据发展、数据管理以及数据安全等数据治理进行的规范探索，已成为国际上最为通用及最受认可的标准之一，为我国金融、能源及电信等信息化程度较高的行业提供了重要的数据实操及管理参考。

在国内层面，我国从 2002 年开始，由国家标准化管理委员会出台《信息技术 数据元的规范与标准化》，对数据元等信息技术基本概念进行标准化定义。中国信息通信研究院从 2017 年开始组织专家撰写《数据资产管理实践白皮书》并持续更新，该书将数据作为一种有价值的资产进行分析，从管理内涵、性质特征、实践痛点及典型行业管理案例角度，探讨了符合我国国情的数据管理规范标准。[1]

在地方数据的标准化建设上，北京和上海处于国内城市领先地位。北京于 2020 年发布了《北京市大数据标准体系》，提出了分阶段制修订 35 项数据标准的工作计划，在市政府的统筹领导下有序推动北京市的数据标准统一工作，促进京津冀区域的标准协同，以便数据的跨地区流动。上海市于 2020 年 1 月成立了公共数据标准化技术委员会，专注于公共数据标准体系的顶层设计，一年时间内已发布了 7 项地方标准和 10 项地方标准化指导性技术文件，以加速上海地区政务服务的数字化转型。同时，上海市公共数据标准化技术委员会还积极与全国信息技术标准化技术委员会合作制定长三角地区的数据标准化规范，以打破部门间、地区间的"数据孤岛"现象，实现长三角地区

---

① 大数据发展促进委员会：《数据资产管理实践白皮书》（1.0 版）2017 年 11 月。

数据的互联互通。

从政策支持角度，上海主要通过三阶段的政策推动促进数字技术的基础研发和数据产品及服务的推广。首先，上海市早在2006 年就依据《国家中长期科学和技术发展规划纲要（2006—2020 年）》①的规划，制定了《上海中长期科学和技术发展规划纲要（2006—2020 年）》②。其中将智能建设产品及服务、信息产业基础战略产品等信息技术及高端产品定位为重点发展的关键技术，提出加大政府科技投入力度、优化政府科技投入结构以支持其研发。③其次，在十八届五中全会实施"国家大数据战略"部署之下，上海市依据《促进大数据发展行动纲要》精神，发布了《上海市大数据发展实施意见》④。该意见特别设置了专项任务实现自主知识产权的关键技术和大数据产品研发，提出整合产学研力量布局前瞻性的数据科学基础理论研究，自主攻克或优化大数据组织和存储、多元数据融合分析、实时处理、数据可视化和大数据安全技术等大数据关键技术。"十三五"计划下，上海在大数据产业发展上的努力已初见成效。比如，全社会研发经费投入从 2015 年的 3.5%提高到了2020 年的 4.1%，人工智能产业重点企业超过 1150 家，桌面

CPU、千万门级 FPGA 等关键技术产品已达到国际水平，等等。① 此外，上海还专门成立了人工智能产业投资基金以带动市场力量培育数字产业和投资高端数据产品研发。② 最后，进入"十四五"期间之后，上海将人工智能产业定位为三大先导产业之一，启动实施人工智能市级科技重大专项，着力加快建设超大规模开放算力平台和大数据智能训练试验平台等关键技术平台。③

二、数字产业化培育

本条第 2 款特别提及了上海市对于核心数字产业以及大数据、云计算、人工智能等重点行业的培育计划。此种重点产业扶持的政策计划与国务院办公厅于 2021 年 12 月 21 日发布的《关于印发要素市场化配置综合改革试点总体方案的通知》中提到的"推动人工智能、区块链、车联网、物联网等领域数据采集标准化""开展区块链创新应用试点"等数据应用探索思路不谋而合。与已生效的《深圳经济特区数据条例》相比，本条体现出了更为明确的市场支持特征和产业扶持倾向。除上海之外，《北京工业互联网发展行动计划（2021—2023 年）》和《福建省大数据发展条例》④ 第 26 条同样提及人工智能、物联网和区块链等新兴数字产业集群的发展培育计划。如何体现上海的地方特色，吸引有潜力的数字产业企业，切实地支持其开

---

① 《上海市人民政府办公厅关于印发〈上海市战略性新兴产业和先导产业发展"十四五"规划〉的通知》（沪府办发〔2021〕10 号），2021 年 6 月 23 日公布。
② 《专访上海人工智能产业投资基金总经理吴蔚：AI 将重新定义传统产业 催生千亿级市场和伟大公司》，载凤凰网：https://finance.ifeng.com/c/84sDzpoP3jE。
③ 《上海市人民政府办公厅关于印发〈上海市先进制造业发展"十四五"规划〉的通知》（沪府办发〔2021〕12 号），2021 年 7 月 5 日公布。
④ 《福建省大数据发展条例》2021 年 12 月 15 日发布，2022 年 2 月 1 日生效。

展技术创新以发展本地数字经济，是为本条例实施之后最为重要的课题之一。

此外，上海已出台了一系列地方政策支持大数据核心产业和数据产业化的地方发展。大数据核心产业泛指围绕大数据采集、整理、分析、发掘、应用流通等大数据核心业务形成的产业。在十八届五中全会将大数据定位为国家战略之后，上海市发布了《上海市大数据发展实施意见》，[①] 其中提出将于 2020 年将大数据核心产业产值提升至千亿元规模。2021 年数据显示，上海市数据核心企业已突破 1000 家，核心产业规模达 2300 亿元。此外，上海在复合增长率、数据流通活跃度和数据交易规模等指标上也都处于全国领先地位。除大数据核心产业外，上海市也注重发展人工智能、云计算和区块链等数据相关的新技术产业。例如，静安区建立了上海市云计算产业基地和首个大数据产业基地，聚集了超过 400 家大数据企业。针对人工智能产业，上海市经济信息化委员会和发展改革委员会等部门专门编制了《上海市人工智能产业发展"十四五"规划》《上海新一代人工智能算法创新行动计划（2021—2023 年）》，以推动上海于"十四五"期间建成国内的人工智能高地，仅 2021 年一年时间内就吸引到了 155 个人工智能项目落沪，总投资额达 1107 亿元。[②] 对于增强数据安全性的区块链技术，上海政府也在积极探索其在政府服务、金融发展等场景下的应用创

---

① 《上海市人民政府关于印发〈上海市大数据发展实施意见〉的通知》（沪府发〔2016〕79 号），2016 年 9 月 15 日公布。

② 《三天的 2021 世界人工智能大会，国内外"最强大脑"智慧分享，凝聚智能时代共识》，载《解放日报》2021 年 7 月 11 日。

新。例如，推动国内首创的"5G+区块链"新生儿急救转诊系统落地上海，出台全国首个政务领域的区块链建设区级标准，与中国人民银行共同建立区块链技术应用示范区等。

参考资料

《民法典》第 127 条

《数据安全法》第 1、16 条

《福建省大数据发展条例》第 26 条

《信息技术 元数据注册系统（MDR）》

《北京市大数据标准体系》

《国家中长期科学和技术发展规划纲要（2006—2020 年）》

《上海中长期科学和技术发展规划纲要（2006—2020 年）》

《促进大数据发展行动纲要》

《关于印发要素市场化配置综合改革试点总体方案的通知》

《深圳经济特区数据条例》

《北京工业互联网发展行动计划（2021—2023 年）》

《上海市大数据发展实施意见》

《上海市人工智能产业发展"十四五"规划》

《上海新一代人工智能算法创新行动计划（2021—2023 年）》

（撰稿人：朱翘楚）

第六十条 【数据赋能经济数字化转型】

本市促进数据技术与实体经济深度融合，推动数据赋能经济数字化转型，支持传统产业转型升级，催生新产业、新业态、新模式。本市鼓励各类企业开展数据融合应用，加快生产制造、科技研发、金融服务、商贸流通、航运物流、农业等领域的数据赋能，推动产业互联网和消费互联网贯通发展。

本条主旨

本条从既有实体经济的角度认可了数字技术的价值，提倡数字技术与传统行业的深度融合，支持从数据赋能的角度完成传统行业的产业升级。

条文详解

数据作为一种新型的生产要素，不仅可以形成独立的数字产业参与经济价值创造，更可以发挥工具效应为传统的农业、制造业、服务业赋能，提高生产效率和服务质量，帮助传统行业完成产业升级。在国家的"十四五"规划之下，上海市提出了数据产业化和产业数据化双轮驱动的经济发展模式。本条针对产业数字化经济，指明了数字技术在制造业、金融业、运输业和农业等传统行业上的发力方向。

一、数据技术促进传统行业升级改造

传统行业的数字化转型是上海市"十四五"规划期间的重要任务。《"十四五"数字经济发展规划》将"产业数字化转型"列为数字经济发展的重要指标之一，对大、中、小和互联网平台企业提出了不同层次的数字化转型期待，将农业、制造业、服务业、工程建设、能源建设行业定位为数字化转型的重点行业。与此呼应，上海市进一步提出了鼓励数字化改造中的"新产业、新业态、新模式"，以及积极联通产业互联网和消费

互联网的互动发展。

与其他新型技术相比，数字技术的一大特点在于可与传统行业进行深度结合，释放传统行业中的数据要素价值，从技术研发、生产能力、质量安全、物流效率等角度出发，实现实体经济的产业链、供应链和价值链优化。改革开放以来，汽车、装备、电子信息等产业一直是上海经济的中流砥柱，但其增长空间已开始受限。自"十三五"以来，上海遵从国家战略指引，大力推进数字经济。2018 年数据显示，数字产业增加值达 3657 亿元，直接赋能其他产业增加值约 2128 亿元，[①] 数字技术对传统行业的赋能效果和经济发展的引擎作用均愈加显著。进入"十四五"之后，上海以既有的产业数字化成绩为基础，在传统行业的产业创新上持续发力。以制造业为例，作为国内传统制造业高地的上海，制定了《上海市先进制造业发展"十四五"规划》[②] 和《推动工业互联网创新升级实施"工赋上海"三年行动计划（2020—2022 年）》,[③] 计划打造 10 个 "5G+工业互联网"先导应用，深化新技术的创新应用，积极开放应用场景以促进新模式和新业态涌现，计划培育 20 个以上工业互联网综合解决方案"单项冠军"。

二、产业互联网、消费互联网贯通发展下的数据赋能

强调"产业互联网与消费互联网贯通发展"是为本条的特

---

① 丁波涛：《数字技术赋能产业转型，实现上海经济高质量发展》，载《中国建设信息化》2021 年第 1 期。
② 《上海市人民政府办公厅关于印发〈上海市先进制造业发展"十四五"规划〉的通知》（沪府办发〔2021〕12 号），2021 年 7 月 5 日公布。
③ 《推动工业互联网创新升级实施"工赋上海"三年行动计划（2020—2022年）》（沪府办〔2020〕38 号），2021 年 11 月 8 日公布。

色亮点之一。与产业互联网服务企业的特点不同，消费互联网以人为中心，主要包括电子商务、社交网络、搜索引擎等具有流量特点的数字时代新经济模式。产业互联网语境下，"互联网+"的发展模式可以帮助传统行业升级转型，提高生产效率，优化经营结构，强化创新能力。与此相对，消费互联网则可以从输出角度，帮助企业连接市场，促进经济的良性循环。

2015年，国务院印发的《关于积极发挥"新消费"引领作用加快培育形成新供给新动力的指导意见》[1] 提出新消费概念，指明了未来线上线下相结合的消费模式变化方向。而新兴互联网企业林立的上海在新消费领域依然占据龙头地位，据2019年数据，上海市社会消费品零售总额达1.35万亿元，连续三年稳居全国城市首位，电子商务交易额达33186亿元，占全国近十分之一。[2] 在新冠疫情的影响下，消费互联网得到了空前的发展机遇。助力中国成为2020年全球前十大经济体中唯一实现GDP正增长的国家。[3] 疫情初期，上海市政府发布了《上海市全力防控疫情支持服务企业平稳健康发展的若干政策措施》，[4] 其中特别提及"培育支持新技术新模式新业态企业发展"，加大对于网络购物、在线教育、在线办公、数字生活等科技创新型中小企业的支持力度。随后，上海市政府印发了

---

[1] 《国务院关于积极发挥新消费引领作用加快培育形成新供给新动力的指导意见》（国发〔2015〕66号），2015年11月23日公布。

[2] 《关于提振消费信心强力释放消费需求的若干措施》，载上海市人民政府网站：https://www.shanghai.gov.cn/nw49056/20200929/0001-49056_65085.html。

[3] IMF, World Economic Outlook: Recovery During a Pandemic 2021 OCT, at 6.

[4] 《上海市人民政府关于印发上海市全力防控疫情支持服务企业平稳健康发展若干政策措施的通知》（沪府规〔2020〕3号），2020年2月7日公布。

《上海市促进在线新经济发展行动方案（2020—2022年）》,①将优化在线金融服务、深化发展在线文娱、创新发展在线展览展示、拓展生鲜电商零售业态、加速发展"无接触"配送等12项消费互联网与产业互联网交叉领域列为了重点发展目标。其后发布的《关于提振消费信心强力释放消费需求的若干措施》②对市政府各部门进行了具体分工，将大力发展"上海云购物"品牌、实施文旅市场振兴计划、举办上海信息消费节等规划提上日程，并通过市政府牵头的"五五购物节"带动线上消费，连接了消费互联网与实体经济。本条规定旨在沿袭上海既有优势与实践经验，进一步发挥消费互联网与产业互联网的相乘效果，加快传统产业在市场端的数据赋能。

参考资料

《"十四五"数字经济发展规划》

《上海市先进制造业发展"十四五"规划》

《推动工业互联网创新升级实施"工赋上海"三年行动计划（2020—2022年）》

《关于积极发挥"新消费"引领作用加快培育形成新供给新动力的指导意见》

《上海市全力防控疫情支持服务企业平稳健康发展的若干政策措施》

---

① 《上海市人民政府办公厅关于印发〈上海市促进在线新经济发展行动方案（2020—2022年）〉的通知》（沪府办发〔2020〕1号），2020年4月8日公布。
② 《上海市人民政府办公厅印发〈关于提振消费信心强力释放消费需求的若干措施〉的通知》（沪府办规〔2020〕4号），2020年4月15日公布。

《上海市促进在线新经济发展行动方案（2020—2022 年）》

《关于提振消费信心强力释放消费需求的若干措施》

（撰稿人：朱翘楚）

第六十一条　【数据赋能生活数字化转型】

本市促进数据技术和服务业深度融合，推动数据赋能生活数字化转型，提高公共卫生、医疗、教育、养老、就业等基本民生领域和商业、文娱、体育、旅游等质量民生领域的数字化水平。本市制定政策，支持网站、手机应用程序、智慧终端设施、各类公共服务设施面向残疾人和老年人开展适应性数字化改造。

本条主旨

本条从生活数字化的角度，提出了数据赋能公共服务、提升城市民生水平的作用，为政府制定政策引导技术填补弱势群体的数字鸿沟、增强数字包容提供了基础的法律背书。

条文详解

与前两条侧重于数字技术赋能"数字产业化和产业数字化"的双轮经济发展不同，本条着眼于数字技术与服务业结合、赋能生活领域的数字化转型。数字技术与服务业的结合体现了科技以人为本的价值导向，本条的立法意图则在于通过法律政策积极引导科技向善。《数据安全法》第 15 条规定："国家支持开发利用数据提升公共服务的智能化水平。提供智能化公共服务，应当充分考虑老年人、残疾人的需求，避免对老年人、残疾人的日常生活造成障碍。"本条在此基础上进一步点明了生活数字化转型中的服务业特点和针对弱势群体的政策引导，与其他已生效或即将生效的地方数据条例相比，进一步彰显了《上海市数据条例》鼓励数据利用的特色，突出了上海市对于民生领域数字化工作的重视和信息技术在提升市民生活幸福感上的潜在价值。

一、数据赋能生活数字化

自从"十三五"规划将大数据升华为国家战略以来，提升社会服务的数字化水平一直是国家的重要任务之一。例如，国务院印发的《"十三五"国家信息化规划》[①] 提出通过信息化辐射和带动作用提高基本公共服务的覆盖面和均等化水平，重点构造教育文化、医疗卫生、社会保障等民生领域的信息服务体系。此后，在《"十三五"现代服务业科技创新专项规划》《服务业创新发展大纲（2017—2025 年）》等一系列顶层政策的推动下，我国服务业数字化转型进入快车道。据 2020 年数据统计，我国 5G 基站已超过 50 万个，5G 用户累积终端连接数已超过 1 亿。互联网通讯已逐渐渗透进了人们日常生活的方方面面，从医疗、教育到消费、旅游，全方位地改变了传统的服务业模式。

在此基础之上，上海作为我国高品质服务业的排头兵，在生活数字化改革上做出了更进一步的政策推动努力。上海市于2020 年 12 月专门成立了上海城市数字化转型领导小组，发布

---

① 《国务院关于印发"十三五"国家信息化规划的通知》（国发〔2016〕73号），2016 年 12 月 15 日公布。

《关于全面推进上海城市数字化转型的意见》以深入贯彻习近平总书记网络强国、智慧社会的战略部署，提出以数字化推动公共卫生、健康、教育、养老、就业、社保等基本民生保障，推进商业、文娱、体育、出行、旅游等质量民生服务的数字化发展。2021 年 1 月，上海发布《上海市国民经济和社会发展第十四个五年规划和二〇三五年远景目标纲要》，提出建设具有世界影响力的国际数字之都，通过"互联网+"模式全面提升健康医疗服务、教育服务、养老服务、文娱服务的数字化水平。

进入"十四五"阶段以来，上海在国家战略引领下进一步完备推动生活数字化的制度储备。2021 年 3 月，十三届全国人大四次会议正式通过了《国民经济和社会发展第十四个五年规划和 2035 年远景目标纲要》，提出"新型数字生活"概念。其后，上海市发布《推进上海生活数字化转型 构建高品质数字生活行动方案（2021—2023）》，对上海式新型数字生活进行了进一步解读。强调打造"以人为本"的数字生活体验，着力强化生活数字化政策供给，提出在 2023 年之前建成至少 50 个生活数字化转型标杆场景，包括数字医疗、数字健身、数字化教育、数字社区、数字出行、数字化社会保障等民生服务领域应用，孵化 50 家创新生活服务型企业。《推进上海生活数字化转型 构建高品质数字生活行动方案（2021—2023）》旨在通过民生服务的数字化改造提高市民生活品质和幸福感受，提升社会公平，激发市场创新活力。同时，上海市发改委出台《上海市促进城市数字化转型的若干政策措施》[①] 以消除城市数字化

①《上海市发展和改革委员会关于印发〈上海市促进城市数字化转型的若干政策措施〉的通知》（沪发改规范〔2021〕8 号），2021 年 7 月 29 日公布。

的政策性门槛，旨在从普通市民日常生活的方方面面出发，切实实现以人为本的数字技术应用。在医疗方面，提出加大公立医疗机构数字化投入力度以推进"互联网+医疗"模式；在教育方面，提出利用数字技术优化教育资源分配，优化市区两级教育机构的数字化建设支出，将数字化教学纳入教师职级评价；在养老方面，提出普及数字产品服务，设置专项基金支持企业开发老年人数字服务产品；在交通方面，建立市级公共停车信息平台，推动社区内停车设施的共享开放。

二、填补信息时代的老年人"数字鸿沟"

本条针对老年人群体的"数字鸿沟"问题，提出通过政策引导市场的方式促进社会资源分配的公平普惠，提高数字社会的包容能力，体现了关爱弱势群体的立法温度。因市场机制具有趋利性弱点，所以新事物接受能力较差和基数有限的弱势群体往往较难成为市场的关注对象。此时则需要政府积极发挥公权力的市场引导能力，从社会福利角度推进针对弱势群体的公共服务数字化改革。

一方面，《上海市数据条例》配套政策应充分考虑现代社会日益凸显的老龄化特征，填补老龄人口的数字鸿沟。据 2020 年上海市老年人口统计信息，上海市 60 岁及以上老年人口达 533.49 万人，占总人口的 36.1%，较 2019 年同龄段人口增长 3%，[①] 上海市老龄化现象日益严重。另一方面，《中国互联网络发展状况统计报告》显示，2020 年我国网民人口达 9.4 亿，

---

① 上海市卫生健康委员会：《2020 年上海市老年人口和老龄事业监测统计信息》，载上海市卫生健康委员会网站：https://wsjkw.sh.gov.cn/tjsj2/20210406/0f6de6e72a424aa59c4723abc2186dae.html。

但 60 岁以上的老龄网民仅占 10.3%。信息技术的飞速发展在部分老年人面前形成了一道难以逾越的数字鸿沟。如何通过政策弥补鸿沟，增强全社会的生活幸福感，提高生命质量，是社会生活数字化转型的一道必答题目。

上海一直通过出台法律法规，积极保障老年人权益，以应对数字时代的老龄化社会。2016 年，上海市通过了《上海市老年人权益保障条例》，其中第 41 条规定，"市民政部门应当建立统一的养老服务信息平台，提供养老服务信息查询、政策咨询、网上办事等服务，接受投诉、举报。本市鼓励发展智慧养老，支持社会力量运用互联网、物联网等技术，对接老年人服务需求和各类社会养老服务供给，为老年人提供各类信息产品和服务"，与本条实现了政策需求与数据政策的呼应与对接。2019 年，上海市出台了《上海市深化养老服务实施方案（2019—2022 年）》，专门针对老龄化群体的"数字鸿沟"问题，对智慧养老应用场景需求进行了预设。在此方案下，上海市政府积极寻求与市场机构的合作，发布了以 60 岁以上老年人为对象的"智能相伴计划"，开发了社区、机构和居家三类场景中的智能养老陪伴服务。进入"十四五"之后，上海市制定了《老龄事业发展"十四五"规划》，① 提出建立老年健康服务信息管理的大数据平台，推进护理、医疗、家庭医生及老年教育的"互联网+"方案，鼓励消费互联网对于老年产品市场的渗透，着力发展机器人等智能设备在养老服务领域的普及，支持探索社区居家"虚拟养老院"等。

---

① 《上海市人民政府办公厅关于印发〈上海市老龄事业发展"十四五"规划〉的通知》（沪府办发〔2021〕3 号），2021 年 6 月 16 日公布。

三、增强数字时代的残疾人士包容性

与老年人群体相比，残疾人士有着服务需求多样、人口基数较小的特点。据报道，2020 年上海市持证残疾人士有 57.8 万。[①] 根据《中国残疾人实用评定标准》，残障种类主要分为视力残疾、听力残疾、言语残疾、智力残疾、肢体残疾和精神残疾六类功能性障碍。人群分布较广，导致了数字化服务需求的谱系较大。因此，在残障人的数字化服务推进上，需要政府出台支持性法规及支持政策以激活市场和技术创新动力。对此，《残疾人保障法》规定残疾人在政治、经济、文化、社会和家庭生活等方面享有与其他公民同等的权利，鼓励支持社会发展残疾人教育、福利和服务事业，明确县级以上人民政府具有建立稳定的残疾人事业经费保障机制的义务。

上海在 2018 年《残疾人保障法》修订当年即推出了《上海市实施〈中华人民共和国残疾人保障法〉办法》，并于 2021 年发布了《上海市残疾人事业发展"十四五"规划》，[②] 其中特别将"科技赋能、精准服务"列为五项基本原则之一，与本条形成了有机联动。《上海市残疾人事业发展"十四五"规划》指出，上海将充分运用云计算、大数据、物联网等信息技术，建立残疾人数据资源平台，强化各部门政务信息系统整合与数据共享，以精准分析残疾人需求，赋能残疾人公共服务。依托随申办，建立助残服务"助残云"，健康管理"健康云"，信息交流

---

① 《上海现有 57.8 万持证残疾人 全市各级残联提供三方面服务加强心理疏导》，载《新民晚报》2020 年 3 月 18 日。

② 《上海市人民政府办公厅关于印发〈上海市残疾人事业发展"十四五"规划〉的通知》（沪府办发〔2021〕15 号），2021 年 8 月 10 日公布。

"云翻译"，无障碍数字地图"助我行"，志愿服务对接"云助残"等数字平台助残应用，增强数字时代政府服务的残疾人包容性。

对于数字产品研发周期长、市场驱动能力较差的弱点，相关部门可结合税收优惠政策和特殊行业专项补贴的方式予以解决。从既有政策来看，财政部、税务总局及民政部发布的《关于生产和装配伤残人员专门用品企业免征企业所得税的公告》，上海徐汇区、临港区的人工智能专项补贴政策等均可以成为调动市场积极性，以优化残障人士数字化服务的有效工具。然而，特别值得注意的是，我国《个人信息保护法》第28条虽未明确将残疾人士信息列为敏感个人信息，但从性质上看可能被归类为"医疗健康"信息或"容易导致自然人的人格尊严受到侵害"的信息，因而存在被解读为敏感个人信息的余地。因此，在涉及残障人士数字化服务的信息处理规则和合规标准设定上应予以特别注意。

参考资料

《数据安全法》第15条

《个人信息保护法》第28条

《残疾人保障法》第3条

《上海市老年人权益保障条例》第41条

《"十三五"国家信息化规划》

《"十三五"现代服务业科技创新专项规划》

《服务业创新发展大纲（2017—2025年）》

《关于全面推进上海城市数字化转型的意见》

《上海市国民经济和社会发展第十四个五年规划和二〇三五年远景目标纲要》

《国民经济和社会发展第十四个五年规划和 2035 年远景目标纲要》

《推进上海生活数字化转型 构建高品质数字生活行动方案（2021—2023）》

《上海市促进城市数字化转型的若干政策措施》

《上海市深化养老服务实施方案（2019—2022 年）》

《上海市老龄事业发展"十四五"规划》

《上海市残疾人事业发展"十四五"规划》

《关于生产和装配伤残人员专门用品企业免征企业所得税的公告》

（撰稿人：朱翘楚）

第六十二条 【数据赋能治理数字化转型】

本市促进数据技术与政府管理、服务、运行深度融合，推动数据赋能治理数字化转型，深化政务服务"一网通办"、城市运行"一网统管"建设，推进经济治理、社会治理、城市治理领域重点综合场景应用体系构建，通过治理数字化转型驱动超大城市治理模式创新。

本条主旨

本条从政府城市治理和公共服务的角度确认了数据技术的应用价值，为上海市政务的数据化转型和政企结合提供了政策背书。

条文详解

政府公共服务事业涉及海量个人信息的特点，既决定了政务服务对于数字技术的迫切需求，又决定了政务服务的数字化改革具有个人信息保护标准高、可供企业技术研发利用的数据资源范围难以界定等难点。

一、数字技术助力国家治理现代化

数据赋能政府治理的社会数字化改革目标体现了国家治理现代化的理念和精神。党的十八届三中全会通过了《中共中央关于全面深化改革若干重大问题的决定》，其中首次推出国家治理现代化理念，提出"推进国家治理体系和治理能力现代化"。城市作为国家的单元分子，城市治理现代化是国家治理现代化重要的组成部分。上海作为中国超大城市之一，有着近2000万的人口基数和312.4万家企业，因而在城市建设、发展、运行和治理上均面临着重大挑战。城市管理和公共服务的数字化转型则可以成为实现城市治理体系和治理能力现代化的绝佳抓手。

《关于全面推进上海城市数字化转型的意见》将城市的数字化转型落脚于经济、生活、治理三个方面。在治理数字化转型上，提出了"科学化、精细化、智能化的超大城市'数治'新范式"，开创以"一网通办"和"一网通管"为中轴的城市智能化管理新格局。《上海市国民经济和社会发展第十四个五年规划和二〇三五年远景目标纲要》对"一网通办"和"一网通管"的实施路径进行了进一步具体勾勒，从企业、个体、弱势群体的角度对公共服务的智能化改革提出新要求，从城市运行的安全维护、风险防范、生态维护角度对政府管理的智能化改革提出了新期待。《上海市数据条例》设置了公共数据专章，规范公共数据资源的管理和鼓励数据资源应用，以推动数据赋能政府的社会治理。

二、营商环境视域下的政务数字化改革

良好的营商环境是企业发展的土壤，也是我国吸引外资、树立开放形象的重要媒介。因此，优化营商环境一直是近年来我国党中央、国务院以及上海市政府高度重视的政务工作目标之一。而在数字化时代，良好的营商环境以及高质高效的政府公共服务离不开数字技术的应用。2018 年 1 月，李克强在国务院第一次常务会议上正式提出重视全国的营商环境优化工作。同年 8 月，国务院办公厅发布《关于部分地方优化营商环境典型做法的通报》，将"互联网+"的公共服务模式列为地方优化营商环境的典型做法，为我国的政务服务数字化做出了良好的政策指引。[①] 2019 年 10 月国务院发布《优化营商环境条例》，其中第 37 条明文规定要"加快建设全国一体化在先政务服务平台，推动政务服务事项在全国范围内实现'一网通办'"。以此为标志，以"一网通办"为代表的政府政务数字化改革工作正式进入快车道。

上海作为我国营商环境的代表性城市，[②] 在公共服务数字化改革上一直处于国内领先行列。上海市于 2018 年 9 月通过了

---

① 《国务院办公厅关于部分地方优化营商环境典型做法的通报》（国办函〔2018〕46 号），2018 年 8 月 3 日发布。

② 世行的营商环境评估报告采用了上海和北京两个城市的数据，其中上海的权重占 55%，北京占 45%。参见罗培新：《世界银行营商环境评估方法论：以"开办企业"指标为视角》，载《东方法学》2018 年第 6 期。

《上海市公共数据和一网通办管理办法》，其中第 3 条将"一网通办"定义为"依托全流程一体化在线政务服务平台和线下办事窗口，整合公共数据资源，加强业务协同办理，优化政务服务流程，推动群众和企业办事线上一个总门户、一次登录、全网通办，线下只进一扇门、最多跑一次"。此后陆续推进技术监督、档案管理、绿化工作、市场监督等多领域的"一网通办"审批规范标准，以及上海市各区的地方性实施办法。随着政策改革工作的推进，近年来上海在"证照分离"改革上也起到了国内示范性作用，为企业设立、外商投资带来了空前的发展机遇，[①] 在健康医疗、交通出行、教育管理等基础民生上取得了显著成绩。[②]

三、政企合作中的数据权责归属

数据技术与政府服务的深度融合，离不开企业与政府部门的紧密合作。合作的主要形式则为委托开发与外包服务。从积极意义角度，政府公共服务中海量信息的大样本优势为数字技术的发展提供了不可多得的生产资源；从消极意义角度来说，政务活动中处理信息的全面性和敏感性，决定了政府需严格设定数据处理方的合规标准，以严防个人信息权益侵害事件的发生。

企业对政府数据的利用涉及公共数据的开放问题。与基于公众知情权的政府信息公开不同，数据开放旨在便于公众利用政府数据资源进行技术创新，以释放数据的生产要素价值，利

---

① 《破解"办照容易办证难"——深化营商环境改革为企业带来发展机遇》，载中央人民政府网站：http://www.gov.cn/xinwen/2020-09/03/content_5540164.htm。

② 《上海市人民政府办公厅关于印发〈2022 年上海市全面深化"一网通办"改革工作要点〉的通知》（沪府办发〔2022〕1 号），2022 年 1 月 6 日发布。

于政府依据公众的数据使用反馈精准掌握政务短板，实施治理创新。① 国务院于 2015 年发布的《促进大数据发展行动纲要》中指出我国存在着政府数据开发不足的问题，提出应构建公共数据资源合理开放共享的法规制度和政策体系。以此为开端，各省市陆续出台了公共数据开放管理办法，以激活公共数据的经济价值，促进产业利用。《上海市公共数据和一网通办管理办法》第 4 条明确将"共享开放"设定为"一网通办"管理工作的原则之一，使政务数字化的"一网通办"与公共数据开放利用形成有机联动。

此外，企业对于政府数据的开发利用还涉及了数据权属的问题，特别是加工后增值数据的权属问题。对于公共数据的权属问题，学术界一直有所讨论。例如，有观点认为，从公共利益角度出发，公共数据应属于国家公有财产，其所有权应属于全体公民。《深圳经济特区数据条例》就曾考虑过采用此种观点。② 然而，在此种确权逻辑下，当地方政府出现部门利益冲突时，容易招致相关部门从自身利益出发反对或阻碍数据共享现象的发生。与此相对，美国法中的公共信托逻辑值得我国参考借鉴，即将国家视为信托资产的实际所有人，且在适用、处置信托资产的过程中保证资源优先或限定使用于公共目的，③从而为数据的社会分享和开放提供理论背书。对于政府在委托企业进行政务数字化转型过程中发生的加工后数据增值权属问

---

① 宋烁：《政府数据开放是升级版的政府信息公开吗？——基于制度框架的比较》，载《环球法律评论》2021 年第 5 期。

② 商希雪：《政府数据开放中数据收益权制度的建构》，载《华东政法大学学报》2021 年第 4 期。

③ 戴昕：《数据界权的关系进路》，载《中外法学》2021 年第 6 期。

题，学界尚无定论，一般认为应通过合同约定处理，委托方只能委托权限范围内的数据处理活动。依据《上海市数据条例》第 12 条第 2 款的规定："本市依法保护自然人、法人和非法人组织在使用、加工等数据处理活动中形成的法定或约定的财产权益，以及在数字经济发展中有关数据创新活动取得的合法财产权益。"同时，为了鼓励技术创新，应从保护受托方智力劳动成果的视角，合理分配增值数据收益。

当政府委托第三方企业进行技术研发或数字业务处理时，双方应属于行政委托关系。首先，当数据业务涉及具体的个人信息的，应适用《个人信息保护法》第 21 条对委托关系的规定，在委托合同中约定处理目的、期限、处理方式等法定内容，并严格监督受托人的个人信息处理活动，不得超出约定的处理目的和方式处理个人信息。当发生合同终止、无效或被撤销时，受托人需返还或删除个人信息。在未经委托人同意的情况下，不得对个人信息处理业务进行转委托。其次，依据《数据安全法》第 40 条的规定，国家机关委托他人处理政务数据时，应经过严格的批准程序，并将委托事项向社会公告，[①] 同时监督受托方履行相应的数据安全保护义务。国家机关委托他人处理数据，本质上属于一种政府采购行为，因而在选定委托方的程序设定上，应依照《政府采购法》第 26 条第 2 款的规定，通过公开招标的方式决定采购产品。[②] 上海市的具体操作

---

① 《行政处罚法》第 20 条第 2 款规定："委托书应当载明委托的具体事项、权限、期限等内容。委托行政机关和受委托组织应当将委托书向社会公布。"
② 龙卫球主编：《中华人民共和国数据安全法释义》，中国法制出版社 2021 年版，第 142 页。

程序应遵循《上海市政府采购实施办法》第 24、25 条规定的电子化政府采购操作流程开展。此外，上海市发改委印发的《上海市促进城市数字化转型的若干政策措施》中专门提出优化政府和国有企业采购体系方案，指出将逐步建立统一采购、统筹使用机制，"加快建立全市统一的人工智能数据标注、数字孪生图像处理等政府采购计费标准，完善数据拥有单位与服务商的知识产权分配机制。探索构建本市国有企业集中竞价平台和目录，对通用软件产品实行集中竞价、分别采购"。最后，因政务数据的敏感性和重要性，受托方应遵循比普通委托关系更为严格的合规义务，以保障信息安全。除严格遵循委托合同规定的处理目的、权限和方式等《个人信息保护法》法定内容，当受托人因客观因素需对委托人指示作出变更处理时，应重新获得政府审批。① 同时，依据《数据安全法》第 40 条的规定，受托方不得擅自留存、使用、泄露或者向他人提供政务数据。此外，鉴于政务数据中基本包含了全市范围的个人信息，应设定更高的安全保管标准，以防止信息被滥用或盗用。因此，《上海市数据条例》配套政策应结合专家力量设定统一的政府委托数据处理标准和安全标准，以增强数字化政务的安全性。

参考资料

《个人信息保护法》第 21 条

《数据安全法》第 40 条

《行政处罚法》第 20 条第 2 款

---

① 龙卫球主编：《中华人民共和国数据安全法释义》，中国法制出版社 2021 年版，第 142 页。

《政府采购法》第 26 条第 2 款

《优化营商环境条例》

《深圳经济特区数据条例（草案）》

《上海市政府采购实施办法》第 24、25 条

《上海市公共数据和一网通办管理办法》第 4 条

《上海市促进城市数字化转型的若干政策措施》

《中共中央关于全面深化改革若干重大问题的决定》

《关于全面推进上海城市数字化转型的意见》

《上海市国民经济和社会发展第十四个五年规划和二〇三五年远景目标纲要》

《关于部分地方优化营商环境典型做法的通报》

《促进大数据发展行动纲要》

（撰稿人：朱翘楚）

第六十三条　【数据资源设施和平台建设】

本市鼓励重点领域产业大数据枢纽建设，融合数据、算法、算力，建设综合性创新平台和行业数据中心。

本市推动国家和地方大数据实验室、产业创新中心、技术创新中心、工程研究中心、企业技术中心，以及研发与转化功能型平台、新型研发组织等建设。

本条主旨

本条结合国家的大数据产业发展战略需求，提出了上海在大数据基础建设上的发力方向，从地方性法规的角度明确了上海对于数字技术创新平台的支持态度。

条文详解

因大数据产业的发展离不开强有力的硬件保障。从数据的收集、处理、存储到算力的保障与提升等大数据技术的各个环节均离不开强有力的基建设施。因此，加强大数据技术基础建设是我国近年来一项重要的国家发展任务。

一、作为国家战略的大数据基建布局

2015年，十八届五中全会首次将国家大数据发展战略纳入"十三五"规划，正式开始了我国的大数据基建布局，明确提出"优化大型、超大型数据中心布局，杜绝数据中心和相关园区盲目建设"，推进"绿色数据中心建设"。① 国务院同年发布的《国务院关于印发促进大数据发展行动纲要的通知》中，将"统筹规划大数据基础设施建设"列为我国大数据行动发展的主要任务之一，提出布局国家大数据平台、数据中心等基础设施，注重对现有数据中心及服务器资源的改造和利用，建设区域性、行业性的绿色数据基建。② 2017年，工业和信息化部为落实"十三五"规划和大数据发展纲要而编制的《大数据产业发展规划（2016—2020年）》中提出要完善大数据产业支撑体系，对大数据基础设施进行统筹布局，整合改造高耗能、低效率的分散数据中心，以节省资源和空间。③

---

① 《国务院关于印发"十三五"国家信息化规划的通知》（国发〔2016〕73号），2016年12月15日发布。
② 《国务院关于印发促进大数据发展行动纲要的通知》（国发〔2015〕50号），2015年9月5日发布。
③ 《大数据产业发展规划（2016—2020年）》（工信部规〔2016〕412号），2016年12月18日发布。

2020 年，中共中央召开第十九届五中全会，提出加快第五代移动通信、工业互联网、大数据中心的建设。在此思想指导下，发改委、中央网信办、工信部及国家能源局联合发布了《关于加快构建全国一体化大数据中心协同创新体系的指导意见》，在大数据中心体系构建规划中提出，"根据能源结构、产业布局、市场发展、气候环境等，在京津冀、长三角、粤港澳大湾区、成渝等重点区域"布局大数据中心国家枢纽节点，形成全国算力枢纽体系。① 此后，四部门再次联合发文公布了《全国一体化大数据中心协同创新体系算力枢纽实施方案》，提出在京津冀、长三角等用户规模较大、应用需求较强、数据较为丰富的东部地区建立数据中心，优化数据供给结构，在贵州、宁夏等可再生能源丰富、气候适宜、绿色发展潜力较大的西部节点打造非实时性算力保障基地，实施"东数西算"工程，以实现跨区域的算力调度。② 从《上海市数据条例》的修改历程可以看出，现行条例充分体现了我国近年来的战略思想，形成了国家顶层发展规划的地区具象化表达。

二、国家战略下的上海数据基建

作为我国东部地区的核心城市之一，上海在数字化转型及数据基建上也走在国内前沿。2017 年，上海承接了首个国家级大数据流通工程实验室，即大数据流通与交易技术国家工程实验室。从网络基建角度，2018 年上海发布了《上海市推进新一

---

① 《关于加快构建全国一体化大数据中心协同创新体系的指导意见》（发改高技〔2020〕1922 号），2020 年 12 月 23 日发布。

② 《关于印发〈全国一体化大数据中心协同创新体系算力枢纽实施方案〉的通知》（发改高技〔2021〕709 号），2021 年 5 月 24 日发布。

代信息基础设施建设助力提升城市能级和核心竞争力三年行动计划（2018—2020 年）》，为推广千兆网络奠定了良好的政策基础。截至 2020 年，上海已完成多项计划目标，其作为三大电信运营商 5G 网络首发城市，在 5G 室外基站和室内小站建设上均处于国内领先水平，同时也是全国第一个固定宽带平均可用下载速率超过 50M 的城市，是国内首个实现"双千兆宽带"的城市。① 2020 年，上海市经信委、市通信管理局印发《上海"双千兆宽带城市"加速度三年行动计划（2021—2023 年）》，提出了 5G 用户渗透率超 70% 的精品网建设、千兆网速推广行动等 2023 年宽带城市建设目标。前期的数据技术基础建设，已经为上海建成全国一体化大数据中心体系的枢纽节点提供了良好的底座准备。

此外，为切实促进数字基建及数据中心项目的工作进展，上海市政府发布了《上海市推进新型基础设施建设行动方案（2020—2022 年）》。② 该方案新网络建设、创新型基建、一体化融合型基建、智能化终端基建列为行动方案的四项主要工作，明确通过市区协同的统筹协调机制保障项目的具体实施。在该方案的规划之下，上海市经济信息化委编制了《上海市数据中心建设导则（2021 版）》，③ 对于数据中心的规划与选址、建筑与配套标准、规模与功能定位、安全标准、节能标准、报

---

① 中国信息通信研究院、宽带发展联盟：《上海"双千兆宽带城市"发展白皮书》，2020 年 11 月发布。

② 《上海市人民政府关于印发〈上海市推进新型基础设施建设行动方案（2020—2022 年）〉的通知》（沪府〔2020〕27 号），2020 年 4 月 29 日发布。

③ 《上海市经济信息化委关于印发〈上海市数据中心建设导则（2021 版）〉的通知》（沪经信基〔2021〕247 号），2021 年 4 月 2 日发布。

建主体、论证及评估监测程序等数据建设项目细节，为报建单位提供了详细的规则指引。

参考资料

《国务院关于印发促进大数据发展行动纲要的通知》

《大数据产业发展规划（2016—2020年）》

《关于加快构建全国一体化大数据中心协同创新体系的指导意见》

《全国一体化大数据中心协同创新体系算力枢纽实施方案》

《上海市推进新一代信息基础设施建设助力提升城市能级和核心竞争力三年行动计划（2018—2020年）》

《上海"双千兆宽带城市"加速度三年行动计划（2021—2023年）》

《上海市推进新型基础设施建设行动方案（2020—2022年）》

《上海市数据中心建设导则（2021版）》

（撰稿人：朱翘楚）

第六十四条　【空间载体】

本市建设数字化转型示范区，支持新城等重点区域同步规划关键信息基础设施，完善产业空间、生活空间、城市空间等领域数据资源的全生命周期管理机制。

市、区人民政府应当根据本市产业功能布局，推动园区整体数字化转型，发展智能制造、在线新经济、大数据、人工智能等数字产业园区。

本条主旨

本条从上海市政府规划的角度提出了对数据资源空间载体的布局逻辑，结合上海市对各区的产业功能布局规划相应的数据产业，促进各区的有机联动，以全面推进上海市的数字化转型。

条文详解

在"十四五"规划的框架之下，上海城市的数据化转型依照具体的"1+1+3+3"政策框架实施。两个"1"分别为《关于全面推进上海城市数字化转型的意见》和《上海市全面推进城市数字化转型"十四五"规划》，两个"3"则为经济、生活、治理的三大领域数字化转型三年行动方案，和《上海市数据条例》《上海市促进城市数字化转型的若干政策措施》、数据交易所基础设施配套规则体系。①

《上海市国民经济和社会发展第十三个五年规划纲要》和《上海市城市总体规划（2017—2035 年）》将嘉定、青浦、松江、奉贤、南汇定为五大新城，作为长三角城市群中的综合性节点城市发展。2020 年 12 月，上海市政府发布《关于全面推进上海城市数字化转型的意见》，提出通过示范区建设的方式试点数字化转型，特别指出临港新片区建设国际数据港，推动五大新城、长三角生态绿色一体化示范区等重点地区的数字化建设规划。

---

① 《上海城市数字化转型"1+1+3+3"政策框架已初步建立》，载澎湃新闻网：https：//www.thepaper.cn/newsDetail_ forward_ 16253754。

2021年3月，《关于本市"十四五"加快推进新城规划建设工作的实施意见》对五大新城的产业发展重点进行了进一步规划，对汽车、数字产业、智能制造、美丽健康产业等行业进行了区域性计划安排。上海市发改委随后印发的《上海市促进城市数字化转型的若干政策措施》提出将出台新城数字化转型规划建设导引，以一区一特色和一区一长板为规划导向，选择若干重点区域打造未来生产生活的数字化转型示范区。同时还将探索提高数据中心算力使用效率的新型机制，"在青浦区、临港新片区开展数据中心有效率评估和区域算力调度创新试验"。①

《上海市全面推进城市数字化转型"十四五"规划》对新城的数字基建和示范工程做出了明确的部署规划。在数字基建的规划安排上，提出建立统一、开放、可操作的数字底座建设标注体系和评价指标体系。同时，编制统一的数字化建设导则和区级特色指导文件，建立市区联动、协调推进的工作机制。将数字基础建设纳入空间城市规划，依托浦东新区和五个新城试点城市数字底座建设运行，积极推动上海模式对长三角地区及全国范围的辐射推广。在示范工程上，《上海市全面推进城市数字化转型"十四五"规划》提出从五大新城的产业定位出发，制定相应的数字化转型规划建设导引，引导企业建设数字化工厂及发展场景化数据驱动产业。在特色区域建设上，《上海市全面推进城市数字化转型"十四五"规划》专门将张江数字生态园、杨浦"长阳秀带"、虹桥国际开放枢纽、长三角生

---

① 《上海市发展和改革委员会关于印发〈上海市促进城市数字化转型的若干政策措施〉的通知》（沪发改规范〔2021〕8号），2021年8月2日发布。

态绿色一体化发展示范区、G60 科创走廊、G50 数字干线等项目列为典型项目，提倡各区结合自身特色打造创新转型先导区。

此外，城市的数字化转型离不开完备的数据安全管理机制，而本条在数据示范区建设上将数据资源的全生命周期管理作为了新城规划的重点提出。数据资源的全生命周期指的是，从数据采集、存储、处理、传输、交换到删除的全部过程。《上海市数据条例》在数字化转型示范区的关键信息基础设施建设上特别提及了建立数据资源全生命周期的安全管理机制，突出了上海在智能新城的建设过程中强调数据安全的特点。《网络安全法》第三章设置专节规定关键信息基础设施的安全保护权责体系。国家互联网信息办公室于 2021 年 8 月发布了历经四年锤炼的《关键信息基础设施安全保护条例》，对关键信息基础设施的定义、认定规则、安全保护的责任分工及联动机制进行了系统规定。《上海市全面推进城市数字化转型"十四五"规划》在建立城市数字安全动态防护体系中特别提到，"围绕人工智能、物联网、区块链等新技术的全生命周期，构建新技术风险评估体系"。根据数据不同的类型、适用场景，处于不同生命周期的数据要素对于安全性的要求和侧重点也有所不同。因此，《上海市数据条例》在公共数据的管理规范上，特别提出对公共数据实施分类管理，根据公共数据的通用性、基础性、重要性和数据来源属性制定分类规则和标准，对公共数据实施全生命周期差异化管理。数字化转型示范区或新城在关键信息基础设施的建设过程中，也应注重经济、生活和治理领域内不同的数据类型和数据特征，建立科学的差异化全生命周期安全管理机制。

目前，上海在规划的具体落实上已经取得了一定的成绩。五大新城主要着力于打造三类标杆区域：全域转型先行区、特色转型示范区和标杆项目试点区。作为全域转型先行区的代表，临港新城致力于探索数字孪生城市建设，在数字底座建设、数据开放利用、数字技术创新和行业转型赋能四个方面先行先试。在特色转型示范区的建设上，全市已经遴选出首批 7个市级示范区，分别为嘉定未来·智慧出行示范、市北数智生态园、普陀海纳小镇、杨浦大创智数字创新实践区、张江数字生态园、临港数字孪生城、松江 G60 数字经济创新产业示范区。在标杆项目试点区的建设上，上海各区均致力于融合自身特点的项目开发。例如，黄埔智慧中药云、徐汇数字体育场馆、闵行居家虚拟养老院等项目是为各区政府针对医疗、文娱和养老等基础民生需求而开发的创新型公共服务数字化项目。①

参考资料

《网络安全法》第三章第二节

《关键信息基础设施安全保护条例》

《关于全面推进上海城市数字化转型的意见》

《上海市全面推进城市数字化转型"十四五"规划》

《上海市促进城市数字化转型的若干政策措施》

《上海市国民经济和社会发展第十三个五年规划纲要》

《上海市城市总体规划（2017—2035 年）》

---

① 《打造城市数字化转型标杆，上海遴选首批 7 个市级示范区》，载 https：//www. thepaper. cn/newsDetail_ forward_ 15090620。

《关于全面推进上海城市数字化转型的意见》

《关于本市"十四五"加快推进新城规划建设工作的实施意见》

《上海市促进城市数字化转型的若干政策措施》

（撰稿人：朱翘楚）

第六章　浦东新区数据改革

第六十五条　【创新探索】

本市支持浦东新区高水平改革开放、打造社会主义现代化建设引领区，推进数据权属界定、开放共享、交易流通、监督管理等标准制定和系统建设。

▌本条主旨

本条明确了浦东新区未来推进数据改革的主要方向，即浦东新区将就数据改革的多个事项探索"标准制定"与"系统建设"相关的具体方案。

▌条文详解

本条是《上海市数据条例》第六章"浦东新区数据改革"中的首条规定，明确了在浦东新区推进数据改革的整体目标以及主要方向。

《上海市数据条例》特别以专章对"浦东新区数据改革"作出规定，一定程度上也是为了呼应中央的文件与精神。2021年4月23日，党中央与国务院发布《关于支持浦东新区高水平改革开放打造社会主义现代化建设引领区的意见》，明确"支持浦东新区高水平改革开放、打造社会主义现代化建设引领区"，并计划在浦东新区"建设国际数据港和数据交易所，推进数据权属界定、开放共享、交易流通、监督管理等标准制定和系统建设"。

为了实现"建设引领区"的目标，浦东新区亦可能需要在现行立法的基础上作出一些突破与创新。为此，中央亦给予了明确的支持。2021 年 6 月 10 日，全国人民代表大会常务委员会发布了《关于授权上海市人民代表大会及其常务委员会制定浦东新区法规的决定》，明确"授权上海市人民代表大会及其常务委员会根据浦东改革创新实践需要，遵循宪法规定以及法律和行政法规基本原则，制定浦东新区法规，在浦东新区实施"。

中央的文件为浦东新区高水平改革开放、建设引领区提供了坚实的法律基础。上海市地方政府亦及时作出了响应。2021 年 9 月 18 日，上海市人民政府办公厅发布了《关于本市加快发展外贸新业态新模式的实施意见》，其中就明确提出"加快数字贸易发展。聚焦云服务、数字内容、数字服务等重点领域……提升临港新片区国际数据港能级。建设数字贸易交易促进平台，深入应用区块链、大数据技术，提升在线跨境结算功能"。

而本次《上海市数据条例》则是在之前的基础上，以专章形式更为深入、全面地提出了改革的目标与方向。就文本而言，《上海市数据条例》第 65 条在表述上基本参照了《关于支持浦东新区高水平改革开放打造社会主义现代化建设引领区的意见》的表述，概括性地说明了开展数据改革的整体方向与主要事项。尽管第 65 条自身的内容相对抽象，但是通过第六章后续的条款，《上海市数据条例》依然非常详细地展示了浦东新区数据改革的主要事项，即"数据权属界定、开放共享、交易流通、监督管理"。

其中，权属界定被放在了第一位，明晰数据的权属一定程度上也是之后开放共享、交易流通等活动的前提。然而，由于数据的特殊属性，就其权属应当如何确定，相关的权利责任应当如何分配等问题，在学术与实务中尚存有不同的观点。《上海市数据条例》的起草者亦敏锐地意识到了这一点，并将其作为浦东新区数据改革的主要事项之一，亦展现了探索这一难题的勇气与决心。

就开放共享和交易流通这两点，《上海市数据条例》亦通过第六章的其他条款进行了明确，如在第 66 条规定"支持浦东新区探索与海关、统计、税务、人民银行、银保监等国家有关部门建立数据共享使用机制，对浦东新区相关的公共数据实现实时共享……健全各区级公共管理和服务机构之间的公共数据共享机制"，在第 67 条明确在浦东设立数据交易所，在第 68 条提出"推进国际数据港建设……打造全球数据汇聚流转枢纽平台"，在第 69 条规定"探索制定低风险跨境流动数据目录，促进数据跨境安全、自由流动"，等等。这些条款均对浦东新区的数据治理能力提出了较高要求，亦充分体现了浦东新区作为未来数据改革重要前沿阵地的定位。

而在探索数据利用与发展的同时，亦不能忽视监督管理的重要性。如何实现数字经济发展与个人利益、公共利益，乃至国家安全之间的平衡将是浦东新区未来探索的重点，因此"监督管理"亦被明确列入了浦东新区数据改革的主要事项之一。

同时，考虑到社会经济的不断发展与改革开放的进一步深化，未来亦可能有更多领域及事项被纳入浦东新区数据改革的探索范围，届时"数据权属界定、开放共享、交易流通、监督管理"的表述未必能够涵盖所有拟探索的改革事项。因此，《上海市数据条例》第65条未来亦可能发挥类似于"原则性规定"的作用，对与"数据权属界定、开放共享、交易流通、监督管理"具有相似性的改革措施，若尚未被明文列入《上海市数据条例》，亦可通过对"等"字进行解释来纳入本条，为该等措施落地实施提供法律依据。

参考资料

《关于支持浦东新区高水平改革开放打造社会主义现代化建设引领区的意见》

《关于授权上海市人民代表大会及其常务委员会制定浦东新区法规的决定》

《关于本市加快发展外贸新业态新模式的实施意见》

（撰稿人：刘新宇）

第六十六条 【共享探索】

本市支持浦东新区探索与海关、统计、税务、人民银行、银保监等国家有关部门建立数据共享使用机制，对浦东新区相关的公共数据实现实时共享。

浦东新区应当结合重大风险防范、营商环境提升、公共服务优化等重大改革创新工作，明确数据应用场景需求。

浦东新区应当健全各区级公共管理和服务机构之间的公共数据共享机制。

本条主旨

本条是浦东新区重要改革措施之一，旨在推动公共数据深度共享、实时共享，并提出了具体要求。

条文详解

本条第 1 款规定了浦东新区与海关、统计、税务、人民银行、银保监等国家有关部门的实时共享机制，本条第 2 款进一步对浦东新区内数据共享行为提出要求，其明确数据共享应当根据数据应用场景确定需求。本条第 3 款要求浦东新区内区级公共管理和服务机构之间健全公共数据共享机制，此种"共享"并非本条第 1 款的实时共享，更偏向于第三章规定的公共数据共享，是对浦东新区将贯彻落实上海市公共数据共享制度的再次明确。

一、公共数据实时共享的具体要求

本条第 1 款规定的"共享"相较于第三章的公共数据共享要求更为严格，其"共享"须要达到"实时"的标准，而非第三章公共数据中的十五个工作日标准。此种高标准要求旨在支持浦东新区先行先试，探索出一条高效共享公共数据的道路，以提升政务服务效率、优化营商环境。为达成这一目的，《上海市数据条例》通过本条确定了公共数据实时共享的具体要求。

（一）公共数据实时共享的主体与客体要求

如前所述，本条所规定的"实时共享"相较于《上海市数据条例》第三章规定的公共数据共享效率更高，难度也更大，立刻全面铺开"实时共享"并不符合现实情况。故立法者将

"实时共享"的规定列于《上海市数据条例》第六章"浦东新区数据改革"项下，将参与主体及涉及的客体与浦东新区相挂钩，意图在浦东新区范围内打造创新性实时共享机制。

详细而言，在主体方面，《上海市数据条例》将浦东新区先行探索公共数据实时共享的对象限定在了"海关、统计、税务、人民银行、银保监等国家有关部门"的范围内；在客体方面，《上海市数据条例》将可进行共享的数据范围限制为"浦东新区相关的公共数据"，由此可见，可进行实时共享的数据不包括上海市其他地区的数据。主体与客体的双重限制反映出立法者在探索过程中的谨慎态度。考虑到该规定带有一定程度的试点性质，未来如取得良好效果，或可能在现有范围的基础上进一步加以推广，将更多主体与客体纳入"实时共享"的范围内，以促进公共数据更为高效地流通。

（二）公共数据实时共享的权利义务要求

实时共享中的各参与方的行为除受《上海市数据条例》的规制之外，依然受到《上海市数据条例》上位法《数据安全法》《个人信息保护法》的制约，其行为都需要符合上位法的规定，即实时共享中的各参与方在《上海市数据条例》项下虽然可以成为公共数据实时共享的主体，但是这并不当然等于各参与方有处理上述数据的权利。

详细而言，实时共享中的数据接收方其在实际接收、使用数据时仍需要判断其行为是否符合上位法。例如，在数据接收方接受的数据包含个人信息时，需要事先确认自身是否具有处理个人信息的合法性基础，处理行为是否符合最小必要性等要求。实时共享中的数据提供方作为数据共享中的源头方，其共享的数据是否是经合法处理而得，直接影响之后存储、利用、再次共享等各个环节的数据合规状态，因此对于数据提供方而言，其也需要保证其处理行为合法合规。

二、浦东新区公共数据共享

《上海市数据条例（草案）》（征求意见稿）中规定"浦东新区应当结合重大风险防范、营商环境提升、公共服务优化等重大改革创新工作，提出数据应用场景需求清单"，但是在《上海市数据条例》中，立法者没有使用"提出数据应用场景需求清单"的表述，将之变更为"明确数据应用场景需求"，我们理解抛弃"清单"的表述更符合实际情况，因数据在实际生活中的适用范围日益扩大，确定完善的数据需求清单难度极大，而且其变化的可能性也较大。一般的公共数据共享有十五个工作日的缓冲期，可以给收到请求的一方充分时间以确定是否可以共享，但是本条规定的实时共享是没有缓冲期的即时共享，数据需求清单可能无法紧跟实际情况变化，所以删除"清单"的表述不失为恰当的选择。

本条第2款也明确数据应用场景需求应结合重大风险防范、营商环境提升、公共服务优化等重大改革创新工作。此举系落实《数据安全法》保障数据安全主旨，响应中央优化营商环境号召的重要举措。数据共享的实现一方面可以为政务服务赋能，促成"数据跑路"代替"群众跑腿"的新局面，减少群众负担。另一方面，公共数据共享机制通过数据共享深度挖掘数据价值，能够为政府的行政决策提供有效指引，进而提升政府决策与政府管理的科学性与合理性，最终达成优化营商环境、优化公共服务的目标，与此同时，数据共享亦可推动风险防范从"单一管"向"多方治"转变，做到风险提前发现，风险共同防范。

参考资料

《个人信息保护法》第6、13条

《政务信息资源共享管理暂行办法》第5条

《上海市数据条例（草案）》（征求意见稿）第16条

（撰稿人：刘新宇）

第六十七条　【数据交易所】

本市按照国家要求，在浦东新区设立数据交易所并运营。

数据交易所应当按照相关法律、行政法规和有关主管部门的规定，为数据交易提供场所与设施，组织和监管数据交易。

数据交易所应当制订数据交易规则和其他有关业务规则，探索建立分类分层的新型数据综合交易机制，组织对数据交易进行合规性审查、登记清算、信息披露，确保数据交易公平有序、安全可控、全程可追溯。

浦东新区鼓励和引导市场主体依法通过数据交易所进行交易。

本条主旨

本条明确上海市在浦东新区设立数据交易所，并将探索新

型的数据综合交易机制，鼓励、引导市场主体通过数据交易所
进行交易。

本条规定围绕设立与运营"数据交易所"展开，在为上海
数据交易所提供制度保障的同时，亦作出了明确的要求。

一、建设数据交易所的背景及其落地

数据交易本质上是对数据资源的一种共享，早在 2015 年，
党中央就已经在《中共中央关于制定国民经济和社会发展第十
三个五年规划的建议》中提出"实施国家大数据战略，推进数
据资源开放共享"的整体目标。实践中，全国其他地区也已经
就设立数据交易场所作出了不少尝试。例如，2015 年 4 月 14
日，贵阳大数据交易所正式挂牌运营。之后，河北大数据交易
中心、武汉长江大数据交易中心、华中大数据交易所等亦相继
成立。近年来，中央的意见、报告亦频繁提及数据交易相关事
项，例如，2020 年 3 月 30 日党中央与国务院发布《关于构建
更加完善的要素市场化配置体制机制的意见》，明确指出应
"引导培育大数据交易市场，依法合规开展数据交易……建立
健全数据产权交易和行业自律机制"。2021 年 4 月 23 日，党中
央与国务院发布《关于支持浦东新区高水平改革开放打造社会
主义现代化建设引领区的意见》，要求在浦东新区"建设国际
数据港和数据交易所"。本次《上海市数据条例》第 67 条的规
定亦是对中央文件与精神的响应。

2021 年 11 月 25 日，上海数据交易所揭牌成立。相较于其
他地区早先的数据交易场所，上海数据交易所提出了"五大"

首发，包括全国首发数商体系、首发数据交易配套制度、首发全数字化数据交易系统、首发数据产品登记凭证、首发数据产品说明书。① 且根据相关新闻报道，上海数据交易所在揭牌首日即完成了 20 款产品的挂牌，并达成了首单交易。②

二、明确数据交易所的监管义务与制度探索职责

数据需要通过流动才能真正发挥自身的价值，为实现数据产业的发展，数据交易势在必行。然而，具有交易价值的数据，通常也相对重要或敏感，无序的流通会带来大量潜在风险。

因此，监管的介入就必不可少。本条的第 2 款即明确，数据交易所自身即应当承担"监管数据交易"的职责，且应当以"相关法律、行政法规和有关主管部门的规定"为依据。但是，目前的法律、行政法规和有关主管部门规章等大多没有直接对"数据交易"行为作出规定。这就引出了第 3 款的规定，即数据交易所应当通过制订数据交易规则和其他有关业务规则的方式，明确监管的方式与要求，同时探索合理可行的交易机制。

"数据交易公平有序、安全可控、全程可追溯"的规定相对原则性，落实这一目标仍有诸多挑战。作为一种新兴的交易模式，数据交易尚有大量具体制度性问题有待进一步回答。例如就实践而言，从合法合规的角度，如何确保交易的数据安全，如何避免就数据权属产生争议或引发安全问题？从商务的角度，就数据的定价而言，如何在不泄露数据自身内容或减损

① 《上海数据交易所揭牌成立》，载中国服务贸易指南网：http://tradeinservices. mofcom. gov. cn/article/szmy/hydt/202111/123770. html。

② 《上海数据交易所今日揭牌成立 20 个数据产品挂牌 首单数据交易达成》，载央视网：https://tv. cctv. com/2021/11/25/VIDEzrdZkVbxX6HhAOw76lGv211125. shtml。

其交易价值的前提下确定一个公平的价格，并使得有意向的购买者可以验证定价的合理性？如果将这些问题全部交给数据交易的相关方自行通过协议约定来解决，那么数据交易的交易成本必将大大提高，设置数据交易所，促进数据流通的目的亦可能受到影响。

因此，从功能定位而言，数据交易所亦需要确定数据交易的规则，建立相对稳定的交易秩序，以减少数据交易主体的交易成本，实现《上海市数据条例》下"数据交易公平有序、安全可控、全程可追溯"的目标。但是如前所述，鉴于数据交易本身尚不成熟，就实践而言，仅依靠交易制度可能未必足以解决所有问题，相应的技术手段与设备亦可能是必要的。因此本条第2款中的"为数据交易提供场所与设施"从数据交易实践的层面来说，除必要运营场地外，还包含了与交易规则相匹配的技术设备。

上海数据交易所在设立过程中明显也注意到这一点，如前所述，在"五大"首发事项中，就包括了"数据交易配套制度"，且确立了"不合规不挂牌，无场景不交易"的基本原则。① 例如，上海数据交易所副总裁在访谈中所言，企业提供的数据在挂牌前首先需要完成审核和评估，确定数据来源的合规性、数据本身的合规性、数据的质量；且数据必须有合理的使用场景，数据用在什么地方应当要有一个事先的规定。② 除规则与

① 《上海数据交易所揭牌成立》，载中国服务贸易指南网：http://tradeinservices. mofcom. gov. cn/article/szmy/hydt/202111/123770. html。
② 《大数据如何进行交易？|专访上海数据交易所副总裁》，载中国网信杂志公众号：https://mp. weixin. qq. com/s/KSMld5EqIn1bMGfn81h_ jQ。

制度外，在技术层面，上海数据交易所亦展开了相关探索，在"五大"首发事项中，就包括"全数字化数据交易系统"，并且对于"数据可用不可见，用途可控可计量"的需求，上海数据交易所亦在尝试采用更先进的交付手段来满足数据安全合规流通的需要。[①]

三、相较于《上海市数据条例（草案）》（征求意见稿）的变化

相较于《上海市数据条例（草案）》（征求意见稿），本条亦在多个方面作出了调整：首先，本条将《上海市数据条例（草案）》（征求意见稿）中的"为数据集中交易提供场所与设施"修改为"为数据交易提供场所与设施"。表述上的调整减少了对上海数据交易所自身的限制，如有需要，上海数据交易所未来亦有可能为诸如协议交易等非集中交易的形式提供场所与设施，为不同形式的数据交易提供便利。

其次，本条将《上海市数据条例（草案）》（征求意见稿）中的"新型大数据综合交易机制"修改为"新型数据综合交易机制"。考虑到上海数据交易所的交易机制是"分类分层"的，因此参与挂牌的数据产品自身也可能存在差异，"大数据"这一概念未必适合用于描述全部的数据产品，对此进行修改亦可能更为符合上海数据交易所未来的实际情况。

再次，就可参与数据交易所交易的主体如何表述的问题，《上海市数据条例》将《上海市数据条例（草案）》（征求意见稿）中的"自然人、法人和非法人组织"修改为"市场主

---

① 《大数据如何进行交易？｜专访上海数据交易所副总裁》，载中国网信杂志公众号：https://mp.weixin.qq.com/s/KSMld5EqIn1bMGfn81h_ jQ。

体"。目前上海数据交易所尚未公开交易规则，但考虑到数据交易所整体尚处于探索阶段，不排除未来先对交易主体设置准入门槛，待机制成熟后再逐步放宽要求的可能性。就这一点还有待具体的交易规则正式公开后再进一步加以确认。

最后，本条删除了《上海市数据条例（草案）》（征求意见稿）中"浦东新区政府部门和国有企业应当通过数据交易所进行数据采购和流通交易"的规定，结合《上海市数据条例》中"鼓励和引导市场主体依法通过数据交易所进行交易"的表述，法律并未强制要求政府部门和国有企业通过上海数据交易所参与数据采购和流通交易，而是留下了采取其他途径的空间。考虑到数据交易尚处于探索阶段，《上海市数据条例》的立法表述亦保留了更大的弹性，便于有关部门根据未来的实践情况及时对政策作出调整。

参考资料

《中共中央关于制定国民经济和社会发展第十三个五年规划的建议》

《关于构建更加完善的要素市场化配置体制机制的意见》

《关于支持浦东新区高水平改革开放打造社会主义现代化建设引领区的意见》

《上海市数据条例（草案）》（征求意见稿）第 65 条

（撰稿人：刘新宇）

第六十八条 【国际数据港建设】

本市根据国家部署，推进国际数据港建设，聚焦中国（上海）自由贸易试验区临港新片区（以下简称临港新片区），构建国际互联网数据专用通道、功能型数据中心等新型基础设施，打造全球数据汇聚流转枢纽平台。

本条主旨

本条款是有关推动国际数据港建设的规定，明确了上海市根据国家部署推进建立国际数据港的具体方向。

条文详解

一、建设"国际数据港"的战略意义

探索建设"国际数据港"这一规划曾见于上海市人民政府于 2020 年 4 月 29 日印发的《上海市推进新型基础设施建设行动方案（2020—2022 年）》，亦在上海市委、市政府 2020 年年底公布的《关于全面推进上海城市数字化转型的意见》中被明确提及。这一规划亦为党中央及国务院认可，并于 2021 年 4 月 23 日发布的《中共中央 国务院关于支持浦东新区高水平改革开放打造社会主义现代化建设引领区的意见》中再次得到确认。

数据是数字经济时代的重要生产要素，是数字贸易背景下国际竞争的重要战略资源。一般而言，数据只有在流动中才能够产生更多的价值，但国际实践中，由于各国针对数据跨境流动问题尚未达成充分的共识，数据的跨境流动受到了较大的限制。对于较发达的数字经济体而言，推动数据在全球范围的跨

境自由流动，有助于争夺数字经济市场，抢占数据跨境流动国际治理中的话语权，而对于较不发达的数字经济体，往往需要加强对跨境数据流动的规制以确保国家安全。可以说，正是由于各国间数字经济发展的不平衡，导致各国针对数据跨境流动的态度存在着较大的差异。

在全面的数据跨境流动缺乏现实基础的情况下，通过部分地区"先行"的方式进行探索跨境数据流动试点，有利于打破跨境数据流动壁垒，释放部分数据资源的发展潜能，有利于部分数字经济相对不发达国家通过与我国试点地区的交流逐渐认可、接受统一、成熟的跨境数据流动规制，也有利于我国探索建设具有中国特色的跨境数据流动机制。从这个角度出发，临港新片区作为我国参与国际经济治理的重要试验田，打造全球数据汇聚流转枢纽平台是其当然的历史使命。

以临港新片区为先导，建立国际数据港，打造全球数据汇聚流转枢纽平台是我国在数字经济时代参与国际数字竞争、维护数据主权的重要手段，具有相当的战略意义。推动国际数据港建设，有利于构建开放的国际数据环境，吸引国际数据流量在临港集聚，打造互利共赢的国际互联网生态，将临港新片区打造为联通世界的窗口，有利于提升我国在全球数字经济治理中的数字治理能力、资源配置能力，有利于我国参加跨境数据流动的全球规则制定，有利于进一步提高我国在全球数字经济治理体系中的影响力。尤其在《上海市数据条例》第 67 条明确建立"数据交易所"的背景下，亦不排除未来通过结合二者以探索跨境数据交易，甚至由我国主导、推动国际数据交易规则建立的可能性。

二、建设"国际数据港"的物质基础

"国际数据港"的建设离不开新型基础设施建设作为其物质基础。加快新型基础设施建设是党中央、国务院针对国内外经济形势而提出的重大战略思路,在国家层面的会议中多次进行讨论研究。新型基础设施的提出标志着中国基础设施建设进入以信息网络等新型基础设施为代表的新阶段。当前,新一代信息技术与实体经济正在加速走向深度融合,以 5G 和 F5G 为核心的新型通信基础设施成为新一轮科技革命和产业变革中的重要使能设施,工业互联网、智能计算等新型基础设施的发展将激发更多新增需求,对实体经济产生全方位、深层次、革命性的影响。我国推广新型基础设施部署,将有助于把握住数字化、网络化、智能化融合发展契机,以信息化、智能化为杠杆培育数字化转型新动能。同时,加快新型基础设施建设也是上海市积极落实"网络强国""制造强国"战略,大力推动互联网、大数据、人工智能和实体经济深度融合的重要举措。

《上海市数据条例》提出聚焦临港新片区、构建国际互联网数据专用通道、功能型数据中心等新型基础设施,是抓住建设"国际数据港"这一契机,响应国家加快新型基础设施建设战略思路的重要举措,亦是贯彻落实《中国(上海)自由贸易试验区通信基础设施专项规划(2020—2025)》的重要手段。

对于临港新片区而言,建设国际数据港意味着其未来将承载更多的跨境数据流量交换,需要通信基础设施提供更高级别的通信能力支撑。构建国际互联网数据专用通道、功能型数据中心,有利于满足临港新片区企业高级别跨境通信需求,也是《中国(上海)自由贸易试验区通信基础设施专项规划

（2020—2025）》提出的通信基础设施发展目标之一。构建国际互联网数据专用通道将提高临港新片区的国际互联网通信能力，为高配、海量的跨境数据交互提供物质支持，有利于进一步吸引更多数据流量在临港新片区汇聚，进一步反哺、壮大国际数据港汇聚的数据流量规模、提高临港新片区在全球数据竞争中的竞争力，从而推动上海亚太信息枢纽港建设，为我国提升参加跨境数据流动的全球规则制定，提高在全球数字经济治理体系中的影响力提供助力。

同时，由于"国际互联网数据专用通道、功能型数据中心等"均被界定为"基础设施"，其适用范围在未来可能不仅限于临港新片区或浦东新区，其建设经验及成果亦可能为其他地区所借鉴与使用。

参考资料

《中共中央 国务院关于支持浦东新区高水平改革开放打造社会主义现代化建设引领区的意见》

《上海市推进新型基础设施建设行动方案（2020—2022 年）》

《中国（上海）自由贸易试验区通信基础设施专项规划（2020—2025）》

《关于全面推进上海城市数字化转型的意见》

（撰稿人：刘新宇）

第六十九条　【探索制定低风险跨境流动数据目录】

本市依照国家相关法律、法规的规定，在临港新片区内探索制定低风险跨境流动数据目录，促进数据跨境安全、自由流动。在临港新片区内依法开展跨境数据活动的自然人、法人和非法人组织，应当按照要求报送相关信息。

本条主旨

本条是关于探索制定低风险跨境流动数据目录的规定，明确了临港新片区探索跨境数据流动的实践方向。

条文详解

一、跨境流动数据目录的制定

数据的流动对于在数字经济时代更高效地利用数据，实现数据的价值具有重要意义。各国探索跨境数据流动的一大原因亦在于通过数据的流动和利用进一步壮大自身数字经济的力量，如果从实现经济利益价值最大化的角度出发，各国都不应排斥跨境的数据流动。但不同数据在经济社会发展中的重要程度各不相同，对于一些特殊的数据，若放任其随意流动，可能对国家安全、公共利益或者个人、组织的合法权益造成一定的危害。事实上，跨国企业基于中国业务所收集的数据是否"存储于本地"一直是我国社会舆论颇为关注的问题。例如在 2021 年，面对社会舆论的多次质疑，特斯拉通过官方微博特别宣布已在中国建立数据中心，以实现数据存储本地化。① 2021 年 11 月 1 日正式实施的《个人信息保护法》亦对个人信息的跨境传输增加了不少限制。然而，如果将前述限制的范围无限度地扩

① 载特斯拉官方微博：https://weibo.com/3615027564/Kh8mMfpDQ。

大到所有数据，势必会严重影响经济生活的便利性与效率，这不仅不利于吸引境外企业参与我国数字经济，甚至可能给我国企业的出海产业戴上不必要的枷锁。基于此，在探索跨境数据流动的规制和管理模式的过程中，有必要研究确定哪些数据跨境流动后的潜在风险较低，并对此类数据采取相对宽松的管理标准以加速数据流动，这也是《上海市数据条例》规定探索制定低风险跨境流动数据目录的原因。

所谓的低风险跨境流动数据目录在本质上类似于一种"白名单制度"，制定低风险跨境流动数据目录，可以鼓励目录中的数据在符合法律、法规规定的情况下便捷、高效地进行跨境的数据流动，对于探索跨境数据流动规制和管理模式具有相当的意义，这既避免了一刀切地"斩断"跨境数据流动的链路，也有利于加强在跨境数据流动过程中实现对国家安全、公共利益或者个人、组织合法权益的保护，实现两者的平衡。同时，相较于具体的"规定"，"目录"的制订与调整也相对更为灵活，鉴于数字技术高速发展的客观现实，同一项数据的重要性与敏感程度亦可能在未来发生变化，"目录"这一形式也有助于有关部门及时调整监管口径，以符合实际需要。

需要注意的是，对于低风险跨境流动数据目录的制定，《上海市数据条例》增加了"依照国家相关法律、法规的规定"，这意味着低风险跨境流动数据目录的内容仍不得同《国家安全法》《网络安全法》《数据安全法》《个人信息保护法》《出口管制法》等相关法律法规相违背。

二、数据处理者的报送义务

第 69 条明确了数据处理者的报送义务，若从文义出发，这意味着在临港新片区内开展跨境数据活动的自然人、法人和非法人组织都需要按照《上海市数据条例》的规定履行报送义务，而无论其开展跨境数据活动处理的数据是否为低风险跨境流动数据目录中的数据。

低风险跨境流动数据目录的制定意味着在目录中的数据属于经认可的"低风险"数据，其原则上可以自由流动。但考虑到当前数字经济形态的多样、国际政治局势的错综复杂，"低风险"数据的边界实质上是动态的，低风险跨境流动数据目录也随时可能变化。因此，"自由流动"并不意味着不受拘束，尤其应当确保在低风险跨境流动数据目录发生变化时，能够追踪到相应的数据流动并实施对应的监管措施。

三、相较于《上海市数据条例（草案）》（征求意见稿）的重要变化

《上海市数据条例（草案）》（征求意见稿）在第67条对该内容进行了规定，相较于《上海市数据条例》，内容的主要变化在于删除了"本市在临港新片区建设离岸数据中心，按照国际协定和法律规定引进境外数据，支持企业开展相关数据处理活动"的表述。

"离岸数据中心"的表述曾见于《中国（上海）自由贸易试验区临港新片区通信基础设施专项规划（2020—2025）》[①]，该文件明确提出："开展离岸数据中心试点研究。研究在临港新片区开展离岸数据中心业务的可行性，研究方案报国家相关主管部门同意后开展试点工作。吸引更多国际企业主体参与建

---

① 载中国（上海）自由贸易试验区临港新片区管理委员会网站：https://www.lingang.gov.cn/html/website/lg/index/government/file/1481569711842226178.html。

设和运营，带动发展跨境电商、国际金融科技、离岸数据服务外包等关联业态，促进国际信息流量在临港集聚和落地，进一步提升临港的信息吸纳能力，助力上海亚太信息枢纽港建设。"离岸数据中心一般设立在特殊监管区（如自由贸易区）内，可以不执行某些境内法律法规的规定，且服务对象主要为国际企业。由于离岸数据中心具备类似于保税区的"境内关外"特征，对于境外企业无疑具有较大的吸引力，也成为很多地方政府探索的重要方向。但也正是由于传统的离岸数据中心一般不适用境内法律，往往涉及较为复杂的政策规划和利益平衡，且需要综合国家安全、公共利益、既有法律法规协调等多方面考量。在未经充分全面论证之前，离岸数据中心仅是一个暂不成熟的设想。或是基于此，《上海市数据条例》正式稿中删除了"离岸数据中心"的相关表述。这并不意味着"离岸数据中心"不再可能，但在经过充分、全面的论证之前，"离岸数据中心"尚不是一个短期内能落地的跨境数据流动模式。

参考资料

《数据安全法》第 11 条

《中国（上海）自由贸易试验区临港新片区通信基础设施专项规划（2020—2025）》

（撰稿人：刘新宇）

第七十条　【产业发展】

本市按照国家相关要求，采取措施，支持浦东新区培育国际化数据产业，引进相关企业和项目。

本市支持浦东新区建立算法评价标准体系，推动算法知识产权保护。

本市支持在浦东新区建设行业性数据枢纽，打造基础设施和平台，促进重大产业链供应链数据互联互通。

本条主旨

本条旨在根据国务院关于支持浦东新区改革开放的相关文件，确立浦东新区作为上海数据产业先行示范区，以打造国际化的数据产业为目标，引进数据相关企业和项目入驻。在此基础上，为推进行业性数据交易、数据共享、数据跨区域流动与数据安全，通过打造数据基础设施与平台，检索重大产业链供应链数据互联互通的数据枢纽。同时，鉴于数据对人工智能算法训练与迭代的重要性，支持浦东新区探索建立算法评价标准体系，并推动算法相关的知识产权保护。

核心概念

算法（Algorithm）：泛指广义上一切可以通过计算机程序实现的一系列指令和数据集合，包括目前利用大数据、机器学习（Machine Learning）和电子计算机（Electronic Computer）算力实现的人工智能算法，以及未来可能出现的"强人工智能"算法。

条文详解

一、浦东新区数据产业发展

早在 2019 年 6 月，中共上海市委、上海市人民政府就在

《关于支持浦东新区改革开放再出发实现新时代高质量发展的若干意见》第2条中提出，要给予浦东新区更大改革自主权和制度创新，第1款更是明确赋予浦东新区市级经济管理权限，在经济调节、行政审批、规划制定等方面对浦东新区加大放权力度，除市级行政机关统一协调管理的事项外，原则上依法授权或委托浦东新区实施。2021年6月的十三届全国人大常委会第二十九次会议则正式表决通过，授权上海市人大及其常委会制定浦东新区法规的决定，为上海市在浦东新区数据领域设立地方性法规铺平了道路。

本条第1款按照2021年7月国务院提出的《中共中央 国务院关于支持浦东新区高水平改革开放打造社会主义现代化建设引领区的意见》，其中第3条第9款要求浦东新区"建设国际数据港和数据交易所，推进数据权属界定、开放共享、交易流通、监督管理等标准制定和系统建设"，从法规、制度和政策上确立了上海市在浦东新区设立上海数据交易所，探索数据交易、跨区域流动与数据安全相关规定，奠定了将浦东新区作为数据产业枢纽型先行示范区的法律基础。

二、建设浦东新区行业性数据枢纽

本条第3款根据《中共中央 国务院关于支持浦东新区高水平改革开放打造社会主义现代化建设引领区的意见》提出在上海浦东新区建设国际数据交易所的要求，进一步落实了打造行业性数据枢纽的具体措施和预期目标。此款与《广东省数据要素市场化配置改革行动方案》提出推动建立深圳先行示范区，①

---

① 《广东省数据要素市场化配置改革行动方案》（粤府函〔2021〕151号），第二章第（三）节第12条。

支持深圳数据立法、深圳建设粤港澳大湾区数据平台，设立数据交易市场类似。① 《深圳经济特区数据条例》第 33 条第 3 款也指出建设"城市大数据中心包括公共数据资源和支撑其管理的软硬件基础设施②"，并以此推动行业管理服务全面数字化。③ 上海于 2021 年 11 月在浦东张江成立上海数据交易所，力图加快上海数据要素市场建设，打造数据交易的基础设施和平台。2022 年 1 月，涉及交通、金融和通信等多个行业的第二批数据产品在上海数据交易所挂牌，④ 标志着上海通过在浦东新区建设数据交易所，促进重大产业链、供应链数据互联互通的数据枢纽已进入实质性阶段。

三、数据与算法的关系

本条第 1、3 款全力支持浦东新区打造数据基础设施和平台，不仅仅为了收集、存储或流通产业链数据。数据被誉为"21 世纪的石油"，其核心在于利用算法能够挖掘其背后的价值，产生社会经济效益。可以说，离开了算法对数据价值的挖掘，再庞大的数据也就如同沉睡在地底的石油一样无法为人类社会所利用。因此，本条第 2 款提出了探索数据应用的难点之一：算法的评价标准以及知识产权保护问题。

四、传统算法的评价标准与知识产权保护

在国内，算法主要被认为是《著作权法》第 3 条第 8 项计

---

① 《广东省数据要素市场化配置改革行动方案》（粤府函〔2021〕151 号），第二章第（四）节第 21 条。

② 《深圳经济特区数据条例》第 33 条第 3 款。

③ 《深圳经济特区数据条例》第 52 条第 3 款。

④ 《加快数据要素市场建设 上海数据交易所第二批数据产品挂牌》，载澎湃新闻网：https：//www.thepaper.cn/newsDetail_forward_16480048。

算机软件的组成部分。通过著作权法保护的主要问题在于，虽然计算机软件和传统的文字作品一样，可以通过代码的形式被记录于电子介质等载体之上，但其主要作用并不是被人们阅读和欣赏，而是通过计算机硬件发挥实用性。因此，数据处理算法的评价标准一般有以下三项：（1）处理数据的准确性。算法能否正确地实现预定的数据处理功能，是否存在错误和缺陷。（2）处理数据的效率。算法在处理数据过程中耗费的时长和算力占用的多少。（3）处理数据的鲁棒性（Robust）。算法的鲁棒性通常是指在接受错误输入、硬件故障或黑客攻击等异常情况下的系统稳定性。数据的类型多种多样，当算法接收到异常数据也能够适当处理或及时反馈时，表明该算法的鲁棒性较好，不容易出现问题而导致崩溃。正是由于算法技术性较强的特点，算法也能够作为发明专利的一部分，通过专利法保护。在知识产权领域，单纯的计算机程序通常被纳入著作权的保护范围，然而对于人工智能算法的专利权保护而言，目前依然有所争议。

五、大数据与人工智能算法的评价标准

近年来以机器学习为代表的人工智能技术突飞猛进地发展，得益于大数据以及算力的提升。但与传统计算机程序算法通过模拟数理性思维编写和设计计算机程序的运算方法和步骤相比，人工智能算法通过从大数据中以机器学习的方式进行训练、更新与迭代。举例而言，一款传统计算机程序发生问题或需要更新时，需要编写该程序的程序员找出算法漏洞或编写更好的算法，并以打补丁的方式对程序进行升级。而人工智能算法的升级更仰赖于对更大量级以及更高质量的数据的学习和训练。

对于新兴的以大数据、强算力为基础的人工智能算法，尚未有非常明确的定义和范围。在国外，美国纽约立法会在《算法问责法案 2019》中将算法定义为"自动化决策系统"，即一种从机器学习、统计或其他数据处理及人工智能技术中派生的，能自发或促进人类做出影响用户决策的计算程序。① 已经递交美国国会审议的《算法问责法案 2022》也采用了类似的定义。② 《算法问责法案 2019》认为，算法的评价是指对自动化决策系统及其开发过程的评价，包括该算法的设计和训练数据，以及在算法准确性、公平性、偏见、歧视、隐私及安全等方面的影响。③ 其主要评价标准有四项。第一，算法的设计、训练、数据和用途的详细说明；第二，根据算法的用途评价其相对效益及成本；第三，针对算法可能导致或加重不准确、不公平、偏见或歧视，最终可能会影响用户决策的风险进行评价；第四，将算法可能产生的风险降至最低而采取的措施。④ 对于区别于传统算法的人工智能算法而言，该评价标准可以作为区别于传统算法评价标准的参考。

六、人工智能算法的专利权保护

国内有不少学者建议通过专利法保护人工智能算法。⑤ 其

① Algorithmic Accountability Bill, article 2, (1).

② Algorithmic Accountability Act of 2022, article 2, "automated decision system" means any system, software, or process (including one derived from machine learning, statistics, or other data processing or artificial intelligence techniques and excluding passive computing infrastructure) that uses computation, the result of which serves as a basis for a decision or judgment.

③ Algorithmic Accountability Bill, article 2, (2).

④ Algorithmic Accountability Bill, article 2, (2) (A) – (D).

⑤ 参见王德夫：《论人工智能算法的知识产权保护》，载《知识产权》2021 年第 11 期；李凡：《人工智能算法发明的专利客体审查进路》，载《南海法学》2021 年第 6 期。

主要依据来源于国家知识产权局于 2020 年发布的《专利审查指南》第二部分第九章第六节，涉及人工智能、大数据的发明专利申请，一般包含算法特征，在审查中不应简单割裂技术特征与算法特征，而应将所有内容作为一个整体，对其中涉及的技术手段、解决的技术问题和获得的技术效果进行分析。^① 由此可见，虽然单纯的算法通常被认为属于智力活动的规则和方法，不属于专利保护的客体，^② 但国家知识产权局依然为人工智能算法作为某项发明专利整体中的一部分留下可能。

在国外，对于人工智能算法可专利性的问题，欧盟国会于 2020 年 10 月 22 日决议《针对人工智能技术发展的知识产权》G 节认为，鉴于人工智能和相关技术基于计算模型和算法，从而落入欧洲专利公约（EPC）的数学方法定义内，因此无法被专利化。^③ 但在第 7 条以人为本的人工智能第 1 款中依然强调，任何高风险的人工智能技术，包括此类技术产生或使用的软件、算法和数据，在开发、部署和使用时，应确保任何时候都受到充分监督。^④ 因此，无论以何种形式对算法进行知识产权保护，探索建立算法评价标准体系，评估人工智能算法的风险等级，预防数据训练中可能出现的算法偏见、算法黑箱等问题是本条第 2 款的立法主旨所在。

---

① 参见《专利审查指南》第二部分第九章第六节。
② 参见《专利审查指南》第二部分第九章第二节。
③ European Parliament resolution of 20 October 2020 on intellectual property rights for the development of artificial intelligence technologies (2020/2015 (INI)).
④ European Parliament resolution of 20 October 2020 on intellectual property rights for the development of artificial intelligence technologies (2020/2015 (INI)), Article 7, 1.

参考资料

《著作权法》第 3 条

《数据安全法》第 7 条

《个人信息保护法》第 2 条

《深圳经济特区数据条例》第 4 条

《专利审查指南》第二部分第九章第六节

美国纽约立法会《算法问责法案 2019》第 2 条

（撰稿人：黄一帆）

第七十一条　【数字信任体系】

本市支持浦东新区加强数据交易相关的数字信任体系建设，创新融合大数据、区块链、零信任等技术，构建数字信任基础设施，保障可信数据交易服务。

本条主旨

本条旨在规定浦东新区数字信任体系建设。

核心概念

数字信任基础设施：是指数字化的基础设施，主要是指以构建了人、机器、技术、平台之间的信任关系为目的，以网络通信、大数据、云计算、区块链、人工智能、量子科技、物联网以及工业互联网等数字技术为主要应用，保护网络安全、数据安全、个人隐私和个人信息的新型基础设施。

条文详解

一、建设数字信任体系的目的

社会信任主要靠人际信任和制度信任维系，而数字经济中的信任关系是数字信任。政府、企业、个体是社会信用治理的三大管理主体，基于数字经济和数字社会发展的视角，数字信任是数字空间中个人、企业和政府基于数字技术建立的数字身份识别的双向交互的新型信任关系，是人际信任和制度信任的拓展，是可信数据流通的必然要求。数字基础设施是在数据成为关键生产力要素的时代背景下，在软硬件一体化的基础上，以知识产权为核心价值，用数据表达新型生产力结构和生产关系，并用以支撑数字中国建设的底层架构和技术基础。建立数字信任基础设施最关键目的的一点就是使得数据可追溯，即整个数据流通的全生命周期能够得到监测、管理、追踪。

随着以 5G、物联网等为代表的新型数字基础设施的大规模普及，数据作为核心生产要素的重要性迅速凸显，基于云计算、人工智能的在线经济在实体社会各个领域的深度渗透，数字经济发展逐步呈现出"数字新基建、数据新要素、在线新经济"新一轮浪潮，数字空间中信任的约束条件相较于实体（物理）空间发生了根本性变化。在数字经济的新背景下，社会风险相较于传统工业社会发生了重大转变。传统社会信任所关注的风险主要在于商业契约执行、虚假内容宣传、恶意市场行为、违法犯罪活动以及不可控的自然灾害等，而数字空间普遍存在的网络攻击、网络犯罪和黑灰产，以及近年来数据泄露、滥用事件的高频爆发，使得网络安全和数据安全成为现代数字社会的重要风险，对网络实体能够有效抵御网络攻击、保障系统和数据安全以及保护用户隐私，则成为数字信任关注的主要问题。

数字信任是良性数字经济市场的基础，能加快新兴技术的创新应用。相较于传统信任关系对于社会制度、经验知识和个体情感等因素的依赖，数字信任的构建更强调技术。一方面，不管是数字身份还是对于网络安全、数据安全风险的控制，都极大依赖于数字技术在信任和安全方面的应用；另一方面，以人工智能、物联网、区块链和量子计算等为代表的数字技术仍有极大的突破空间，将会重塑未来数字空间的规则和结构，因此数字信任体系必须确保对新兴数字发展的兼容和敏捷性。同时，数字信任也是高度场景化的关系，网络实体在特定场景下的可信度并不能够直接传递到另一种场景。

二、数字信任体系建设对数字化转型的作用

在大数据发展中，围绕数据的确权、流通、交易、开放和利用中的数据安全和隐私保护问题，数字信任能够很好地解决支撑机制，实现数据确权。在区块链和量子计算创新中，同样需要通过加强安全和隐私保护、提高技术逻辑的可解释性和透明度等方式构建数字信任。总之，基于身份、聚焦安全的数字信任，能够在提高技术创新、普及和应用时发挥"润滑剂"般的作用，增进开发者与用户的信息沟通和共识基础，减少因安全担忧和缺乏理解带来的质疑和阻力。

数字信任可以在弥合数字鸿沟方面发挥作用。数字鸿沟具体表现为"接入鸿沟""使用鸿沟""能力鸿沟"，个人、企业、地区、国家层面都可能产生数字鸿沟。产生数字鸿沟的原因很多，其中缺乏数字信任是重要原因。比如，信任问题是老年人

"数字鸿沟"瓶颈，老年人对新技术有天然的保守心理，对数字技术不了解、智能手机使用不熟练。数字经济发展中的数字鸿沟问题，已经引起党中央的高度重视，增强数字经济可及性、消弭数字鸿沟被多次强调。培养公民的数字素养，构建数字信任关系，让更多的人民群众体验到更加安全、更加便捷、更加优质的网上交易和服务，可以弥合数字鸿沟。

三、数字技术如何构建数字信任体系

所谓数字信任体系，是以可信数字身份验证和可信数据流通为核心，通过制度信任、数据信任、人际信任、技术信任与系统信任的建设，实现身份、数据、合约、产权、法人、技术六个"可信"的数字化信任运营体系。[①]

构建数字信任体系，要注重数字信任核心技术的研发与应用。大数据挖掘可以应用于信用评价，区块链通过加密算法、解密算法、时间戳等一系列数学方式创建了一种全新的信任机制，利用综合或者集成的大数据、人工智能、区块链技术可以不断创新数字信任机制。继 2020 年区块链被纳入"新基建"后，2021 年 3 月，区块链被写入《国民经济和社会发展第十四个五年规划和 2035 年远景目标纲要》，规划提出培育壮大区块链等新兴数字产业。6 月，工信部、中央网信办发布《关于加快推动区块链技术应用和产业发展的指导意见》，意见提出，构建基于标识解析的区块链基础设施，打造基于区块链技术的工业互联网新模式、新业态。毫无疑问，作为新基建之一的区块链已成为我国未来发展数字经济不可缺少的信任基础设施。

---

① 参见欧阳日辉：《数字经济时代新型信任体系的构建》，载《人民论坛》2021年第 13 期。

构建数字信任体系，要建立技术与制度互动的数字信任模式，用数字技术增强传统信任，用制度信任补充数字信任，形成数字社会良好的信任生态。

四、数据交易中的数字信任体系

我国早在 2015 年国务院《关于印发促进大数据发展行动纲要的通知》中就提出，要"建立安全可信的大数据技术体系"。2016 年《网络安全法》也规定，"国家实施网络可信身份战略，支持研究开发安全、方便的电子身份认证技术，推动不同电子身份认证之间的互认"。数字信任有助于解决数据治理和安全问题，促进数据要素市场构建，支撑数据的共享、交换、交易，推动数字经济发展。构建稳定的数字信任关系，有效治理平台垄断、大数据杀熟、假冒伪劣商品、算法歧视、刷单炒信等数字治理难题，将推动我国数字经济进入良性竞争和健康发展的状态。

2021 年《深圳经济特区数据条例》规定，"数据交易平台应当建立安全、可信、可控、可追溯的数据交易环境，制定数据交易、信息披露、自律监管等规则，并采取有效措施保护个人数据、商业秘密和国家规定的重要数据"。《上海市国民经济和社会发展第十四个五年规划和二〇三五年远景目标纲要》提出，"不断提高实体经济数字化水平，激活数据新要素，培育产业新动能，引领数字新消费，打造数字可信安全环境，推动数字经济向更深层次、更宽领域发展，数字经济核心产业增加值占全市生产总值比重持续提升"。本条例落实上海市"十四五"规划纲要的要求，规定在浦东新区开展数据交易相关的数字信任体系建设，构建数字信任基础设施，依托浦东新区数据交易所，保障可信数据交易服务。

2021 年 11 月，上海数据交易所正式揭牌设立，聚焦"确权难、定价难、互信难、入场难、监管难"五大共性难题，形成"五大首发"系列创新安排。其中，全国首发全数字化数据交易系统，上线新一代智能数据交易系统，保障数据交易全时挂牌、全域交易、全程可溯。2022 年 1 月，国务院办公厅印发《要素市场化配置综合改革试点总体方案》指出"探索原始数据不出域、数据可用不可见的交易范式，在保护个人隐私和确保数据安全的前提下，分级分类、分步有序推动部分领域数据流通应用"；"发挥领军企业和行业组织作用，推动人工智能、区块链、车联网、物联网等领域数据采集标准化。深入推进人工智能社会实验，开展区块链创新应用试点"。可以预见，随着未来《上海市数据条例》的实施以及越来越多的实践积累，数据确权的准则、合规评估、交易路径和文件的规划将不断完善。

参考资料

《网络安全法》第 24 条

《深圳经济特区数据条例》第 66 条

《国务院关于印发促进大数据发展行动纲要的通知》

《国务院办公厅关于促进和规范健康医疗大数据应用发展的指导意见》

《上海市国民经济和社会发展第十四个五年规划和二〇三五年远景目标纲要》

（撰稿人：陈吉栋　许端蓉）

第七章　长三角区域数据合作

第七十二条　【建设全国一体化大数据中心体系长三角国家枢纽节点】

　　本市按照国家部署，协同长三角区域其他省建设全国一体化大数据中心体系长三角国家枢纽节点，优化数据中心和存算资源布局，引导数据中心集约化、规模化、绿色化发展，推动算力、数据、应用资源集约化和服务化创新，全面支撑长三角区域各行业数字化升级和产业数字化转型。

本条主旨

　　本条为本章纲领性条款，确立了上海市在长三角区域数据合作中的核心目标，即建设全国一体化大数据中心体系长三角国家枢纽节点。上海市会同长三角其他各省优化数据中心和存算资源布局，为区域产业数字化升级转型提供支撑。

核心概念

　　大数据中心：指一定区域内开展数据资源归集、治理、共享、开放、应用、安全管理等工作以及制定相关标准的机构。

由政府建设的大数据中心具体承担的职能包括政务数据、行业数据、社会数据的融合工作，大数据挖掘、分析工作，城市政务云、政务网的建设和管理工作，指导数据管理工作，配合相关部门开展全市数据安全、数据管理的绩效评估和督查工作等。

条文详解

本条旨在明确上海市在长三角大数据一体化进程中的中心任务以及为达成目标所需要完善的几大主要方向。上海协同苏、浙、皖三省建设全国一体化大数据中心体系长三角国家枢纽节点是长三角一体化发展战略的重要环节，需要明确有力的规范指导区域各地协调合作，共同发展。优化数据中心和存算资源布局，引导数据中心集约化、规模化、绿色化发展，推动算力、数据、应用资源集约化和服务化创新等各项举措旨在提升数据服务质量，优化数据资源配置，回应长三角区域一体化发展战略中的创新发展需要。

一、长三角数字一体化基本背景

2018 年 11 月 5 日，习近平总书记在首届中国国际进口博览会开幕式上的主旨演讲中将长三角一体化发展上升为国家战略，要求长三角区域着力落实新发展理念，构建现代化经济体系。[①] 2019 年，《长江三角洲区域一体化发展规划纲要》正式印发，瞄准"一极三区一高地"战略定位，分两步走实现整体发展目标：到 2025 年，长三角一体化发展取得实质性进展。跨界区域、城市乡村等区域板块一体化发展达到较高水平，在科创产

[①] 《习近平在首届中国国际进口博览会开幕式上的主旨演讲（全文）》，载中央人民政府网站：http://www.gov.cn/xinwen/2018-11/05/content_5337572.htm。

业、基础设施、生态环境、公共服务等领域基本实现一体化发展。到 2035 年，长三角一体化发展达到较高水平，整体达到全国领先水平。

在上述政策背景下，长三角区域根据《长江三角洲区域一体化发展规划纲要》要求在各领域开展协作、开放与一体化融合工作，大数据领域的协同建设是其中关键一环。《长江三角洲区域一体化发展规划纲要》就共同打造数字长三角明确要求协同建设新一代信息基础设施。加快构建新一代信息基础设施，推动信息基础设施达到世界先进水平，建设高速泛在信息网络，共同打造数字长三角。统筹规划长三角数据中心，推进区域信息枢纽港建设，实现数据中心和存算资源协同布局。本条提到的建设全国一体化大数据中心体系长三角国家枢纽节点，其政策依据正来源于《长江三角洲区域一体化发展规划纲要》的指导内容。目前，上海市正积极推动长三角数字一体化建设，截至 2023 年第一季度末，上海市已与长三角共享数据 8.02 亿条，实现了三省一市公共数据可互通、可查询、可调用。① 2022 年 1 月，长三角地区合作与发展联席会议召开，上海、江苏、浙江、安徽四省市主要领导参会，会议肯定了过去一年统筹推进数字政府、数字社会、数字经济建设，协调开展公共服务、城市治理、工业互联网共建共享的工作成果，各地主要领导均表示未来将继续推进数字化改革，加快长三角数字一体化进程，推广应用数字化改革成果，共同打造了一批具有

---

① 参见李润泽：《数据"牵线"实现"跨省通办"》，载《合肥晚报》2023 年 4 月 20 日，第 3 版。

典型示范意义的多跨场景。①

二、建设全国一体化大数据中心长三角枢纽节点

2022 年第 2 期《求是》杂志发表的习近平总书记重要文章《不断做强做优做大我国数字经济》指出，为不断做强做优做大我国数字经济，需要加快新型基础设施建设：要加强战略布局，加快建设以 5G 网络、全国一体化数据中心体系、国家产业互联网等为抓手的高速泛在、天地一体、云网融合、智能敏捷、绿色低碳、安全可控的智能化综合性数字信息基础设施，打通经济社会发展的信息"大动脉"。② 为了打通全国数字"大动脉"，首先需要在区域层面实现互联互通，保障数据生产要素在各地畅通无阻，进而带动数字经济健康发展。

当前，长三角区域已经成为我国数字经济发展高地。作为全国数字产业化示范者，长三角已经建成以电子器件、集成电路等为代表的新一代信息技术产业体系，5G、人工智能、大数据、区块链、云计算等新兴数字产业领域的发展走在全国前列。作为全国产业数字化领跑者，长三角新业态、新模式蓬勃发展，加快推动传统产业转型升级，成为产业数字化发展的前沿阵地。作为全国数字化治理的推动者，长三角聚焦数字政府和智慧城市建设，不断拓展社会治理的新格局，成为数字化治理规则和实践的标杆地区。作为全国数据价值化探索者，长三角形成"四位一体"数据要素市场格局，数据要素市场化指数显示长三角数据要素市场化配置位居全国前列。作为新时代数

---

① 参见浙江省发改委长三角处：《长三角地区合作与发展联席会议召开》，载《浙江发改》微信公众号，2022 年 1 月 11 日。

② 参见习近平：《不断做强做优做大我国数字经济》，载《求是》2022 年第 2 期。

字贸易践行者，长三角高度重视数字贸易发展，积极培育以跨境电商为代表的数字贸易新模式、新业态。①

长三角区域大数据产业发展已经颇具规模，下一步则需要优化资源布局、科学调配数据资源，为实体产业转型发展赋能。国家发改委等四部门于 2020 年发布《关于加快构建全国一体化大数据中心协同创新体系的指导意见》，该意见提出构建创新大数据中心体系，根据能源结构、产业布局、市场发展、气候环境等在京津冀、长三角、粤港澳大湾区、成渝等重点区域，以及部分能源丰富、气候适宜的地区布局大数据中心国家枢纽节点。《上海市数据条例》回应国家指导意见，明确提出建设全国一体化大数据中心体系长三角国家枢纽节点。本条对数据中心集约化、规模化、绿色化的发展要求，亦对应《关于加快构建全国一体化大数据中心协同创新体系的指导意见》中的总体建设思路部分。实现集约化、规模化和绿色化发展的基本方针可参考《关于加快构建全国一体化大数据中心协同创新体系的指导意见》关于优化数据中心布局给出的意见：集约化要求区域协同联动，优化政策环境，在节点内部优化网络、能源等配套资源，推动数据中心集群化发展；规模化要求推进网络互联互通，充分整合利用现有资源，引导区域范围内数据中心集聚，累积高质量的数据资源；绿色化要求强化能源配套机制，探索建立电力网和数据网联动建设、协同运行机

---

① 参见中国信息通信研究院政策与经济研究所、浙江清华长三角研究院营商环境研究中心：《长三角数字经济发展报告（2021）》，2021 年 9 月发布。

制，进一步降低数据中心用电成本。[①]

第 73 条还提出推动算力、数据、应用资源集约化和服务化创新，旨在为产业数字化升级转型赋能，《长江三角洲区域一体化发展规划纲要》第四章提出推动产业与创新深度融合，鼓励多方协助共同培育新技术、新业态、新模式。推动互联网新技术与产业融合，发展平台经济、共享经济、体验经济，加快形成经济发展新动能。加强大数据、云计算、区块链、物联网、人工智能、卫星导航等新技术研发应用，打造全国重要的创新型经济发展高地。本条提出推进算力、数据、应用资源集约化和服务化，为跨区域计算资源与存储资源科学调配提供了明确指引，助力协同创新产业建设。

参考资料

《数据安全法》第 13 条

《安徽省大数据发展条例》第 6 条

《浙江省数字经济促进条例》第 9 条第 2 款

《长江三角洲区域一体化发展规划纲要》

（撰稿人：陈吉栋　黄璞）

第七十三条　【长三角区域数据标准规范体系】

本市与长三角区域其他省共同开展长三角区域数据标准化体系建设，按照区域数据共享需要，共同建立数

[①] 参见国家发展和改革委员会、中共中央网络与信息化办公室、工业和信息化部、国家能源局：《关于加快构建全国一体化大数据中心协同创新体系的指导意见》（发改高技〔2020〕1922 号），2020 年 12 月 23 日发布。

据资源目录、基础库、专题库、主题库、数据共享、数据质量和安全管理等基础性标准和规范，促进数据资源共享和利用。

本条主旨

本条是关于长三角区域共同建设数据标准规范体系的规定，明确提出按照区域数据共享需要，由上海市会同长三角其他各省共同建立数据分类与使用相关的标准规范。

核心概念

数据库：又称为数据管理系统，主要功能为存储电子文件，用户可以对文件中的资料执行新增、截取、更新、删除等操作。数据库能够为多个用户所共享，与应用程序相互独立，提升实际操作时数据访问的完整性、一致性与安全性。数据库中的基础库一般是指原生数据的汇总，如人口、法人、电子证照、空间地理数据库等；主题库是将某一类相关的数据汇总形成的数据集合，如社会信用数据库、城市运行数据库等；专题库一般是特定时期或针对特定目的所形成的各类数据汇总，如某次交通整治专题数据库、某大型活动专题数据库等。

数据标准：是进行数据标准化、消除数据业务歧义的主要参考依据。构建一套完整的数据标准体系是开展数据管理与应用工作的基础，有利于打通数据底层的互通性，提升数据的可用性。数据标准可以明确各类数据业务含义，使得不同业务部门之间，以及业务与技术之间沟通更加通畅，避免歧义。通过数据标准，还可以明确地把某个数据主题信息分为多类，为多维度分析和深度挖掘提供依据。通过制定数据标准，还可实现数据信息统一一致，使得数据更容易在各业务部门之间流转。

条文详解

一、长三角数字一体化的标准化需求

数据标准化是促进和改良数据使用的关键，只有具有相对统一且明晰的标准，数据的归集与整合才能被进一步转化为经济效益，知识的协同生产才有实现的可能。早在国家长三角一体化战略正式实施前，上海市就已提出完善大数据标准规范和法规制度的基本目标。[①]《长江三角洲区域一体化发展规划纲要》确立了长三角地区共同打造数字长三角，提升数字基础设施互联互通水平的目标，具体包括协同建设新一代信息基础设施、共同推动重点领域智慧应用以及合力建设长三角工业互联网等三项主要任务。上述任务的实现离不开区域间数据的互联互通，而数据资源共享后欲真正发挥作用，采用统一规范且便于操作的数据标准必不可少。

二、数据标准化的重要意义

数据标准化是减少数据使用技术壁垒的重要数据治理机制。通过遵循特定的规范对数据进行汇总与分类，减少元数据的不确定性，使不同数据相互之间建立可解读的联系。数据标准化可以促进数据可携带性和互操作性，这成为促进和改进数据使用的关键。事实上，对于跨企业和跨行业的数据交换活动，标准化是往往其得以实现价值的先决条件。当数据的协同

[①] 参见上海市人民政府：《上海市大数据发展实施意见》（沪府发〔2016〕79号），2016年9月15日发布。

效应具有高价值时，标准化还可以创造实质性的效益。医疗保健行业就是典型的例子：当使用相对一致的指标来记录患者对治疗的反应时可以促进不同地区、不同机构数据的整合，从而为临床护理、公共卫生和生物医学研究提供信息。通过跨区域数据共享，医疗机构还可为不同地点的人员提供更便捷、可操作的病历查阅等来提升医疗保健服务形式。[1]

数字经济时代市场失灵情形并不少见，政府应当作为数据标准化的牵头组织者，推动市场和技术单位形成符合现实需求的数据标准体系。不同市场参与者需求有所不同，这会影响其制定标准的动机。无论是增加竞争者的成本抑或减少自身的风险，其出发点都不完全在于便利各方开发利用数据。因此政府部门的介入有其必要性，监管部门通过研究市场动态和特征，确定数据标准在哪些方面可以带来超过其成本的显著收益。这些成本包括标准制定、实施和监督的成本；符合标准的成本；锁定于低效标准的成本；多样性有限的成本；以及越来越多地使用某些数据对隐私和安全的负面影响。确定实现数据标准化能够增进社会福利后，监管部门便能够进一步采取多样化的标准制订方法，不同方案包括与私人部门合作、建立标准制定组织或自行确定。[2]《上海市数据条例》提出按照区域数据共享需要共建数据标准和规范，正是在依循《长江三角洲区域一体化发展规划纲要》数据互联互通发展需求，体现

---

① ［以色列］米甲·S. 盖尔、［美］丹尼尔·L. 鲁宾费尔德：《数据标准化》，李佳洋、苏苗罕译，载《网络信息法学研究》2021 年第 1 期。

② ［以色列］米甲·S. 盖尔、［美］丹尼尔·L. 鲁宾费尔德：《数据标准化》，李佳洋、苏苗罕译，载《网络信息法学研究》2021 年第 1 期。

政府在规范数字经济秩序，提升数据利用效能方面的快速反应能力，旨在促进数据资源共享和利用。即便不开展数据共享，数据标准也能够提升人们从数据中提取信息的效率，促进自身发展。

三、建构长三角数据标准规范体系

国家发改委等发布的《关于加快构建全国一体化大数据中心协同创新体系的指导意见》提出要求加快建设完善数据共享标准体系，解决跨部门、跨地区、跨层级数据标准不一、数据理解难、机器可读性差、语义分歧等问题，进一步打破部门数据壁垒。制定标准规范体系是实现区域数据互通、协调合作的必由之路。目前，长三角区域数据合作中的各类正式规则主要通过各地自愿达成的战略合作协议确立。合作协议确立数据共享和业务协同的基本框架，对合作内容、方式以及权责关系作出明确的规定。在一个技术驱动的社会中，技术标准就是一种公共法则。① 作为数字化改革步伐较快的省份，2018 年 7 月，浙江省印发《数字化转型标准化建设方案（2018—2020）》，着力推进数字政府建设中的系统、数据、平台的标准化，为数据互通互联奠定基础。2021 年 7 月，浙江省又率先发布《数字化改革术语定义》省级地方标准，该标准对数字化改革语境下的基础设施、数据资源、多跨协同、数字社会等 59 个术语的定义作了统一规范。数字政府的标准化建设有利于跨界协同，这种地方

---

① 刘冰：《"跨省通办"中数据共享的新挑战及协同治理策略》，载《电子政务》2022 年第 2 期。

经验最终也将成为区域性和全国性的数字化实践中的普遍做法。①

在确立构建并完善数据标准的总目标后，还需要明确从哪些方面入手以形成更为全面的数据标准体系。《上海市数据条例》第73条提出从数据资源目录、基础库、专题库、主题库、数据共享、数据质量和安全管理等方面共建基础性标准规范，为下一步标准构建工作指明方向。建立数据资源目录统一标准，是开展具体标准制定的前提，数据资源目录既包括数据的内容与类别，也包括数据的来源、用途、收集方、加工方、使用方的信息以及收集、加工和使用时间等，区域数据目录标准的统一能够从根本上保证区域内不同机构自数据收集阶段起便采用相同的技术标准，形成一致的初始数据。基础库、专题库、主题库的标准统一进一步就数据分类存储划定一致的维度，细化到数据属性、结构、格式和接口的标准化，使深入而广泛的数据分析与共享成为可能。奠定数据共享的基础后，数据共享活动本身也需要标准化，如数据传输方式、数据移转时的兼容性和衡量数据质量的最低标准等，上述标准的完善能够最终降低区域数据共享成本，提升数据应用效率，实现《长江三角洲区域一体化发展规划纲要》中科创产业融合发展、数据资源要素自由流动的长远目标。

参考资料

《数据安全法》第 17 条

---

① 刘冰：《"跨省通办"中数据共享的新挑战及协同治理策略》，载《电子政务》2022 年第 2 期。

《安徽省大数据发展条例》第 37 条

《浙江省数字经济促进条例》第 7 条

《上海市大数据发展实施意见》

《长江三角洲区域一体化发展规划纲要》

《关于加快构建全国一体化大数据中心协同创新体系的指导意见》

（撰稿人：陈吉栋　黄璞）

第七十四条　【长三角区域数据共享】

本市依托全国一体化政务服务平台建设长三角数据共享交换平台，支撑长三角区域数据共享共用、业务协同和场景应用建设，推动数据有效流动和开发利用。

本市与长三角区域其他省共同推动建立以需求清单、责任清单和共享数据资源目录为基础的长三角区域数据共享机制。

本条主旨

本条提出了长三角区域数据共享的总体规划，共分为两款，第 1 款明确建设长三角数据共享交换平台的总目标以及建设数据共享平台的意义；第 2 款提出共建长三角区域数据共享机制，以制定需求清单、责任清单和数据资源目录为前提。

核心概念

全国一体化政务服务平台：由国家政务服务平台、国务院有关部门政务服务平台（业务办理系统）和各地区政务服务平台组成。国家政务服务平台是全国一体化在线政务服务平台的总枢纽，各地区和国务院有关部门政务服务平台是全国一体化在线政务服务平台的具体办事服务平台。[①]

数据共享：是指公共管理和服务机构因履行法定职责或者提供公共服务需要，依法使用其他公共管理和服务机构的数据，或者向其他公共管理和服务机构提供数据的行为。

条文详解

依托全国一体化政务服务平台建设跨区域数据共享交换平台是长三角区域一体化发展战略创新共建、协调共进要求在政务服务领域的集中体现。当前我国社会治理正在接轨数字化时代，长三角政务服务一体化需要以政府公共数据共享共通机制为基础，构建相应的数据共通机制也将成为政务区域协同的基础性工作。目前，政府"一网通办"平台建设正在加快步伐，而《上海市数据条例》提出共建区域数据共享机制，旨在打通部门间"信息孤岛"，打破信息资源运用的藩篱，为真正实现数据共享提供明确指导方针。

一、建设长三角数据共享交换平台

建设数据共享交换平台是开展数据共享的前提，分布于不同区域，类别各不相同的数据经由平台最终能够实现互联互通、高效处理、有序共享。电子政务建设初期，各地因缺少数据标准，重硬件轻软件，重宣传缺落实等问题造成"数据孤

---

① 参见《国务院关于加快推进全国一体化在线政务服务平台建设的指导意见》（国发〔2018〕27号），2018年7月25日发布。

岛"和"数据烟囱",公共数据难以被全面共享、充分利用。为应对上述问题,需要发挥政策优势,以标准化为切入点,逐步完善云端共享平台,融合机制与技术的双重创新,以配套措施和资源作为支撑,有序推进数据共享平台化建设。[①]

数据共享能够打破长三角三省一市各地、各部门的"数据割据",通过统一的数据承载平台避免不同类型信息共享渠道重复建设,实现更高效、更深层的集中管理与协同治理。[②] 2016年国务院《政务信息资源共享管理暂行办法》提出加快推动政务信息系统互联和公共数据共享,规定政务信息资源共享应遵循"以共享为原则、不共享为例外"的原则。2018年国务院《关于加快推进全国一体化在线政务服务平台建设的指导意见》将"以数据共享为核心,不断提升跨地区、跨部门、跨层级业务协同能力,推动面向市场主体和群众的政务服务事项公开、政务服务数据开放共享"明确为一体化政务服务平台建设的工作原则。2020年3月国务院《关于构建更加完善的要素市场化配置体制机制的意见》指出,要推进政府数据开放共享、提升社会数据资源价值、加强数据资源整合和安全保护。长三角地区各类基础数据库的基础信息是各政务部门履行行政管理职能的共同需要,应当无条件共享。[③] 上述国务院办法、意见均将政府数据共享作为促进数据资源利用、提升政府治理能

---

① 参见徐晓林、明承瀚、陈涛:《数字政府环境下政务服务数据共享研究》,载《行政论坛》2018年第1期。

② 参见鲍静、张勇进:《政府部门数据治理:一个亟需回应的基本问题》,载《中国行政管理》2017年第4期。

③ 参见刘俊敏、颜士鹏、李晨光:《长三角地区一体化发展法治协同机制研究》,载上海市行政法制研究所:《2020年政府法制研究》,第182-260页。

力、推动社会经济发展的重要举措，《上海市数据条例》第74条中"支撑长三角区域数据共享共用、业务协同和场景应用建设，推动数据有效流动和开发利用"正对应上述目标，与国家总体规划相呼应。

二、长三角区域数据共享机制

区域数据共享是跨区域数据开放、利用和开发的重要环节。长三角区域数据共享有助于实现本区域数据重复利用，降低数据收集成本，增加数据联动，有利于快速形成规模化的数据产业。从数据共享的实践需求来看，数据共享需要成熟的制度环境，明确数据主体、数据控制者和数据共享者三者的关系，以及监管机构的职责。由于数据主体对数据控制者的利用和共享情况缺乏必要的了解，数据控制者所采用的数据处理技术及可能产生的效益存在信息匮乏，数据监管者对数据市场的数据共享情况缺少必要的监控渠道，这些都需要法律提供制度性保障。数据共享法律规制的外部需求来源于两个方面：一是长三角区域各省市数据共享规范的各自为阵，与长三角区域数据共享法制的整体性之间的矛盾与协调；二是数据共享领域法律制度与法律体系整体布局的矛盾与协调。目前，长三角区域数据共享的短板主要包括：其一，数据共享的专门立法存在空白；其二，公私法规制的协调性不足；其三，缺少区域一体化专门立法。针对上述短板的改良措施，包括明确各方权利义务，保障数据共享各方主体法益平衡，以及划清数据收集使用的范围边界，实现公共利益与产业发展的公私协同。[1]

---

[1] 参见闫夏秋：《长三角区域数据共享的法律审视与治理路径》，载《法治现代化研究》2021年第4期。

　　《上海市数据条例》既对长三角区域数据共享的"量"提出要求，也十分关注数据共享的"质"。国务院意见指出："加快推动各地区各部门间数据共享交换，制定出台新一批数据共享责任清单。"本条提出以需求清单、责任清单和共享数据资源目录为基础建立长三角区域数据共享机制，即是探索推进数据共享规范化的有益尝试。需求清单作为打通数据共享的事先环节，明确了哪些数据需要被共享及其使用方式、目的等问题；责任清单保障数据共享的事中、事后环节，明确谁负责共享、如何规范开展共享活动等基本责任问题；共享数据资源目录贯穿数据共享全流程，既是可用于参考的数据分类索引，也是每一次数据共享变动情况的精确记录。《上海市数据条例》通过统一要求，结合统一的数据标准和格式、数据开放与共享规则、流程控制方案等，最终实现长三角区域大数据在各地自由流动，切实打破"数据孤岛"，节约成本，整体提升长三角社会治理能力。

参考资料

　　《数据安全法》第 37、42 条
　　《安徽省大数据发展条例》第 11 条
　　《浙江省数字经济促进条例》第 39 条
　　《国务院关于加快推进全国一体化在线政务服务平台建设的指导意见》

（撰稿人：陈吉栋　黄璞）

第七十五条 【长三角区域数据质量管理】

本市与长三角区域其他省共同推动建立跨区域数据异议核实与处理、数据对账机制，确保各省级行政区域提供的数据与长三角数据共享交换平台数据的一致性，实现数据可对账、可校验、可稽核，问题可追溯、可处理。

本条主旨

本条承接先前一条关于长三角地区数据共享交换平台的规定，在建立平台基础上进一步就数据质量管理提出要求，通过跨区域数据异议核实、数据对账等机制确保地方数据与平台数据的一致性。

核心概念

数据对账："对账"一词为会计学名词，指在会计核算中为保证账簿记录真实、正确、可靠，对账簿中的有关数据进行检查和核对的工作。信息时代背景下的数据对账则不仅限于财务领域，系指由专门的业务系统自动核验数据是否同总目录保持明细一致、上下游数据是否一致等。

条文详解

长三角区域共建全国一体化大数据中心长三角枢纽，既要保证大数据的"量"，更要重视大数据的"质"，因此在制定数据标准，建设区域数据共享交换平台基础上，还需要进一步就数据质量管理提出细化要求。本条就数据质量管理提出建立跨区域数据异议核实与处理、数据对账机制，即是通过立法为数据质量管控与提升指明方向。

一、长三角数字一体化的数据质量要求

　　高质量的数据是加快长三角数字一体化进程，提升区域整体竞争力的关键。长三角一体化在战略定位上要求区域内三省一市成为全国高质量发展样板区，即各地均需要坚定不移贯彻新发展理念，形成协同开放发展新格局，开创普惠便利共享发展新局面，率先实现质量变革、效率变革、动力变革。[①] 提升数据质量，进而推动区域数字化高质量发展，是长三角区域一体化战略目标的应有之义，上海市亦在其贯彻实施长三角一体化规划的方案中明确提出建立推动高质量发展的指标体系、政策体系等。[②] 在大力推进国际经济、金融、贸易、航运和科技创新等"五个中心"建设的进程中，为更好发挥上海龙头带动作用，努力形成长三角共性与个性相得益彰、合作与竞争相互促进、集聚与辐射相辅相成的高质量一体化发展格局，数字化发展能够为各领域建设赋能，高质量的数据更是实现高质量数字化不可或缺的关键要素。

　　上海市在 2016 年的《上海市大数据发展实施意见》中即已提出通过加强数据资源质量管理和交叉检验，提升政务数据资源的一致性和准确性，进而推动政务数据资源高质量共享，加快实现统筹大数据资源，推动数据共享开放和流通的目标。《长江三角洲区域一体化发展规划纲要》提出进一步依托大数

---

　　①　参见中共中央、国务院：《长江三角洲区域一体化发展规划纲要》，2019 年 12 月 1 日发布。

　　②　参见中共上海市委员会、上海市人民政府：《上海市贯彻〈长江三角洲区域一体化发展规划纲要〉实施方案》，2020 年 1 月 10 日发布。

据等信息科技提升各领域融合发展、信息化协同和精细化管理水平作为打造数字长三角，实现数据互联互通，提升政务服务水平。数据质量的概念贯穿数据的全生命周期，在数据收集、加工、产出、应用任何一个环节中，都可能出现数据质量问题，提升数据质量需要全流程把控。[①]

二、数据质量管理的重要意义

高质量的数据是大数据发挥效能的前提和基础，强大的数据分析技术是大数据发挥效能的重要手段。只有在掌握高质量的数据资源基础上，才能准确挖掘数据中隐含的、准确的、有用的信息，基于这些高质量分析结果所作出的各项决策才能够发挥预期效果。由于大数据具有复杂、多样、多变等特点，数据质量管理已成为数据相关行业的一项难题。在数据收集方面，大数据的多样性决定了数据来源的复杂性；元数据来源众多，数据结构随着数据来源的不同而各异，数据使用者面对来源多样、结构复杂的数据，面临艰巨的数据融合任务。在数据获取阶段保证数据定义的一致性、统一性及数据质量是国内乃至全球数据开发应用面临的挑战。数据收集阶段是整个数据生命周期的开始，这一阶段的数据质量对后续阶段的数据质量有着直接的决定性影响。另外，在数据使用阶段，数据价值的实现有赖于对数据的有效分析，大数据环境的高度实时性要求重视数据提取、分析、更新和使用过程中的管理，精准且高效的管理是对系统中的大数据质量，以及最终决策准确性的重要保障。由于大数据规模庞大、变化速度快，如果数据处理不及

[①] 参见茂才：《数据质量漫谈》，载阿里开发者公众号：https：//mp.weixin.qq.com/s/tnBjlP4iwYjCuv2VYlQ4xQ。

时，一些变化速度快的数据就失去了其最有价值的阶段，这些
"过期"的数据甚至与实际数据不符，依据这些"过期"的无
效数据所做出的决策必然也是无效的，甚至是错误的。[①] 保证
数据及时性也是决定大数据质量的重要因素，必须建立完善的
校验核查机制，以保证数据能够及时更新，真正发挥作用。

三、长三角数据质量的合作保障机制

《上海市数据条例》提出确保各省级行政区域提供的数据
与长三角数据共享交换平台数据一致这一管理目标。在上述基
本指引下，各地区开展数据质量保障的实施机制成为落实本条
内容的关键。实现区域内数据质量合作提升，关键在于打通各
地数据流动的路径，确定统一的数据标准，并以平台化方式推
动数据"多跑腿"（此即《上海市数据条例》第 73、74 条的规
范目的），当数据实现在地区间有序流动后，各地相关部门开展
数据对账、稽核、校验工作才能成为现实。建立区域大数据枢纽
和数据共享交换平台，构建区域内部统一的数据标准体系，均是
保障并提升区域数据质量的重要基础。而具体保障工作的开展则
有赖于进一步细化责任主体，在各个细分领域建立合作机制，如
知识产权保护作为一项依赖技术要素跨区域自由流动的工作，在
开展长三角执法协作时，各地有关部门通过开通行政审批"绿色
通道"，知识产权登记信息同步更新，实现知识产权保护工作
"不破行政隶属、打破行政边界"，既服务广大市场主体，也保

---

① 参见宗威、吴锋：《大数据时代下数据质量的挑战》，载《西安交通大学学报
（社会科学版）》2013 年第 5 期。

障区域知识产权数据要素的一致性。① 除了上述政务服务外，面向企业发展的公共数据在质量管控时还可将广大市场主体纳入协同治理机制。特别是大型互联网科技企业天然具有业务跨行政区划的特点，相关技术和实践需要能够提供有效支持。

提升数据质量，还需借助技术赋能。上海市正是基于近年来"一网通办""一网统管"及"随申码"等数字化治理经验，在《上海市数据条例》中进一步提炼出提升数据质量的上海方案：数据异议核实与处理机制旨在于区域间或地方与区域大数据枢纽发生数据不匹配、缺失或误载时及时开展核查与协调；数据对账机制旨在形成常态化、高效化的区域内数据核验模式，以上两项机制均能极大地提升区域共享数据的准确性，即便出现问题亦能及时纠错。上述机制功能的实现有赖于区域内形成互联互通且实时更新的数据资源目录，并有明确且详细的数据标准作为依据，这也和《上海市数据条例》第73、74条相呼应，成为开展数据质量管控的基础条件。

大数据开发的根本目的是以数据价值挖掘为基础，帮助政府、企业等机构科学决策，真正实现"拿数据说话"。因此，充分发挥数据价值从深层次看，还要改善机构内部的管理模式，需要管理方式和架构与数据技术相适配。② 当前大数据技术发展对政府治理的主要挑战在于其复杂性、多样性冲击传统行政管理体制与思维，特别是机关传统治理理念下缺乏微观导

① 参见翁杰、顾雨婷等：《长三角一体化示范区发布16条举措保护知识产权》，载浙江在线：https://yq.zjol.com.cn/yqjd/202103/t20210325_22294550.shtml。

② 参见王岑：《大数据时代下的政府管理创新》，载《中共福建省委党校学报》2014年第10期。

向，对数据生态认识不足。[①]《上海市数据条例》通过数据异议核实机制、数据对账机制确保各省级行政区域提供的数据与长三角数据共享交换平台数据的一致性，实现数据可对账、可校验、可稽核，问题可追溯、可处理，即是将政府治理的理念与大数据技术的内在逻辑相结合，将着眼点由宏观转向微观，给区域内数据共享与应用的全生态提供制度保障，实现了与数据技术发展和数据市场开发相匹配的新治理模式。

> **参考资料**

《广东省数字经济促进条例》第 42 条

《浙江省数字经济促进条例》第 18 条第 1 款

《安徽省大数据发展条例》第 39 条

《上海市贯彻〈长江三角洲区域一体化发展规划纲要〉实施方案》

《长江三角洲区域一体化发展规划纲要》

（撰稿人：陈吉栋　黄璞）

第七十六条　【数字认证等跨区域协同】

本市与长三角区域其他省共同促进数字认证体系、电子证照等的跨区域互认互通，支撑政务服务和城市运行管理跨区域协同。

[①]　参见于浩：《大数据时代政府数据管理的机遇、挑战与对策》，载《中国行政管理》2015 年第 3 期。

本条主旨

本条规划上海市会同长三角各省建立跨区域数字认证、电子证照互联互通等跨区域政务服务、城市管理体系，为长三角地区政务服务跨区域协同提供法律依据。

核心概念

数字认证：是以数字证书为核心的加密技术，数字证书是指互联网通讯中标志通讯各方身份信息的一串数字。数字认证可以对网络上传输的信息进行加密和解密，通过数字签名验证能够验证信息及其发送者身份的真实性，确保信息传输的安全性与完整性。

电子证照：是指公共管理和服务机构依法制发的各类不涉及国家秘密的证件、执（牌）照、批文、鉴定报告、证明材料等数据电文。①

条文详解

本条是关于长三角区域政务服务数据协同的规定，在完善数据标准、构建数据共享交换平台、保障跨区域数据质量的基础上，本条进一步提出完善长三角跨区域数字认证、电子证照互认互通等政务大数据应用，支撑政务服务体系，提升城市运行管理水平。

一、长三角政务服务区域一体化

共同推动重点领域智慧应用，加快长三角政务数据资源共

---

① 《上海市电子证照管理办法》第3条。

享共用，提高政府公共服务水平，是打造数字长三角，提升区域政务服务水平的重要一环。区域一体化和城市数字化分别从治理和技术两条发展线，推动新型城镇建设发展。治理与数字耦合不断加深，区域一体化与城市数字化不断融合。提升区域数字一体化发展水平，既需要充分的数据资源，完善的治理体系，还需要有能够落地实践的现实路径。依托区域数据共享，实现政务服务跨区域的平台化路径是数字政务服务实践的基本表现形式之一。平台化路径是在技术力量驱动下，多个城市主体在上级政府、数据企业或数据管理部门等第三方搭建的共享平台上进行数据开发、交换和使用等。在平台化路径中，每个政府主体将数据共享于平台，而不是共享给特定的政府主体，所以数据是相对开放性的共享，数据利用过程中可能的连接关系也更为丰富。[1] 依托区域互联互通的大数据枢纽作为服务平台，能够极大提升在长三角各省市间事务办理的效率，降低政府运行的成本，同时还可以加强政府与社会、企业的互动，使城市治理实现从被动回应向主动适应的转变。

　　一体化的数字证照体系是落实区域融合的重要举措，国务院在《关于加快推进电子证照扩大应用领域和全国互通互认的意见》中提出在 2022 年年底前，全国一体化政务服务平台电子证照共享服务体系基本建立，电子证照制发机制建立健全，企业和群众常用证照基本实现电子化，与实体证照同步制发和应用，在全国范围内标准统一、互通互认的总目标。以"让数据多跑路，让群众少跑腿"为宗旨，更好发挥电子证照应用在深化

---

　　① 参见锁利铭：《数据何以跨越治理边界 城市数字化下的区域一体化新格局》，载《人民论坛》2021 年第 1 期。

"放管服"改革、推进数字政府建设、建设人民满意的服务型政府中的支撑保障作用，不断提升企业和群众的获得感和满意度。

实现数字认证、电子证照的区域内互认互通正是长三角地区实现一体化发展机制创新，完善多层次、多领域合作机制的必由之路。《长江三角洲区域一体化发展规划纲要》提出："共同推进数字政府建设，强化公共数据交换共享，构建跨区域政务服务网，加快实现民生保障和企业登记等事项'一地受理、一次办理'。建立健全长三角一体化发展的指标体系、评价体系、统计体系和绩效考核体系。"早在2019年，长三角地区便共同推进"一库（基础数据库）""一章（网上身份互认）""一卡（民生一卡通）"建设，携手开通了政务服务"一网通办"，通过政务服务数据跨区域融通共享，实现长三角政务服务"一网通办"。作为先行先试地区，《长三角地区电子证照互认应用合作共识》在2020年9月正式发布，沪苏浙皖将共同推进身份证、驾驶证、营业执照等高频电子证照在跨地区、跨部门、跨层级业务场景中的共享互认，上海"一网通办"在全国省级政府一体化政务服务能力评估中位列第一，形成一批可复制推广的经验和模式。江苏首创"不见面审批（服务）"模式，构建一体化数据共享交换平台体系，推进政务大数据创新应用。浙江"最多跑一次"改革，把数字政府建设作为数据强省和数字浙江建设的重大标志性、引领性工程。安徽全面创新升级建成"皖事通办"平台，推出统一移动应用品牌"皖事通"，实行全省政务服务事项"一库管理"，群众办事"一号登录"。①

---

① 参见中国信息通信研究院政策与经济研究所、浙江清华长三角研究院营商环境研究中心：《长三角数字经济发展报告（2021）》，2021年9月发布。

上述省级政府构建的信息化办事服务平台均在当地收效良好，也为构建长三角区域数字认证和证照互通打下了良好基础。

二、电子证照应用规范与安全管理

数字认证技术的应用及制度建设是长三角地区推进智慧城市建设的关键环节，为更好推进政务服务"一网通办"以及城市运行"一网统管"改革，上海市于 2018 年制定了《上海市电子证照管理暂行办法》，并于 2022 年发布了《上海市电子证照管理办法》，细化规定了电子证照相关的运营模式与管理机制，明确了制证、发证与用证的责任主体与标准程序，为规范电子证照数据收集、制作签发、归集、更新、共享、安全监督等管理以及自然人、法人和非法人开展电子证照应用等相关活动提供了规范指引。

国务院《关于加快推进电子证照扩大应用领域和全国互通互认的意见》要求在推进电子证照互通互认工作时应首先加强组织领导，完善相关制度。各有关部门要按照职责分工，指导、协调推进本行业、本领域电子证照应用和全国互通互认工作，加强部门间工作协同和数据共享。根据《上海市电子证照管理办法》第 5 条的规定，市政府办公厅是本市电子证照综合管理部门（以下简称综合管理部门），负责统筹规划、协调推进、指导监督全市电子证照管理及应用工作。市大数据中心具体承担市电子证照库的建设与运营管理、证照数据共享、应用接入、安全体系建设等工作。各市级部门负责统筹协调本系统公共管理和服务机构，按照国家和本市标准规范，开展电子证照制发、归集、更新、注销和应用工作。各区政府负责统筹规划、协调推进、指导监督本行政区域电子证照管理和应用工作，督促本行政区域内公共管理和服务机构按照本市统一标准规范，制发、归集、更新、注销和应用电子证照。

电子证照管理工作需要通过事先制定证照清单以实现标准化和规范化。根据《上海市电子证照管理办法》第7、8条的规定，各发证单位在各自职责范围内，按照统一规范，编制本系统、本行业、本行政区域的电子证照发证目录，明确证照名称、发证单位、持证主体类型、证照归集起始时间、类目公开属性、标准级别（国家、本市或区）、证照模板、照面信息等，并对电子证照发证目录进行同步更新和维护。市大数据中心将各单位电子证照发证目录汇总形成全市电子证照发证清单，并根据证照类目公开属性，通过"一网通办"总门户向社会公布。发证单位会同市大数据中心，按照国家和本市标准规范制发电子证照，并同步归集到市电子证照库，确保归集入库的电子证照与本单位业务系统数据的一致性。制发电子证照应当作为业务管理的必要环节，实现电子证照与实体证照同步制发与更新，但法律、法规、规章另有规定的以及经技术认定无法实现的除外。无法实现电子证照与实体证照同步制发的电子证照，发证单位应当确保每日将当日产生的增量证照数据归集到市电子证照库。

推进电子证照标准化是保障数字认证体系高质高效发挥作用的关键，国务院《关于加快推进电子证照扩大应用领域和全国互通互认的意见》要求在开展电子证照互联互通建设工作时应建立电子证照发证、用证清单，并纳入全国一体化政务服务平台动态管理。用证清单是基于标准化、规范化的政务服务、执法监管等事项，将行政相对人所需提交或出示的材料与相应电子证照建立对应关系的一种管理措施，用于提升政务类场景应用电子证照的便捷性。根据《上海市电子证照管理办法》第13、15条的规定，各用证单位应当基于政务服务事项清单及办事指南等，按照精准、必要的原则，建立本单位的用证清单，并进行动态管理，确保用证范围合法、合规、合理。纳入用证清单管理范围的应用场景，用证单位应当按照用证清单管理和技术要求，完成技术功能对接并规范开展应用。其他政务类应用场景，确需调用电子证照的，用证单位应当通过市大数据资源平台申请调用电子证照，具体要求按照公共数据共享的有关要求执行。

电子证照应用安全管理和监管是保障电子证照体系稳定运行的关键。国务院《关于加快推进电子证照扩大应用领域和全国互通互认的意见》要求加强电子证照签发、归集、存储、使用等各环节安全管理，严格落实网络安全等级保护制度等要求，强化密码应用安全性评估，探索运用区块链、新兴密码技术、隐私计算等手段提升电子证照安全防护、追踪溯源和精准授权等能力。按照信息采集最小化原则归集数据，对共享的电子证照进行分类分级管理。《上海市电子证照管理办法》首先明确了安全责任主体，第27条规定：综合管理部门负责建立全市电子证照的安全管理制度，指导有关单位落实安全管理责任。市大数据中心负责建立市电子证照库的安全保障体系，明确安全管理要求，对市电子证照库实行备份和安全等级保护，制定应急预案和灾难恢复体系，保障市电子证照库的安全运行。发证单位、用证单位、社会化用证主体应当严格执行市电子证照库的安全管理要求，加强本单位业务系统和电子证照的数据安全管理，确保电子证照合法合规使用，保护持证主体的商业秘密或个人隐私。

三、建设互联互通的证照跨区域协同机制

政府机关业务跨区域协同离不开数据提供的基础支撑。政府部门协同数据资源蕴含潜在的巨大社会价值，不仅可以供部门内部行业内部和政府系统内部使用，还可以对外提供各种数据服务，支持新政务服务建设，如政府数据开放、"互联网+"政务服务、新型公共服务、大数据应用等。"五证合一、一照一码"是业务协同、流程简化的典型示例，从协同数据外部服务的形态来看，"五证合一"即五类证照数据汇集到一个证件上，借助统一的部门数据承载平台对外提供一体化的数据集合服务；从数据生命周期来看，"五证合一"目前是办证流程的合一，还有这五类证件后续流程数据都需要重新汇集管理，如证件数据的变更、维护和利用，以及新旧证并轨，都要归并管理，建立一套完整的数据治理体系。[1] 上述证件业务简化、优化的逻辑，在《上海市数据条例》关于长三角地区的跨区域数字证照协同规定中得到进一步发扬，在办事流程、手续数量简化的基础上，本条进一步依托数据标准统一化和政务数据共享化带来的便利，推动区域间协同认证体系建设，实现办事时间与空间的双重节省，真正体现数字赋能政务，服务民生。

依托大数据推进政府各项业务进一步转型升级是提升政府治理能力的关键。上海市政府早在 2016 年即于《上海市大数

---

① 参见鲍静、张勇进：《政府部门数据治理：一个亟需回应的基本问题》，载《中国行政管理》2017 年第 4 期。

据发展实施意见》确定深化大数据应用，提升治理能力的基本发展方向，并制定了政府治理大数据工程专项方案，包括推动大数据与政务服务的融合应用，实现行政审批相关数据的融合共享。[①] 区域数字认证一体化工作在长三角一体化发展国家战略指导和地方积极推动下稳步推进，2020 年，长三角一市三省市场监管局签订合作协议，将统一应用电子营业执照，以国家政务服务平台为总枢纽，推动电子营业执照在跨区域、跨部门政务服务平台的应用，最终实现市场主体身份在线"一次验证、全网通用"、市场主体营业执照信息共享复用，方便市场主体办事。[②] 中央网信办最新发布的《"十四五"国家信息化规划》也专门提到通过完善大数据服务提升政务服务支撑能力，打造市场化、法治化、国际化营商环境，加快建立营商环境诉求受理和分级办理"一张网"，加强涉企主动服务。[③]《上海市数据条例》提出建设长三角区域数字认证、电子证照互认互通等跨区域认证机制，是上海市服务与管理水平科学化的体现，也是长三角地区公共服务均等化、普惠化、便捷化的体现，更是国家"十四五"规划中全国一体化政务服务工程不断推进，政府部门协同办公能力一体化，跨层级、跨部门管理水平得到提升的体现。

---

① 参见上海市人民政府：《上海市大数据发展实施意见》（沪府发〔2016〕79号），2016 年 9 月 15 日发布。

② 参见徐晶卉：《沪苏浙皖携手创建"满意消费长三角"》，载《文汇报》2020年 8 月 26 日，第 5 版。

③ 参见中央网络安全与信息化办公室：《"十四五"国家信息化规划》，2021 年12 月 28 日发布。

参考资料

《数据安全法》第 37 条

《安徽省大数据发展条例》第 21 条

《浙江省数字经济促进条例》第 37 条

《上海市电子证照管理办法》

《"十四五"国家信息化规划》

《国务院办公厅关于加快推进电子证照扩大应用领域和全国互通互认的意见》

《长江三角洲区域一体化发展规划纲要》

《上海市大数据发展实施意见》

(撰稿人：陈吉栋　黄璞)

第七十七条　【长三角区域数据合作】

本市与长三角区域其他省共同推动区块链、隐私计算等数据安全流通技术的利用，建立跨区域的数据融合开发利用机制，发挥数据在跨区域协同发展中的创新驱动作用。

本条主旨

本条旨在提出发挥上海在整个长三角区域的数据先行示范区作用，跨区域整合长三角其他省份的数据资源，打破区域数据壁垒，协同融合发展数据产业。同时，强调数据安全与隐私计算对数据融合开发的重要性，并尝试探索相关技术的利用机制。

核心概念

数据安全流通技术：数据流通是指以数据为对象，在数据提供方和数据需求方之间按照一定流通规则进行的数据传输行为。数据安全流通技术是指数据在流通过程中采用的安全技术手段，用于保障数据采集、传输、存储、处理、交换和销毁过程与结果的安全。

隐私计算：是指带有隐私机密保护的计算系统与技术（硬件或软件解决方案），能够在不泄露原始数据的前提下，对数据进行采集加工、分析处理、分析验证，包括数据的生产、存储、计算、应用等数据处理流程的全过程，强调能够在保证持有数据的组织或个人权益、保护用户隐私和商业秘密的同时，充分挖掘发挥数据价值。[①]

条文详解

一、区域数据发展合作

想要充分发挥数据在经济社会发展中的创新驱动作用，要有全局数据产业发展的远见。本条力求发挥上海在整个长三角区域的数据先行示范区作用，跨区域整合长三角其他省份的数据资源，协同融合发展数据产业。

国内对于区域数据产业共同发展的规划并不鲜见。以我国粤港澳大湾区为例，《广东省数据要素市场化配置改革行动方

---

① 国家工业信息安全发展研究中心：《中国隐私计算产业发展报告（2020—2021）》，第 3 页，载国家工业信息安全发展研究中心网站：https：//www.cics-cert.org.cn/web_ root/webpage/articlecontent_ 101002_ 1400004583522045954.html。

案》第 20 条建设粤港澳大湾区大数据中心提出，广东省以支持广州南沙（粤港澳）数据要素合作试验区、珠海横琴粤澳深度合作区建设为核心，探索建立"数据海关"，开展跨境数据流通的审查、评估、监管等工作。支持医疗等科研合作项目数据资源有序跨境流通，为粤港澳联合设立的高校、科研机构向国家争取建立专用科研网络，逐步实现科学研究数据跨境互联。推动粤东西北地区与粤港澳大湾区数据要素高效有序流通共享。[①] 但数据流通实践中，各区域、各行业之间由于数据产业发展水平不同，均存在不同程度的数据安全隐患，间接催生了区域数据壁垒，影响数据的流通和融合。对此，本条以技术支撑为基础的机制创新利用区块链和隐私计算等数据安全流通技术，构建跨区域的数据融合开发利用机制，探索打破区域数据壁垒的有效手段和长效机制。

二、区块链和隐私计算

跨区域大数据融合开发利用主要有以下三个问题。第一，缺乏有效的监督机构和机制。大数据技术可广泛采集不同区域和来源的数据，对于不同数据的跟踪和状态控制难度大，监督工作复杂。第二，尚未形成较为成熟的数据权益归属制度。数据产业投入巨大，收集困难，但复制和扩散成本却相对低廉，无法确保持有数据的自然人、法人和非法人组织的最终收益。第三，信息泄露与再识别风险高。通过不同来源的数据集交叉合并分析，在获得更多数据信息的同时，也增加了潜在的隐私

---

① 《广东省数据要素市场化配置改革行动方案》（粤府函〔2021〕151 号）第 20 条。

泄露风险。[1] 而聚焦于数据共享开放领域应用的区块链和隐私计算技术，是较好解决现阶段隐私数据保护与跨区域数据流通多方面痛点的手段之一。例如，我国著名计算机科学家姚期智教授提出的多方安全计算技术，通常被应用于政府部门或大型企业对于数据隐私安全要求较高的场景。

数据安全流通技术结合区块链、零知识证明、差分隐私等技术，可解决数据孤岛的隐私、共识、可信难题，满足用户不同的安全性和性能要求。其中，利用区块链实现数据的链上存证核验、计算过程关键数据和环节的上链存证回溯，能够确保数据计算过程的可验证性等，从而解决区块链全流程隐私保护周期困难的问题。[2]

三、基于区块链和隐私计算的跨区域数据合作

跨区域数据合作主要基于以下三种技术：一是数据包形式。典型例子为目前主要的数据交易平台，对来自不同区域和主体的数据所有权进行确权和交易。但由于数据确权相关机制尚不成熟，该模式有较高的数据安全风险，较难保护持有数据的组织或个人的利益，易导致涉及用户隐私的信息暴露以及数据被使用方二次利用甚至滥用。二是通过明文数据 API（Application Programming Interface）接口进行数据流通与应用。将加工处理完的单方结果数据以 API 形式输出，具体通过程序对原始数据进行隔离，在用户发出数据使用请求后，由程序从

---

[1]　国家工业信息安全发展研究中心：《中国隐私计算产业发展报告（2020—2021）》，第 8 页。

[2]　国家工业信息安全发展研究中心：《中国隐私计算产业发展报告（2020—2021）》，第 37—38 页。

原始数据中抽取、调用数据反馈给用户。该模式能够满足跨区域数据合作对较广的服务覆盖范围的需求，并在一定程度上降低用户隐私信息泄露的风险，但该模式也降低了数据价值融合的充分性。三是隐私计算。该模式能够直接作用于数据使用方面，通过协议或算法使得数据计算服务在不泄漏原始数据的前提下充分挖掘数据价值。[①] 以联邦学习为例，基于联邦学习技术构建的跨区域数据合作机制，可以保障数据不出本地、只交换中间模型参数的方式实现多方安全建模，确保在各方数据安全的前提下整合数据资源，共同挖掘数据价值。

隐私计算尽管不能完全解决数据泄露问题，但加上区块链的去中心化以及算法加密等技术为跨区域数据合作机制提供了新的解决方案。究其根本原因在于数据价值的构成不在于数据本身的大小和质量，而是推动多种基于大数据的计算方式及应用。因此，构建跨区域多方数据合作是大数据发挥价值的必经之路。但大数据难控制、复用性强、再识别可能性高的问题，对数据流通提出了挑战。若因噎废食限制数据流通，一方面致使个人信息相关的数据分析挖掘受限，无法充分实现数据价值；另一方面掌握大量数据的互联网龙头企业易形成数据垄断，不利于中小科技企业发展。区块链、隐私计算技术的运用，能够解决数据开放共享和隐私安全保护的矛盾，在保证原始数据安全性，保护个人隐私的同时，实现数据的充分有效利用，有望成为打破大数据现阶段发展瓶颈，跨区域数据协同发

① 国家工业信息安全发展研究中心：《中国隐私计算产业发展报告（2020—2021）》，第4页。

展的创新驱动力。①

参考资料

《民法典》第 127、1034 条

《数据安全法》第 7 条

《个人信息保护法》第 2 条

（撰稿人：黄一帆）

---

① 国家工业信息安全发展研究中心：《中国隐私计算产业发展报告（2020—2021）》，第 8 页。

第八章　数据安全

第七十八条　【数据安全责任主体】

　　本市实行数据安全责任制，数据处理者是数据安全责任主体。

　　数据同时存在多个处理者的，各数据处理者承担相应的安全责任。

　　数据处理者发生变更的，由新的数据处理者承担数据安全保护责任。

本条主旨

　　本条是关于数据安全责任主体的概括性规定，旨在明确一般情形、多主体共同处理情形等情形下的数据安全责任主体。

核心概念

　　数据安全责任制，是指数据处理者在数据处理过程中，对数据安全负责的制度。

条文详解

　　本条作为条例第八章（数据安全）的第 1 条，开门见山地明确数据安全责任主体。具体而言，作为数据安全的总则性条款，该条分 3 款进行了阐发，分别对应一般情形、多主体共同处理情形、处理者变更情形。从适用对象看，本条涵盖所有对象的数据处理行为，既包括企业数据，也包括公共数据；既包括数据的收集、存储、使用、加工，也包括数据的传输、提供、公开、共享等行为。从责任内容来看，本条主要指数据处理者在数据处理过程中对所处理数据负有的安全保护责任，而不涉及数据安全监管责任。

一、一般情形下的数据安全责任主体

根据《上海市数据条例》第 3 条与《数据安全法》的规定，数据安全是指通过采取必要措施，确保数据处于有效保护和合法利用的状态，以及具备保障持续安全状态的能力。数据安全并非单纯的静态安全，而是一种"状态"与"能力"的动态安全。大数据时代下，数据安全的重要性不言而喻，以"徐玉玉案"以及滴滴网络安全审查事件为代表，防范数据篡改破坏、泄露毁损、不当使用已经成为社会共识，提出"数据安全责任制"有相当必要性与紧迫性。"安全责任制"概念，在我国，最早可追溯到 20 世纪即产生的安全生产责任制。按照1997 年《关于认真落实安全生产责任制意见的通知》，以及《安全生产法》，"安全责任制"的核心内涵即"管生产必须管安全""谁主管谁负责"。时至今日，安全生产责任制在规范生产实践中，依然发挥着关键作用。

在数据安全领域，数据安全责任制的基本要求与安全生产责任制基本相仿，旨在形成"层层负责、人人有责、各负其责"的数据安全管理体系。通过"谁所有谁负责、谁储存谁负

责、谁管理谁负责、谁使用谁负责、谁收集谁负责",将数据安全责任压实压细。《数据安全法》作为我国数字时代的安全保障基本法,在第6条明确了各地区、各部门的数据安全主体责任,并用一整个章节(第四章,第27条至第36条)明确了数据安全主体责任的具体义务性内容,包括符合社会公共利益、风险处置、重要数据处理者的风险评估等。我国正在加紧制定《网络数据安全管理条例》,落实《网络安全法》《数据安全法》《个人信息保护法》等法律关于数据安全管理的规定,进一步规范网络数据处理活动,保护个人、组织在网络空间的合法权益,维护国家安全和公共利益。2021年11月发布的《网络数据安全管理条例》(征求意见稿)[①] 第6条第1款规定:"数据处理者对所处理数据的安全负责,履行数据安全保护义务,接受政府和社会监督,承担社会责任。"此处同样明确提出了数据处理者的安全主体责任。此外,安徽省、山西省、贵州省等多个地方性数据条例同样确定了数据安全责任制,明确由数据处理者承担数据安全保护的主体责任。

总而言之,守好数据安全的生命线的前提,是安全保护主体责任的严格落实。条例首先明确由数据处理者承担数据安全主体责任,在强化主体责任的同时,为接下来提出的各项具体安全保护义务筑牢根基,进一步推动数据安全的各项制度框架良好、构建有效。

[①] 国家互联网信息办公室:《国家互联网信息办公室关于〈网络数据安全管理条例(征求意见稿)〉公开征求意见的通知》(2021年11月14日),载中央网络安全和信息化委员会办公室网站:http://www.cac.gov.cn/2021-11/14/c_ 1638501991577898.htm。

二、特别情形下的数据安全责任主体

第2、3款明确了多主体共同处理、数据处理者发生变更等情形下数据安全保护的责任主体。

数据处理活动中同时存在多个处理者的，各数据处理者承担相应的安全责任。该规定的目的在于，防止个别企业通过设立或者联合多个主体，规避数据安全保护责任，确保数据不会因多主体的共同处理行为陷于数据安全风险管控的空白中。这里的"多个处理者"，不论多方数据处理主体产生原因为何、相互关系是否紧密、具体处理行为是否一致，均一概承担应有的数据安全保护义务。所谓各数据处理者承担"相应的责任"，可以是各数据处理主体保护数据安全的责任，以及因未履行数据安全保护义务造成损害的相应损害赔偿责任两个层次来理解。

首先，各数据处理主体应该承担与其数据处理行为相对应的数据安全保护责任。数据安全风险系统性地存在于数据处理的全过程中，必须落实全生命周期的数据安全保障机制。数据安全保护义务的规范性要求，源于事实数据处理行为。由实际实施数据处理活动主体，承担与其具体执行数据处理行为相对应的数据安全责任，一方面将数据安全保护嵌入数据处理活动的过程中，从而夯实数据安全保护机制，避免多方数据处理活动中不同主体推卸责任的问题；另一方面数据安全保障的实现与数据处理技术实施的过程密切相关，由具体处理行为主体落地数据安全保护措施更为可行和经济。

其次，各数据处理主体承担相应的安全责任，除了履行数据安全合规义务的行政性责任外，还同时衍生性地包含了未履行数据安全责任造成损害后，应承担的数据安全事故损害责任。实践适用中，需要注意具体数据安全损害责任的分担，以及为履行相关安全保护义务的责任承担。对于这一问题，《个人信息保护法》第20条可资借鉴。简言之，由于共同处理者未尽到数据安全保护义务而导致损害的，通常应当依据《民法典》承担连带责任（个别情形下也可能承担按份责任）。共同处理者对于数据安全保护义务负担、民事责任承担的约定，属于内部约定，具有相对性，不能依此对受到数据安全损害的个人产生不利影响。①

此外，数据处理者发生变更的，由新的数据处理者承担数据安全保护责任。现实生活中，数据处理者通常以政府部门、企业法人、非法人组织的形式呈现。因此，无论是政府部门的机构改革，还是企业的合并、分立、解散、破产，数据处理主体的变更情形十分常见。条例明确，数据安全责任不因数据处理者的变更而免除，新的数据处理者仍然应当承担数据安全保护责任。在《个人信息保护法》中同样有类似规定。根据《个人信息保护法》第22条的规定，个人信息处理者因合并、分立、解散、被宣告破产等原因转移个人信息的，接收方应当继续履行个人信息处理者的义务。需要指出的是，本款仅限于数据处理主体发生变更的情形，若数据处理主体没有发生变更，应当适用前款的规定，由多个数据处理者承担相应的安全责任。例如，实践中，数据的委托处理非常常见。尽管在委托处理中，受托方是主要的数据处理者，但这并不意味着免除了委托方的数据安全保护义务。依据前款规定，数据处理的受托方

---

① 参见程啸：《论个人信息共同处理者的民事责任》，载《法学家》2021年第6期。

与委托方均应当承担相应的安全保护义务；违反数据安全保护
责任导致数据安全事故而造成损害的，受托方与委托方应当依
据《民法典》承担相应的连带责任。

参考资料

《数据安全法》第 27 条

《个人信息保护法》第 20、22 条

《关键信息基础设施安全保护条例》第 15 条

《安徽省大数据发展条例》第 40 条

《山东省大数据发展促进条例》第 33 条

《山西省大数据发展应用促进条例》第 33 条

《贵州省大数据安全保障条例》第 13 条

（撰稿人：徐珉川）

第七十九条　【数据安全保护义务】

开展数据处理活动，应当履行以下义务，保障数据
安全：

（一）依照法律、法规的规定，建立健全全流程数
据安全管理制度和技术保护机制；

（二）组织开展数据安全教育培训；

（三）采取相应的技术措施和其他的必要措施，确
保数据安全，防止数据篡改、泄露、毁损、丢失或者非
法获取、非法利用；

（四）加强风险监测，发现数据安全缺陷、漏洞等

风险时，应当立即采取补救措施；

（五）发生数据安全事件时，应当立即采取处置措施，按照规定及时告知用户并向有关主管部门报告；

（六）利用互联网等信息网络开展数据处理活动，应当在网络安全等级保护制度的基础上，履行上述数据安全保护义务；

（七）法律、法规规定的其他数据安全保护义务。

▍本条主旨

本条强调了开展数据活动的合规性要求，对开展数据活动的不同主体设置了安全保护义务，同时明确了开展数据活动时应采取的风险管理以及安全事件的处理措施。

▍条文详解

全球迈入数字经济时代，数据成为驱动各国经济社会创新发展的关键生产要素，经济价值与战略价值愈发凸显，数据安全问题也成为数字经济时代国际竞争与合作的核心议题，网络安全、数据安全逐步升级为各国数据掌控与管辖的新焦点。

一、数据安全保护义务的履行方式

本条第 1 项规定中"依照法律、法规的规定"是指按照《数据安全法》第 27 条规定健全全流程数据安全管理制度。其中的"全流程"是指涵括数据的生产、加工、筛选、分析、整合、处理、转让等各环节，任何一个环节都有出现数据泄露、遗失、被窃取、篡改的可能，因此强调全流程体现了过程管理的重要性。[①] 该项要求数据处理者建立健全全流程数据安全管理机制和技术保护机制，切实把涉及国家安全和个人隐私的数据作为重点保护对象，严格监管数据资源的采集、存储、流动和使用的各环节，确保数据安全。

本条第 2 项要求开展数据处理活动时组织开展数据安全教育培训。此处的"组织开展数据安全教育培训"是基于当前数据安全合规与数据安全保护的专业人员仍然存在较大的市场缺口，专业人员的缺失导致部分企业无法满足实际数据安全合规和数据安全保护的工作需求。加快推进数据安全理念文化建设，依托专业的培训服务，定期开展人才培训以及相关资质认证，以满足监管要求，进一步培养数据安全保护所需的专业人才。

本条第 3 项规定的"采取相应的技术措施和其他的必要措施，确保数据安全"旨在通过技术手段来保障数据安全。结合《网络安全法》第 21 条的规定，"技术措施"是指采取防范计算机病毒和网络攻击、网络入侵等危害网络安全行为的技术措施和采取监测、记录网络运行状态、网络安全事件的技术措施。至于"其他必要措施"的解释，在《计算机场地安全要求》（GB/T 9361—2011）中指针对互联网数据中心的物理安全采取的防护措施，包括保障供电系统、消防系统、网络接口安全等。通过相关数据安全技术的支持，防止数据被恶意篡改、泄露、毁损、丢失或者非法获取、非法利用。从比较法看，GDPR 中也要求采取最新的技术设计来保护数据安全（第 25

①　参见龙卫球主编：《中华人民共和国数据安全法释义》，中国法制出版社 2021 年版，第 89 页。

条），同时明确了数据处理活动的记录责任（第30条）。

本条第6项要求利用互联网等信息网络开展数据处理活动，应当在网络安全等级保护制度的基础上，履行数据安全保护义务。《网络安全等级保护条例（征求意见稿）》① 第15条将网络分为五个安全保护等级：第一级，一旦受到破坏会对相关公民、法人和其他组织的合法权益造成损害，但不危害国家安全、社会秩序和公共利益的一般网络；第二级，一旦受到破坏会对相关公民、法人和其他组织的合法权益造成严重损害，或者对社会秩序和公共利益造成危害，但不危害国家安全的一般网络；第三级，一旦受到破坏会对相关公民、法人和其他组织的合法权益造成特别严重损害，或者会对社会秩序和社会公共利益造成严重危害，或者对国家安全造成危害的重要网络；第四级，一旦受到破坏会对社会秩序和公共利益造成特别严重危害，或者对国家安全造成严重危害的特别重要网络；第五级，一旦受到破坏后会对国家安全造成特别严重危害的极其重要网络。

由此看来，网络系统一旦遭到破坏，会对公民、社会甚至是国家造成危害，因此数据处理者应当根据相关规定和其遭到破坏对公民、法人和其他社会组织以及国家安全的影响，采取相应的安全保障措施，满足网络安全等级保护的要求。因此，数据处理者应当着手开展网络安全合规建设以满足网络安全等级保护的要求。同时，在满足网络安全等级保护要求的基础上，切实履行好本条规定的其他数据安全保护义务。

---

① 公安部：《公安部关于〈网络安全等级保护条例（征求意见稿）〉公开征求意见的公告》（2018年6月27日），载公安部网站：https://www.mps.gov.cn/n2254536/n4904355/c6159136/content.html? from=timeline。

二、风险处置义务

本条第4、5项内容对应《数据安全法》第29条。分别规定了风险监测义务和安全事件的应急响应义务。

目前，数据可能面临的安全风险主要有：第一，数据安全合规风险。当前数据安全合规体系建设还处于起步状态，各种违规现象可能导致数据泄露、数据丢失、数据篡改、数据滥用等安全风险；第二，关键信息基础设施数据安全风险。关键信息基础设施运营者目前尚未建立起有效的防护体系机制，甚至运营者在供应链开发、运维等环节数据安全保护方面存在缺陷，系统本身存在漏洞。第三，数据出境安全风险。出境数据是否存在违反国家法规标准要求的风险，特别是数据在出境前、传输过程和数据落地的过程中是否存在违法风险，以及数据出境后接收方对数据的保护是否存在数据滥用的风险等。因此，本条第4项规定的数据处理者的风险监测义务，就是要求数据处理者要持续监测数据处理活动。一旦发现安全缺陷和漏洞可能威胁数据安全时，就必须立即采取有效的补救措施，争取将数据安全风险"扼杀在摇篮之中"。

本条第5项规定了数据安全事件的应急响应义务。相比于第4项的事前风险的监测预防，该项更多强调了事后的风险处置。在已经发生安全风险，出现了数据安全事件的情况下，该项为数据处理者设置了采取处置措施和及时报告两项义务。数据安全事件发生，数据处理者不能坐视不管，应当立即采取处置措施，防止损害的进一步扩大。同时还应向用户告知和向政府主管部门报告，一方面便于政府整体管理，另一方面保障用户的知情权。该种应急响应机制在欧盟《通用数据保护条例》

（GDPR）中也可以看见类似设计。GDPR 中规定，当发生数据泄露安全事件时，不仅要向监管机构报告对个人数据的泄露情况（第 33 条），还要向数据主体传达个人数据的泄露情况（第 34 条）。

三、其他数据安全保护义务

本条第 7 项为兜底性条款。在网络，数据安全保护方面，目前我国已生效法律法规主要有《数据安全法》《网络安全法》《个人信息保护法》《关键信息基础设施安全保护条例》等。其中《数据安全法》作为一部在数据安全领域的"基础性法律"和"重要法律"，其中首先明确了"数据安全"是指通过采取必要措施，保障数据得到有效保护和合法利用，并持续处于安全状态的能力。《数据安全法》除了该条前 6 项规定的数据安全保护义务的履行方式（第 27 条）和风险处置义务（第 29 条）之外，还规定了"其他数据安全保护义务"。例如，规定"确定重要数据目录"、重要数据"重点保护"（第 21 条），对重要数据施以"风险评估"（第 30 条）、"安全审查"（第 24 条）等管理措施，重要数据的出境规则（31 条），数据中介服务机构的安全保护义务（33 条）等，以此来保障数据的安全。

参考资料

《数据安全法》第 27、29 条

《网络安全法》第 42 条

《深圳经济特区数据条例》第 72 条

欧盟《通用数据保护条例》第四章

（撰稿人：赵精武　马向远）

第八十条 【数据分类分级保护制度】

本市按照国家要求，建立健全数据分类分级保护制度，推动本地区数据安全治理工作。

本市建立重要数据目录管理机制，对列入目录的数据进行重点保护。重要数据的具体目录由市政府办公厅会同市网信等部门编制，并按照规定报送国家有关部门。

本条主旨

本条明确了本市重要数据目录的制定主体，在数据分类分级保护制度的要求下，完善了本市重要数据的重点保护机制，旨在更好地维护本地区的数据安全。

条文详解

对数据分类分级，是开展数据安全治理的起始点。在实践中，对企业而言，数据分级分类的意义在于企业应依据数据的重要程度、来源和敏感性等对数据实施分类分级管理，并审慎梳理企业所掌握的数据种类，存储的地点、收集和处理的方式以及数据获取人、获取方式等。[①]

一、数据分类分级的依据

目前，在我国网络安全和数据安全相关的法律法规中，数据分类分级的要求多有体现。对于数据分级的依据，《数据安全法》第21条规定，"国家建立数据分类分级保护制度，根据

[①] 参见严蓉：《数据安全保护的基本思路与重要条款解读》，载《佳木斯职业学院学报》2021年第12期。

数据在经济社会发展中的重要程度，以及一旦遭到篡改、破坏、泄露或者非法获取、非法利用，对国家安全、公共利益或者个人、组织合法权益造成的危害程度，对数据实行分类分级保护"。不难发现，数据分级是依据数据的重要程度和影响程度进行的，按照不同等级，进而进行不同等级的保护。同时该分级依据还出现在《网络数据安全管理条例》（征求意见稿）第 5 条中，其规定"国家建立数据分类分级保护制度。按照数据对国家安全、公共利益或者个人、组织合法权益的影响和重要程度，将数据分为一般数据、重要数据、核心数据，不同级别的数据采取不同的保护措施"。所以理论上对数据实施分级管理，依据数据在经济社会活动中的重要性与可能的危害性而实施差异保护。

值得注意的是，虽然《数据安全法》提出国家建立数据分类分级保护制度，但并没有定义什么是分类。目前在各种数据分类分级的标准中多数直接谈论如何分类，但对什么是分类也缺乏明确的定义。例如：在工业和信息化部 2020 年 2 月印发的《工业数据分类分级指南（试行）》中，提出了对工业数据的分类和分级标准。该指南第 5 条提出："工业企业结合生产制造模式、平台企业结合服务运营模式，分析梳理业务流程和系统设备，考虑行业要求、业务规模、数据复杂程度等实际情况，对工业数据进行分类梳理和标识，形成企业工业数据分类清单。"

证监会于 2018 年公布实施的《证券期货业数据分类分级指引》第 6.4 条规定，数据分类"依据自身业务特点对产生、采集、加工、使用或管理的数据进行分类"等。从以上实例当中我们可以肯定的是对于数据的分类必须考虑以下两点因素：首先，基于数据天然具备不同的属性和特征，必然存在不同的管理主体，出于不同的管理目的、基于不同的数据属性或特征对数据采用不同的分类方法；其次，数据分类一定是以各种各样的方式并存的，不存在唯一的分类方式，分类方法的采用因管理主体、管理目的、分类属性或维度的不同而不同。因此有学者将数据分类的定义归纳为根据数据的属性或特征，按照一定的原则和方法进行区分和归类，并建立起一定的分类体系和排列顺序，以便更好地管理和使用数据的过程。[①]

二、数据分类分级保护制度

本条第 1 款规定："本市按照国家要求，建立健全数据分类分级保护制度，推动本地区数据安全治理工作。"此处的"数据分类分级保护制度"是《数据安全法》第 21 条中确立的我国数据安全保护的重要制度之一，延续《数据安全法》第 5 条和第 6 条所确立的数据安全中央事权和条、块职责划分，数据分类分级保护制度也区分了中央事权和地方、部门事权。第 21 条规范的对象是我国在国家、地区和行业层面的数据分类分级保护制度，包括中央和地方两个层面的数据分类分级制度建设。具体来讲，中央层面的国家数据安全工作的协调机制主要负责统筹协调职责。各地区、各部门承担确定本地区、本部门的重要数据目录的职责。[②]

---

① 参见刘海军：《数据分类和分级概念解析》，载网安寻路人公众号，2021 年 12 月 6 日。
② 参见龙卫球：《中华人民共和国数据安全法释义》，中国法制出版社 2021 年版，第 70—71 页。

从国家数据分类分级管理制度的后续来看，目前我国还未出台数据分类分级的统一标准，数据分类分级制度的相关工作还在进一步完善之中。但在具体行业、领域和地区已有了相应的尝试。例如，对公共数据而言，《上海市公共数据开放暂行办法》第11条第2款明确规定了公共数据开放的分类分级规则。将公共数据分为三类：对涉及商业秘密、个人隐私，或者法律法规规定不得开放的公共数据，列入非开放类；对数据安全和处理能力要求较高、时效性较强或者需要持续获取的公共数据，列入有条件开放类；其他公共数据列入无条件开放类。同时对于非开放类公共数据依法进行脱密、脱敏处理，或者相关权利人同意开放的，可以列入无条件开放类或者有条件开放类。本条例第41条也采用了该种分类方式。除此之外，该办法第12条还为数据开放主体设置了制定公共数据开放清单的义务。要求开放清单应当标注数据领域、数据摘要、数据项和数据格式等信息，明确数据的开放类型、开放条件和更新频率等。并且要求市经济信息化部门会同数据开放主体建立开放清单审查机制。

三、重要数据目录管理机制

《上海市数据条例》采取"目录"方式建立重要数据目录管理机制。本条第2款规定："本市建立重要数据目录管理机制，对列入目录的数据进行重点保护。重要数据的具体目录由市政府办公厅会同市网信等部门编制，并按照规定报送国家有关部门。"从本条表述来看，第一，重要数据目录管理制度至少包含两方面内容：建立"重要数据保护目录"和对重要数据实施"重点保护"。重要数据的处理者除了履行本条例规定的一般数据保护义务（第79条）之外，还应当履行数据分类分级、重要数据保护、风险评估、应急处置、安全审查等国家数据安全制度。第二，明确了本市的重要数据目录的制定主体，即市政府办公厅主导，会同市网信等部门共同编制。这里"等部门"为兜底规定，因为重要数据很难有一个可以穷尽且普适的标准可以直接应用到各个行业。所以此处的"等"字的解释可以参照《网络数据安全管理条例》（征求意见稿）第55条的规定指工业、电信、交通、金融、自然资源、卫生健康、教育、科技等主管部门，该主管部门承担着本行业、本领域数据安全监管职责。第三，对重要数据目录的制定主体设置了按照规定向国家有关部门报告的义务。这里的"有关部门"参照《网络数据安全管理条例》（征求意见稿）第27条的规定是指除了网信部门之外，其他重要数据涉及的相关行业、领域的各部门。

值得注意的是，虽然该条在"中央统筹协调＋地方和部门具体实施"的管理框架下，对于重要数据目录管理机制进行了进一步具体细化的规定，但是对于重要数据目录以及重要数据具体目录的内容及呈现形式、更新维护方式，以及重点保护的具体措施，还有待明确具体规定，需要本市根据本地区、相关部门、相关行业特点在今后开展重要数据保护工作的过程中进一步细化。

参考资料

《数据安全法》第21条

《国务院办公厅关于印发科学数据管理办法的通知》第10、20条

《上海市公共数据开放暂行办法》第 11、12 条

《证券基金经营机构信息技术管理办法》第 30 条

《工业数据分类分级指南（试行）》第 5、6 条

（撰稿人：赵精武　马向远）

第八十一条　【重要数据安全】

重要数据处理者应当明确数据安全责任人和管理机构，按照规定定期对其数据处理活动开展风险评估，并依法向有关主管部门报送风险评估报告。

处理重要数据应当按照法律、行政法规及国家有关规定执行。

本条主旨

本条对重要数据处理者课以两方面的义务：一是应明确数据安全负责人和管理机构，落实数据安全保护主体责任；二是应按照规定对数据处理活动定期开展风险评估，明确了重要数据处理者的风险评估和报告义务。

条文详解

一、重要数据以及重要数据处理者的界定

"重要数据"的概念首次在《网络安全法》第 37 条被提出，即"关键信息基础设施的运营者在中华人民共和国境内运营中收集和产生的个人信息和重要数据应当在境内存储。因业务需要，确需向境外提供的，应按照国家网信部门会同国务院有关部门制定的办法进行安全评估"。然而，"重要数据"的定

义及范围始终较为模糊。直到 2021 年《信息安全技术 重要数据识别指南》（征求意见稿）第 3.2 条明确对"重要数据"作出了定义，即"以电子方式存在的，一旦遭到篡改、破坏、泄露或者非法获取、非法利用，可能危害国家安全、公共利益的数据"。但值得注意的是，2021 年《信息安全技术 重要数据识别指南》（征求意见稿）明确将"国家秘密"和"个人信息"排除在重要数据的范围之外，但是基于海量个人信息形成的统计数据、衍生数据有可能属于重要数据。

随后，《数据安全法》进一步对"重要数据"的处理作出了规定，第 21 条规定采取"目录"方式建立重要数据保护制度。其中，还特别提及"国家核心数据"，即"关系国家安全、国民经济命脉、重要民生、重大公共利益等数据"。本条虽然不涉及对核心数据的讨论，但从文义解释的角度来看，这类数据不应被排除在重要数据的范畴之外。核心数据因为其特殊性，被要求实施更加严格的管理制度。从范围来看，核心数据必然是重要数据，理应纳入重要数据目录的管理范围。①

对于"重要数据处理者"的含义，法条中并没有明确的相关规定。在本条例第 2 条中明确"数据处理"包括数据的收集、存储、使用、加工、传输、提供、公开等，而《网络数据安全管理条例》（征求意见稿）第 73 条中明确的"数据处理者"是指在数据处理活动中自主决定处理目的和处理方式的个人和组织。不难发现，相较于"数据处理者"而言，"重要数据处理者"有以下三点不同：第一，重要数据处理者处理的数

---

① 参见龙卫球：《中华人民共和国数据安全法释义》，中国法制出版社 2021 年版，第 70—71 页。

据范围为重要数据。第二，重要数据处理者需要承担更高的数据安全保护义务。例如，重要数据处理者还将承担对数据处理活动定期开展风险评估，并向有关主管部门报送风险评估报告的义务。第三，作为重要数据处理者，应当明确数据安全负责人和管理机构，落实数据安全保护责任。

二、重要数据的安全保护义务

该条第 1 款对于重要数据安全保护义务的规定，沿袭了《数据安全法》的内容，即在一般数据安全保护义务之上，对重要数据的处理者规定了"增强型"的保护义务。[①] 本条例不仅规定了建立健全全流程数据安全管理制度，组织开展数据安全教育培训，采取相应的技术措施和其他必要措施、风险监测，采取补救措施以及数据安全事件报告等一般数据安全保护义务，还特别针对重要数据规定了设置数据安全负责人和管理机构、风险评估和报告等义务。《数据安全法》第 27 条同样对数据安全负责人和管理机构的设置义务进行了规定，这一条款有利于将安全保护责任明确落实到具体的机构和主要负责人，同时也为可能的追责提供了前提。《数据安全法》对违法者的制裁通常采取双罚制，即除了对数据处理者进行处罚之外，还对直接负责的主管人员和其他直接责任人员进行处罚。[②] 因此，负责重要数据安全的负责人和管理机构应当切实承担起责任，确保重要数据的处理合规。

另外，对于"有关主管部门"的解释可以参考《网络数据

---

① 参见陈湉：《重要数据如何保护》，载网安寻路人公众号，2021 年 6 月 21 日。
② 参见谢永江：《从〈数据安全法〉视角探讨重要数据保护》，载《中国教育网络》2021 年第 8 期。

安全管理条例》（征求意见稿）第 32、33 条的规定，数据处理者共享、交易、委托处理重要数据的，应当征得设区的市级及以上主管部门的同意，主管部门不明确的，应当征得设区的市级以上的网信部门同意。

本条第 2 款为指导性的规定，要求重要数据处理者应当遵守法律、法规。目前关于重要数据的法律、行政法规以及国家规定有：《网络安全法》《数据安全管理办法》（征求意见稿）《网络安全审查办法》《数据安全法》《信息安全技术　重要数据识别指南》（征求意见稿）《网络数据安全管理条例》（征求意见稿）。法律、行政法规是对全体社会成员具有普遍约束力的行为规范。重要数据处理活动应当在法律、行政法规规定的范围内，保证数据处理活动的合法性。此处应当注意重要数据处理活动区别于一般的民事行为，一般民事行为以意思自治为主，同时根据《民法典》第 8 条，以"禁止违反法律"为民事活动的限制性原则，言外之意是法无禁止均为可行。而数据处理活动则正面规定"遵守法律、法规"的义务，意味着重要数据处理活动要受到法律、行政法规严格监管的活动领域，应当严格依照法律、法规的规定开展，甚至暗含重要数据处理活动"法无规定则不可行"的特点。①

三、重要数据的风险评估义务

本条特别对重要数据处理者特别课以定期风险评估和报告义务。如果未履行风险评估及报告义务，根据《数据安全法》第 45 条的规定，重要数据处理者将面临相应的处罚。这表明对

---

① 参见龙卫球主编：《中华人民共和国数据安全法释义》，中国法制出版社 2021 年版，第 24 页。

重要数据的保护重在风险预防，而不仅是事故发生后的处置。

有学者提出重要数据的风险评估应当围绕被评估的特定数据对象数据资产、数据所面临的威胁和脆弱性，综合开展风险评估找出其在特定危险环境下所面临的风险。因此，重要数据风险评估的主要思路为：第一，对业务进行梳理、厘清数据资产、确认数据资产范围及重要程度；第二，在梳理重要数据处理活动风险时，首先考虑是否存在违法行为风险，依据已发布的法律法规进行法律遵从性评估。[①] 在满足合法性的基础上进而开展数据处理活动的风险评估工作，一方面，是数据自身的风险发现。因此，建立数据安全风险识别机制，通过识别风险来量化不确定性程度和风险可能造成损失的程度，从而实时关注数据安全风险的变化。[②] 另一方面，是承载数据所需环境的风险发现。在风险发现过程中，如果涉及数据的跨境流动，将以数据跨境流动为重点关注场景，开展数据跨境流转的风险评估工作，评估数据跨境流动过程中的数据安全风险。[③] 因此要特别重视对重要数据的风险评估，应由相关部门建立高效权威的数据安全风险评估、报告、信息共享、检测预警机制，通过定期的风险评估及时发现风险，并提前采取相应的应对措施。

四、相较于征求意见稿的重要变化

《上海市数据条例（草案）》（征求意见稿）在第 79 条对

[①] 参见宋璟、邸丽清、杨光、都婧：《新时代下数据安全风险评估工作的思考》，载《中国信息安全》2021 年第 9 期。

[②] 参见马海群、张涛：《从〈数据安全法（草案）〉解读我国数据安全保护体系建设》，载《数字图书馆论坛》2020 年第 10 期。

[③] 参见宋璟、邸丽清、杨光、都婧：《新时代下数据安全风险评估工作的思考》，载《中国信息安全》2021 年第 9 期。

该内容进行了规定，相较于《上海市数据条例》，内容的主要变化有以下几个方面：第一，在"定期对其数据处理活动开展风险评估"前面增加了限定词"按照规定"。这一表述为不同行业对"定期"以及"风险评估的具体操作"进行细化提供了可能。第二，将接收风险报告的主体由"行业主管部门、市网信部门和公安机关"修改为"有关主管部门"，并在"有关主管部门"前面增加限定词"依法"。其中，"依法"这一表述明确了在《数据安全法》的框架下履行风险评估报告的义务。风险评估报告义务的内容应当包括所处理重要数据的种类、数量，开展数据处理活动的情况，面临的数据安全风险及其应对措施等。第三，将接收风险报告的主体由"行业主管部门、市网信部门和公安机关"修改为"有关主管部门"，这是为了避免对风险报告的接收主体作僵化理解，根据不同行业的特性决定风险报告的接收主体。

参考资料

《数据安全法》第 27、30、37 条

《汽车数据安全管理若干规定（试行）》第 10 条

（撰稿人：赵精武　马向远）

第八十二条　【公共数据安全管理的特别规定】

市级责任部门应当制定本系统、行业公共数据安全管理制度，并根据国家和本市数据分类分级相关要求对公共数据进行分级，在数据收集、使用和人员管理等业务环节承担安全责任。

属于市大数据中心实施信息化工作范围的，市大数据中心应当对公共数据的传输、存储、加工等技术环节承担安全责任，并按照数据等级采取安全防护措施。

本条主旨

本条为公共数据安全管理的特别规定。本条首先为市级责任部门设置了制定公共数据管理制度的义务，其次明确了市级责任部门以及市大数据中心对公共数据应承担的安全责任。

条文详解

本条为公共数据安全管理的特别规定，其特别之处是相较于本条例第 79 条的数据安全保护的一般规定而言的。首先本条将数据的范围限缩为公共数据，其次将承担安全责任的主体范围限缩至市级责任部门和市大数据中心。

一、公共数据的界定

本条为公共数据安全管理的特别规定，也是《上海市数据条例》的亮点之一。目前，《数据安全法》和相关国家层级的立法均未对"公共数据"进行统一的定义，而在《上海市数据条例》中第 2 条对这一概念予以明确，其规定"公共数据"是指："本市国家机关、事业单位，经依法授权具有管理公共事务职能的组织，以及供水、供电、供气、公共交通等提供公共服务的组织（以下统称公共管理和服务机构），在履行公共管理和服务职责过程中收集和产生的数据。"在该定义中不难发现收集和产生数据的主体包含"国家机关"，所以本条例中的公共数据与政务数据之间为包含关系，即政务数据为公共数据的一个子集。

二、市级责任部门对公共数据安全管理的特别规定

对于本条第 1 款规定的具体内容，应当重点理解以下两个方面：

第一，此处的"市级责任部门"遵循体系解释的角度应按照本条例第 26 条第 1 款予以解释，其规定："负责本系统、行业公共数据管理的市级部门（以下简称市级责任部门）应当依据业务职能，制定本系统、行业公共数据资源规划，完善管理制度和标准规范，组织开展本系统、行业数据的收集、归集、治理、共享、开放、应用及其相关质量和安全管理。公共数据管理涉及多个部门或者责任不明确的，由市政府办公厅指定市级责任部门。"显然，此处的"市级责任部门"的确定遵循"有规定按照规定确定，没有规定或规定不明的由市政府办公厅指定"的原则。

第二，此处的"本市数据分类分级相关要求"依据《上海市公共数据开放分级分类指南（试行）》的要求对公共数据进行分级，对应到本条例的第 28 条（公共数据目录管理机制）和第 29 条（公共数据分类管理制度）。即市级责任部门应当按照市政府办公厅制定的目录编制规范，依据数据与业务对应的原则，编制本系统、行业公共数据目录，明确公共数据的来源、更新频率、安全分级、共享开放属性等要素。首先由市政府办公厅负责统筹规划、协调推进、指导监督公共数据安全管理工作，指导各单位开展公共数据目录编制以及相关公共数据的归集、整合、开放、应用。其次，市级责任部门按照市政府办公厅制定的目录编制规范要求，实施公共数据采集工作，并确保数据采集的准确性、完整性、时效性。同时还应承担相应公共数据质量责任，确保数据适时、真实、准确、完整。最后，市级责任部门依据市大数据中心制定的公共数据分类的规则和标准，对公共数据实行分类管理。

三、市大数据中心对于公共数据的安全保护义务

由于本条例中的公共数据关系重要民生、社会迫切需要、重大公共利益，其中一些公共数据对行业增值潜力显著和产业战略意义重大，因此需要更加严格的管理和保护。因此，本条第2款明确了市大数据中心对于公共数据的安全保护义务。其规定："属于市大数据中心实施信息化工作范围的，市大数据中心应当对公共数据的传输、存储、加工等技术环节承担安全责任，并按照数据等级采取安全防护措施。"值得注意的是，此处的"属于市大数据中心实施信息化工作范围的"需要进一步细化解释。贯穿本条例中市大数据中心的工作范围主要包括：负责统一规划大数据资源平台（第27条）；制定公共数据分类规则和标准，明确不同类别公共数据的管理要求（第29条）；负责非公共数据的采购（第32条）；公共数据归集（第33条）；数据库建设（第34条）；公共数据的质量管理（第35条）；中断超出必要范围数据的便携共享（第39条）；对公共数据的授权运营实施监督管理（第44条）；在公共数据的授权运营中履行数据安全保护义务（第45条）。对于以上由市大数据中心负责的工作，哪些属于"实施信息化工作"的范畴，需要进一步明确。从该条文的内在逻辑来看，"实施信息化工作"是市大数据中心承担安全责任、采取安全防护措施的前提。只有将"实施信息化工作的范围"这一边界明确，才可以更好地指导市大数据

中心依法开展安全防护工作，也为日后可能的追责提供依据。

另外，此处的"数据等级"可依据《网络数据安全管理条例》（征求意见稿）第 5 条规定，按照数据对国家安全、公共利益或者个人、组织合法权益的影响和重要程度，将数据分为一般数据、重要数据、核心数据，不同级别的数据采取不同的保护措施。例如，《网络数据安全管理条例》（征求意见稿）第 9 条规定，数据处理者应当按照网络安全等级保护的要求，加强数据处理系统、数据传输网络、数据存储环境等安全防护，处理重要数据的系统原则上应当满足三级以上网络安全等级保护和关键信息基础设施安全保护要求，处理核心数据的系统依照有关规定从严保护。

参考资料

《数据安全法》第 21 条

《宁波市公共数据安全管理暂行规定》第 3、5 条

（撰稿人：赵精武　马向远）

第八十三条　【数据安全风险监测预警】

本市按照国家统一部署，建立健全集中统一的数据安全风险评估、报告、信息共享、监测预警机制，加强本地区数据安全风险信息的获取、分析、研判、预警工作。

本条主旨

本条是关于数据安全风险监测预警的规定，旨在建立健全数据安全风险管控综合机制，强化数据安全风险信息管理。

核心概念

数据安全风险，是指数据遭到篡改、破坏、泄露或者非法获取、非法利用的潜在可能程度与潜在危害程度。

条文详解

本条是关于数据安全风险管理与监测预警的规定，在《网络安全法》《数据安全法》基础上，进一步重申了集中统一的数据安全风险评估、报告、信息共享、监测预警机制的重要意义，以及数据安全风险信息的获取、分析、研判、预警工作的突出价值。早在2017年实施的《网络安全法》即明确建立"网络安全监测预警和信息通报制度"，加强"网络安全信息收集、分析和通报工作"。2021年颁布的《数据安全法》，其中第22条在《网络安全法》的基础上，作了细化和补充，明确由国家建立集中统一、高效权威的数据安全风险评估、报告、信息共享、监测预警机制，协调有关部门加强数据安全风险信息的获取、分析、研判、预警工作。如今，作为总体国家安全观视域下的数据安全，势必应当加强国家对数据安全工作的统筹协调。本条明确"按照国家统一部署"，旨在进一步响应相关法律规定，协同构建自上而下、协调一致的数据安全保护体系和各项制度措施，加强公权力管制，提升总体性、全局性的数据安全保障能力。

一、建立健全数据安全风险评估、报告、信息共享、监测预警机制

首先，本条明确"按照国家统一部署，建立健全集中统一的数据安全风险评估、报告、信息共享、监测预警机制"。"按照国家统一部署"，是坚持总体国家安全观、落实《数据安全法》基本制度的重要要求，条例对此予以进一步明确。

其次，条例要求建立健全集中统一的数据安全风险评估机制。数据安全风险评估是报告、共享、监测预警的前提。数据并非物权法意义上的"物"，不具备有体性。虚无缥缈的"数据"与高度不确定性的"风险"叠加，使得数据安全难以捉摸，数据安全风险具有极强的隐蔽性与复杂性。因此，必须从科学的角度出发，客观评估数据安全风险，进而采取不同的风险预防和应急处置措施，从而有效维护数据安全。从"网络化""信息化"到"数据化"，传统的网络安全风险评估更侧重于底层架构，这与数据安全风险评估并非完全一致。数据安全风险评估更多关注数据处理全生命周期的完整性、可用性与可控性，具体包括数据安全风险的识别、分析与评价等过程。目前，关于数据安全风险评估尚无统一、明确的规定，但参考《数据安全法》第30条、《上海市数据条例》第81条有关重要数据风险评估的规定，对数据安全风险的评估，一般同样应当包括数据的种类、数量、范围，开展数据处理活动的情况，面临的数据安全风险及其应对措施等内容。

数据安全风险的报告、信息共享、监测预警应当在数据安全风险评估的基础上展开。尤其是针对数据安全的监测预警，其实质即单一、静态向动态、实时评估的转变，通过及时反馈精准防控数据安全风险。总体来说，根据《网络数据安全管理条例》（征求意见稿）第56条之规定，未来的数据安全信息共享、数据安全风险威胁监测预警以及数据安全事件应急处置等工作，总体上仍置于现有网络安全各项机制、各类平台之中。

因此，现行实施的网络安全相关的信息报告、信息共享、监测预警制度及其规范性文件、国家标准，尽管与数据安全并非一致，但仍有一定参考价值。包括工业和信息化部《公共互联网网络安全威胁监测与处置办法》《公共互联网网络安全突发事件应急预案》等部门规范性文件和《信息安全技术 网络安全监测基本要求与实施指南》《信息安全技术 网络安全威胁信息格式规范》《信息安全技术 网络安全预警指南》等国家标准。

二、加强数据安全风险信息的获取、分析、研判、预警工作

本条例进一步强调了数据安全风险信息获取、分析、研判、预警工作的重要意义。从《网络安全法》"加强网络安全信息收集、分析和通报工作"到如今《数据安全法》"加强数据安全风险信息获取、分析、研判、预警工作"，内容上有多处微调，体现了国家对数据安全风险信息的进一步重视。数据驱动时代，相关安全风险信息来源更加广泛、内容更加复杂、时效更加紧急、价值更加凸显。因此，有必要从"一维搜集"向"多维感知"转变、从"初步分析"向"综合研判"转变、从"简单通报"向"智能预警"转变。按照信息获取来源加以区分，数据安全风险信息一般包括两类：一是自主监测信息；二是外部情报信息。在工业和信息化领域，数据安全风险信息的获取、分析、研判、预警已经走在前列。2021年年底发布的《工业和信息化领域数据安全风险信息报送与共享工作指引（试行）》（征求意见稿）[1] 明确

---

① 工业和信息化部：《公开征求对〈工业和信息化领域数据安全风险信息报送与共享工作指引（试行）（征求意见稿）〉的意见》（2021年12月22日），载工业和信息化部网站：https://wap.miit.gov.cn/gzcy/yjzj/art/2021/art_ 9ed695f19c9f42f882bfdad9ba5ea0e7.html。

了数据安全风险信息报送、共享的基本概念、工作规程、保障措施等内容。例如，根据《工业和信息化领域数据安全风险信息报送与共享工作指引（试行）》（征求意见稿），数据安全风险可区分为数据泄露、数据篡改、数据滥用、违规传输、非法访问、流量异常等。

总体而言，本条例在《数据安全法》第 22 条的指引下，旨在进一步明确"按照国家统一部署"，强化统筹协调、形成研判合力，及时掌握本市数据安全整体态势，提高本市的数据安全风险处置能力。但是，数据安全风险信息涉及面广、意义重大。未来，本市将进一步颁布配套法规、标准就数据安全风险评估、报告、信息共享、监测预警，数据安全风险信息的获取、分析、研判、预警等各项工作加以细化。

参考资料

《数据安全法》第 22 条

《网络安全法》第 51 条

《关键信息基础设施安全保护条例》第 15 条

《贵州省大数据安全保障条例》第 32 条

《天津市促进大数据发展应用条例》第 48 条

《福建省大数据发展条例》第 30 条

《江苏省公共数据管理办法》第 44 条

《工业和信息化领域数据安全管理办法（试行）》（征求意见稿）第 28 条

（撰稿人：徐珉川）

第八十四条 【数据安全应急处置】

本市按照国家统一部署，建立健全数据安全应急处置机制。发生数据安全事件，市网信部门应当会同市公安机关依照相关应急预案，采取应急处置措施，防止危害扩大，消除安全隐患，并及时向社会发布与公众有关的警示信息。

本条主旨

本条是关于数据安全应急处置的规定，旨在明确发生数据安全事件后的应急处理规程与要求。

核心概念

数据安全应急处置，是指在出现数据安全事件时相关负责部门及时采取措施以防止危害扩大，消除安全隐患。

数据安全事件，是指因数据遭到篡改、破坏、泄露、窃取等而对公民个人利益和政治、经济、社会等公共利益产生威胁，需要采取应急处置措施予以应对的情形。

条文详解

本条确立数据安全的应急处置机制，旨在进一步明确发生数据安全事件发生前、中、后的全流程应急管理。文本内容上，与《数据安全法》第 23 条相对照，本条例在两个地方有明显变化：一是建立健全数据安全应急处置机制上需"按照国家统一部署"；二是启动应急预案、采取应急处置措施的"有关主管部门"进一步明确为"市网信部门会同市公安机关"。

一、数据安全应急预案与应急处置的基本概念

数据安全应急处置机制是数据安全管理制度中的重要环节。从客观上来说，消除一切数据安全风险是无法实现的。在最大程度消解潜在数据安全风险的同时，数据处理者、有关主管部门也应当"防患于未然"，做好数据安全事件发生前、中、后的全生命周期应急管理。数据安全事件，即因数据遭到篡改、破坏、泄露、窃取等而对公民个人利益和政治、经济、社会等公共利益产生威胁，需要采取应急处置措施予以应对的情形。根据《突发事件应对法》等相关法律法规，以及《国家网络安全事件应急预案》的思路，数据安全事件应急响应，也可以按照事件性质、严重程度与社会危害程度、影响范围等因素，建立数据安全事件的分级，并结合该事件分级，建立相对应的数据安全事件应急响应分级体系。作为网络安全事件在数据领域的进一步细化与发展，数据安全事件同样需要开展全流程管控，最大程度降低数据安全事件造成的影响和危害。

在数据安全事件发生前，各责任主体应当做好应急预案，强化日常演练。根据国务院办公厅《突发事件应急预案管理办法》，应急预案指各级人民政府及其部门、基层组织、企事业单位、社会团体等为依法、迅速、科学、有序应对突发事件，最大程度减少突发事件及其造成的损害而预先制订的工作方案，其管理遵循统一规划、分类指导、分级负责、动态管理的原则。作为专项应急处置预案的数据安全应急预案，不同层级的预案内容各有所侧重。其中，省级专项和部门应急预案侧重明确数据安全事件的组织指挥机制、信息报告要求、分级响应及响应行动、应急资源保障及调配程序、市县级政府具体职责

等，重点规范省级层面的应对行动，同时体现指导性。此外，数据安全应急预案还应当做好应急演练，开展演练评估，重点分析预案的合理性与可操作性，提出完善预案、应急准备、应急机制、应急措施等方面的意见和建议等。在此基础上，做好应急预案的修订工作，实现应急预案的动态优化和科学规范管理。当然，作为总体国家安全观视域下的数据安全，在应急处置机制上同样应当"按照国家统一部署"，协同构建自上而下、协调一致的数据安全应急处置机制。

二、数据安全事件发生后的应急处置措施

数据安全事件发生后，有关主管部门应当依照相关应急预案，采取应急处置措施，防止危害扩大，消除安全隐患。参考《国家网络安全事件应急预案》《公共互联网网络安全突发事件应急预案》，数据安全应急处置同样可以分为先行处置、事件报告、响应分级、事态跟踪、决策部署、应急结束等环节，其具体内容根据数据安全事件应急响应的级别不同而有所不同。本条将《数据安全法》第 23 条中"有关主管部门"进一步明确为"市网信部门会同市公安机关"。这是因为，根据《数据安全法》第 6 条、本条例第 5 条的规定，本市个人信息保护、网络数据安全和相关监管工作由市网信部门负责统筹协调，市公安机关在职责范围内承担相应的数据安全监管职责。但是，这并不意味着数据处理者免除发生数据安全事件后的应急处置义务。根据《上海市数据条例》第 78、79 条和《数据安全法》第 27、29 条的规定，作为数据安全责任主体的数据处理者，在日常管理过程中应当建立健全全流程数据安全管理制度和技术保护机制；发生数据安全事件时，应当立即采取处置措施，并

按照规定，及时告知用户并向有关主管部门报告。将数据处理者的安全保障责任与相关部门的安全监管职责深度融合，有利于构建全方位、多层次、立体式的数据安全应急处置机制，在数据安全事件发生后，确保数据安全应急处置的快速、稳定、高效、精准。

此外，数据安全事件发生后，市网信部门等相关部门应当及时向社会发布与公众有关的警示信息。总体而言，该规定充分体现了新时期政府治理模式从传统的单方治理模式到多方互动治理模式的转变，通过公民、社会的有效参与，有利于从根源上防范数据安全风险，推进数据安全危机处理，保障人民群众的切身利益。现代社会是一个名副其实的"风险社会"，伴随着大量的不确定性。数据安全事件刚刚发生时，尽管事件的潜在风险尚未查明，但相关部门有职责公布与公众有关的警示信息。对此，《传染病防治法》第 19 条有着明确规定。比照《传染病防治法》第 19、38 条，政府部门发布的警示信息应当包括两类：一是数据安全事件发生后，事件性质、影响范围、潜在危害尚未完全查明时，公开的预警信息；二是数据安全事件发生中后期，相关情况明了后，公开的具有确定性、结论性的事件信息。现实中，后者大多按照普通信息公开的制度逻辑加以运转，而不发生较大问题，但前者往往容易被忽略。正因此，在数据安全事件发生后，相关部门应当"及时"颁布警示信息。这有利于疏解公众恐慌，通过采取自力救济措施，防范损害扩大，进一步发挥政府、社会公众、公民个人在数据安全领域的多方联动、协同防范作用。在网络安全领域，国家互联网信息办公室曾发布《网络安全威胁信息发布管理办法》（征求意见稿）。而在数据安全领域，无论是警示信息的具体发布内容与流程，还是其他数据安全应急机制的处理规程，均有待法规、规章与标准的进一步细化。

参考资料

《数据安全法》第 23 条

《网络安全法》第 55 条

《深圳经济特区数据条例》第 85 条

《山东省大数据发展促进条例》第 38 条

《天津市促进大数据发展应用条例》第 50 条

《江苏省公共数据管理办法》第 45 条

《工业和信息化领域数据安全管理办法（试行）（征求意见稿）》第 30 条

（撰稿人：徐珉川）

第八十五条　【安全检测评估与协作】

本市支持数据安全检测评估、认证等专业机构依法开展服务活动。

本市支持有关部门、行业组织、企业、教育和科研机构、有关专业机构等在数据安全风险评估、防范、处置等方面开展协作。

本条主旨

本条是关于数据安全检测评估与协作支持的规定，旨在进一步加强数据安全检测评估，完善数据安全保护体系。

┃条文详解

本条是关于数据安全检测评估与协作支持的规定，整体而言属于宣示性规定。规定共分为两款：第 1 款明确支持数据安全检测评估、认证等专业机构依法开展服务活动；第 2 款明确支持有关部门、行业组织、企业、教育和科研机构、有关专业机构等在数据安全风险评估、防范、处置等方面开展协作。本条文内容很大程度源自《数据安全法》第 18 条。相较而言，有两处变化：一是主语从"国家"变更为"本市"；二是省略了有关"促进数据安全检测评估、认证等服务的发展"的内容。

一、支持数据安全专业机构开展服务

本市支持数据安全检测评估、认证等专业机构依法开展服务活动。事实上，数据安全检测评估与认证是开展数据安全保护的重要前提。缺乏科学有效的手段评估、检测数据安全，将使接下来的安全预警、危机事件应对与责任追究成为无源之水、无本之木。在网络安全领域，也有关于安全检测评估、认证的类似规定。例如，《网络安全法》第 17 条明确："国家推进网络安全社会化服务体系建设，鼓励有关企业、机构开展网络安全认证、检测和风险评估等安全服务。"

就网络关键设备和网络安全专用产品，我国实施强制检测认证制度。《网络安全法》第 23 条规定："网络关键设备和网络安全专用产品应当按照相关国家标准的强制性要求，由具备资格的机构安全认证合格或者安全检测符合要求后，方可销售或者提供。国家网信部门会同国务院有关部门制定、公布网络关键设备和网络安全专用产品目录，并推动安全认证和安全检

测结果互认，避免重复认证、检测。"在网络关键设备和网络安全专用产品安全认证领域，《网络关键设备和网络安全专用产品目录（第一批）》《承担网络关键设备和网络安全专用产品安全认证和安全检测任务机构名录（第一批）》《网络关键设备和网络安全专用产品安全认证实施要求》《网络关键设备和网络安全专用产品安全认证实施规则》等一批配套行政法规颁布实施。全国信息安全标准化技术委员会也曾就《网络关键设备和网络安全专用产品相关国家标准要求》公开征求意见①。根据《承担网络关键设备和网络安全专用产品安全认证和安全检测任务机构名录（第一批）》的规定，网络关键设备和网络安全专用产品安全认证由中国信息安全认证中心（现更名为中国网络安全审查技术与认证中心）承担；网络关键设备安全检测工作则由电信科学技术第一研究所下设的国家电话交换机质量监督检验中心等11家机构承担；网络安全专用产品安全检测工作则由公安部第三研究所下设的公安部计算机信息系统安全产品质量监督检验中心等4家机构承担。

尽管在数据安全领域，有关数据安全检测评估、认证的进一步规定尚未颁布实施。但本市将会继续做好网络安全检测评估与认证工作，支持在本市行政区域内的国家电话交换机质量监督检验中心、公安部计算机信息系统安全产品质量监督检验中心等专业机构依法开展服务活动。总体而言，条例与

① 全国信息安全标准化技术委员会秘书处：《关于〈网络关键设备和网络安全专用产品相关国家标准要求（第二版征求意见稿）〉征求意见的通知》（2019年8月14日），载全国信息安全标准化技术委员会网站：https://www.tc260.org.cn/front/postDetail.html？id=20190814192337。

《数据安全法》的规定为本市行政区域内，数据安全检测评估、认证等专业机构依法开展服务活动，提供了充分的政策与法律支持。

二、支持多主体数据安全协作

本市支持有关部门、行业组织、企业、教育和科研机构、有关专业机构等在数据安全风险评估、防范、处置等方面开展协作。本款同样为宣示性规定，参照《数据安全法》第18条规定，进一步强化构建多方协同的数据安全治理格局。

数据安全的协同治理，是跨越组织、部门和空间边界的公共部门、市场组织、社会组织或个人相互协调合作，共同消解数据安全风险、保障数据权益有效实现的整个过程。其本质，是通过在共同处理复杂社会公共事务过程中的相互关系协调，实现共同行动、耦合结构和资源共享，从根本上弥补政府、市场和社会单一主体治理的局限性，通过各方的合作，以最低的成本实现公共利益最大化。[①] 从传统的压制型、对抗型的单一模式向协同治理的转变，有利于使不同的公私主体参与整个过程，克服传统公共产品和服务供给过程中或行政干预不足或行政干预过度的缺陷。[②] 数据安全领域的协同治理亦遵循上述一般规律。质言之，政府有关部门虽为数据安全的监管部门，但并非建立并维护社会秩序的单一主体，以共享单车为代表的各类"互联网+"新业态、新模式已经充分证明了私营企业同样可以提供优质、高效的公共服务。而行业自治，在上文提到的

---

① 胡颖廉：《推进协同治理的挑战》，载《学习时报》2016年1月25日，第5版。
② 参见张贤明、田玉麒：《论协同治理的内涵、价值及发展趋向》，载《湖北社会科学》2016年第1期。

数据安全检测评估、认证与标准制定等过程中，同样可以发挥重要作用。以高等院校为代表的教育和科研机构作为科技发展与人才培养的最前沿阵地，在数据安全协同治理中同样不可或缺。例如，近些年，以区块链应用、多方安全计算、联邦学习以及可信计算等新兴技术方法为代表，已经能够在一定范围上达到"数据可用不可见"的效果，最大程度减少原始数据的直接流动，最大程度保障数据安全，已经成为基础性、前沿性创新向实践领域转换的有利例证。因此，构建数据安全的"产学研合作"，亦有重要意义。

综上所述，数据安全工作并非处理者与监管部门"各人自扫门前雪"就可以良好达成的。数据安全保障工作谁来做、做什么、依据什么做、利用什么资源做、依靠什么力量做，是整个数据安全保障体系亟待回应的问题。本条例依据《数据安全法》第18条，进一步明确在集中统一、坚强有力的领导体制下，构建"上下联动、左右协同、内外互动"的数据安全协作体系，在初步回答上述问题的同时，为数据安全协作保障提供坚实法治框架。

参考资料

《数据安全法》第18条

《网络安全法》第17条

《湖南省网络安全和信息化条例》第19条

《工业和信息化领域数据安全管理办法（试行）》（征求意见稿）第33条

（撰稿人：徐珉川）

第九章　法律责任

第八十六条　【指引规定】

违反本条例规定，法律、行政法规有规定的，从其规定。

本条主旨

本条是本条例有关法律责任的引致性条文。本条例通过设置引致条款的方式，规定违反本条例规定行为的法律责任参照上位法适用。

条文详解

本条是本条例有关法律责任的引致条文，规定违反本条例所规定的内容时，应当依据法律、行政法规的处罚规定。但本条例通篇未对违反条例规定内容应当承担的法律责任进行明细规定。本条例法律责任编删除了《上海市数据条例（草案）》（征求意见稿）中的第86、87条，上述两条分别从"设置不公平交易条件的处罚"及"违反规定交易数据的处罚"的角度对市场主体违反本条例规定的行政处罚进行了明细化规定。本条例正式稿中删除了前述条款，转由第86条作为法律责任编"纲领性"条款替代了明细化的法律责任规定。

本条例第 1 条说明了本条例的订立目的为"保护自然人、法人和非法人组织与数据有关的权益,规范数据处理活动,促进数据依法有序自由流动,保障数据安全,加快数据要素市场培育,推动数字经济更好服务和融入新发展格局",本条例通篇强调了这一订立目的,为保证数据依法流动,推动数字经济高速发展和数据交易的时间。本条例着重制定了促进数据市场化建设的一系列条款,而且本条例的上位法《数据安全法》《个人信息保护法》等法律、行政法规中已经对市场主体、数据处理者等相关主体的违法行为进行了明细化规定。因此在实施本条例的过程中,对于违反本条例的违法行为的处罚标准均应当参照上位法的规定。

同样是出于本条例的订立目的,正式稿将征求意见稿第 86、87 条作出了删除处理,并明确本条例的处罚依据来源于《数据安全法》①《个人信息保护法》②《刑法》③《反不正当竞争法》④ 等。引致条款保证了立法的统一性,如《个人信息保护法》第 66 条对违反本规定处理个人信息等违法行为的法律责任进行了明确规定;当出现违反本条例第 18 条规定,即未经个人同意对个人信息的处理目的、处理方式等进行变更相关违法行为,应当参照《个人信息保护法》第 66 条规定对该违法行为实施处罚。

在上位法已对数据交易、使用中出现的相关违法行为进行

---

① 《数据安全法》第 44、45、47、51、52 条。
② 《个人信息保护法》第 66、69、71 条。
③ 《刑法》(2020 年修正)第 253、286、287 条。
④ 《反不正当竞争法》第 24 条。

详细规定的情况下，本条例的法律责任编通过本引致条款，避免了对于上位法法律责任相关内容的重复引用，节省了法律条款。

除本条款外，法律责任编剩余的 3 个条文均在上位法的基础上对法律责任的处罚方式进行了进一步细化，与本条款形成了违法行为处罚依据的闭环。在出现法律责任编其余 3 个条文对应违法行为时，执法部门应当择优适用对应条文对违法行为进行处罚。

本条例作为地方性法规条例，在条款设置上沿袭上位法的制定逻辑及内容，当出现违反本条例的违法行为，需要对违法行为进行处罚时，应当根据本法相关条款的构成要件对违法行为进行认定，判断该行为的可责性。仅在确定处罚类型、方式、标准时，适用上位法的法律责任及处罚方式。

参考资料

《民法典》第 127、1030 条

《网络安全法》第 74 条

《数据安全法》第 44、45、47、51、52 条

《个人信息保护法》第 66、69、71 条

《刑法》第 253 条之一、第 286 条、第 286 条之一、第 287 条、第 287 条之一、第 287 条之二

《反不正当竞争法》第 12、24 条

（撰稿人：张玲）

第八十七条 【公共管理和服务机构的法律责任】

国家机关、履行公共管理和服务职责的事业单位及其工作人员有下列行为之一的，由本级人民政府或者上级主管部门责令改正；情节严重的，由有权机关对直接负责的主管人员和其他直接责任人员依法给予处分：

（一）未按照本条例第十六条第二款规定收集或者使用数据的；

（二）违反本条例第二十七条第二款规定，擅自新建跨部门、跨层级的数据资源平台、共享、开放渠道，或者未按规定进行整合的；

（三）未按照本条例第二十八条规定编制公共数据目录的；

（四）未按照本条例第三十条、第三十三条、第三十八条、第三十九条、第四十条、第四十二条规定收集、归集、共享、开放公共数据的；

（五）未按照本条例第三十五条第一款规定履行公共数据质量管理义务的；

（六）未通过公共数据开放或者授权运营等法定渠道，擅自将公共数据提供给市场主体的。

本条主旨

本条规定了国家机关、履行公共管理和服务职责的事业单位及其工作人员违反规定进行公共数据的收集、使用、归集、共享、开放、管理及提供的法律责任，本条款规定实行"机关—个人"双层责任的规范结构，对公共数据相关违法违规行为设置全面详尽的处罚机制。

条文详解

本条对国家机关、履行公共管理和服务职能的事业单位及其工作人员因违法行为而应承担的法律责任进行了规定，实行"机关—个人"双层责任的规范结构。在本条款中体现为，针对违法机关，由本级人民政府或者上级主管部门责令改正；另外，在违法行为情节严重时，由有权机关对直接负责的主管人员和其他直接责任人员依法给予处分。而本条款所针对的违法行为是违反规定进行公共数据的收集、使用、归集、共享、开放、管理及提供等行为，与《网络安全法》第72、73条，《数据安全法》第49条，《个人信息保护法》第68条均将国家主权和公共利益确立为核心立法目的保持一致。

有关国家机关、履行公共管理和服务职能的事业单位及其工作人员是否需对非公共数据承担保护义务的问题。本条款明确国家机关、履行公共管理和服务职能的事业单位及其工作人员是在涉及公共数据违法行为的情况下需要受到相应处罚，未对前述主体违反规定处理个人信息的法律责任进行规定，但这一设置在本条例中并非遗漏。诚然，前述主体在多种情形下涉及处理非公共数据之职责，相应的法律责任也应当合并入本条例第86条的兜底规定，将第86条针对的处罚主体扩大到数据处理相关的一切主体。

有关本条第 1 款规定的法律后果。针对违反义务的国家机关、履行公共管理和服务职能的事业单位及其工作人员，由本级人民政府或者上级主管部门责令改正。其中有关处罚主体，较《数据安全法》第 49 条未规定处罚主体及《个人信息保护法》第 68 条的"其上级机关或者履行个人信息保护职责的部门"而言，本条例对处罚主体进行了调整，即本级人民政府或者上级主管部门，作为地方行政法规，在本条例在上位法的基础上，提高了在实施过程中有关公共数据违法行为处罚的灵活性。

有关本条款的处罚执法方式。本条款的处罚方式有两个层次，首先，在国家机关、履行公共管理和服务职能的事业单位及其工作人员违反义务作出违法行为时，先由本级人民政府或者上级主管部门责令改正，即要求违法主体停止违法行为，及时履行本法规定的个人信息保护义务；责令其恢复原状，即尽量消除由于此前的义务违反行为而导致的危害后果，保障遭受侵害的信息主体及时得到恢复性救济。其次，情节严重的，由有权机关（任免机关和监察机关）对直接负责的主管人员和其他直接责任人员依法给予处分。此处"给予处分"的处罚方式较为明确，即根据《公职人员政务处分法》的规定由任免机关对公职人员进行内部惩戒。

参考资料

《网络安全法》第 72、73 条

《数据安全法》第 49 条

《个人信息保护法》第 68 条

《监察法》第 11、45 条

《公务员法》第 61 条

《上海市公共数据开放暂行办法》第 42—46 条

（撰稿人：张玲）

第八十八条　【信用惩戒】

违反本条例规定，依法受到行政处罚的，相关信息纳入本市公共信用信息服务平台，由有关部门依法开展联合惩戒。

本条主旨

本条对违反本条例规定、受到行政处罚的违法主体，纳入失信惩戒管理。本条款设置的"信用惩戒"制度旨在将违规行为通过接入信用档案记录，达到对违规主体的惩戒作用，同时也起到对其余市场主体的警示作用。

条文详解

本条例的信用惩戒条款与征求意见稿相较，正式稿删除了征求意见稿中对于处罚对象的限定表述，这一修改目的旨在减少限定，对可能出现的违法行为给予执法调整空间，为推进数据经济过程中可能出现的违法行为进行包容性规定。

与相关联法规相比照，《网络安全法》第 71 条、《个人信息保护法》第 67 条、《电子商务法》第 86 条、《消费者权益保护法》第 56 条规定违法行为应当计入信用档案，并予以公示。本条款对"信用惩戒"的规定进行细化描述，强调了对违反本条例规定行为的具体惩戒措施，明确了信用档案的载体为本市公共信用信息服务平台，处罚方式也拓宽为有关部门依法开展联动惩戒。

一、"信用惩戒"的法律依据及法律后果

根据《上海市社会信用条例》第9条的规定："市社会信用管理部门应当遵循合法、审慎、必要的原则，组织编制本市公共信用信息目录。列入目录的失信信息包括下列事项：（一）欠缴依法应当缴纳的税款、社会保险费、行政事业性收费、政府性基金的；（二）提供虚假材料、隐瞒真实情况，侵害社会管理秩序和社会公共利益的；（三）拒不执行生效法律文书的；（四）适用一般程序作出的行政处罚信息，但违法行为轻微或者主动消除、减轻违法行为危害后果的除外；（五）被监管部门处以市场禁入或者行业禁入的；（六）法律、法规和国家规定的其他事项。法律、法规对违法事项纳入目录已作出规定的，该法律、法规规定的其他违法事项不得纳入。"本条明确了纳入市公共信用信息目录的失信信息组成，其中第4项明确受到行政处罚的情况将作为失信信息统一纳入本市公共信用信息目录统一管理。随着大数据时代的来临，信用记录的重要性体现在社会生活的各个方面，对于个人、企业、社会组织的警示、震慑作用也日益显著，信用惩戒也属于数字经济时代所应运而生的一种新型惩戒措施。

本条款所规定的信用惩戒制度与违法主体依据本法律责任编第86条所受到的行政处罚为"叠加关系"，即当出现违反本条例规定的违法违规行为时，应当依据有关上位法受到法律、行政法规的行政处罚，与此同时，受到被纳入本市公共信用信息服务平台的信用惩戒处罚。

二、"信用惩戒"的处罚主体及具体做法

根据本条款规定，违反本条例行为的，将由"有关部门"依法开展联合惩戒，本条例中未对"有关部门"进行明确规定，但在实践中，一般将由违法主体的主管部门协同信用主管部门，对违法主体进行联合惩戒。

本条款所提及的"联合惩戒"为行政主体的联合处罚方式，可以参照《失信企业协同监管和联合惩戒合作备忘录》中"协同监管和联合惩戒的实施方式"章对失信行为提供了联合惩戒的具体工作方式，如工商总局企业监督管理局与各部门有关司局建立信息交换机制，定期将全国经营异常名录和严重违法失信企业名单提供给各部门。[①] 基于以上的行政处罚方式，可以发现联合惩戒的实施必须建立在行政部门间的信息共享之上，才有联合惩戒实施的可能性。

本条例将数据相关违法、违规行为纳入公共信用信息服务平台记录，体现了政府对数据违法行为惩治的决心。随着上海市社会生活的发展水平，数据有关的权益和数据的处理活动已与社会的全方面息息相关，将数据相关违法行为纳入本市公共信用信息服务平台记录的决策，为推动数字经济市场化运行营造了良好的政策环境。

参考资料

《网络安全法》第 71 条

《个人信息保护法》第 67 条

---

① 参见《失信企业协同监管和联合惩戒合作备忘录》（发改财金〔2015〕2045 号）。

《电子商务法》第 86 条

《消费者权益保护法》第 56 条

《上海市社会信用条例》第 9 条

《失信企业协同监管和联合惩戒合作备忘录》

（撰稿人：张玲）

第八十九条　【公益诉讼】

违反本条例规定处理个人信息，侵害众多个人的权益的，人民检察院、市消费者权益保护委员会，以及由国家网信部门确定的组织，可以依法向人民法院提起诉讼。

▌本条主旨

本条规定了个人信息公益诉讼制度。明确由"人民检察院、市消费者权益保护委员会，以及由国家网信部门确定的组织"三类组织可以对侵害众多个人信息的违法行为提起公益诉讼。旨在平衡单个信息权利主体与个人信息处理者之间不平等的诉讼地位，更全面地保护社会公众的个人信息权益不受侵害。

▌条文详解

作为本条例的公益诉讼条款，本条款明确个人信息公益诉讼的主体范围为"人民检察院、市消费者权益保护委员会，以及由国家网信部门确定的组织"，这是基于《个人信息保护法》所确立的公益诉讼主体范围进一步细化，将"法律规定的消费者组织"调整为"市消费者权益保护委员会"，这一调整强调了上位法在本市范围内的实施主体，有便于公益诉讼制度的落实，强化通过司法诉讼对个人信息权利的保护手段。

在个人信息纠纷中，相对于个人信息处理者，单个信息权利主体面对的诉讼对象诸如网络运营商等均具备高超的技术手段，在面临个人信息泄露、算法歧视、大数据杀熟时，个人存在举证难、认知度低及维权成本高的不平等诉讼地位，而检察机关和相关社会组织恰好可以弥补该不平等的情况。本条例在沿袭上位法个人信息保护的公益诉讼制度的同时，对公益诉讼提起主体进一步明确细化，提高了条例的适用性。同时本条款体现以人为本、立法为民、保障民生的立法理念，使本市个人信息的保护和治理的体系更加严密、完善。

一、有关公益诉讼的适格起诉主体

根据本条款的规定，提起公益诉讼的适格起诉主体法定顺位为"人民检察院—市消费者权益保护委员会—由国家网信部门确定的组织"。

（一）人民检察院

《民事诉讼法》第58条①第1款规定的公益诉讼主体是机关和有关组织；第2款规定检察机关在履行职务的过程中可以提起公益诉讼，体现立法时对检察院公益诉讼担当在整个救济

---

① 《民事诉讼法》第58条规定："对污染环境、侵害众多消费者合法权益等损害社会公共利益的行为，法律规定的机关和有关组织可以向人民法院提起诉讼。人民检察院在履行职责中发现破坏生态环境和资源保护、食品药品安全领域侵害众多消费者合法权益等损害社会公共利益的行为，在没有前款规定的机关和组织或者前款规定的机关和组织不提起诉讼的情况下，可以向人民法院提起诉讼。前款规定的机关或者组织提起诉讼的，人民检察院可以支持起诉。"

体系中放置于补充、保障与兜底的位置。但《个人信息保护法》作为特别法，未对检察机关提起公益诉讼设置前提要件，而是将检察机关作为适格主体的顺位首位，体现了检察机关的引领地位。这一设置有利于通过检察机关的公益诉讼经验、组织架构、人力物力保障、更为单纯的诉讼动机①，为快速落实推广个人信息保护公益诉讼制度提供强有力的保障。

上位法及本条例将人民检察院作为提起公益诉讼适格起诉主体的顺位首位有两方面原因。一方面，检察机关代表社会公共利益，当众多社会公民个人信息遭受损害时，检察机关提起公益诉讼，属于依法履行职责。另一方面，检察机关熟悉诉讼程序，有专业人员且具备充裕的资源，相比其他机关、组织和个人更有诉讼能力。②

（二）市消费者权益保护委员会

根据《消费者权益保护法》第 47 条③的规定，消费者组织具有提起公益诉讼的权利，对该条文作延伸解释，消费者组织同样具备提起个人信息公益诉讼的主体资格。消费者组织作为保护广大消费者合法权益的公益组织，保护消费者个人信息权益同样为其职责之一，存在作为诉讼主体提起个人信息公益诉

---

① 张陈果：《个人信息保护民事公益诉讼的程序逻辑与规范解释——兼论个人信息保护的"消费者化"》，载《国家检察官学院学报》2021 年第 6 期。

② 参见别涛：《环境民事公诉及其进展》，载《环境保护》2004 年第 4 期；蔡彦敏：《中国环境民事公益诉讼的检察担当》，载《中外法学》2011 年第 1 期；吕忠梅：《环境司法理性不能止于"天价"赔偿：泰州环境公益诉讼案评析》，载《中国法学》2016 年第 3 期。

③ 《消费者权益保护法》第 47 条规定："对侵害众多消费者合法权益的行为，中国消费者协会以及在省、自治区、直辖市设立的消费者协会，可以向人民法院提起诉讼。"

讼的合理性。在"江苏省消费者权益保护委员会与北京百度网讯科技有限公司侵权纠纷案"① 中，江苏省消费者权益保护委员会以被告北京百度网讯科技有限公司开发的"手机百度""百度浏览器"未取得用户同意违法获取用户个人信息为由提起了该起公益诉讼。虽然司法实践中相关公益诉讼案例数量较少，但可见消费者权益保护委员会作为诉讼主体提起个人信息公益诉讼的可行性及司法实践的认可度。但需注意的是，出于消费者组织主体性质的原因及司法实践情况，消费者组织仅能就与市场活动和消费行为相关的损害个人信息的行为提起公益诉讼。

（三）由国家网信部门确定的组织

笔者认为"由国家网信部门确定的组织"作为本条例所规定的具备提起个人信息有关公益诉讼主体的顺位末尾，相对应的组织名单至今仍未成形，因此该主体仍存在规定较为笼统的问题。

在本条例实施过程中可以参照具备充分公益诉讼实践基础的《环境保护法》第 58 条②的规定，对可以提起公益诉讼组织的形式、性质、规模等进行规定，保障相关组织具备提起公益诉讼的能力。

二、有关公益诉讼的适格被告

本条款对征求意见稿有关诉讼对象进行了调整，将"对于

---

① 江苏省南京市中级人民法院（2018）苏 01 民初 1 号民事裁定书。

② 《环境保护法》第 58 条规定："对污染环境、破坏生态，损害社会公共利益的行为，符合下列条件的社会组织可以向人民法院提起诉讼：（一）依法在设区的市级以上人民政府民政部门登记；（二）专门从事环境保护公益活动连续五年以上且无违法记录。符合前款规定的社会组织向人民法院提起诉讼，人民法院应当依法受理。提起诉讼的社会组织不得通过诉讼牟取经济利益。"

数据处理者违反本条例规定处理个人信息"中的"对于数据处理者"进行了删除。笔者理解,本条款公益诉讼的适格被告包括所有违反本条例处理个人信息、侵害众多个人权益的个人信息处理者,根据《个人信息保护法》第 73 条第 1 项的规定:"个人信息处理者,是指在个人信息处理活动中自主决定处理目的、处理方式的组织、个人。"从个人信息保护公益诉讼的本质来看,个人信息保护公益诉讼主要解决侵害众多受害人个人信息权益的问题,而通常符合侵权要件的是具有大量个人信息处理需求和能力的头部(大型)企业,[①] 如教育、医疗、物流及房产中介行业等。

上述提及的三类适格起诉主体可以向人民法院提起公益诉讼,适格被告也已明确,此为满足了公益诉讼提起的形式要件。同时,提起公益诉讼应当有明确具体的诉讼请求且有社会公共利益受到损害的初步证据,此为提起公益诉讼的实质要件。

本条款及上位法中均未提及公益诉讼的法律责任内容,参考最高人民检察院发布的公益诉讼典型案例,败诉的被告方所承担的法律责任形式主要集中在,登报赔礼道歉、关闭网站、注销涉案 App、采取隐匿化技术处理等措施保护个人信息以及对存在的问题逐一开展对照整改及优化等。

除公益诉讼外,我国保护个人信息存在多种维权途径,包括由个人提起的个人信息民事诉讼、刑事制裁及行政处罚。公益诉讼仅为多种解决方式的一环,且公益诉讼主要目的为解决

---

① 张新宝、赖成宇:《个人信息保护公益诉讼制度的理解与适用》,载《国家检察官学院学报》2021 年第 5 期。

社会公共性问题，对公共利益进行救济。因此在公益诉讼的实际裁判中也应当对违法者所受到的法律责任进行多方面综合考量。

参考资料

《个人信息保护法》第 70 条

《民事诉讼法》第 58 条

《消费者权益保护法》第 47 条

《人民检察院公益诉讼办案规则》第 67、85 条

《最高人民检察院关于贯彻执行个人信息保护法推进个人信息保护公益诉讼检察工作的通知》

（撰稿人：张玲）

第十章 附 则

第九十条 【参照执行】

除本条例第二条第四项规定的公共管理和服务机构外，运行经费由本市各级财政保障的单位、中央国家机关派驻本市的相关管理单位以及通信、民航、铁路等单位在依法履行公共管理和服务职责过程中收集和产生的各类数据，参照公共数据的有关规定执行。法律、行政法规另有规定的，从其规定。

本条主旨

本条旨在扩充公共数据的概念，将一些具有公共属性、涉及公共利益的数据也纳入公共数据的管理范围。

核心概念

公共管理和服务机构：指各级行政机关、履行公共管理和服务职能的事业单位以及提供教育、卫生健康、社会福利、供水、供电、供气、环境保护、公共交通和其他公共服务的组织。

条文详解

一、本条规定所指的数据原则上不属于公共数据

公共数据是一个没有确定含义的概念，它在不同的学科、不同的场景具有不同含义。在我国法律文件中，公共数据的概念一般以处理主体为核心来确定。最初，公共数据一般指政府在履行公务时采集和产生的各类政务数据。综合各地立法来看，公共数据在法律上的范围至少包括三个层次：第一，政府或具有准公共职能的机构在行使有明确授权的公共职能的过程中自行获取的数据；第二，政府部门委托授权特定私营部门或个体行使特定公共职能过程中收集的数据；第三，在具有公共属性的领域或空间中，并非通过政府授权职责产生的但涉及公共利益的数据。①

在学理上，公共数据的范围一般以公共性质为核心来确定。如高富平教授等学者主张，公共数据就是可以为任何人自由使用的数据。意即法律上讲的公共数据实质上是与"开放数据"具有相同含义。② 公共数据不限于行政机关以及履行公共管理和服务职能的事业单位收集与管理的数据，还扩展到社会主体、个人掌握的具有公共管理与公共服务属性的数据。例如，滴滴、支付宝、腾讯等大型互联网平台机构掌握的、具有公共服务属性的交通出行数据、消费活动数据等。但公共数据

---

① 胡凌：《论地方立法中公共数据开放的法律性质》，载《地方立法研究》2019年第3期。

② 高富平、张英、汤奇峰：《数据保护、利用与安全——大数据产业的制度需求和供给》，法律出版社2020年版，第67页。

不等同于公有数据：在实践中还有一部分承担公共事务管理职能的企业组织，如水煤电气企业、城市公共交通企业，收集、使用的数据已经被纳入公共数据的范畴。但是，上述事业单位、企业非以公共服务为目的，而是以自身经营为目的依法采集和产生的、不涉及公共利益的数据则不宜属于公共数据。

本条所指的"运行经费由本市各级财政保障的单位、中央国家机关派驻本市的相关管理单位以及通信、民航、铁路等单位在依法履行公共管理和服务职责过程中收集和产生的各类数据"并不属于公共数据的范畴。但本条规定这些数据仍旧应当按照公共数据管理。公共数据的核心特质是数据的"公共性"，或者说"公共利益相关性"，即数据与不特定公众的公共利益息息相关。除公共机构数据和公共服务企业的数据外，社会数据中具有公共性的部分仍与不特定公众的公共利益息息相关，因此应当参照公共数据进行严格管理。

二、纳入公共数据管理的数据

本条例第 2 条将公共数据的范围限定为"本市国家机关、事业单位，经依法授权具有管理公共事务职能的组织，以及供水、供电、供气、公共交通等提供公共服务的组织（以下统称公共管理和服务机构），在履行公共管理和服务职责过程中收集和产生的数据"。本条将以下几种类型的数据也纳入公共数据范围，并参照有关规定执行。

第一，运行经费由本市各级财政保障的单位在依法履行公共管理和服务职责过程中收集和产生的各类数据。本条规定源于《上海市公共数据和一网通办管理办法》第 59 条，即"运行经费由本市各级财政保障的其他机关、团体等单位以及中央国家机关派驻本市的相关管理单位在依法履行公共管理和服务职责过程中采集和产生的各类数据资源的管理，参照本办法执行。运行经费由本市各级财政保障的其他机关、团体等单位的电子政务管理，参照本办法执行"。第二，中央国家机关派驻本市的相关管理单位在依法履行公共管理和服务职责过程中收集和产生的各类数据。这里主要解决条例的管辖权问题，采取属地主义，将中央机关派驻本市的相关管理单位的相关数据也参照本市公共管理和服务机构的数据管理。第三，通信、民航、铁路等单位在依法履行公共管理和服务职责过程中收集和产生的各类数据。本条规定源于《上海市公共数据和一网通办管理办法》第58条，即"水务、电力、燃气、通信、公共交通、民航、铁路等公用事业运营单位在依法履行公共管理和服务职责过程中采集和产生的各类数据资源的管理，适用本办法。法律、法规另有规定的，从其规定"。本条所提及的"通信、民航、铁路等单位"的数据均是一直以来争议较大、难以作出准确界定的数据，由于本条例第2条已经将"供水、供电、供气、公共交通等提供服务的组织"作为公共管理和服务机构，因此本条仅列举"通信、民航、铁路等单位"，既避免重复又与以往规定保持统一。

本条例倾向于以公共管理和服务的职责属性划定公共数据的范围，希望能将公共数据的概念扩大，将具有公共属性的数据纳入，参照适用公共数据管理。公共数据不应该仅以处理主体来分类，因为并非只有行政机关和事业单位处理的数据才是公共数据。如果按照职能分类，即所有涉及公共服务和公共管理属性的数据，都属于公共数据。这样一来航空、打车软件、支付软件等平台掌握的交通出行数据、消费数据等都属于公共数据。需要注意的是，本条最后给法律、行政法规的另有规定留下了一定空间。此句应当理解为，法律、行政法规对公共数据的范围有管理性或特别规定的，应当遵守法律、行政法规的特别规定。因此，争议较多的各类出行数据、消费数据等还有待将来法律法规的特别规定予以界定。

参考资料

《广东省数字经济促进条例》第 38 条

《深圳经济特区数据条例》第 2 条

《安徽省大数据发展条例》第 48 条

《山西省大数据发展应用促进条例》第 9 条

《成都市公共数据管理应用规定》第 37 条

《中山市政务数据管理办法》第 2 条

《上海市公共数据开放暂行办法》第 3 条

《中共中央、国务院关于构建更加完善的要素市场化配置体制机制的意见》

（撰稿人：陈吉栋　许端蓉）

第九十一条　【施行日期】

本条例自 2022 年 1 月 1 日起施行。

本条主旨

本条旨在规定本条例的施行日期。

条文详解

本条例自 2022 年 1 月 1 日起施行，法不溯及既往，不调整在本条例施行前的行为。

（撰稿人：陈吉栋 许端蓉）

图书在版编目（CIP）数据

上海市数据条例理解与适用／陈吉栋主编．—北京：
中国法制出版社，2023.12
ISBN 978-7-5216-3407-5

Ⅰ.①上… Ⅱ.①陈… Ⅲ.①数据管理-条例-法律
解释-上海②数据管理-条例-法律适用-上海 Ⅳ.
①D927.510.28

中国国家版本馆 CIP 数据核字（2023）第 061684 号

责任编辑：刘晓霞   封面设计：杨鑫宇

上海市数据条例理解与适用
SHANGHAISHI SHUJU TIAOLI LIJIE YU SHIYONG

主编/陈吉栋
经销/新华书店
印刷/保定市中画美凯印刷有限公司
开本/880 毫米×1230 毫米　32 开   印张/ 15.25　字数/ 296 千
版次/2023 年 12 月第 1 版   2023 年 12 月第 1 次印刷

中国法制出版社出版
书号 ISBN 978-7-5216-3407-5   定价：49.00 元

北京市西城区西便门西里甲 16 号西便门办公区
邮政编码：100053   传真：010-63141600
网址：http：//www.zgfzs.com   **编辑部电话：010-63141664**
市场营销部电话：010-63141612   **印务部电话：010-63141606**

（如有印装质量问题，请与本社印务部联系。）